中经教育

“十二五”高职高专财经管理类规划教材

Practice on International Trade Documentation

国际贸易制单实务

第三版

陈　广　符兴新◎主　编
肖　勇　纪　春◎副主编

中国经济出版社
CHINA ECONOMIC PUBLISHING HOUSE
·北京·

图书在版编目（CIP）数据

国际贸易制单实务/陈广主编．—3版．

北京：中国经济出版社，2015.9（2022.11重印）

“十二五”高职高专财经管理类规划教材

ISBN 978-7-5136-3926-2

Ⅰ．①国… Ⅱ．①陈… Ⅲ．①国际贸易—原始凭证—高等职业教育—教材 Ⅳ．①F740.44

中国版本图书馆CIP数据核字（2015）第188354号

责任编辑　焦晓云
责任审读　贺　静
责任印制　马小宾
封面设计　任燕飞装帧设计工作室

出版发行　中国经济出版社
印 刷 者　北京力信诚印刷有限公司
经 销 者　各地新华书店
开　　本　787mm×1092mm　1/16
印　　张　23.75
字　　数　542千字
版　　次　2015年9月第3版
印　　次　2022年11月第10次
定　　价　39.80元
广告经营许可证　京西工商广字第8179号

中国经济出版社 网址 www.economyph.com **社址** 北京市东城区安定门外大街58号 **邮编** 100011
本版图书如存在印装质量问题，请与本社销售中心联系调换（联系电话：010-57512564）

第三版前言

本书的第二版于2012年1月出版,迄今已历三年。三年来,国内国际贸易方式方法发生了很多变化。国际商会修订的《国际标准银行实务(ISBP)》定稿通过,以第745号出版物发行;我国实施货物贸易外汇管理制度改革,取消收付汇核销制度;出台《关于实施支持跨境电子商务零售出口有关政策的意见》;分别与冰岛、瑞士签署自由贸易协定并实施;与韩国、澳大利亚的自由贸易协定谈判也已结束并签署了正式协定。

趁此再版之机,我们为适应新的国际贸易做法对本书进行了修订,除对本书前两次修订后仍存在的问题与错漏进行修正以及依照《ISBP745》对全书描述与之有悖的地方予以修订外,还对以下几处进行改动:

1. 补充完善相关章节内容。主要涉及第七至十章,因2012年8月1日起在全国实施货物贸易外汇管理制度改革,取消核销单,企业不再办理出口收汇核销手续以及2014年海关总署发布第12、56、57号《关于增列海关监管方式代码的公告》《关于跨境贸易电子商务进出境货物、物品有关监管事宜的公告》,对第七章"报关单证"中涉及的相关内容进行修正补充;对第八章"原产地证明书"中涉及普惠制及区域优惠关税待遇的双重国家的产地证选取问题进行了补充阐述;对第九章"保险单据"中一些内容的不规范表述以及与ISBP745条款有悖的内容做了较彻底的修正;在第十章"运输单据"中补充了两个典型的信用证提单收货人抬头要求的处理例子,涉及电放提单的操作。

2. 对第八章的"原产地证明书"的相关内容进行增补修正。因中国—冰岛自由贸易区协定、中国—瑞士自由贸易区协定的实施,新增了相关优惠产地证书的缮制方法的介绍。另外,欧盟对从我国进口的纺织品政策调整,本次修订对纺织品产地证部分也做了相应修改;随着无纸化办公的推进,出入境检验检疫局及贸促会的产地证申领流程都已电子化,本次修订也按照实务做法对产地证的申请与企业备案重新进行介绍。

3. 对附录内容进行了增补修正。在附录一中新增中国—冰岛自由贸易区优惠原产地证书、中国—瑞士自由贸易区优惠原产地证书、中国—韩国自由贸易区优惠原产地证书、中国—澳大利亚自由贸易区优惠原产地证书,并更换了公路运输单据模板。对附录三《国际标准银行实务》由ISBP681更换成ISBP745,但不等于ISBP681就作废了,两个版本都是《UCP600》下国际标准银行的实务做法,对信用证项下银行审单与企业制单均具有指导意义。

4. 对参考文献进行了增补。教材在教学的过程中只是一本主要教学参考书,不可能面面俱到,也不可能对每个问题都深入讨论,本书在编写与修订的过程中也不断参考最新的文献资料，一并列于书后供广大读者深入拓展阅读。

在使用过程中，许多用书院校的师生给我们提出了很多建设性的建议，特别感谢我的同事陈颖君老师、安徽农业大学经济管理学院王学惠老师、河源职业技术学院刘坤老师以及我的学生李珊、林隆杰、刘志辉、邹玉等对书中的错漏及表述欠周的地方提出修改意见，本次修订时充分考虑与吸纳了广大读者与老师的建议与意见，对相关内容进行了修正与补充。还是那句话，由于能力与水平所限，本书虽经三修，仍存百密一疏，书中错漏还是在所难免，希望广大读者一如既往，在使用本书碰到问题时能够及时告知我们（邮箱：lconlinefaq@163.com，jiaoxiaoyun@126.com），以便下次修订时做出处理，使本书真正成为一部从实践中走出来的紧跟国际贸易实务发展步伐的精品教材。

本次修订工作由海南经贸职业技术学院陈广完成。

编　者

2015年6月

第二版前言

承蒙广大读者的厚爱，本书初版已售罄。本书初版发行期间，我国及国外对国际贸易的操作与规则又有了很多变化，如英国伦敦保险协会的货物保险条款与我国各保险公司的保险条款都进行了修订；国际商会对《国际贸易术语解释通则2000》进行了修订，定名《Incoterms 2010》并于2011年1月1日正式施行；中国—哥斯达黎加自由贸易区协定以及与台湾地区的海峡两岸经济合作框架协议（ECFA）也都在此期间签署并正式实施；《〈中国—东盟全面经济合作框架协议货物贸易协议〉第二议定书》在2011年1月1日起生效实施，新版中国—东盟自贸区优惠原产地证（Form E产地证）同时正式启用。

为适应新的国际贸易做法，趁此再版之机，我们除对本书初版中存在的问题与错漏进行修正以及增加了教学建议外，还对以下几处进行了改动：

1. **对第八章的"原产地证明书"的相关内容进行增补修正。**因中国—秘鲁自由贸易区协定、中国—哥斯达黎加自由贸易区协定以及与台湾地区的海峡两岸经济合作框架协议的实施，新增了相关优惠产地证书的缮制方法的介绍，对Form E产地证也按启用的新版重新介绍。

2. **改写了第十章第四节的"其他运输单据"。**因广九铁路已停办跨境铁路货运，对初版中到香港的铁路承运货物收据的介绍予以删节，新增国际货协铁路运单的详细缮制方法介绍及实务样单。

3. **充实了第十四章"综合实训"的内容。**原第十四章第二节"审单训练"的内容移到第十三章"单据审核"，作为其实训操作题之一；新增第十四章第二节"信用证综合实训"，收录12份原汁原味的从实务中来的信用证，授课教师可按所授班级人数把学生平均分成8～12个小组，每组操作一份信用证，由小组成员共同完成本节的综合操作要求；对该章第一节的内容也进行了补充，使得学生能循序渐进地认识信用证并按信用证的条件要求完成规定单据的缮制。

4. **对附录内容进行了增补修正。**在附录一中新增中国—哥斯达黎加自由贸易区优惠原产地证书、与台湾地区的海峡两岸经济合作框架协议原地产证书以及公路运输单据模板，用新版本对原中国—东盟自由贸易区优惠原产地证模板进行了替换。对附录二《跟单信用证统一惯例》（UCP600）与附录三《国际标准银行实务》（ISBP681）进行了重新审订，编者对照不同的中译本及国际商会的英文原版，对个别单词及短语进行了更贴近原文的翻译，如UCP600第20条及第21条c款ii项中的"LASH barge"国际商会中国国家委员会的译本译为"子船"，应该是按照其在UCP500中的译法译为"子母船"或"载驳船"才是正确的，第21

条c款ii项中的“拖车”(trailer),国际商会中国国家委员会的译本中误为“拖船”,本书现予更正;又如ISBP681的第74段与其后的第97段、第120段,这三段的英文措辞一样,但其适用的单据与范围不一样,中文翻译过来的时候不能都是“已装船”(on board)之类的,应该有所区别,因此本书修订时把第74段中与汉语“船”相关的措辞都译成“运输工具”,毕竟这一条所适用的运输工具除了船,还有火车、汽车、飞机等,有乘坐飞机经验的读者在登机时可以留意下“登机牌”的英文翻译。需要广大读者留意的是国际商会正在对《国际标准银行实务》(ISBP)进行新一轮的修订,本书修订本出版之时可能也是ISBP的修订版出台之时,到时请广大读者留意其变化。

本书的修订工作主要由海南经贸职业技术学院陈广完成,我们的工作得到广大读者的大力支持。正如国家级教学名师、南开大学教授顾沛所言,“教材不是编出来的,是教出来的,来回反复修改,来回‘磨’出来的”,经过本次修订的初“磨”,我们虽然已经细到一些标点符号的错误都做了更正,但能力与水平所限,百密一疏,书中错漏仍在所难免,希望广大读者一如既往,通过你们的火眼金睛发现问题,以使再次修订时更臻完善,使之真正成为一本紧跟国际贸易发展步伐的精品教材。

编　者

2011年12月

第一版前言

进出口业务中的备货、装运、报检、报关、保险、结汇以及索赔等业务环节，都涉及单证的缮制、处理、交接和传递。因此单证工作贯穿整个进出口合同履行的全过程，成为进出口业务中一个重要、不可或缺的组成部分。《国际贸易制单实务》是讲授进出口贸易各项业务单证的缮制方法和外贸业务处理的技能操作课程；是在完成《国际贸易实务》专业课程学习的基础上，后续学习的专业技能训练课程；是国际贸易、报关与国际货运、商务英语、国际物流、国际航运、国际商务等专业的一门专业主干课程及专业技术，具有较强的专业性、实务性与技能操作性。为配合跟单信用证统一惯例（UCP600）及国际标准银行实务（ISBP）和升级后的SWIFT报文格式的正式实施以及中国与更多的国家与区域达成FTA协定、中国贸促会系统新增签署优惠原产地证业务等外贸制单实务知识与技能操作的完整与更新需要，我们编写了《国际贸易制单实务》这本较系统地反映信用证结算方式下国际贸易制单实务的专业教材，充分反映了以上更新的内容，尤其是目前中国达成的七个自由贸易区或区域性贸易协定的优惠原产地证的内容与缮制方法是第一次完整地见诸教科书。

本书以国际贸易专业学习为方向，以从事国际贸易单证工作及相关行业的专业资格认证考试为主导，以信用证结算方式为主线，结合相关的国际贸易实务、商务英语与最新的国际惯例等知识，充分体现职业技能训练的特点，突出动手能力，在内容上分为开立信用证、审证与改证、制单与审单、综合训练等模块，较系统详细地介绍全套信用证项下出口结汇单据的内容与缮制；对信用证中各出口结汇单据条款进行解析、说明与举例，并指导信用证项下出口结汇单据的制作与审单实操训练。

我们把书名定为"国际贸易制单实务"而不按常见的教科书名称"外贸单证实务"，就是为了强调我们教材注重国际贸易单证制作的操作过程，书中以一份SWIFT信用证样例贯穿全书各个章节的内容，在各章的单据缮制方法讲解完毕后都配以该信用证为蓝本缮制的单据实例，全书下来就形成了一套完整的出口信用证单据，有助于广大师生的教与学。本书可作为高职高专类相关专业的专业教材；也可作为应用型本科相关专业的教材或教学参考书；也可供从事国际贸易相关工作的单证员、外销员（外贸业务员）、报关员、报检员、跟单员、货代员、物流员等自学或岗位培训使用。

本书由符兴新、陈广任主编，肖勇、纪春担任副主编。他们或是二十年从事国际贸易与单证专业课程教学实践与研究的学者；或是多年从事外贸进出口业务工作与教学的双师型教师。参加本书编写的人员有：符兴新（第一章、第三章、第九章、第十章的第一、二、三节、第十三章）；陈广（第二章、第八章、第十章的第四节、附录）；肖勇（第四章、第五章）；纪春（第十四章);周健(第六章、第七章);陈丽云(第十一章、第十二章)。全书由符兴新、陈广统稿总纂。本书编写过程中参考了许多同行与学者的文献资料,在书末参考文献中列出,在此向所有文献作者表示衷心的感谢。本书的出版得到中国经济出版社的大力支持,在此特别感谢中国经济出版社的领导与老师们,尤其感谢责任编辑焦晓云老师在本书编写过程中的热情帮助。由于作者水平有限,书中的错误、纰漏或不足之处在所难免,敬请同行与专家学者不吝赐教,您的宝贵意见可发至:lconlinefaq@163.com,您的意见与建议将使本书的再版更趋完善。

编　者

2010年1月

教材内容取舍与教学安排建议

《外贸单证实务》或相近名称的课程是国际商务、国际经济与贸易、商务英语、报关与国际货运等涉外经济专业都会开设的专业课程，它是一门岗位实务操作与课堂学习零距离的实践型课程，虽然各院校各专业在课程设置上有所偏向，课时安排上有长有短，但无论如何，从高职高专培养高素质高技能应用型人才的目标出发，都建议本课程的理论讲授与实践操作的课时比例按1∶1来安排（可参见附后"海南经贸职业技术学院《外贸单证实务》课程教学计划"），有些院校这门课程的实训是专门另设的，那么建议课时比例为1∶2，也就是在理论授课部分还是要安排一半的课时来进行单项的实训模拟。

本教材或课程不专门安排草拟合同的章节是因为合同是《国际贸易实务》课程的核心内容，是学生在学习了国际贸易实务课程后要掌握的内容，《外贸单证实务》课程要授以学生的是合同签订之后在履行阶段的实务操作，教材以信用证结算方式下展开单据缮制的讲解，是因为不管是汇付、托收或是信用证结算，买卖双方都离不开单据交流，卖方都需要向买方提供发票、装箱单、运输单据及产地证，以供买方能顺利清关，以使货物能快捷地进入目标市场销售，《外贸单证实务》的教科书一般都以信用证项下单据为载体，是因为信用证项下单据的要求严格规范，学生如能以信用证的要求规范操作，缮制结汇单据，那么按照这样的制单标准严格规范缮制托收或汇付合同项下的单据也就不成问题。一门课程的教学课时是有限的，因此教材与课程内容的安排必须科学、高效。

本教材共十四章，除第十四章的综合实训内容外，其余13章的内容安排是以实务中一笔进出口合同的履行顺序来进行的，其中第六与第七章的报检报关单据为选讲内容，因为有些院校相关专业开设了专门的"报检实务"、"报关实务"或"报检报关实务"等课程，有关报检与报关的单据在对应的专业课程里讲授更为合适，本教材之所以列出，是为了课程体系的完整，也顾及一些没有另开报检报关实务课程的院校专业的教学需要。

在实施教学时，我们建议先讲授信用证的内容再返回去讲授开证申请书，这是因为如果学生没有对信用证的内容有个感性的认识，那么先讲开证申请书的话无法让学生把填写在开证申请书里的内容与信用证的相应条款对应起来，教学效果可能会事倍功半。信用证内容的教学应该是本课程的一个重点与难点，建议授课教师以SWIFT信用证来讲解，因为实务中的信用证多是SWIFT开证（也有极少数的信开证），可结合第三章第三节的信用证样例以及第十四章的信用证内容把MT700报文的37个栏位代码含义讲授清楚，如果能给学生扫除这个障碍，那么这门课程的学习将会是事半功倍。为了便于学生学习与掌握信用证，我们特地对样例信用证进行了全文的中文翻译并中英文对照排版，全书各主要单据的缮制都是结合样例信用证来进行讲授,课程讲完,一套信用证项下的兑用单据也就缮制出来了。在第十四章我们安排了进阶式的信用证片断或实例,供实训教学使用。这些信用证均都来自实务,类型涉及信开证、电开证、可转让证、转让证(MT720)、转通知证(MT710)、红条款证(预支信用证)、假远期证等,国家涉及印度、越南、日本、韩国、巴基斯坦、孟加拉、尼日利亚等,运输方式有海洋运输、航空运输、公路运输、铁路运输等,有利于学生在走上工作岗位之前对信用证有个全面的了解。

第十四章第一节"操作训练三"中的信用证与第三章样例信用证为来自同一个国家的类似信用证,每讲完一种单据,学生可用此份信用证来进行分章模拟实训。第二节的内容来自实务,编者仅对其中的一些商业信息做了必要的处理,信用证中条款的不合理性或单词的拼写错误等均保留原样,供学生在进行综合实训时审证之用。实训形式各专业可据教学计划安排在课内或课外完成,可分小组抽取其中一份信用证合作完成,也可以单人完成。商务英语专业还可以就第十四章第二节的12份信用证进行信用证英语的专门教学。

附:海南经贸职业技术学院《外贸单证实务》课程教学计划

一、教学课时分配(64课时)

教学内容	讲 课	实训(验)课	讨论课	其 他	小 计
绪论	2				2
信用证	10	10			20
开证申请书	4	4			8
商业发票、其他发票	4	4			8
包装单据	2	2			4
运输单据	2	2			4
保险单据	2	2			4
报检单据	专设课程			自学	–
报关单据	专设课程			自学	–
原产地证明书	2	2			4
其他单据	2	2			4
汇票	2	2			4
单据审核	分组课外完成	分组方法与实训方案附后	2		2
合计	32	30	2		64

使用说明:分小组的综合实训在课外完成,最后一周为本小组审核其他小组的单据(起到开证行审单的作用),也是课外先完成,在课堂上主要由学生指出审单中看到的问题,然后教师进行总结点评,如果分组的过程操作控制得好,这个效果是非常不错的。

二、外贸单证实务课程分组综合实训实施方案

(一)分组原则

各班原则上以5人为一小组,最多每组不超过6人。女生平均分配,须保证每个小组至

少有一名英语过四级或六级的同学。保证综合成绩排名靠前、靠中与靠后的学生均衡分配在每个小组中,班干部均衡分布于各小组,班长与学习委员负责按以上原则进行小组组合。每小组选出一名小组长,负责协调组内成员分工。第三周之前学习委员把各小组的组成按以下格式打印呈报给任课教师:

<table>
<tr><th></th><th>姓　名</th><th>性别</th><th>手机号码</th><th>QQ</th><th>邮　箱</th><th>备　注</th></tr>
<tr><td rowspan="6">第

组</td><td></td><td></td><td></td><td></td><td></td><td></td></tr>
<tr><td></td><td></td><td></td><td></td><td></td><td></td></tr>
<tr><td></td><td></td><td></td><td></td><td></td><td></td></tr>
<tr><td></td><td></td><td></td><td></td><td></td><td></td></tr>
<tr><td></td><td></td><td></td><td></td><td></td><td></td></tr>
<tr><td></td><td></td><td></td><td></td><td></td><td></td></tr>
</table>

(二)实训内容与实施方法

一定要在第三周之前分好小组,选出小组长,小组长代表小组在第三周上机课时间上台抽取要操作的信用证(第十四章第二节的信用证)。各小组抽取一份(抽签后小组以这份信用证的编号为小组名),在学期教学周结束前两周完成以下操作:

1. 以受益人的身份对本小组处理的信用证进行审核,从受益人角度考虑各条款的合理性,如不合理,请提出修改意见。(当然如果觉得合理,可不修改,但也应表达不修改的意见)

2. 对信用证进行全文翻译。(纸质一份,电子版一份)

3. 正确缮制交单一览表,供组员操作各项业务时参考。(纸质一份,电子版一份)

4. 以原证为蓝本,还原一份销售合同或销售确认书。(纸质一份,电子版一份)

5. 以原证为蓝本,以开证申请人的身份还原一份开证申请书。(纸质一份,电子版一份)

6. 写出完整的本证项下货物从备货出运到交单结汇各业务环节的详细流程报告,要考虑货物的真实情形,比如本证项下货物是否须报检,海关凭什么文件放行;又如货物用多大尺寸的纸箱或其他包装材料包装,是否集装箱运输,是拼箱还是整箱,整箱的话,是20英尺,还是40英尺,普箱还是高柜,还是冷藏箱等,以及装多少个这样的集装箱,等等,都要符合真实性。每个业务环节须注明凭什么材料办理(缮制出来作为报告附件编号提交),办理后会产生什么单据(缮制出来作为报告附件编号提交)。(实际上就是小组成员分工合作完成这个报告,会涉及外贸出口业务中各个环节使用与产生的单据,有结汇单据,也有非结汇单据,须一并缮制)(纸质一份,电子版一份)

7. 以原证(包括原证所附的修改书<如有>)为蓝本缮制全套符合信用证要求的单据,以能相符交单兑用信用证项下金额,交单前须由小组专人审单,缮制、银行客户交单联系单,连同全套结汇单据提交。(复印一式N份,以及电子版一份)(N为小组数量)

请注意:如果信用证没有要求原产地证,请缮制一份该进口商从中国进口商品的最优惠的原产地证。如果信用证要求的是一般原产地证,而中国与该进口国有优惠贸易协定的,也须缮制一份这种区域优惠原产地证。

以上内容在学期教学周结束前两周完成。提交时须附一份本小组成员的作用与贡献表，列明每一单据、每一内容是由谁完成的，如是小组讨论完成的，注明各成员贡献度，并做好第8项实训“开证行审单”分工，每成员至少要审核一套非本小组的单据，任课教师会按照这个分工表事先把各小组的单据派发到负责组员手中，供事先做好审单结果以便后两周审单员在课堂上进行不符点陈述（小组其他成员可以协助），被审的小组成员要做好现场抗辩的准备（反驳不符点的不成立，因为你们是经过审单，认为是单证相符才交单的）。

8. 以开证行的身份审核另外N－1个小组缮制提交的结汇单据，做出相符交单或不符交单的判断（如有不符，列出所有的不符点），这个内容在本学期最后两个授课周在课堂上由负责审单的组员讲解。

（三）实训成绩评定

在分组时已经均衡地配置了各小组的成员，分组操作的目的是要培养学生一种团结互助的团队精神，各小组成员会有个人表现分，但小组的综合成绩以本小组的成员最低成绩记，这是符合“水桶短板”原理的记分方法，也是促进小组成员间相互帮助、共同进步的有效方法。

目　录

第一章　国际贸易单证概述

【学习目标】 了解国际贸易单证的概念和分类、国际贸易单证工作的流转程序和发展趋势、与信用证相关的国际惯例；掌握缮制国际贸易单证的基本要求；熟悉联合国设计并推荐使用的国际标准化代号和代码。

第一节　国际贸易单证的概念与分类

一、国际贸易单证的概念

国际贸易单证简称单证（Documents），是指在国际贸易业务中所应用的单据、文件和证书，并凭以处理国际货物的交付、运输、保险、检验检疫、清关与结汇等。狭义的单证是指结汇环节涉及的单据及信用证；广义的单证是指各种文件和凭证。在国际贸易实务中，买卖双方达成协议，交易合同签订后，就到了合同的履行阶段，如以信用证方式结算货款，有关货物的交接与货款的结算，往往是通过各种单证的转移来实现，即买卖双方凭借单证来处理货物的交付、运输、保险、检验检疫、清关与结汇等。就出口贸易而言，出口单证是出口货物推定交付的证明，是结算的工具，贸易最终完成往往是以单证交流形式来实现的。因此，对出口企业而言，在完成了货物的交付后，正确、完整、及时、清晰地完成全套单证缮制，是企业安全、顺利结汇的关键。

二、国际贸易单证的分类

国际贸易单证根据不同的分类标准可产生不同的类别。

（一）根据单证的性质划分

根据单证的性质划分，可分为金融单据和商业单据。

金融单据：包括汇票、支票、本票或其他类似用以取得款项的凭证。

商业单据：包括发票、运输单据、物权凭证或其他类似单据及任何非金融单据。

（二）根据单证的用途划分

根据单证的用途划分，可分为资金单据、商业单据、货运单据、保险单据、官方单据、附属单据。

资金单据：汇票、支票、本票等。

商业单据：商业发票、海关发票、装箱单、重量单等。

货运单据：至少涵盖两种不同运输方式的运输单据；海运提单；不可转让海运单；租船合同提单；空运单；公路、铁路、内河运输单据；快递（邮政）收据七大类运输方式的单据。

保险单据：保险单、保险凭证、预约保险单等国际货物运输保险单据。

官方单据：领事发票、原产地证明书、检验检疫证书、配额许可证等官方出具的单据和证明。

附属单据:包括寄单证明、寄样证明、船长收据、船公司证明、航程证明、装运通知等。

(三)根据贸易双方涉及的单证划分

根据贸易双方涉及的单证划分,可分为出口单证和进口单证。

出口单证:出口许可证、出口货物报关单、包装单据、出口货运单据、商业发票、保险单、汇票、检验检疫证书、原产地证明书等。

进口单证:进口许可证、信用证、进口货物报关单、进口检验检疫证书、保险单等。

(四)根据不同结算方式的结汇单据划分

根据不同结算方式的结汇单据划分,可分为信用证单据、托收单据和汇付单据。结汇单据包括:

金融单据:汇票。

商业单据:商业发票、装箱单、提单(运输单据)、保险单、原产地证书、受益人证明、船公司证明、海关发票、邮政(快递)收据等。

以上结汇单据中,要求最严格的是信用证单据。信用证项下对单据的缮制要求最高,难度也最大,因教学课时有限,本书主要介绍信用证单据。读者掌握信用证单据缮制方法后,也应能触类旁通地以其规范与标准来根据合同及实际出货情况缮制托收或汇付项下单据。

第二节　缮制国际贸易单证的基本要求

国际货物贸易中,贸易双方分属两个国家或关税区,货物进出关境都要凭单办理清关手续,贸易双方免不了单据交流,因此不论是汇付、托收还是信用证结算方式,出口商都应该向进口商提供发票、装箱单、提单(运输单据)、原产地证等与货物相关的单据,以便进口商能尽快顺利办结货物的进口清关手续,进入市场销售。因此,不论是哪种结算方式,出口商向进口商提供相关单据的标准都应该是单货相符,能够满足进口商进口清关的需要,只是汇付或托收项下的单据由出口商据合同与实际出货情况缮制,汇付时,出口商在货物出运后择时通过快递向进口商自行寄单;托收时,出口商则是在货物出运后向其银行交单,委托银行代收货款,银行只负责转递单据,并无审单之义务。信用证结算方式下,银行有审单的义务,但又不是买卖合同的缔结者,管不到货物,因此根据国际商会第 600 号出版物《跟单信用证统一惯例》2007 年最新修订本(简称《UCP600》)第 5 条规定:“银行所处理的是单据,而不是单据可能涉及的货物、服务或履约行为。”《UCP600》第 14 条 a 款规定:“按指定行事的指定银行、保兑行(如有的话)及开证行须审核交单,并仅基于单据本身确定其是否在表面上构成相符交单。”第 16 条 a 款规定:“当按照指定行事的指定银行、保兑行(如有的话)或者开证行确定交单不符时,可以拒绝承付或议付。”可见,信用证是一项纯粹的单据业务,单据成为信用证业务的核心。银行审单的原则是“单证相符、单单相符”。卖方(信用证的受益人)应遵循“单证相符”“单单相符”的制单原则,正确缮制各种结汇单据,才能达到安全、迅速收回货款的目的。反之,即便货物符合合同规定的质量条件,完好无缺地到达进口国,而交单不符,银行也有理由拒付货款,其背后的原因,是这些不符单据可能会导致进口商无法顺利清关,进口商不接受单据。

在国际贸易中,缮制单证水平的高低直接关系到卖方能否安全迅速收汇和买方能否顺利接货。缮制单证必须符合国际贸易惯例和相关的法律规定及双方的实际需要。缮制国际贸易单证的基本要求是：正确、完整、及时、简洁、清晰。

一、正确

正确是单证工作的前提，单据不正确就不能安全结汇。这里所说的正确，包括两个方面的内容：一方面是要求各种单据的内容必须与相关的贸易合同、信用证的规定不相矛盾并与卖方所交的货物相符；另一方面则要求各种单据必须符合相关的国际贸易惯例和进口国的相关法令和条例规定。

（一）各种单据“四相符”要求

1. 单证相符。在信用证结算方式的交易中，“单证相符”是指单据的内容应符合信用证的条款、《UCP600》的相关适用条款以及国际标准银行实务做法。虽然《UCP600》对提交单据的内容不需要与信用证“严格相符”，仅要求“不得相互矛盾”（must not conflict with），但这并不表明银行审单放弃了“相符”的原则。例如，制单时将“model321”写成“model123”，实质上改变了商品的型号，与原型号相矛盾，属于单证不相符；又如信用证规定“blue cotton wears”，而发票却显示“colored cotton wears”，则视作单证不符；而信用证将“model”写成“modle”，将“apple juice”写成“aple juice”，诸如此类属单词的拼写或打字错误不构成另一个单词，从而不构成歧义的，受益人无须要求修改，在缮制单据时，按照正确单词拼打不会导致不符点，因此，信用证“相符交单”的原则依然不变。为了使缮制的单据与信用证规定相符，应掌握如下制单原则：

（1）当信用证条款与合同条款不符时，如果卖方不能接受，应要求开证申请人通过开证行修改信用证，直至“证同相符”，即信用证条款与合同条款相符时，才能备货装运以及制单结汇。

（2）如信用证属原则性差错，必须要求开证申请人修改信用证并为出口方（受益人）接受后，方可备货装运以及制单结汇。例如，来证规定“From Chinese Port to Hong Kong”，由于香港是中国的领土，将香港与中国并列，会产生不良的政治影响，应要求客户修改为“From ×××（国内具体港口名称）to Hong Kong”。

（3）可改或可不改的内容，如不要求改证，就按信用证条款缮制单据。

（4）单据内容在逻辑上要与信用证的规定保持一致。单证相符并不说明在缮制单据时必须原文照搬。信用证常常规定在某单据中证明某项事情，例如：在提单条款中规定“Stating/Evidencing/Indicating shipment from Shanghai to Seattle not later than March 20，2014”，它是强调受益人必须在提单上像信用证所要求的那样去证实“装运港和目的港及装运的时间”这一事实。受益人在缮制提单时，不能原文照搬，而是要在上海装运，运到西雅图，提单的装运港填“Shanghai”，目的港填“Seattle”，且提单的装运日不迟于2014年3月20日，这样单据内容与信用证的规定在逻辑上就保持了一致。

（5）卖方（受益人）出具的各种单据的名称、份数和出证机构应与信用证要求相符。

2. 单单相符。“单单相符”是指缮制的各种单据之间相应的内容需相符，不能相矛盾。例如，发票的数量为“100 Cartons”，提单上的数量为“100 Cases”，提单上的包装单位“Cases”与发票上的包装单位“Cartons”就构成单单不相符。“单单相符”还反映在各种单据的签发日期必须保持合理，符合逻辑，符合国际惯例。

3. 单货相符。“单货相符”是指单据的内容和实际装运的货物情况相符。如信用证规定“Packed in cloth bag”（布袋包装），实际货物用麻袋（Gunny bag）包装，单据上如按信用证规定制单，船方无法按布袋签发，致使单货不符而造成提单与信用证规定不相符。

4. 证同相符。“证同相符”是指信用证的条款和合同的条款相符。因此，在信用证方式结算的交易中，出口企业制单和审单的标准是“单证相符”“单单相符”“单货相符”“证同相符”，其中要求“证同相符”是做到其他三个相符的前提。

（二）单据必须与相关的惯例和法令规定相符

各种单据不仅表面上要与信用证规定相符，还必须与信用证规定的国际惯例和进口国的法律规定相符。信用证上往往注明适用“UCP LATEST VERSION”（适用 UCP 最新修订本），银行在审单时，以现行的《UCP600》作为审单的依据，因此，在缮制单据时，应注意不要与《UCP600》的规定有抵触，否则，也会被银行当成出单不符而退单或拒付。在缮制单据时还应注意满足进口国对贸易单证制作的特殊要求。

二、完整

单证的完整体现在以下几个方面：

1. 单据的种类必须齐全。各种所需单据必须齐全，不可或缺。如 FOB 合同，卖方必须提供装运单据，而 CIF 合同，卖方除了提供装运单据外，还必须提供保险单据。

2. 单据内容必须完备。单证都有它的特定作用，这种作用是通过单据本身的格式、项目、文字、签章等来体现的。如果格式使用不当、项目遗漏、文理不通、签章不全，就不能构成有效文件，也不能为银行所接受。如《UCP600》规定，提单中“承运人或其代理人签字”（Signed for or on behalf of the carrier）一栏的签署方法是：承运人或其代理人签字后还须标明其身份，即标明是承运人（As carrier）或是承运人的代理人[As agent for or on behalf of the carrier ×××（承运人的名称）]。若只签字而漏标其身份，即签章不全，银行将视其为交单不符来处理。

3. 单据份数必须完整。每种单据的份数要按信用证规定提供，不得遗漏。即使信用证未规定具体份数，如提单要求提供“Full set”（全套），必须提交提单表面注明签发的正本份数的全部数量的正本提单，如果只签发一份正本提单，提交这一份正本提单也构成全套。

三、及时

单证工作的时间性很强，各种单证都有一个适当的出单日期。信用证业务中虽未对所有出口单据都明确规定出单日期，但各种单据的出单日期在签发时必须符合国际惯例和逻辑性，如《UCP600》第 14 条 i 款规定“单据的日期可以早于信用证的开立日期，但不得晚于交单日期”。例如，提单日期不得迟于信用证规定的最迟装运日期；保险单、检验检疫证书和原产地证书的日期一般不得迟于提单日期。

另一方面，单据的时间性还反映在及时交单兑用。信用证关于及时交单兑用就是要求卖方（受益人）在交单兑用时要满足两个期限，即在信用证规定的有效期（Validity）和交单期（Period for Presentation）内交单兑用。按《UCP600》解释，如信用证有规定《UCP600》第 19 ~ 25 条中的正本运输单据，但未规定交单期限，则单据要在发运货物日（运输单据日）后 21 个公历日内，且要在信用证的有效期内交单兑用。

四、简洁

单证的内容应力求简洁，避免不必要的烦琐。要求各种单据在述及各项内容时，造句流畅，语法规范，措辞力求简明扼要。在制单实务中，往往除了要求商业发票的内容要按信用证的规定详细缮制外，其他单据的某些内容则可从简。例如，缮制发票的“货物描述”一栏时，必须按信用证具体规定的品名（Commodity）、规格（Specification）、尺码（Measurement）等一一反映在发票上，而在提单、保险单、原产地证书等“货物描述”一栏只需缮制货物的品名即可，且可使用与信用证中描述不矛盾的概括性用语。又如保险单中“Marks & Nos.”（运输标志）与开航日期（Slg. on or abt.）栏目的内容可分别简单地制成“As per invoice No. ×××”和“As per B/L No. ×××”即可。

五、清晰

清晰是指单证表面是否清洁、美观、大方，单据中各项内容是否完整。如果说正确和完整是单证的内在质量，那么清晰则是单证的外观质量。单证的外观质量在一定程度上反映单证员的业务水平和技术水平。单据清晰的具体要求是：单证格式的规范化，内容排列的行序整齐、字迹清晰，纸面洁净、格式美观等。不允许在一份单据上多处涂改，更改处一定要加盖校对章或简签，若涂改过多，应重新缮制单据。但修改应视具体情况而定，如商业发票是反映一整笔交易的中心单据，提单是物权凭证，汇票是支付工具，原产地证书是供进口国海关计征关税的依据等，这些主要单证一般不宜更改，以保持单证的真实性。

第三节　国际贸易单证的工作流转程序

一、信用证项下出口单证的工作流程

国际贸易单证的工作流转程序就是买卖双方履约的过程，由于贸易方式和运输方式的不同，也由于各出口企业的组织分工不同，单证工作的程序也不可能有固定模式。以 CIF 价格术语、即期议付信用证成交的出口合同为例，信用证项下出口单证的工作流转程序可概述为货（备货、报检）、证（催证、审证、改证）、船（托运、报关、保险）、款（制单、审单、交单兑用）四个基本环节。

（一）备货

备货工作是履行合同的基础。货物如属现货，卖方先将货物的出库资料（出仓单或提货单）与合同核对，核实应交货物的品质、规格、数量，确定“货同相符”，进行整理、包装和刷制运输标志；需要加工生产的期货，应与供货部门签订购货协议，落实生产，按规定交货。如是法检商品，须缮制“出境货物报检单”，办理申报检验检疫手续，以便获得“出境货物通关单”才能报关出运。

（二）货、证、船的衔接

在备货的同时，卖方应抓紧催促买方开证并在收到信用证后仔细审核，如信用证内容与合同条款不符，应尽早提请买方通过开证行修改信用证条款，并在接受信用证修改后才能办理租船或订舱手续。订舱时应按信用证条款缮制“托运单”（Shipping Note）或“订舱委托书”（Booking Note，B/N），递送船公司或委托货运代理公司预订舱位。

在此阶段，当“证同相符”时，要注意货、证、船的衔接，核对货物并计算货物的件数、毛重、净重、尺码、单价和金额等，为缮制单据准备各种数据。

（三）缮制商业发票和包装单据

商业发票载有合同的主要交易条款，如货物的品名、规格、数量、重量、单价和总金额等项目，

是卖方发货的清单，是缮制其他单据的中心单据。包装单据是商业发票的补充单据。商业发票缮制完成后，根据需要还可能要申请与本批货物相关的出口许可证或配额许可证等，供出口报关备用。

（四）缮制出口货物报关单

卖方必须在货物出运24小时以前凭出口货物报关单、合同、商业发票、装箱单、装货单（Shipping Order，S/O）（即托运单第四联）、出境货物通关单（如需要）及出口许可证（如需要）等单证向海关办理出口申报手续。经海关审核单证和查验货物，确认单货相符，手续齐全，便在装货单上加盖验讫放行章，然后即可凭以办理装船。

（五）缮制保险单证

以CIF或CIP条件订立的合同，卖方必须在货物集港之前缮制投保单，凭以向保险公司申请办理货物运输保险，并取得相应的保险单。保险单由保险公司缮制和签发。

（六）缮制提单

在出口货物装船完毕后取得船公司的配舱回单（即场站收据或托运单的第五联）及收货单（Mate's Receipt，M/R），这种收货单在装船完毕后，由大副审核属实后在收货单上签字，退给托运人。由大副签字的收货单即为“大副收据”。货代或托运人在货物装船后，凭“大副收据”到承运人或其代理人处换取正本提单（Bill of Lading，B/L）。在取得提单之前，须认真做好提单信息的核对工作，确认提单各栏目内容与实际装运的货物及信用证要求一致。

（七）缮制装船通知

按照国际贸易惯例或信用证的要求，货物装船后，卖方应及时向买方发出装船通知（Shipping Advice），以便买方准备付款赎单、办理运输保险（如需要）、进口报关和接货等手续。

（八）审单与交单兑用

在取得正本提单后，卖方应对所有单证进行一次全面性的审核。确认全套单据是否齐全完备，单单之间、单证之间是否相符，单证份数是否满足信用证要求，单证上的签章是否齐全等，在确保单证相符、单单相符的情况下，缮制汇票（如信用证要求）并在信用证规定的交单期和有效期内向银行交单兑用。

二、信用证项下进口单证的工作流程

以不同的贸易术语成交的进口合同操作流程略有不同，如按FOB价格条件和信用证结算方式成交，履行此类进口合同的一般程序是：开立和修改信用证（或有）、安排运输和办理保险、审单和付款、报检报关、索赔（或有）。

（一）申请开立信用证

进口合同签订后，买方缮制开证申请书并在合同规定的期限内，随附购买外汇申请书、合同、可能需要的进口许可证等文件向开证行申请开立信用证。

（二）开立信用证和修改信用证

开证行应开证申请人（买方）的申请开出信用证并通过电讯传递或信函寄交国外通知行，由通知行将其转交卖方（信用证的受益人）。信用证如需修改，由买方（信用证的开证申请人）缮制信用证修改申请书,向开证行递交改证申请书,办理修改信用证手续。

(三)安排运输和办理保险

在收到卖方预计装船日期的通知后及时办理租船或订舱手续,并将船名、航次及船期或委托办理运输的货代公司名称通知卖方,以便卖方备货及联系装运。

在办理保险业务时,买方可以办理预约保险,即与保险公司事先签订预约保险单(Open Policy),对每批进口货物,买方在收到国外装运通知时,即通知保险公司,保险立即生效。当进口货物数量不大时,买方也可以采取逐笔投保方式,即当收到卖方发货通知后,缮制投保单,送交保险公司,保险公司根据投保单内容缮制并签发保险单。

(四)审单付汇

按《UCP600》的规定,开证行收到国外指定银行寄交的单据和汇票后,必须在收到单据次日起 5 个银行工作日内,对单据进行审核和处理,开证行在审单无误后,就应直接对外办理付款,不必事先征得开证申请人的同意。在我国,通常的做法是开证行审单后送交进口企业,再经进口企业审核认可后,开证行即对外付款。

(五)进口通关

货物抵港后,进口企业凭提单与到货通知向船公司或其代理换取提货单,办理进口货物申报手续即通关手续。如是法检商品,由进口企业或其代理缮制入境货物报检单,随附商业发票、包装单据、提货单、合同等文件申报进口货物检验检疫手续,检验检疫机构在提货单上盖放行章,发放入境货物通关单。

然后缮制进口货物报关单随同商业发票、包装单据、提货单、合同、入境货物通关单(如需要),还有可能需要的进口许可证等文件办理通关手续。海关验讫,在提货单上加盖放行章,进口企业凭以向船公司或其代理办理提货手续。

第四节　与国际贸易单证相关的国际贸易惯例

国际贸易惯例(International Trade Customs)是指在长期的国际贸易实践中形成的习惯性做法。这些习惯性做法由国际组织或某些国家的商业、学术团体加以规范成文,成为国际贸易活动中当事人的行为准则。与国际贸易单证相关的国际贸易惯例有:

一、《跟单信用证统一惯例》(UCP)

国际商会(International Chamber of Commerce,简称 ICC)制定的《跟单信用证统一惯例》(The Uniform Customs and Practice for Documentary Credits,2007 年修订本,第 600 号出版物)通常被称为《UCP600》。

该惯例明确了信用证业务的各种注意事项,以及各有关当事人的责任、权利和义务,对信用证项下单据的要求做了较详尽的规定,规范了信用证结算方式的操作。该惯例是世界上最具影响力、使用频率最高、最为成功的国际惯例之一,目前世界上 100 多个国家和地区近万家银行在信用证上声明适用 UCP。本书将在各章节中对涉及《UCP600》的相关内容进行解析。

二、《审核跟单信用证项下单据的国际标准银行实务》(ISBP)

国际商会2002年制定的《审核跟单信用证项下单据的国际标准银行实务》(International Standard Banking Practice for the Examination of Documents under Documentary Credits),简称《国际标准银行实务》或《ISBP》,为国际商会第645号出版物,简称《ISBP645》。为适应UCP600的修订,ISBP分别于2007年、2013年做了两次修订,对应的修订本分别为《ISBP681》《ISBP745》。

该出版物对信用证结算方式下的各种主要单据的标准做了较详细的规范和说明,是一个供单据审核员在审核跟单信用证项下提交的单据时使用的审查项目(细节)清单。ISBP作为UCP必不可少的补充,缩小了概括性的UCP规则与信用证使用者日常操作之间的差距,成为信用证单据业务中不可或缺的工作准则。

三、《〈跟单信用证统一惯例〉电子交单补充规则》(eUCP)

国际商会制定的《〈跟单信用证统一惯例〉电子交单补充规则》(Supplement to UCP for Electronic Presentation),简称《eUCP》。

制定该惯例是为适应电子通信技术的发展及其在国际经贸领域的广泛应用,以填补有关电子交单规定的空白,《eUCP v.1.0》适用于《UCP500》;《eUCP v.1.1》适用于《UCP600》。《eUCP》的制定将使世界金融、国际贸易无纸化的实现加快速度。

四、《国际备用信用证惯例》(ISP98)

国际商会制定的《国际备用信用证惯例》(International Standby Practices 1998),简称ISP98。

该惯例反映了已被广泛接受的有关备用信用证的惯例、习惯和用法,如同UCP对于商业信用证和独立银行保函所起的作用一样,《ISP98》为备用信用证提供了单独的规则。

此外,国际商会还就托收结算方式制定了《托收统一规则》(Uniform Rules for Collections, 1995 Revision No. 522),简称《URC522》。该规则于1996年1月1日起施行。《URC522》统一规范了托收结算方式项下各方当事人的责任、权利和义务。

第五节 国际贸易单证的发展趋势

国际贸易单证交易依然是国际货物贸易的一大特点,制作一套合格的单证是国际货物贸易的主要组成部分。传统的国际贸易单证都是手工制作,内容繁杂,形式多样,份数也多。一笔业务经常要缮制数十种单据,加上副本甚至可达到上百份,其中任何一个差错都会给国家、企业造成莫大损失。国际贸易单证的简化、标准化与电子化也就成为国际贸易单证发展的主要趋势。

一、国际贸易单证的简化

瑞典是最早进行单据简化的国家,20世纪50年代创设出一种“套合一致”的单据形式,不仅减少了70%的制作费,还降低了差错率。为了实现单证的简化和规范化,减少国家间在单证方面的争执,促进国际贸易的发展,联合国贸易简化与电子业务委员会(UN/CEFACT)从20世纪60年代就开始了国际贸易单证格式标准化的尝试,并于1981年发布了第一个推荐标准“联合国贸易单证样式”，设计各种标准化的单据，使之格式化；同时减少单证份数，精简单证内容。如精简提单正本份数，取消领事签证发票，用商业发票代替海关发票等，使用正面没有船公司名称、背面没有详细条款的简式提单，这样船代公司就不必保存不同的船公司提供的各种提单，在使用时，只要打上船公司的名称即可，而提单背面的条款可予以简化。

二、国际贸易单证的标准化

单证标准化的目的是，既要使国际贸易能顺利开展，又要使各方在理解和执行单证所述及的内容方面获得一致。对此，联合国设计并推荐使用下列国际标准化代号和代码。

1. 运输标志(唛头)代码：由收货人简称、参考号、目的地、件号四个部分组成。

2. 国家和地区代码：由两个英文字母组成。如中国—CN、英国—GB、美国—US。

3. 货币代号：由三个英文字母组成，前两个符号代表国名，后一个符号代表货币。如人民币—CNY、英镑—GBP、美元—USD。

4. 地名代码：由五个英文字母组成，前两个符号代表国名，后三个符号代表地名。如上海—CNSHG、伦敦—GBLON、纽约—USNYC。

5. 用数字表示日期代码：由 YYYY-MM-DD(年-月-日)8 个数字组成，如 2014-11-19。

使用国际标准代号和代码有利于规范化和电脑处理，也是单证改革的一个方面。

三、国际贸易单证的电子化

进入 20 世纪 80 年代后，计算机储存量大、运算能力强和编辑功能强等优点很快就被运用到国际贸易单证制作中。如利用 Word、Excel 等办公软件进行制单，操作简便、功能齐全、速度快捷，对单据录入信息可方便地进行修改、复制、剪切、粘贴、储存等操作，还可以综合处理文字与表格。

进入 20 世纪 90 年代，以信息技术尤其是网络技术为基础的电子商务迅速发展和普及，如运用 IT 技术，使用电子报检和报关、电子签名、电子原产地证书、电子配额许可证的申领等。又由于 EDI 技术的采用，使传统纸质单证体系变为数据，过去由人工处理的纸质单证逐渐被计算机自动处理的 EDI 报文所取代，国际贸易单证成为“无纸贸易”(Paperless Trade)。单证电子化突破了时空的限制，大大提高了贸易效率，降低了贸易成本。电子单证的优势还在于确保有关票据、单证的安全、迅速处理，从而加速资金的周转。

思考与练习

1. 列出国际贸易单证的四种分类标准，并简述由此分类而产生的不同类别的单证名称。

2. 缮制国际贸易单证的基本要求是什么？

3. 在缮制出口单据的各项要求中，“正确”至少包括哪三个方面的内容？

4. 简述信用证方式结算货款时银行与出口企业审核单据的标准。

5. 卖方(受益人)及时交单，应满足信用证规定的哪三个期限及《UCP600》的哪些规定？

6. 简述与信用证业务相关的国际惯例。

7. 简述联合国推荐使用的运输标志代码、国家和地区代码、日期代码以及货币代码的组成。

8. 为什么制单要先从商业发票和装箱单这两种单据开始？

▪第二章▪　开证申请书

【学习目标】 了解进口商申请开证的一般程序与注意事项；掌握根据贸易合同缮制开证申请书的操作；了解信用证的修改程序与修改申请书的缮制。

第一节　申请开立信用证

进口商与出口商签订以信用证为结算方式的国际货物买卖合同后，进口商应在合同规定的时间内向有关银行申请开立信用证，这是履行进口合同的第一步，是进口业务的重要环节，从这一点上看，申请开证的进口商（开证申请人）是信用证业务的发起人。

一、申请开立信用证的程序

进口商在合同规定的时间内向其外汇账户开户行或其他经营外汇业务的银行申请开立信用证手续，具体程序如下：

（一）递交有关合同的副本及附件

进口商在向银行申请开证时，要向银行递交有关买卖合同的副本及外贸进口批文（如进口配额许可类证明、机电产品进口登记证明等）、外汇管理部门规定的有关文件（如购汇申请书、进口付汇备案表等）等必要的附件。

（二）填写开证申请书

进口商根据银行规定的统一格式填写开证申请书，一式三份，其中一份交银行，另两份交公司的业务部门和财务部门留存。开证申请书是银行开立信用证的依据，也是进口商凭以审核收到的装运单据并据以向开证行付款赎单的依据，因此必须符合买卖合同的具体规定，列明对信用证的各项要求，内容要明确、完整，无词义不清的记载。

（三）缴付保证金

银行一旦接受进口商的开证申请对外开出信用证，则构成银行独立的对受益人（出口商）的付款承诺，在受益人相符交单时须承付信用证项下款项，而信用证项下的单据是进口商要求的，如果进口商不来付款赎单，处理单据项下的货物将非常麻烦并会对银行带来资金方面的损失及声誉方面的损毁，因此，开证时银行一般都会要求进口商按开证金额缴付一定比例的保证金，此比例视进口商的资信状况而定，从百分之几到百分之几十不等。在我国的进口业务中，企业开证金额在其银行账户人民币或外汇存款余额或综合授信额度内的，经申请，银行可直接开证；或者银行会根据不同的企业和交易情况，要求开证企业缴付一定比例的人民币保证金，然后银行才开立信用证。

（四）支付开证手续费

开立信用证是银行有偿服务的一项中间业务，因此进口商在申请开证时，须按规定支付给银行一定金额的手续费。

（五）银行开立信用证

银行在对进口商提交的开证申请书、开证必须提供的有效文件进行审查以及对申请开证的进口商进行资信调查后，决定是否接受其申请。如果接受，银行会根据进口商的资信及资产状况收取保证金或抵押品、质押品，然后按照其开证申请书的要求开立正式的信用证，并向银行在受益人所在地的代理行或联行发出信用证，指示其代为通知受益人，同时将信用证副本送交开证申请人，收取开证手续费。

二、申请开立信用证应注意的问题

1. 开证时间。如果买卖合同规定开证期限，进口商应在规定的期限内开立信用证；如果没有规定开证期限，合同有装运期的起止日期，那么最迟应让出口商在装运期的第一天就收到信用证；如果合同只规定最晚装运日，那么进口商应在合理的时间内开证，一般掌握在合同规定的最晚装运日前一个月到一个半月，以给足出口商备运的时间，保证出口商在收到信用证后能在合同规定的装运期内出运货物。

2. 申请开证前，要落实付汇的外汇来源，如果进口商品受许可证管理，还须办妥进口许可证申领的相关手续。

3. 填写开证申请书时要保证其内容与买卖合同一致，银行根据申请书的内容缮制开立正式信用证，买卖合同约束的是进出口商双方，开证申请书约束的是申请开证的进口商与开证的银行，信用证约束的是开证行与作为受益人的出口商，它们是相互独立的，因此，合同中规定的要在信用证中明确的条款都须在申请书中列明，尽量不要使用“As per Contract No.××”（参阅第××号合同）或“Goods As per Proforma Invoice No.×× Date yyyy-mm-dd”（货物详见某年某月某日签署的第××号形式发票）等语句，更不能将有关贸易合同或形式发票作为信用证附件附在信用证之后。

4. 如合同规定为远期付款时，要明确信用证的兑用方式是承兑还是延期付款，相应地来确定远期汇票的期限或延期付款的时间。价格条款必须与相应的单据要求以及费用负担、表示方法等不相矛盾，如合同采用 CIF 或 CIP 价格术语时，开证申请书应该表明要求出口商提交“Freight Prepaid”（运费预付）的运输单据，并对保险单做出要求，如果要求提交“Freight Collect”（运费到付）的运输单据，或不要求保险单就是与合同的贸易条件相矛盾。

5. 信用证项下银行处理的是单据，不涉及相关合同与货物，为了使货物质量符合合同规定，进口商可在申请书中要求出口商提供商品检验机构签署的装船前检验证明，明确货物的规格品质，并指定检验机构（须在合同中明确约定）。

6. 申请书的内容应该明确填写，应明确规定各种单据的出单人（商业发票、运输单据、保险单及汇票除外）以及各单据应表述的内容。

7. 进口商在根据合同填写开证申请书时，须把合同中的要求转化为要求在信用证中规定的单据，在开证申请书中列明，以便开证行开证时照搬，如果开证申请书只是照搬合同的规定条件，而没有列明应在何种单据中满足这些条件，那么银行最后审单时会认为此为非单据条款，将不予理会。

8. 国外通知行由开证行指定。如果出口商在合同中指定了通知行，仅供开证行选择通知行时做参考。如果该行与开证行无代理或往来关系，开证行一般会给开证行国外的代理行发送信用证，然后在发送的信用证中把这家申请人指定的通知行列在57a项下（SWIFT开证时），作为收讯银行以外的通知行，由收讯银行决定是直接把信用证通知出口商还是把信用证转给57a项下的银行由其通知（这时这家银行叫第二通知行）。

9. 合同中应该明确是否允许部分装运、是否允许中途转运、是否接受第三方单据或只是接受或不接受第三方运输单据，开证申请书也应根据合同相应条款明确表示。

10. 我国的银行开证一般不接受保兑条款，因此不应签订有保兑条款的信用证结算合同，以免造成开证时的被动。

11. 因对第一受益人的资信难以了解，我国银行一般也不开立可转让信用证（Transferable L/C），但在特殊情况下，如大额合同项下开证要求多家出口商交货，照顾实际需要可与银行协商开出可转让信用证。此外，我国银行一般也不开接受电讯索偿条款（T/T Reimbursement Is Acceptable）的信用证。

第二节　开证申请书

开证申请书是银行开出正式信用证的依据，目前我国银行使用的开证申请书的格式有两种。一种是以中国银行为代表的遵从ICC516标准的老格式（见表2－1），另一种是以中国工商银行为代表的SWIFT格式信用证申请书（见附表1－1），这种格式标上了SWIFT MT700格式信用证的项目号，比较直观地反映出信用证开证申请书与正式信用证对应内容间的关系，两种格式虽形式不尽相同，但主要内容基本上一致，均包括两个部分：第一部分是信用证内容，在申请书的正面，是开证银行凭以向国外受益人开证的依据；第二部分是进口商对开证行的声明和保证，用以明确双方的责任，在申请书的背面。

开证申请人填制开证申请书后，连同所需附件交开证行，向开证行申请开具信用证。

一、信用证申请书的内容与缮制

开证申请书的正面内容是开证申请人对开证行的法律有效文件，其正本一般是由银行印发，其内容由申请人填写。现以表2－1中国银行的开证申请书为例介绍如下（为解释方便，作者对各栏目进行了编号）：

1. 文件名称：IRREVOCABLE DOCUMENTARY CREDIT APPLICATION，不可撤销的跟单信用证申请书。

2. 致开证行（To）：此栏一般已印就开证行名称，或只需要填分行名称就行。

3. 申请开证的日期（Date）：即申请人填写本申请书的日期。

4. 信用证的传递方式：有四种方式可供选择，依次为Issue by airmail（航空邮寄通知）、With brief advice by teletransmission（简电通知）、Issue by express delivery（快递通知）、Issue by teletransmission（电讯通知），在所适用项前面的“□”中打“×”表示选择该项。须注意航邮通知与快递通知都是信开方式，只是在传递方式与传递速度上会有差别；如果选择了简电通知，须同时在其他三项中选择一项正式信用证的传递方式;在选择电开时,还需注明是电报开证(Cable)、电传开证(Telex)还是 SWIFT 开证,当然现在大多数银行的电开证都是 SWIFT 电讯传递。

5. 信用证的类型与号码(Number):根据《UCP600》对信用证的定义,所有信用证均为不可撤销信用证,不可撤销跟单信用证(IRREVOCABLE DOCUMENTARY CREDIT)一般已印制在申请书上,如果需要保兑或可转让等可以在此加上(有的银行如我国交通银行的开证申请书有专门的是否保兑条款,是否可转让条款等供申请人选择)。信用证的号码是开证行对其开出的信用证的业务编号,由开证行编写。

6. 信用证的截止日期和截止地点(Date and place of expiry):此栏由开证申请人填写,填写时须注意合同中装运期及交单期条款的规定,应该按此公式加以把握:31D≥44C+48,31D 是 expiry date,信用证有效期;44C 是最后装运日(详见第 12 项);48 是信用证中规定的交单期限(详见第 18 项之 2)。到期的地点应该按合同约定填,合同没约定的,为方便受益人工作应选择在受益人所在国家。另外,这个地点还应是下面第 15 项内容中的信用证兑用银行所在地。

7. 开证申请人(Applicant):填写与合同中一致的买方的名称、地址并注明电话、传真等号码,以便于联系。

8. 受益人(Beneficiary):应填写与合同中一致的卖方的名称及详细地址、电话、传真号码等。

9. 通知行(Advising Bank):此栏一般留空供开证行选择,但如果是合同卖方有要求通过某家银行通知信用证,可以在此栏填列,供开证行参考,如果开证行与该银行无往来或代理行关系,开证行一般不会直接把信用证发给这家银行。

10. 部分装运(Partial Shipments):应根据合同的规定明确表示"Allowed"(允许)或"Not Allowed"(不允许),在选择项目前面的"□"中打"×"表示选择该项。

11. 转运(Transshipment):应根据合同的规定明确表示"Allowed"(允许)或"Not Allowed"(不允许),在选择项目前面的"□"中打"×"表示选择该项。

12. 装运条款(Loading on Board/Dispatch/Taking in Charge at/from):货物的装运港或发货地或承运人接收货物的地点,要按合同的约定来填写,即根据合同规定填写装运地(港)及目的地(港)、最晚装运期,如果需要转运,则应写明转运地(港)。

最晚装运日(not later than):按照合同约定填写。

卸货港/最终目的地/交货地(for transportation to):要按合同的约定来填写。

13. 价格术语(Terms):选择与合同一致的价格术语,在其前面的"□"中打"×",在术语后面加上其在合同中所接的地名或港口名称,如果合同中的价格术语不在印就之列,选择"or other terms(其他术语)"项,然后在其后面完整地标上合同中约定的价格术语。

14. 信用证金额(Amount):应该按合同中约定的凭信用证结算的金额,不一定是合同全额(详见 15 项汇票条款说明)。填写时须填大小写金额,即用阿拉伯数字与英文单词分别表示金额(In figure and word),并且币种要表示清楚,应与合同币种一致。信用证金额是开证行付款的最高限额,必须根据合同的规定明确表示清楚,如果允许其金额有一定比例的上下浮动幅度,应该写清楚。

15. 信用证兑用银行与兑用方式的选择(Credit available with):本栏须填一家信用证可在其处兑用的银行,这家银行应该与下面信用证四种有效兑用方式结合选择,即 by sight payment(即期付款)、by acceptance(承兑)、by negotiation(议付)、by deferred payment(延期付款)。兑用方式如何选择应根据合同的规定,在所适用方式前的"□"中打"×"。一般即期付款与延期付款及承兑的信用证的兑用银行填开证行,议付的信用证的兑用银行可依据合同选择通知行、出口商所在地的通知行以外的另一家银行或任一银行,如果填写任一银行(any bank),则应是合同规定的可自由议付的信用证。如果兑用方式是 by deferred payment(延期付款),还须在其后所接的介词 at 处填列以确定的方式表达的将来延期付款的时间;如果兑用方式是承兑或议付,则还须选择填写下面的汇票条款(在 and beneficiary's draft 前面的"□"中打"×"),即期付款(sight payment)与延期付款信用证则无须选择汇票条款。

汇票条款(Draft):for ____% of invoice value 为汇票金额与发票金额的比例,应根据合同的规定,填写信用证项下应支付发票金额的百分比。如合同规定所有货款都用信用证结算,则应填写信用证项下汇票金额是发票金额的100%。如果合同规定该笔货款70%用信用证结算,30%预付款,则应填写信用证项下汇票金额是全部发票金额的70%,这个金额一般与上面第14项的信用证金额一致,如合同金额含有佣金或折扣,支付时扣除佣金与折扣,则这个比例也不是100%发票金额,需按具体的佣金率或折扣率减去相应金额。

介词 at 后面填汇票的付款期限,如即期应填写 at sight;如果是远期,应按合同的约定期限表达方式填写,如"at 30 days after sight"(见票后30天付款)、"at 45 days after B/L date"(提单日后45天付款)等。

介词 on 后面填汇票付款人,根据《UCP600》规定,信用证项下汇票的付款人必须是开证行或指定付款行,不能是开证申请人,因此申请人填写时可填"you""issuing bank"或"opening bank",开证行在最后开出信用证时除可按申请人的指定由开证行付款外,也可以根据实际需要指定另一家银行作为汇票付款人。

16. 单据条款(Documents Required):信用证所要求的单据其实是开证申请人在货物进口办理清关手续时需要的,因此在填写开证申请书时应根据进口国对该进口货物的要求选择相应的单据。一般的开证申请书银行都会事先印就一些单据条款,本申请书银行印制好的单据要求共有13条,其中第1条到第12条是针对具体的单据,第13条是"其他单据",即以上12种单据以外的单据要求,可填在第13条中,填制单据条款时应注意:①在所需要单据前的括号里打"×";②在所选择单据条款后填写具体的要求,如果印制好的要求不完整,可在该单据条款后面补充填写;③必须严格按照合同规定填写单据条款,既不能随意提出超出合同规定的要求,也不能随意降低或减少合同规定的要求。

17. 货物描述(Covering):货物描述主要包括货物名称、规格、数量、包装、单价等内容,所有内容都必须与合同规定的相一致。如果合同的货物描述等内容过于繁多,可加注"详情参照……合同"(Detail as per S/C No. ...)。

18. 附加条款(Additional Instructions):印制好的有7条,其中第1~6条是具体的条款要求,如果需要可在其前面的括号里打"×",如果有其他附加条款,可根据合同规定和买方的具体需要填写在第7条"Other terms, if any"(若有其他条款,在此填列)中。

本项中印就的6个条款的内容依次为:

(1) All banking charges outside the opening bank are for beneficiary's account.

开证行以外的所有银行费用由受益人支付。

(2) Documents must be presented within ________ days after the date of issuance of the transport

表 2－1　中国银行信用证开证申请书

IRREVOCABLE DOCUMENTARY CREDIT APPLICATION (1)

TO: ____________(2)____________ Date: (3)

□Issue by airmail □With brief advice by teletransmission (4) □Issue by express delivery □Issue by teletransmission (which shall be the operative instrument)	Irrevocable Documentary Credit | Number (5) Date and place of expiry (6)
Applicant (7)	Beneficiary (8)
Advising Bank (9) Ref. nr	Amount (14)
Partial shipments (10) □Allowed □not allowed Transshipment (11) □Allowed □not allowed	Credit available with (15) □by sight payment □by acceptance □by negotiation □by deferred payment at against the documents detailed herein □and beneficiary's draft for % of invoice value at on
Loading on board/dispatch/taking in charge at/from (12) not later than for transportation to:	
□FOB □CFR □CIF (13) □or other terms	

Documents required: (marked with ×) (16)

1. ( ) Manually Signed Commercial Invoice in copies indicating this L/C No. and Contract No. (Photo copy and carbon copy not acceptable as original)
2. ( ) Full set (included original and non-negotiable copies) of Clean On Board Ocean Bills of Lading made out to order and blank endorsed, marked "Freight " Notifying
3. ( ) Air Waybills showing "Freight " and consigned to
4. ( ) RailWay Bills showing "Freight " and consigned to
5. ( ) Memorandum issued by consigned to
6. ( ) Full set (included original and copies) of Insurance Policy/Certificate for 110% of the invoice value, showing claims payable in China in currency of the draft blank endorsed, covering ([ ] ocean marine transportation/[ ] air transportation/[ ] overland transportation) All Risks and war Risks.
7. ( ) Weight Memo/Packing List in copies issued by indicating quantity/gross and net weights of each package and packing conditions as called for by the L/C.
8. ( ) Certificate of Quantity/Weight in copies issued by indicating the actual surveyed quantity/Weight of shipped goods as well as the packing condition.
9. ( ) Certificate of Quality in copies issued by
10. ( ) Beneficiary's certified copy of cable/telex dispatched to the applicant within hours after shipment advising [ ] name of vessel/[ ] flight No./[ ] wagon No. date, quantity, weight and value of shipment.
11. ( ) Beneficiary's Certificate certifying that extra copies of documents have been dispatched according to the contract terms.
12. ( ) Shipping Co's Certificate attesting that the carrying vessel is chartered or booked by Applicant or their shipping agents.
13. ( ) Other documents, if any:

Covering: (17)

Additional instructions: (18)

1. ( ) All banking charges outside the opening bank are for beneficiary's account.
2. ( ) Documents must be presented within days after the date of issuance of the transport documents but within the validity of this credit.
3. ( ) Third party as shipper is not acceptable. Short form/bank back B/L is not acceptable.
4. ( ) Both quantity and amount % more or less are allowed.
5. ( ) Prepaid freight drawn in excess of L/C amount is acceptable against presentation of original charges voucher issued by shipping Co./Air Line/or it's agent.
6. ( ) All documents to be forwarded in one cover, unless otherwise stated above.
7. ( ) Other terms, if any:

Account No.: with ______________________ (name of bank)
Transacted by: (19) (Applicant: name, signature of authorized person)
Telephone No.: (with seal)

documents but within the validity of this credit.

单据须在运输单据签发日后________天内提交，且须在信用证的有效期内。

(3) Third party as shipper is not acceptable. Short form/blank back B/L is not acceptable.

第三方作为托运人不接受，简式提单/背面空白的提单不接受。

(4) Both quantity and amount ________% more or less are allowed.

数量与金额上下浮动________%是可接受的。

(5) Prepaid freight drawn in excess of L/C amount is acceptable against presentation of original charges voucher issued by shipping Co./Air Line/or it's agent.

可接受凭提交船公司或航空公司或其代理人开具的正本的运费发票超证支取预付的运费。

(6) All documents to be forwarded in one cover, unless otherwise stated above.

除非上面另有规定，所有单据须一次性寄送。

19. 申请人信息：填写申请人的开户银行、银行账号、申请人（法定代表）签字以及联系电话等信息。

账号（Account No.）：填申请人的银行账号；with 后填该账号的开户银行。

执行人（Transacted by）：填联系人。

电话（Telephone No.）：填联系电话。

申请人（Applicant）法人代表（name, signature of authorized person）：此处填开证申请人（公司）名称、盖公章以及授权人的签字。

二、信用证的修改申请

（一）申请信用证修改的程序

开证行应开证申请人请求开出信用证后，开证申请人认为或者应受益人的要求，需要对原信用证的内容或条款进行修改时，可向开证行提出申请，银行凭修改申请书办理，其具体手续如下：

1. 申请人提交信用证修改申请书。修改申请书的内容应包括：需修改的信用证号码及修改内容。

2. 银行审查修改申请书的内容。开证行收到信用证修改申请书后，应根据申请书所列的证号，调出存档的原信用证副本对照审核。

(1)修改申请书所列的证号、申请人名称必须与银行存档的原证相符，以免串证或重复修改。

(2)修改后的条款之间应无相互抵触之处。

(3)修改后的条款对开证行以及其国家应无不利之处。

(4)修改的内容如与原证有关的条款相矛盾，须提醒申请人做相应的修改，使修改后的信用证各条款之间相互吻合、衔接。

(5)凡增加金额的修改，需补足增额部分的资金或增加抵押品或质押品。

3. 缮制信用证修改通知书。银行审核修改申请书后，可缮制修改通知书（详见第三章 SWIFT MT707 格式），按原信用证的通知路径向各有关当事人发出信用证修改通知书。开证行应收取信用证修改手续费，如手续费由受益人支付，须在修改通知书中列明，等相符交单偿付时扣除相应费用。

4. 存档与备份。修改通知书发出后银行应将修改通知书副本按修改日期依次粘附于信用证留底备查，同时，将另一副本送交申请人。

（二）信用证修改申请书的缮制

与开证申请书一样，各银行的信用证修改申请书也有其固有的标准格式（见表 2－2、附表 1－2），但在具体内容上都大致相同，现以表 2－2 新加坡星展银行香港分行信用证修改申请书为例介绍如下（为解释方便，作者对各栏目进行了编号）：

1. 银行编号，开证行对本信用证修改申请书的编号，由银行编写。

2. 原信用证号码，申请人应注明原信用证号码，以便开证行核对。

3. 致开证行的申请信用证修改的日期。

4. 开证申请人的全称与地址（须与原证一致），联系人、联系电话与传真号码。

5. 修改之前的信用证受益人的全称与地址（须与原证一致），本栏是修改前的受益人，如信用证需修改受益人，须在第 9 栏填列。

6. 通知行，此栏留空由开证行处理，按《UCP600》的规定，信用证修改书的通知须由原信用证的通知行通知。

7. 信用证修改书的传递方式，四种选择依次为电讯通知、挂号信通知、快递通知、在开证行柜台交给开证申请人或受益人，选择相应的通知方式并在前面的“□”中打“×”，选择第四项时，还应该在开证申请人或受益人的“□”中打“×”表示是在柜台交给申请人还是受益人，这种通知方式与香港特殊的地理位置与贸易环境相关。

8. 相关的内容修改，从上至下依次为：

第一行为信用证金额增额修改，前面横杠填原金额，后面横杠填增加后的金额。如果金额无须修改，此行留空，如果金额是做减额修改，则须在第 9 栏标明，此行留空。

第二行为信用证有效期的展期，把延长后的截止日填列在横杠处。如果信用证截止日无须修改，此行留空。如果信用证有效期需缩短，须在第 9 栏填写，此行留空。

第三行为最后装运日的展期，把延长后的最后装运日填列在横杠处。如果最后装运日做了延长修改，第二行的信用证截止日也应做等距延长；如果最后装运日无须修改，此行留空；如果最后装运日需要提前，须在第 9 栏填写，此行留空；如果原证不是使用最后装运日（Latest Date of Shipment）表示装运期，而是表示为装运期间（Shipment Period），那么其修改应在第 9 栏表明，此行留空。

第四行、第五行是对分批装运与/或转运的修改，选择对应的允许或不允许的“□”打“×”，如无须修改，则留空。

9. 非第 8 栏列明的项目的修改都可在本栏描述。除第 8 栏与本栏列明的修改内容外，原信用证的其他条款保持不变。

10. 本项内容主要表明修改费用由谁负担，在前一个“□”打“×”表明由受益人负担，如果在后一个“□”里打“×”，则表明由开证申请人支付改证费用，需在下面的 account No. 中填上供扣费的银行账号，在 fax number 中填上接收修改书副本的申请人传真号码。

11. 开证申请人盖章签字处。

12. 开证行审批栏。

表 2-2 新加坡星展银行香港分行信用证修改申请书

DBS 星展银行

Bank Ref: ____________(1)

APPLICATION FOR AMENDENT TO DOCUMENTARY CREDIT

<table>
<tr><td>TO: DBS Bank (Hong Kong) Limited ("the bank", "you", or "your", including, in each case, successors and assigns)
(3)
Date: ________</td><td>AMENDMENT TO DOCUMENTARY CREDIT NUMBER ______ (2)
This amendment if accepted by the bank is to be considered as part of the above credit and must be attached thereto</td></tr>
<tr><td>Applicant (Full Name and Address)
________ (4)
Contact Person: ________
TEL Number: ________ FAX Number: ________</td><td>Beneficiary (Full name and Address)
________ (5)</td></tr>
<tr><td>Advising Bank (For Bank Use Only)
________ (6)
Advising Bank ref.</td><td>Please amend the above mentioned documentary credit by:
☐Full Telex/swift (7)
☐Registered Airmail
☐Courier Service
☐Delivery at your counter by
(☐Applicant ☐Beneficiary)</td></tr>
<tr><td colspan="2">Amount of credit increased by ______ to ______ in all.
The expiry date of the credit is extended until ______. (8)
The latest shipment date is extended until ______.
Partial shipment are ☐ allowed ☐ not allowed.
Transshipment is ☐ allowed ☐ not allowed.</td></tr>
<tr><td colspan="2">Other amendments:
________ (9)
All other terms and conditions remain unchanged.</td></tr>
</table>

This application for amendment to the Documentary Credit shall be governed by the provisions of the Uniform Customs and Practice for Documentary Credit, to which the Documentary Credit is subject.

This amendment charge is for A/C ☐ Beneficiary ☐ Applicant and to be debited to my/our account No. ____.

Please fax DC copy fax number ______(10)

-End of Application Form-

We declare that this application form is produced from the standard template of the Bank and we understand any unauthorized amendment to the text of the form will be invalid and of no effect (Whether or not the amended form is accepted by any of your staff and/or acted upon by your Bank)

<table>
<tr><td colspan="4">For Bank Use Only (12)</td></tr>
<tr><td colspan="4">Date</td></tr>
<tr><td>CSO</td><td>Processor</td><td>Releasr1</td><td>Releasr2</td></tr>
</table>

________(11)________

Authorized signature(s) & Company's stamp

思考与练习

一、思考题

1. 简述开证申请的程序。

2. 开证申请书的背面条款一般有哪些内容？

3. 缮制开证申请书时应注意哪些事项？

4. 信用证金额、汇票金额、发票金额与合同金额之间是什么样的关系？

5. 简述信用证修改申请的程序。

6. 信用证的受益人可以办理信用证的修改吗？信用证的受益人可以被修改吗？

7. 为什么开证行不愿意开出接受电讯索偿条款的信用证？

二、实操题

1. 根据 P51 的销售合同，以进口商身份，缮制一份开证申请书（参考表 2 – 1 的开证申请书样式）。

2. 根据第三章 P36 的信用证样例，以进口商身份，还原这份信用证的开证申请书（参考附表 1 – 1 的开证申请书样式）。

第三章 信用证

【学习目标】 了解信用证的特点与信用证有关当事人的权利和义务；熟悉信用证的基本条款以及SWIFT信用证的格式与内容；理解信用证条款并掌握审核信用证的要领；掌握修改信用证的方法；熟悉有关信用证的国际惯例。

第一节 信用证概述

一、信用证的定义与特点

（一）信用证的定义

信用证（Letter of Credit，L/C）意指一项约定，无论其如何命名或描述，该约定不可撤销并因此构成开证行对相符提示予以承付（honor）的确定承诺。这是《UCP600》对信用证的定义。其意解释如下：

1. 信用证是银行开立的有条件支付款项的确定的书面承诺。

2. 在信用证的有效期内，未经受益人（通常为出口商）及保兑行（如有）的同意，开证行不得任意修改信用证的内容，更无权擅自撤销信用证。

3. 自信用证开立之时起，开证行即不可撤销地受到承付责任的约束。即在信用证的有效期及交单期内，只要受益人提交与信用证规定相符的全套单据，开证行就必须按规定向受益人支付信用证款项。

（二）信用证的特点

依信用证的定义可得出信用证具有以下特点：

1. 信用证是一种银行信用，开证行承担第一性付款的责任。

只要受益人提交的单据表面符合信用证、《UCP600》及《ISBP745》的规定，开证行就必须履行第一性的付款责任。

2. 信用证是一项自足文件。

信用证的开立必须以买卖合同为基础，但一经开立，信用证就成为独立于合同之外的另一份契约。《UCP600》第4条a款规定，信用证与销售合同是相互独立的交易。即使信用证中提及该合同，银行亦与该合同完全无关，且不受其约束，银行方面只管信用证而不过问合同。

3. 信用证业务是纯粹的单据业务。

信用证项下的业务，银行处理的是单据，而非与单据有关的货物、服务或其他行为，银行方面只管单据表面相符而不过问实际货物。

二、信用证开立的方式

银行开立信用证的方式有两种:信开信用证和电开信用证。

(一)信开信用证(Mail Credit)

信开信用证指信函格式开立,并以信函、快递函件等方式寄出,送达受益人或通知行的信用证。信开信用证往往是开出一份正本三份副本。信开信用证是有效文件,信开信用证是早期信用证的主要形式。

(二)电开信用证(Teletransmission Credit)

电开信用证指采用电文格式开立,并以电讯方式传递的信用证。电开信用证可用电报、电传开证,也可用SWIFT格式开证。目前,信用证大多采取TELEX、SWIFT两种形式开具。TELEX(电传)开具的信用证因费用较高、手续烦琐、条款文句缺乏统一性、容易造成误解等原因,在实务中逐渐被方便、迅速、安全、格式统一、条款明确的SWIFT信用证取代。

电开信用证从其效力上看可分为全文电开本和简电本两类。

1. 全文电开本是以电文形式开出的完整信用证,这种信用证属有效文件,可以凭以交单兑用。在SWIFT中,全文电开信用证通常采用MT700/MT701格式。

2. 简电本是将信用证金额、有效期等主要内容用电文预先通知受益人,供受益人备货、租船。这种简电本由于内容不完整,且常注明“随寄证实书”(Mail confirmation to follow)等类似词语,不属信用证的有效文件,因此不可凭以交单兑用。在SWIFT中简电本信用证为MT705格式。

根据《UCP600》第11条a款的规定,全文电开证和简电开证的主要区别在于:信用证中不出现“详情后告”(Details follow)、“随寄证实书”或类似词语则属全文电开本;反之属于简电本。

三、信用证的当事人

(一)开证申请人(Applicant)

开证申请人指发出开立信用证申请的一方(《UCP600》定义:Applicant means the party on whose request the credit is issued)。

开证申请人一般是买卖合同中的买方(进口商),有时也可以是银行本身。开证申请人有支付信用证业务活动中的费用与从银行取得代表货物的全套单据的权利和义务。

(二)开证行(Issuing Bank)

开证行指应申请人要求或代表其自身开立信用证的银行(《UCP600》定义:Issuing bank means that issues a credit at the request of an applicant or on its own behalf)。

开证行一般是申请人的开户银行。开证行接受进口商的开证申请书,开立信用证,即承担按信用证规定条件保证付款的责任。开证行对受益人相符交单的付款承诺属第一性付款责任,且为终局性付款。开证行一般是进口商所在地的银行。

(三)通知行(Advising Bank)

通知行指应开证行要求通知信用证的银行(《UCP600》定义:Advising bank means the bank that advises the credit at request of the issuing bank)。

通知行是受开证行的委托,将信用证通知给受益人的银行,它一般为开证行在出口地的代理行或分行。《UCP600》第9条增加了第二通知行（Second advising bank）的概念，即通知行可以利用另一家银行的服务（“第二通知行”）向受益人通知信用证及其修改。无论是第一通知行还是第二通知行，其权利和义务仅是证实信用证和修改书的表面真实性，并将信用证和修改书通知受益人，收取通知费。

（四）受益人（Beneficiary）

受益人指信用证中受益的一方（《UCP600》定义：Beneficiary means the party in whose favour a credit is issued）。

受益人是开证行在信用证中授权使用和执行信用证并享受信用证所赋予的权益的人，受益人一般是买卖合同中的卖方（出口商）。

（五）保兑行（Confirming Bank）

保兑行指应开证行的授权或请求对信用证加具保兑的银行（《UCP600》定义：Confirming bank means the bank that adds its confirmation to a credit upon the issuing bank's authorization or request）。

保兑行是一家特殊的指定银行。在一笔信用证业务中，保兑行可仅担当保兑行的角色，也可兼有保兑行和纯粹指定银行双重角色（既是保兑行，又是兑用银行）。根据《UCP600》第8条a款的规定，保兑行无论是在保兑或是议付时，其一经偿付或议付对受益人都是无追索权的。实务中开证行一般都是授权通知行担当保兑行角色。

（六）指定银行（Nominated Bank）

指定银行指有权兑用信用证的银行，对于可供任何银行兑用的信用证而言，任何银行均为被指定银行（《UCP600》定义：Nominated bank means the bank with which the credit is available or any bank in the case of a credit available with any bank）。

指定银行可以接受开证行的委托和指示，对受益人的相符交单予以承付或议付。

1. 承付（Honour）是指：

（1）即期付款信用证项下的“即期付款”（此时，被指定银行的身份为付款行“Paying Bank”）。

（2）延期付款信用证项下的“承诺到期付款并在承诺到期日付款”（此时，被指定银行的身份为付款行“Paying Bank”）。

（3）承兑信用证项下的“承兑受益人开出的远期汇票并在汇票到期日付款”（此时，被指定银行的身份为承兑行“Accepting Bank”）。

2. 议付（Negotiation）是指定银行在相符交单下，向受益人预付或同意预付款项而购买相符交单的汇票及/或单据（此时，指定银行的身份为议付行“Negotiating Bank/Negotiation Bank”）。如属限制议付信用证，议付行是由开证行在信用证中指定的；如属自由议付信用证，则信用证中不具体指定议付行，在此情况下，所有银行均是有权议付的银行。

如指定银行因交单不符被开证行或保兑行拒付，则承付信用证项下的指定银行对受益人无追索权，而议付信用证项下的指定银行对受益人有追索权。

四、跟单信用证业务的程序

信用证结算方式在出口国的业务程序一般有以下几项：

（一）催证

买卖双方在贸易合同中明确以信用证为结算方式，卖方为保证按时交货，往往在合同中规定信用证开到卖方所在地的日期，以便限制买方按时申请开证。按时开证是买方必须履行的义务，但在实务中，买方由于种种原因，不按规定的时间办理开立信用证手续的情况时有发生。卖方为保证按时履约，有必要在适当的时候，提醒和催促买方按时开立信用证。催开信用证不是履行每笔信用证业务的必要程序。催证的方法，一般是直接向买方发电函催促。电函的形式如下：

RE：S/C No. ×××OPENING L/C DATE：YYYY-MM-DD

DEAR SIR OR MADAM，

PLEASE OPEN THE L/C AT THE END OF THIS MONTH ACCORDING TO THE TERMS OF S/C TERMS SO THAT WE CAN MAKE SHIPMENT ON TIME.

BEST WISHES

DA HAI I/E CO.

×××（MANAGER）

（二）通知行受理信用证和通知信用证

开证行接受了开证申请人的委托，根据开证申请书的内容和要求开立信用证，并送达通知行。通知行接受开证行的委托，互换两个控制文件：电开密押和信开签样。通知行收到信用证即核对开证行的签字（信开本进行印鉴核符）或密押（电开本中的 Test Key ×××）并确认其真实性后，一般在 24 小时内（除去节假日）将信用证通知或转交受益人。

（三）审核信用证和修改信用证

根据《UCP600》第 9 条的规定，通知行只有两个义务：证实信用证和通知信用证。通知行无审核信用证的义务。我国的做法是由银行和出口企业共同审核信用证。经审核，如发现信用证条款与合同或《UCP600》规定不符或有其他错漏，且卖方也无法接受，即通知买方向开证行提出修改信用证的申请和要求（审证和改证将在本章第三节、第四节叙述）。

（四）交单兑用

信用证经审核或修改并被受益人接受后，受益人按时装运并取得货运单据，在信用证有效期和交单期内，缮制汇票（如信用证要求）及备齐全套单据向指定银行交单兑用。按《UCP600》第 29 条规定，如在信用证的有效期或交单期的最后一天交单，而这一天恰逢指定银行或开证行的非营业日，则信用证的有效期或最迟交单期将顺延至该银行营业后的第一个工作日。

在我国出口业务中，使用议付信用证比较多。根据《UCP600》第 2 条对议付的定义：议付意指被指定银行在其应获得偿付的银行日或在此之前，通过向受益人预付或者同意向受益人预付款项的方式购买相符提示项下的汇票（汇票付款人为被指定银行以外的银行）及/或单据[Negotiation means the purchase by the nominated bank of drafts (drawn on a bank other than the nominated bank) and/or documents under a complying presentation, by advancing or agreeing to advance funds to the beneficiary on or before the banking day on which reimbursement is due to the nominated bank]，明确了议付是对票据和单据的一种买入行为，将议付行对受益人的融资纳入了受惯例保护的范围。在国际贸易中，实务界有把“议付”称为“买单结汇”或“出口押汇”者，但在法律上，对“买单结汇”或“出口押汇”没有严格统一的定义。

（五）寄单索汇与结汇

根据《UCP600》第14条的规定，银行审单的时限最多为收单翌日起算5个银行工作日。因此，出口地的议付行在此期限内，审单并确定相符交单后，买入受益人的汇票及单据，垫付货款给受益人，然后议付行按信用证规定的寄单要求，缮制BP（Bill Purchase）通知书连同单据立即向开证行寄单索偿。如信用证规定“All documents are to be sent by courier service to the issuing bank”（所有单据用快递方式寄交开证行）。

开证行同样在收到单据翌日起算5个银行工作日内进行审单，确定相符交单，偿付货款给议付行或者确定不符点，以电讯方式发出正式的书面拒付通知。

第二节　信用证的基本内容

信用证无论是信开本还是电开本，其基本内容是相同的。

一、信用证本身的说明

（一）开证行名称及地址（Name and Address of Issuing Bank）

如属信开信用证，这两项内容一般已印就好，在信用证的顶端和右下角；如属电开信用证，MT700电文开头的发电行即是。通过第三家银行通知的信用证（MT710）或转让信用证（MT720），开证行在52a项下。开证行的英文表达还可以为“Opening Bank”“Establishing Bank”等。

（二）信用证的类型（Form of Credit）

关于信用证的类型表示的方法一般有两种：一是与信用证的名称联用，如“Irrevocable Documentary Credit”或“Irrevocable D/C”（不可撤销的跟单信用证）、“Irrevocable Transferable L/C”（不可撤销的、可转让的信用证）等。一是在信用证条款里表示，如即期信用证是在兑用方式（如41a项中表达为“by Payment”）或汇票条款中付款期限为即期（at sight）来确定；保兑信用证据信用证的保兑指示（Confirmation Instructions）及通知行的通知书来确定，在SWIFT信用证代号“49”中，若此栏为“Without”，则为不保兑信用证；若此栏为“Confirm”，则开证行指示通知行要对信用证加具保兑；如此栏内容为“May add”，则是开证行指示通知行可对信用证加具保兑。在这两种情况下，受益人可从通知行的信用证通知书中看到其对信用证是否保兑的明确通知。

（三）信用证号码（L/C Number）

这是信用证必不可少的项目，各种单据都会引用。如缮制汇票的出票依据（Drawn under）的内容就须引用信用证号码；有的信用证要求“All documents must show L/C No. ...”（所有的单据需显示信用证号码……），在制单时，所有的单据都要打上该信用证号码。转让信用证上有原证号码和转让行的编号两个号码，制单时要注意加以区别使用。

（四）开证日期（Date of Issue）

信用证一般都注明开证日期。此日期有时与装运日期有关。如有的信开信用证规定装运日期为“Shipment within ×× days after L/C date”（开证后××天内装运）；此日期也会被各种单据引用，如汇票的出票依据（Drawn under）的内容包括开证行、开证日期和信用证号码等。

（五）开证申请人（Applicant）

此项目包括开证申请人的名称和详细地址，也是信用证的必要项目。各种单据如商业发票的“受票人”或叫“抬头人”（To:）；提单中的“被通知人”（Notify party）往往需要填上开证申请人的名称和详细地址。在信用证中，关于开证申请人的英文表达还有：principal、accountee、accreditor、opener、at the request of (Messrs) ××、on behalf of (Messrs) ××、by order of (Messrs) ××等。

（六）受益人（Beneficiary）

此项目包括受益人的名称和详细地址，同样是信用证的必要项目。各种单据中的“发货人”（Consignor）；提单中的“托运人”（Shipper）往往都是受益人，需填上受益人的名称和详细地址。受益人的英文表达还可为 in favour of ××、in one's favour、favouring ××等。

（七）信用证的有效期及到期地点（Date and Place of Expiry）

信用证均须规定信用证的有效期限及到期地点，否则此信用证无效。信用证的有效期一般用“Expiry”或“Expiry Date”表示期满，也可用 Validity、Validity Date、Valid till 等表示，并加上到期地点。如“Date and place of expiry：April 15, 2014 in country of beneficiary.”（有效期及到期地点为：2014 年 4 月 15 日在受益人所在国到期）。

（八）信用证金额（L/C Amount）

信用证金额包括货币名称和金额数目。此项的表述方式有：Amount（金额），for the amount of...（金额……），To the amount of...（金额达到……），In the amount of...（金额是……），Amount not exceeding、Amount maximum（最高金额达……）等。如是 SWIFT 电开证，一般表示为“Currency Code; Amount”。当信用证金额前写有“About or Approximately USD ××，00”（大约或大致××美元）字样，按《UCP600》惯例解释为，本证允许金额有 10% 的增减幅度。

（九）通知行（Advising Bank）

通知行的英文表达方式有：“Advising/Notifying Bank”（通知行）或“Advising through ×× Bank”（由××银行通知）。

（十）信用证的兑用方式（Credit Available With...by）

“兑用”是指受益人凭相符交单向开证行或指定银行支取信用证款项的行为。根据《UCP600》第 6 条 b 款规定：“信用证必须规定其是以即期付款、延期付款、承兑还是议付的方式兑用。”信开证中关于信用证的兑用的表示方式有：

（1）即期付款。如“41D：Available with us by payment.”（由我行即期付款）。

（2）延期付款。如“Available with...by deferred payment.”（可由……银行延期付款）。

（3）承兑：Available with us by acceptance.（由我行承兑）。

（4）议付：Available with any bank (or ×× Bank) by negotiation.（由任何银行或××银行议付）。

信用证如规定“Available with any bank by negotiation”，则为自由议付信用证，即受益人可向任何一家银行（包括国内外的银行）交单议付（即全球交单），只要这家银行愿意购买受益人提交的单据和汇票。如信用证规定“Available with ×× Bank（某指定银行）by negotiation”，则为限制议付信用证，即受益人只能向指定的银行交单议付。

根据《UC600》第 6 条 a 款的解释，规定在指定银行兑用的信用证同时也可以在开证行兑用。

二、信用证的汇票条款

信用证中的汇票条款的表示方式一般为“Beneficiary's draft at sight drawn on us for full invoice value”(受益人按发票全额开具以我行为付款人的即期汇票)。此条款包含如下内容:

(一)出票人(Drawer)

“Beneficiary's draft”(受益人的汇票)表示汇票的出票人为受益人,即信用证项下受益人开具商业汇票。

(二)汇票期限(Tenor)

根据汇票付款期限不同,可写成:①“at sight”(即期付款);②“at...days after/from...”(远期付款);③“at...July 2014 fixed”(定日付款)。

(三)受票人(Drawee)

根据《UCP600》第6条c款的规定,不得开立包含有以申请人为汇票付款人条款的信用证(A credit must not be issued available by a draft drawn on the applicant),即信用证项下汇票付款人必定是银行,多为开证行。因此,信用证中一般规定“drawn on us”(汇票开给我行),在MT700 SWIFT信用证里作为第一人称代词的“us”指开证行,即以开证行为汇票受票人,即付款人。

(四)汇票金额

信用证中汇票金额的表达一般为“for full invoice value”或“for ××% of invoice value”(发票金额全额或发票金额的百分之几)。

三、信用证的货物条款

表示货物条款的写法一般为“Covering; Evidencing shipment of...”(证明装运如下……货物)等字样。如是SWIFT电开证,写法为“45A:Description of Goods and /or Services”(货物描述或服务)。关于货物描述,如“Flower brand playing card Art. No. 778-07, 500 gross, USD15.20 per gross CFR Dubai”(货号为778-07的花牌扑克牌,500罗,每罗15.20美元成本加运费在内价,目的港迪拜)。货物条款一般包括如下内容:

(一)货物名称和规格(Name of Commodity and Specification)

包括品名、品牌、规格或货号等。如“Flower brand”为品牌,“Playing card”为品名,“Art. No. 778-07”为货号。

(二)数量(Quantity)

数量由计量单位和数值组成。如“500 gross”(500罗,1罗=12打)。

(三)单价(Unit Price)

单价由四个内容组成。如“USD15.20 per gross CFR Dubai”,其中包括:①计价货币(USD);②单位金额(15.20);③计价单位(gross);④贸易术语(CFR Dubai)。

如货物的规格繁杂,不便在证中一一罗列,信用证往往只把品名、品牌、数量及单价列出,其余内容只写上“as per S/C No. ...”(根据……号合同)等。

四、信用证的装运条款

信用证的装运条款一般包括如下内容：

（一）装运港（Port of Loading/Shipment）和卸货港或目的港（Port of Discharge/Destination）

关于装运港和目的港的写法，信开证一般为“Shipment from...（装运港）to...（目的港）”或“Shipment from Chinese port（任何中国港口）to...（目的港）”，电开证一般为“Loading in Charge”（装运港）及“for Transport to...”（运输至……）。

（二）装运日期（Date of Shipment）

关于装运日期的写法有：

1.“Latest date of shipment...”或“Latest shipment date...”（最迟装运日……）。

2.“Shipment must be no later than...”（装运日不得晚于……）。

3.“Bills of Lading must be dated no later than...”（提单日期不得迟于……）。

（三）分批装运（Partial Shipments）和转运（Transshipment）

信用证中关于分批装运和转运的规定一般有以下写法：

1. Partial shipments are allowed/not allowed.（允许或不允许分批装运）。

2. Partial shipments are permitted/not permitted.（准许或不准许分批装运）。

3. Partial shipments are prohibited.（禁止分批装运）。

4. Transshipment is allowed/not allowed.（允许或不允许转运）。

5. Transshipment is permitted/not permitted.（准许或不准许转运）。

6. Transshipment is prohibited.（禁止转运）。

五、信用证的单据条款（Shipping Documents）

装运单据的表示方式有：①“Documents Required”（需要的单据）；②“Accompanied by the following documents marked‘×’”（随附下列有“×”标志的单据）等。

跟单信用证中常见的单据有商业发票、提单、保险单或保险凭证、检验证书、原产地证书、包装单据、装船通知。

（一）商业发票（Commercial Invoice）

商业发票的表示方式一般有：

1.“Signed commercial invoice in duplicate.”（签署的商业发票一式两份）。

2.“Commercial invoice in 3 folds.”（商业发票一式三份）。

3.“Invoice is 2 copies.”（发票一式两份）。

4.“Manually signed commercial invoice one original plus 4 copies.”（手签的商业发票正本一份加上副本四份）。

（二）提单（Bill of Lading）

提单条款通常为：

1.“Full set clean on board ocean bill of lading made out to order and blank endorsed marked freight prepaid and notify applicant.”（全套清洁的、货已装船的海运提单，做成空白指示抬头，空白

背书,注明运费预付并通知开证申请人)。

2."3/3 set of clean on board marine bill of lading made out or endorsed to our order, mark freight to collect and notify buyers."[全套3份正本清洁的已装船的海运提单,抬头做成或背书成凭我行(即开证行)指示,注明运费到付并通知买方]。

(三)保险单或保险凭证(Insurance Policy or Insurance Certificate)

保险条款通常为"Insurance policy or certificate in…for 110% of invoice value covering…risk and…risk subject to ocean marine cargo clauses of CIC dated 09/18/2009 , Claim (if any) payable at…"[保险单或保险凭证一式×份,按发票金额的110%,根据2009年9月18日订立的中国海运货物保险条款投保××险及××附加险,在××(一般为目的港/地)赔付]。

(四)检验证书(Inspection Certificate)

商品不同,要求的检验证书的种类也不同,此条款一般的写法有:

1."Certificate of quality in…"(品质证书一式……份)。

2."Certificate of quantity in…copies."(数量证书一式……份)。

3."Inspection certificate of(for) quality, quantity, weight in…copies issued by China Exit Entry Inspection and Quarantine—CIQ."(由中国出入境检验检疫局签发的品质、数量和重量检验证书一式……份)。

(五)原产地证书(Certificate of Origin)

原产地证明条款一般写法有:

1."Certificate of origin in…copies issued by CCPIT/CIQ."[由中国国际贸易促进委员会(贸促会)或中国出入境检验检疫局签发的原产地证明书一式……份]。

2."Generalized System of Preference certificate of origin Form A in…"(普惠制原产地证书一式……份)。

(六)包装单据(Packing Documents)

包装单据一般写法有:

1."Packing list in…copies"(装箱单一式……份)。

2."Weight and measurement list in…copies"(重量及尺码单一式……份)。

(七)装船通知(Shipping advice)

装船通知一般写法有:

1."Shipping advice stating quantity shipped, name of vessel, total amount…send to applicant by courier service within 2 days after shipment."(装船通知在装船后2天内通过快递寄给开证申请人,通知声明装运详情包括装运货物数量、船名、总金额等情况)。

2."A fax from sellers advising the buyers of the shipment date, the name, the quantity of goods and the name of the carrying vessel…within 48 hours after shipment."(在装船后48小时内卖方将装运日期、货名、数量及船名等装运细节传真通知买方)。

除上述单据外,有的信用证还要求提供受益人证明或其他证明等以证明某项事件已发生。

六、信用证的其他条款(Other Terms)

(一) 特别或附加条款(Special Terms or Additional Conditions)

此条款主要是对单据的一些特别要求或是进口国的某些需要的特殊规定而增加的条款。例如:

1. "All documents presented must be written in English or Spanish language."(所有提交的单据必须用英文或西班牙文缮制)。

2. "Charter party B/L and third party documents are acceptable."(租船提单和第三方单据可以接受)。

3. "Both quantity and amount 10 percent more or less are allowed."(允许数量和金额有10%的增减幅度)。

4. "5% commission to be deducted from the invoice value."(5%的佣金必须在发票金额中扣除)。

(二) 交单期(Period for Presentation)

交单期一般写法有:

1. "Documents must be presented within 15 days after shipment, but within credit validity."(必须在装船后15天内,且要在信用证的有效期内提交单据)。

2. "Documents must be presented within 21 days after the date of issuance of the transport documents but within the validity of the credit."(必须在运输单据签发后21天内,且要在信用证的有效期内提交单据)。

(三)银行费用条款

银行费用一般规定有:

1. "All banking charges outside the country of issuance of this credit are for the account of beneficiary."(发生在开证国家以外的所有银行费用由受益人承担)。

2. "All banking charges inside China are for beneficiary's account."(发生在中国的费用由受益人承担)。

(四)开证行对指定银行的指示

其指示一般包括如下内容:

1. 兑用金额背批条款。如:"The amount of each drawing must be endorsed on the reverse side of this credit by the negotiating bank."(每次支用的金额须由议付行在本证背面签注)。

2. 寄单条款。如:"Please send all documents by courier service to us in one lots."(请将所有的单据用快递方式一次性寄交我行)。"courier service"指的是"特快专递",如DHL、EMS、UPS等物流快递公司,与传统的邮政服务"Post Service",如Air mail(航空邮件)有区别。

3. 偿付条款。如:"In reimbursement, we shall reimburse you in accordance with your instructions."[我行(开证行)将依照贵行(兑用银行)的指示偿付款项]。

4. 开证行的声明文句。如:"Credit is subject to ICC Uniform Customs and Practice for Credits (UCP600)."[本信用证受国际商会修订的《跟单信用证统一惯例(UCP600)》约束]。

第三节 SWIFT 信用证

SWIFT 是环球银行金融电信协会(Society for Worldwide Interbank Financial Telecommunication)的英文简称,该组织成立于 1973 年,是国际银行同业间的国际合作组织,专门从事传递各国之间的非公开性国际金融电信业务,同时还承担国际账务清算及银行间的资金调拨等业务,其中包括开立信用证,办理信用证项下的汇票业务等。目前全球 215 个国家和地区超过 10500 家银行通过 SWIFT 系统办理银行国际业务。

SWIFT 具有如下特点:

第一,SWIFT 需要会员资格。每个会员有自己的 SWIFT 代码称为“SWIFT CODE”。采用信用证结算方式,卖方需把其开户银行的 SWIFT 代码告诉买方(外商),以便外商到银行申请开立信用证时,知道给卖方哪个银行发信用证报文。我国大多数专业银行都是 SWIFT 会员。

第二,SWIFT 的费用较低。同样多的内容,其费用只有 TELEX(电传)的 18% 左右,只有 CABLE(电报)的 2.5% 左右。

第三,SWIFT 的安全性较高。SWIFT 可自动加核密押,半年一换。通过接收银行系统自动解密来确保电文的安全真实。比电传可靠性强,保密性高,且具有较高的自动化。

第四,SWIFT 的格式具有标准化。对于 SWIFT 电文,SWIFT 组织有着统一的要求和格式。

SWIFT 电文标准格式,已经成为国际银行间数据交换的标准语言。凡通过 SWIFT 开立或通知的信用证称为“SWIFT 信用证”,也称“环球电协信用证”。由于 SWIFT 的格式具有标准化,目前,信用证的传递主要都是使用 SWIFT 电文,因此有必要对 SWIFT 信用证进行了解。SWIFT 系统中,MT700 是开证行发送本行开立的信用证的基本报文格式,MT701 是其补充格式,在 MT700 报文字符超过 10000 字符时补充使用,不能单独使用;MT710 是非银行金融机构开立或通过第三家银行发送的信用证报文格式(即开立信用证的非银行机构把信用证送给某银行,或开证行通过 MT700 格式把信用证发送给某银行,这家银行再用 MT710 格式把信用证发送给受益人所在地银行),MT711 是其补充格式,不能单独使用;MT720 是可转让信用证在转让行转让时的报文格式,MT721 是其补充格式,不能单独使用。MT720 发送的不是可转让信用证,而是可转让信用证的转让内容,MT700 与 MT710 发送的可能有的是可转让信用证,可转让信用证如果不转让,那跟不可转让信用证没什么两样。信用证修改书的报文格式为 MT707。

一、SWIFT 信用证电文表示方式

(一)项目表示方式

一份 SWIFT 信用证报文由若干个项目构成,每个项目的格式固定,由“项目编号、条款属性和条款内容”三部分组成。如“40A: FORM OF DOCUMENTARY CREDIT :IRREVOCABLE”,其中“40A”为项目编号;“FORM OF DOCUMENTARY CREDIT”即条款属性,为“跟单信用证的类型”;“IRREVOCABLE”是条款内容,指“不可撤销”。全句的意思是,该信用证为不可撤销的跟单信用证。有些条款内容很长,中间还分好几个部分,通常用“+”来分割。如“46A: Documents Required”与“47A:Additional Condition”,其中编号为“46A”项目的条款属性为“单据要求”;“47A”项目条款属性为“附加条款”,这两大项目的条款内容则按合同的规定要求受益人提交相应的各

种单据与附加条件,每种单据或附加条件就用“+”来分割。单证类型的表述往往有“/”间隔号,意为“或”,选择其中一类即可,如信用证要求受益人提供保险单据的表述为:“INSURANCE POLICY/CERTIFICATE...”(保险单或保险凭证……)受益人可在保险单或保险凭证中择一交单。

SWIFT 信用证报文中的项目分必选项目(Mandatory Field)和可选项目(Optional Field),分别用大写英文字母“M”与“O”表示。其中“M”指必选项目;“O”指可选项目。在 MT700、MT701 格式中除 27、20、40A、40E、31D、50、59、32B、41a、49 及 MT707 格式中的 21 为必选项目外,其余各项根据信用证业务性质选用或不用,并且每个项目在其报文格式中出现的顺序与位置是固定的。

(二)日期表示方式

SWIFT 报文的日期表示为:YYMMDD(年月日)。例如:2014 年 7 月 20 日表示为 140720;2000 年 12 月 5 日表示为 001205;1999 年 1 月 8 日表示为 990108。

(三)数字表示方式

在 SWIFT 报文中,数字不使用分隔号,小数点用“,”表示。例如:735,690.50 表示为 735690,50;4/5 表示为 0,8;5% 表示为 5 PERCENT 或 05/05。

(四)货币表示方式

在 SWIFT 报文中,货币名称使用国际上统一的货币代码,每种货币都是用三个字母表示。例如,人民币—CNY,美元—USD,英镑—GBP,港元—HKD,日元—JPY,欧元—EUR,澳大利亚元—AUD,加拿大元—CAD。

二、SWIFT 信用证的格式及内容

为配合《UCP600》的实施,2006 年 11 月 SWIFT 系统对跟单信用证类报文格式进行了一轮升级,并在报文中做了如下变动:

第一,在报文中相应增加了 40E 项“适用规则”这一必选项,即项目号 40E,条款属性名称“Applicable Rule”(适用规则),条款的内容须选下列六种之一:①UCP LATEST VERSION(于开证之日生效的最新版跟单信用证统一惯例);②EUCP LATEST VERSION(于开证之日生效的最新版跟单信用证统一惯例电子交单规则);③UCP URR LATEST VERSION(于开证之日生效的最新版跟单信用证统一惯例和银行间偿付统一规则);④EUCP URR LATEST VERSION(于开证之日生效的最新版跟单信用证统一惯例电子交单规则和银行间偿付统一规则);⑤ISP LATEST VERSION(于开证之日生效的最新版国际备用信用证惯例);⑥OTHR(其他规则),如果选择这一条,此处会出现由“/”开始另起一行的具体适用规则。

SWIFT 在增加这一项的同时,也把其会员手册中的第一条有关“通过 SWIFT 系统开立的信用证自动受开证之日生效的跟单信用证统一惯例约束”的文字表述删除,这样便于受益人清楚了解约束信用证的规则,从而减少发生误会的可能性。

第二,对运输路线的项目进行了全面调整。将原先用于各种运输方式的 44A 项“装船/发运/接受监管地”及 44B“运输至”进行分解调整成 44A、44E、44F、44B 这四个项目来体现不同运输方式下不同运输单据对装运起讫地点的具体要求。这一变动对申请人正确提出开证申请,受益人提交正确的运输单据均有很大的帮助。

一份 SWIFT 信用证报文由报头(Head Block)、正文(Tex Block)和报尾(Trailer Block)组成。

报头与报尾的内容是银行间系统通信的内容。受益人只需理解和审核正文。以下分别介绍2006年11月更新的SWIFT第七类业务中SWIFT信用证MT700和信用证修改书MT707报文格式、报文正文内容,并按照各项目出现的顺序做一浅解。

(一)MT700 **跟单信用证的开立**

MT 700 ISSUE OF A DOCUMENTARY CREDIT

(报头略)

必选27:Sequence of Total (报文次序)。

[此项目内容表示信用证的电文发报次数,如果信用证条款能够容纳在该MT700报文中,那么,该项目内容显示"1/1";如该信用证由一份MT700报文和一份MT701报文组成,那么在MT700报文的此项目中显示"1/2",在MT701报文的此项目中显示"2/2",依此类推。当跟单信用证内容超过MT700报文格式的容量时,先用MT700发送一次,再使用一个或多个(最多3个)MT701报文格式传送剩下的有关跟单信用证条款,一般是货物条款(45B)、单据条款(46B)或附加条款(47B)。]

必选40A:Form of Documentary Credit (跟单信用证类型)。

[该项目填法七选一:①IRREVOCABLE(不可撤销跟单信用证);②REVOCABLE(可撤销跟单信用证);③IRREVOCABLE TRANSFERABLE(不可撤销可转让跟单信用证);④REVOCABLE TRANSFERABLE(可撤销可转让跟单信用证);⑤IRREVOCABLE STANDBY(不可撤销备用信用证);⑥REVOCABLE STANDBY(可撤销备用信用证);⑦IRREVOC TRANS STANDBY(不可撤销可转让的备用信用证)。据《UCP600》对信用证的定义,信用证均默认为不可撤销的,但《UCP600》第1条又允许信用证可以在证中明确排除UCP的某些条文的适用,此外据40E栏的内容,信用证的适用规则也有可能是《UCP600》以外的版本,如《UCP500》,因此SWIFT MT700报文中40A栏还是保留了几个可撤销的信用证类型。]

必选20:Documentary Credit Number (跟单信用证号码)。

可选23:Reference to Pre-Advice (预先通知编号)。

(如信用证是采取预先通知方式,该项目内应填入"PREADV/"再加上预先通知的编号。)

可选31C:Date of Issue (开证日期)。

(如此项没填,则开证日期为电文发送日期,在应用报头"Application Header"里面可寻。)

必选40E:Applicable Rules (信用证适用的规则)。

必选31D:Date and Place of Expiry (信用证的到期日及到期地点)。

可选51a:Applicant Bank (开证申请人的银行)。

(开证申请人在其开户行以外的银行开证时,用这个代码显示其开户银行,以51A出现的是其银行的SWIFT CODE,以51D出现的是其银行的名称地址。)

必选50:Applicant (开证申请人)。

必选59:Beneficiary (受益人)。

必选32B:Currency Code, Amount (信用证的币种代码和金额)。

可选39A:Percentage Credit Amount Tolerance (信用证金额允许浮动的百分比)。

(该项目表示的方法较为特殊,以两位数值表示金额可上下浮动的百分比数值,如05/05,"/"前边数值表示可上浮的百分比,后边的数值表示可下浮的百分比。)

可选 39B:Maxmum Credit Amount(信用证最高限额)。

(该项目用“not exceeding”后跟金额表示。需注意的是,39B 与 39A 不能同时出现。)

可选 39C: Additional Amounts Covered(额外金额)。

(表示信用证所涉及的保险费、运费、利息等货值以外的额外费用金额。)

必选 41a:Available with…by…(信用证兑用的指定银行和信用证的兑用方式)。

1. 银行表示方法:当该项目代号为 41A 时,银行用其 SWIFT CODE 表示。当该项目代号为 41D 时,银行用其名称地址表示。如信用证为自由议付信用证时,该项目代号为 41D,银行用“Any Bank”表示,则表示该信用证可以在 31D 栏标明的国家或地区的任一家银行或开证行兑用。

2. 兑用方式的表示方法:一份信用证对应一种兑用方式,分别表示如下:

By Payment(即期付款);By Acceptance(承兑付款);By Negotiation(议付);By Deferred Payment(延期付款);By Mixed Payment(混合付款)。

如果该信用证为延期付款信用证,有关付款的详细条款将在项目 42P 中列明。如果该信用证系混合付款信用证,有关付款的详细条款将在项目 42M 中列明。

可选 42C:Draft at(汇票付款期限)。

可选 42a:Drawee(汇票付款人)。

[该项目不能出现汇票付款人的账号。必须是开证行或开证行指定的另一银行,不能是开证申请人。42A(42D)与 42C 必须同时出现。如没有 42C 与 42A(42D)项目,则不需要汇票。有的银行因使用汇票需要交印花税,所以拒绝汇票。]

可选 42M: Mixed Payment Details(混合付款条款)。

(该项目列明混合付款跟单信用证项下的付款日期、金额及确定的方式。)

可选 42P:Deferred Payment Details(延期付款条款)。

(该项目列明延期付款跟单信用证项下的付款时间。)

可选 43P:Partial Shipments(部分装运条款)。

(该项目列明跟单信用证项下部分装运是否允许。如表明“Not Allowed”或“Not Permitted”等,则需一次性把货物全部出运。)

可选 43T:Transshipment(转运条款)。

(表示该信用证的货物是直接运达还是可以通过转运到达目的港/目的地。)

可选 44A:Place of Taking in Charge /Dispatch from…/Place of Receipt(接受监管地/发货地/收货地)。

(多式联运时涉及该选项,FOB、CFR 和 CIF 等价格术语不应该涉及该选项。)

可选 44E:Port of Loading/Airport of Departure(装运港/出发机场)。

可选 44F:Port of Discharge/Airport of Destination(卸货港/目的地机场)。

可选 44B:Place of Final Destination/For Transportation to…/Place of Delivery(最终目的地/运往…/交货地)。

(多式联运时涉及该选项,FOB、CFR 和 CIF 等价格术语不应该涉及该选项。)

可选 44C:Latest Date of Shipment(最迟装运日期)。

可选 44D:Shipment Period(装运期间)。

(44D 与 44C 不能同时出现。)

可选 45A:Description of Goods and/or Services(货物描述和/或服务条款)。

(该项目表述的是比较具体的货物描述和价格条款。)

可选 46A:Documents Required(单据要求)。

(受益人须按此项目规定的种类、内容与份数提交单据。)

可选 47A:Additional Condition(附加条款)。

(对各方当事人、货物或单据的一些特殊要求均可列于此。常见的附加条款有:单据须用英语缮制;第三方单据是否接受;某些具体内容需在全部或某些单据中显示;关于不符单据的扣费和处理条款等。某些国家开来的信用证把 46A 和 47A 的条款全部混在一起,给单证员带来一定难度,这种情况下要求单证员需细心地做好每个细节。)

可选 71B:Charges(费用负担)。

(表明费用是否由受益人承担,如果没有这一项目,表示除了议付费、转让费以外,其他各项费用由开证申请人承担。)

可选 48:Period for Presentation(交单期限)。

(表明货物装运日后若干天内交单。若无此项目,如信用证有要求 UCP600 项下第 19 ~ 25 条中的正本运输单据,则表示在货物装运日后 21 天内交单;如信用证要求的正本运输单据不属于 UCP600 第 19 ~ 25 条所规定,或不要求正本运输单据或不要求运输单据,则交单期最晚可到信用证截止日。)

必选 49:Confirmation Instruction(保兑指示)。

[该项目的填法三选一:CONFIRM(要求收报行保兑该信用证);MAY ADD(收报行可以对信用证加具保兑);WITHOUT(不要求收报行保兑该信用证)。]

可选 53a:Reimbursement Bank(偿付行)。

可选 78:Instructions to the Paying/Accepting/Negotiation Bank(给付款行/承兑行/议付行的特殊指示)。

(该项目一般包含寄单路线、偿付保证等内容。)

可选 57a:Advise through…Bank(收报行以外的通知行)。

可选 72:Sender to Receiver Information(附言)。

(报尾略)

(二)MT707 跟单信用证的修改

MT 707 AMENDMENT TO A DOCUMENTARY CREDIT

(报头略)

必选 20:Sender's Reference(发报行编号)。

必选 21:Receiver's Reference(收报行编号)。

(如发电文的银行不知道收报行的编号,填写"NONREF"。)

可选 23:Issuing Bank's Reference(开证行编号)。

(如果该 MT707 报文系开证行以外的银行发送,使用该项目列明开证行的跟单信用证号码,否则上面 20 项目里的编号就是信用证号码。)

可选 52a:Issuing bank(开证行)。

(如果发报行不是开证行,用这个项目列明开证行。)

可选 31C:Date of Issue（开证日期）。

（本项目列明原跟单信用证的开立日期,即开证行开立信用证的日期。）

可选 30:Date of Amendment（修改日期）。

（该项目列明开证行修改信用证的日期,如果本报文无此项目,则本 MT707 报文的发报日期就是修改日期。）

可选 26E:Number of Amendment（修改次数）。

（该信用证的修改次数,要求按顺序排列,本项目内的数字表示到该报文为止信用证共做了几次修改。）

必选 59:Beneficiary(before this Amendment)（本次修改前的信用证的受益人）。

[该项目列明在该修改之前跟单信用证的受益人,如本报文需要修改信用证的受益人,则需在 79 Narrative(修改详述)中列明。]

可选 31E:New Date of Expiry（信用证新的有效期）。

（信用证修改后新的有效期。）

可选 32B:Increase of Documentary Credit Amount（信用证金额的增加）。

可选 33B:Decrease of Documentary Credit Amount（信用证金额的减少）。

可选 34B:New Documentary Credit Amount after Amendment（信用证修改后的金额）。

（修改后的信用证金额,不考虑之前的金额是否已经被使用,32B、33B、34B 这三个代码在一份 MT707 报文中若要出现,只能出现一个。）

可选 39A:Percentage Credit Amount Tolerance（信用证金额上下浮动百分比的修改）。

可选 39B:Maximum Credit Amount（对信用证金额最高限额的修改）。

(39B 与 39A 不能同时出现。)

可选 39C:Additional Amounts Covered（对额外金额的修改）。

可选 44A:Place of Taking in Charge /Dispatch from…/Place of Receipt（对接受监管地/发货地/收货地的修改）。

可选 44E:Port of Loading/Airport of Departure（对装运港/出发机场的修改）。

可选 44F:Port of Discharge/Airport of Destination（对卸货港/目的地机场的修改）。

可选 44B:Place of Final Destination/For Transportation to…/Place of Delivery（对最终目的地/运往……/交货地的修改）。

可选 44C:Latest Date of Shipment（对最后装运日的修改）。

可选 44D:Shipment Period（对装运期间的修改）。

(44C 与 44D 不能同时出现,本报文如需把 44D 改为 44C,应在 79 Narrative〈修改详述〉中列明。)

可选 79:Narrative（修改详述）。

（本项目列明上述修改项目以外的需修改的内容。）

可选 72:Sender to Receiver Information（附言）。

[/BENCON/:要求收报行通知发报行受益人是否接受该信用证的修改;

/PHONBEN/:请电话通知受益人（列出受益人的电话号码）;

/TELEBEN/: 用快捷有效的电信方式通知受益人。]

（报尾略）

三、SWIFT 信用证样例翻译与解释

(一)SWIFT 信用证实例原文(加拿大信用证)

2008DEC29 09:00:17			LOGICAL TERMINAL CZEX
MT S700	ISSUE OF A DOCUMENTARY CREDIT		PAGE 00001
			FUNC JSCXEXMG
			UMR 13763675

MSGACK DWS765I AUTH OK, KEY B30509185BBED995, BKCHCNBJ BOFMCAT2 ** RECORD

BASIC HEADER		F 01 BKCHCNBJA95E 1340 759092
APPLICATION HEADER		O 700 1418 081228 BOFMCAT2AXXX 3612 719680 081229 0318 N * BANK OF MONTREAL, THE * TORONTO * (INTERNATIONAL BRANCH)
USER HEADER		SERVICE CODE 103: BANK. PRIORITY 113: MSG USER REF. 108: INFO. FROM CI 115:
SEQUENCE OF TOTAL	*27	1/2
FORM OF DOC. CREDIT	*40A	IRREVOCABLE
DOC. CREDIT NUMBER	*20	BMT0629292IM
DATE OF ISSUE	31C	081228
APPLICABLE RULES	*40E	UCP LATEST VERSION
DATE/PLACE EXP.	*31D	DATE 090415 PLACE COUNTRY OF BENEFICIARY
APPLICANT	*50	APOTEX INC. 105 SIGNET DRIVE TORONTO, ONTARIO M9L 1T9 CA
BENEFICIARY	*59	CHANGZHOU BAOYAO PHARMACEUTICALS CO. LTD MEILONGBA SOUTHERN SURRBS CHANGZHOU JIANGSU, 213004 CHINA
CURRENCY CODE, AMOUNT	*32B	CURRENCY USD AMOUNT 28.920,00
MAXIMUM CREDIT AMOUNT	39B	NOT EXCEEDING
AVAILABLE WITH...BY...	*41D	ANY BANK ON COUNTRY OF BENEFICIARY BY NEGOTIATION
DRAFTS AT...	42C	AT SIGHT
DRAWEE	42A	BOFMCAT2XXX * BANK OF MONTREAL, THE * TORONTO * (INTERNATIONAL BRANCH)
PARTIAL SHIPMENTS	43P	ALLOWED
TRANSSHIPMENT	43T	ALLOWED
PLACE OF TAKING IN CHARGE/DISPATCH from.../PLACE OF RECEIPT	44A	CHINA
PORT OF LOADING/AIRPORT OF DEPARTURE	44E	SHANGHAI OR NINGBO PORT CHINA
PORT OF DISCHARGE/AIRPORT OF DESTINATION	44F	TORONTO,ONTARIO, CANANDA

（二）SWIFT信用证实例翻译与解释（加拿大信用证）

2008DEC29 09:00:17　　LOGICAL TERMINAL CZEX

MT S700　　ISSUE OF A DOCUMENTARY CREDIT

MT700为SWIFT信用证的基本格式，每份信用证开立时都要使用并只能使用一次，发不完的内容可用MT701补充格式发

开立跟单信用证

PAGE 00001
FUNC JSCXEXMG
UMR 13763675

MSGACK DWS765I AUTH OK, KEY B30509185BBED995, BKCHCNBJ BOFMCAT2 ＊＊RECORD

基础报头　　F 01 BKCHCNBJA95E 1340 759092（包含了收讯行信息，如SWIFT CODE BKCHCNBJ95E，中国银行常州分行）

应用报头　　O 700 1418 081228BOFMCAT2AXXX 3612 719680 081229 0318 N

发讯时间日期

发讯行名称：*BANK OF MONTREAL, THE *TORONTO *(INTERNATIONAL BRANCH)

收讯时间日期

发报银行SWIFT CODE BOFMCAT2XXX

用户报头　　SERVICE CODE 103:
BANK. PRIORITY 113:
MSG USER REF. 108:
INFO. FROM CI 115:

报文发讯次序	＊27	1/2（总共两次发报，此文为第一次报文）
跟单信用证类型	＊40A	不可撤销
跟单信用证号码	＊20	BMT0629292IM
开证日期	31C	2008年12月28日
适用规则	＊40E	UCP最新版
截止日期与地点	＊31D	2009年4月15日在受益人所在国家
开证申请人	＊50	APOTEX INC. 105 SIGNET DRIVE TORONTO, ONTARIO M9L 1T9 CA
受益人	＊59	CHANGZHOU BAOYAO PHARMACEUTICALS CO. LTD MEILONGBA SOUTHERN SURRBS CHANGZHOU JIANGSU, 213004 CHINA
金额币别	＊32B	28,920.00美元
信用证最高限额	39B	不超过（上述金额）
信用证兑用银行与兑用方式	＊41D	在受益人国家的任意银行议付
汇票期限	42C	即期
汇票付款人	42A	BOFMCAT2XXX → 付款银行SWIFT CODE，42a代码以42A方式出现时会有此代码 ＊BANK OF MONTREAL, THE ＊TORONTO ＊(INTERNATIONAL BRANCH)（付款银行名称）
分批装运	43P	允许
转运	43T	允许
货物被监管地/发货地/接受货物地点	44A	中国
装货港口或机场	44E	中国上海港或宁波港
卸货港口或机场	44F	加拿大安大略省多伦多

LATEST DATE OF SHIPMENT	44C	090331
DOCUMENTS REQUIRED	46A	+1 ORIGINAL AND 1 COPY COMMERCIAL INVOICE MUST INDICATE APPLICANT'S PO NUMBER 4500189719 +1 ORIGINAL AND 2 COPY PACKING LIST MUST INDICATE APPLICANT'S PO NUMBER 4500189719 +1 ORIGINAL INSURANCE POLICY/CERTIFICATE IN NEGOTIABLE FORM ENDORSED IN BLANK COVERING ALL RISKS AND WAR RISKS AS PER OCEAN MARINE CARGO CLAUSES, WAR RISKS CLAUSES (1/1/1981) FOR THE PEOPLE'S INSURANCE COMPANY OF CHINA (ABBREVIATED AS C. I. C ALL RISKS AND WAR RISKS) (WAREHOUSE TO WAREHOUSE CLAUSE IS INCLUDED) FOR 110 PERCENT OF INVOICE VALUE. +1 ORIGINAL AND 1 COPY CERTIFICATE OF ANALYSIS FOR EACH LOT +1 ORIGINAL CERTIFICATE OF ORIGIN +1 ORIGINAL CERTIFICATE OF ORIGIN GSP FORM A +1 ORIGINAL CANADA CUSTOMS INVOICE +1 ORIGINAL AND 1 COPY BENEFICIARY CERTIFICATE STATING THAT CERTIFICATE OF ANALYSIS FOR EACH LOT HAS BEEN INCLUDED WITH SHIPMENT AND A COPY OF CERTIFICATE OF ANALYSIS HAS BEEN FAXED TO 4164013837 ATTN MICHELLE BOWEN +FULL SET OF CLEAN ON BOARD BILL OF LADING CONSIGNED TO THE ORDER OF BANK OF MONTREAL, MARKED NOTIFY APOTEX INC., 105 SIGNET DRIVE, TORONTO, ONTARIO, M9L 1T9 CANADA, AND MARKED FREIGHT PREPAID QUOTING OUR L/C NUMBER.
ADDITIONAL CONDITIONS	47A	+BENEFICIARY PHONE NUMBER:865198811915 +ALL DOCUMENTS MUST BE COMPLETED IN ENGLISH UNLESS OTHERWISE SPECIFIED. +IN CASE OF SINGLE PRESENTATION COVERING B/L, COMPLETE SET OF DOCUMENTS MUST BE ACCOMPANIED BY ITS OWN DRAFT FOR EACH SHIPMENT. +IF WE SEND A NOTICE OF DISCREPANCIES TO THE PRESENTING BANK OR OTHERWISE REFUSE DOCUMENTS PRESENTED TO US, NOTWITHSTANDING THE PROVISIONS OF UCP600, UPON OUR RECEIPT OF ACCEPTANCE/PAYMENT FROM APPLICANT FOR ANY WAIVER OF DISCREPANCIES, WE WILL RELEASE THE DOCUMENTS TO APPLICANT WITHOUT FURTHER NOTICE TO THE PRESENTING BANK UNLESS PRIOR NOTICE IS RECEIVED BY US TO THE CONTRARY FROM THE PRESENTING BANK. + REIMBURSING BANK'S CHARGES ARE FOR ACCOUNT OF BENEFICIARY. +EACH SET OF DOCUMENTS PRESENTED WITH DISCREPANCIES UNDER THIS DOCUMENTARY CREDIT WILL BE SUBJECT TO A DISCREPANCY FEE OF USD 50.00 WHICH WILL BE DEDUCTED FROM THE PROCEEDS. +DRAFTS PRESENTED HEREUNDER MUST STATE THE FOLLOWING 'DRAWN UNDER DOCUMENTARY CREDIT No. BMT0629292IM DATED DECEMBER 28,2008 ISSUED BY BANK OF MONTEREAL, TORONTO ON M5T 1T4 CANADA'.
CHARGES	71B	ALL BANKING CHARGES OTHER THAN THE ISSUING BANK'S CHARGES ARE FOR THE ACCOUNT OF THE BENEFICIARY. SEE ADDITIONAL CONDITIONS FOR FURTHER CHARGES INFORMATION.

最晚装运日	44C	2009 年 3 月 31 日
单据要求	46A	+商业发票一份正本及一份副本,须注明开证申请人的采购单号 4500189719 +装箱单一份正本及两份副本,须注明开证申请人的采购单号 4500189719 +可转让格式的保险单或保险凭证一份正本,空白背书,按中国人保公司的海运货物一切险、战争险条款(1981 年 1 月 1 日制定)(简称 CIC 一切险与战争险)投保一切险与战争险(含仓至仓条款),投保金额为发票金额的 110%。 +每批次的分析证明一份正本与一份副本 +一般原产地证一份正本 +普惠制原产地证 FORM A 一份正本 +加拿大海关发票一份正本 +受益人证明一份正本及一份副本,证明每批次的分析证明已随货同行,并且副本的分析证明已经传真给传真号 4164013837,注明收件人:MICHELLE BOWEN +全套清洁的已装船的海运提单,收货人抬头做成"TO THE ORDER OF BANK OF MONTREAL"(凭蒙特利尔银行指示),被通知人注明"APOTEX INC., 105 SIGNET DRIVE, TORONTO, ONTARIO, M9L 1T9 CANADA",提单标明"运费预付"及我行信用证号码。
附加条款	47A	+受益人的电话号码:865198811915 +除非有另外的特别说明,所有的单据都要用英文完成。 +在每份提单独立提交时都应含包括汇票在内的全套单据(即分批装运,分批制单结汇)。 +如果我行给交单行发出了一份不符点通知或表示拒绝接受提交给我行的单据,尽管《UCP600》有规定,但我行在收到开证申请人放弃不符点接受单据或付款时,会放单给开证申请人而不再对交单行有进一步的通知,除非我行在此之前已收到交单行与此相反的指示。 +偿付行的费用记在受益人账上。 +在本证项下每次提交含有不符点单据时,将会从款项中扣减 50 美元的不符点费。 +本证项下提交的汇票须注明"DRAWN UNDER DOCUMENTARY CREDIT No. BMT0629292IM DATED DECEMBER 28, 2008 ISSUED BY BANK OF MONTEREAL, TORONTO ON M5T 1T4 CANADA"。[凭蒙特利尔银行(地址:加拿大安大略省多伦多,邮编 M5T 1T4)2008 年 12 月 28 日开立的第 BMT0629292IM 号信用证。]
银行费用	71B	除开证行费用外的其他银行费用由受益人承担,另见附加条款中的详细费用说明(指偿付行费用,本应是开证行承担的)。

PERIOD FOR PRESENTATION	48	WITHIN 15 DAYS AFTER SHIPMENT DATE.
CONFIRMATION INSTRUCTIONS	*49	WITHOUT
INSTRUCTIONS TO THE PAYING/ACCEPTING/NEGOTIATING BANK	78	ALL DOCUMENTS MUST BE SENT IN ONE LOT BY COURIER TO (BANK OF MONTREAL, 234 SIMCOE ST., 3RD FL. TORONTO, ONTARIO, CANADA M5T 1T4,) ACCOMPANIED BY REIMBURSEMENT INSTRUCTIONS. UPON RECEIPT BY US OF DOCUMENTS DRAWN IN CONFORMITY WITH THE TERMS AND CONDITIONS OF THIS CREDIT, WE SHALL PAY THE NEGOTIATING/PRESENTING BANK IN ACCORDANCE WITH THEIR PAYMENT INSTRUTIONS.
TRAILER		ORDER IS < MAC: > < PAC: > < ENC: > < CHK: > < TNG: > < PDE: > MAC:88E7CAA9 CHK:93047D5D3375

2008DEC29 09:00:18 LOGICAL TERMINAL CZEX
MT S701 ISSUE OF A DOCUMENTARY CREDIT PAGE 00002
FUNC JSCXEXMG
UMR 13763676

MSGACK DWS765I AUTH OK, KEY B30509185BBED995, BKCHCNBJ BOFMCAT2 * * RECORD

BASIC HEADER		F 01 BKCHCNBJA95E 1340 759091
APPLICATION HEADER		O 701 1418 081228BOFMCAT2AXXX 3612 719679 081229 0318 N * BANK OF MONTREAL, THE * TORONTO * (INTERNATIONAL BRANCH)
USER HEADER		SERVICE CODE 103: BANK. PRIORITY 113: MSG USER REF. 108: INFO. FROM CI 115:
SEQUENCE OF TOTAL	*27	2/2
DOC. CREDIT NUMBER	*20	BMT0629292IM
DESCRIPTION OF GOODS AND/OR SERVICES	45B	COVERING 100 PERCENT OF INVOICE VALUE AS 500 KGS CHLORDIAZEPOXIDE HCL USP CIF TORONTO, ONTARIO, CANADA
TRAILER		ORDER IS < MAC: > < PAC: > < ENC: > < CHK: > < TNG: > < PDE: > MAC:62A44D19 CHK:3D2A4A5DA5D1

交单期间	48	装船日后 15 天内
保兑指示	*49	本证不加保兑
对付款行/承兑行/议付行的指示	78	所有单据须与偿付指示一起一次性通过快递寄给：BANK OF MONTREAL, 234 SIMCOE ST., 3RD FL. TORONTO, ONTARIO, CANADA M5T 1T4（蒙特利尔银行 SIMCOE 街 234 号 3 楼 多伦多 安大略省 加拿大 邮编 M5T 1T4） 在我行收到本证项下相符单据时，我行将会按议付行/交单行的付款指示偿付。
报尾		ORDER IS < MAC: > < PAC: > < ENC: > < CHK: > < TNG: > < PDE: > MAC:88E7CAA9 CHK:93047D5D3375

2008DEC29 09:00:18

MT S701

ISSUE OF A DOCUMENTARY CREDIT

LOGICAL TERMINAL CZEX
PAGE 00002
FUNC JSCXEXMG
UMR 13763676

> MT701 为 SWIFT 信用证的补充格式，在 MT700 报文内容发不完时进行补充发报，最多可以发 3 次，一般是用来发送货物描述、单据要求及附加条款三项内容，在 MT701 中 45、46、47 域分别以 45B、46B、47B 出现，以区别于 MT700 中的 45A、46A、47A。

MSGACK DWS765I AUTH OK, KEY B30509185BBED995, BKCHCNBJ BOFMCAT2 * * RECORD

基础报头		F 01 BKCHCNBJA95E 1340 759091
应用报头		O 701 1418 081228BOFMCAT2AXXX 3612 719679 081229 0318 N * BANK OF MONTREAL, THE * TORONTO * (INTERNATIONAL BRANCH)
用户报头		SERVICE CODE 103: BANK. PRIORITY 113: MSG USER REF. 108: INFO. FROM CI 115:
报文发讯次序	*27	2/2（总共两次发报，此文为第二次报文）
信用证号码	*20	BMT0629292IM
货物或服务描述	45B	按发票金额全额计收以下货物： 500 千克盐酸氯氮卓（盐酸利眠宁），按照美国药典标准执行 价格术语：CIF TORONTO, ONTARIO, CANADA
报尾		ORDER IS < MAC: > < PAC: > < ENC: > < CHK: > < TNG: > < PDE: > MAC:62A44D19 CHK:3D2A4A5DA5D1

第四节　审核信用证

一、审核信用证的依据

审证是指卖方对国外买方通过银行开来的信用证内容进行全面审核,以确定是接受或需要修改。审证的依据是:国际货物买卖合同及相关的国际惯例(如2010年国际贸易术语解释通则、《UCP600》《ISBP745》等)。

国外来证,原则上信用证的内容应与买卖合同相符。但实务中,由于工作疏忽或该买卖商品的国际市场行情下跌等对买方不利的原因,致使买方申请开立的信用证与合同不完全相符,这将给卖方履行合同、安全收取货款带来隐患。对此,卖方应对国外来证进行严格仔细的审核。

二、审核信用证的要点

根据《UCP600》的规定,通知行只负有证明信用证的表面真实性,包括证实开证行的印鉴核符(信开证)、密押核符(电开证)后将信用证原文转交受益人的责任,无审核信用证的义务。在我国对外贸易信用证结算实务中,我国银行收到国外来证,应着重审核以下几个方面:

1. 审核信用证的各项内容是否符合我国的方针政策以及是否有歧视性内容。如信用证规定所有单据均注明出口国为“R. O. C”(“中华民国”),不能接受,必须修改为“CHINA”。

2. 审核开证行的资信能力,以确定其所开立的信用证是否需要加具保兑。

3. 审核开证行的付款责任与索汇路线是否清晰与可行。

出口企业则结合《UCP600》的解释和规定,依据买卖合同审核信用证条款。以SWIFT跟单信用证MT700/MT701为例,重点审核如下项目条款:

(一)审核信用证报文文件是否完整

首先阅读信用证,特别要注意查看每页的末行和下页的开头是否语句衔接正常,以避免传真复印中的人为疏忽遗漏。然后看编号归大类,再看“+”或“-”分小类(46A、47A尤为明显)。

(二)开证申请人与受益人的名称和地址是否正确

审核必选项目50与59:开证申请人与受益人的名称和地址是否正确。若不正确,必须修改。开证申请人和受益人一般为合同中的买方和卖方,但开证申请人也可能是买方的客户。为防止错发错运,保证安全结汇,开证申请人的名称和地址必须正确无误。又因为几乎所有单据(中性单据除外)都会显示受益人的名称和地址,如有一个字母或数字出现任何错漏,都可能导致所有单证不符。

(三)信用证的币种代码与金额须与合同规定一致

审核项目32B:信用证的币种代码与金额须与合同规定一致。该项的审核应注意:

1. 金额数字小数点用逗号“,”来表示。如32B:Currency Code, Amount :USD118750,00即为118,750美元。

2. 审核此项目时,要结合39A或39B一起审。如为“39A:Percentage Credit Amount Tolerance:05/05”,就是该证金额允许上下浮动最大为5%;如为“10/10”,则该证允许上下浮动最大为

10%；如该证显示“39B：Maxmum Credit Amount”（信用证最高限额），就是该证可使用的最高金额。需注意：39A与39B不能同时出现。如果合同有规定包装费用或卖方代付保险费等额外费用在信用证中一并支付，那么这部分费用不能出现在32B的货款中，必须以39C另列，否则可能造成即便信用证开来的金额（32B）中包含了这部分金额却也不能使用的情况。

3. 兑用的汇票金额不能超过信用证规定的总金额。根据《UCP600》第18条b款与第30条a、b、c款的规定，对“信用证的允许金额”的理解应做如下掌握：

（1）SWIFT信用证如果没有39A及（或）39C栏，或39B明确规定“Not exceeding”（不得超过）等字眼时，应理解为在信用证项下能使用的金额就是指32B本身的信用证金额。

（2）当信用证在其总额前面注明了“about”（约）或“Approximately”（大约）一类字眼，或在39A栏明确规定了金额的溢短幅度的，则信用证可使用金额就是按信用证总金额可以再增加或减少相应的幅度。“about”或“Approximately”理解的增减幅度为10%。

（3）当发票货物（品名、规格、数量等）符合信用证规定，金额超过了信用证的允许金额，银行只支付信用证允许的金额，对超过的部分金额不给予支付。

（4）在信用证规定的货物数量已全部发运、单价没有降低，即使信用证不允许部分装运，商业发票和汇票金额也允许有5%以内的减幅，但汇票不得大于信用证金额。这实际上可能是卖方给买方代办运输及或保险的实际支出比买方答应在信用证款项中与货款一并支付的相关费用要低所致。

4. 核对货物的数量与总金额是否相符。实务中常有部分汇款（预付或到付），部分信用证结算的付款方式，这时往往出现货物足额，可只显示部分金额的情况。例如：我国出口某矿产品到日本，买方为了控制卖方交货的数量，在信用证中规定95%货款为即期信用证结算；余下5%货款待货到目的港买方核验货物的数量后电汇结算。此种情况下，受益人凭单只能收取95%的货款。另外合同中订有溢短装条款，信用证金额应有相应规定。

（四）审核信用证的有效期、装运期、交单期等三个期限及信用证到期地点

审核44C/44D与31D，同时参照项目48。信用证的期限主要包括三项内容：有效期（31D）、装运期（44C/44D）、交单期（48）等三个期限及信用证到期地点。信用证的有效期一般是“三期”中最晚的日期。审核时需掌握：

1. 审核项目“31D”（信用证的有效期及到期地点）。应掌握：信用证一定规定有效期，否则为无效信用证。信用证的到期地点应为受益人所在地的国家或地区，即到期地点应为“In China”或“At Beneficiary's Country”。如到期地点在境外，无法掌握单据到达国外银行的确切时间，容易延误，具有潜在风险，应要求修改。

根据《UCP600》第29条a款的规定，信用证有效期或交单期最后一天适逢银行法定节假日或银行公休日，受益人可顺延至下个银行工作日交单。但是最迟装运日不因第29条a款规定的原因而顺延。

2. 审核装运日期44C（最迟装运日期）或44D（装运期间），受益人能否按要求及时装船。信用证的装运期原则上应与合同一致，如不能如期装运可要求展期。信用证的展期包括展延装运期和展延信用证的有效期。在对信用证展期时，应注意：展延信用证有效期时，应同时展延装运期。因为最迟装运期的展延并不因信用证有效期的展延而顺延。同样，只展延装运期并不意味着信用证有效期也相应得到展延。

信用证如无装运期，则信用证的有效期即为装运期，这种装运期与有效期为同一天到期的信用证，习惯上称为“双到期信用证”。在使用“双到期信用证”时，将实际装运期提前10～15天为宜，以便留出足够的时间制单并及时交单。

3. 审核信用证的项目“48”（交单期）是否合理。信用证一般都规定受益人必须在运输单据出具后15天内且要在信用证的有效期内提交单据要求付款、承兑汇票或议付的特定期限，这个期限称为“交单期”（Period for Presentation of Documentary），要注意该期限规定是否合理，我方能否满足交单期限。若信用证中无显示48项交单期，根据《UCP600》的规定，在信用证有规定提交《UCP600》项下第19～25条中所提及的正本运输单据时，受益人必须要在货物装运日后21天内，且要在信用证的有效期内，向银行交单，否则将构成单证重大不符。如果信用证没有要求运输单据，或要求的不是《UCP600》项下第19～25条中所提及的正本运输单据时，则交单的时间可把握在信用证的有效期内。

4. 要求修改信用证的装运期和交单期时，也要相应更改信用证的有效期，否则将可能导致“虽在交单期内交单，却仍逾过信用证效期”的后果。

（五）货物描述是否与合同规定一致

审核MT700中的45A或MT701中的45B：货物描述是否与合同规定一致，如果不一致，我方能否接受。有的开证申请人出于避税等目的，对货物的描述过于笼统，会影响到相关检验检疫单证的出具。如把“猪二层革”写成“皮革”，但在出口商品检验检疫时，出入境检验检疫局不允许过于简化，从而容易造成单证不符。所以，如果不能按信用证要求办理，要及时通知开证申请人修改信用证。

（六）运输条款能否接受

1. 审核装运日期44C（最迟装运日期）或44D（装运期间）时，应熟悉《UCP600》对装运日期的解释，严格把握信用证的装运日期。

（1）装运日期如规定为“on or about...”（在……日或前后），应解释为可在所述日期之前或之后5天内（含头尾共11天）装运。

（2）装运日期如规定为“before”“after”（之前或以后），不包括所述日期。

（3）“to”（止）、“until”（至）、“till”（直至）、“from”（从）、“between”（之间），解释为包括所述日期。

（4）“first half/second half of a month”（上半月、下半月），分别解释为一个月的第一天至第十五天和第十六天至当月最后一天。

（5）“beginning of a month”（月初）、“middle of a month”（月中）、“end of a month”（月末），分别解释为当月的第一天至第十天；第十一天至第二十天和第二十一天至当月最后一天。

2. 审核项目“44A”（接受监管地/发货地/收货地）、“44E”（装运港/出发机场）、“44F”（卸货港/目的地机场）和“44B”（最终目的地/运往……/交货地）。

为了便利我国受益人自行选择发货地点，起运地应争取为“China”（中国）或“Any Chinese City/Port”（任何中国城市或港口）。目的地（港）必须与价格条款相符。如合同中的价格条款为“CIF Seattle”（成本加保险费、运费在内价，目的港西雅图），信用证规定为“CIF New York”（成本加保险费、运费在内价，目的港纽约）。因从我国出口货物到美国的东海岸港口（纽约）比到美国西海岸港口（西雅图）距离远，涉及运费将增加的问题，须改证。

3. 审核项目“43P”(部分装运)和“43T”(转运)条款应与合同条款相符。根据《UCP600》的规定,应掌握:

(1)信用证未注明“Partial shipment/Transshipment not allowed/permitted”(不准部分装运;不准转运),则可按允许部分装运、允许转运处理。

(2)信用证规定不准部分装运,装运时的数量也允许有5%的增减幅度,但若规定货物数量按包装单位或个数计量者除外。

(3)信用证规定不准部分装运,若在同一船只、同一航次,出具数张提单显示不同的装船港口和不同的提单签发日期,但是同一目的港且这些提单同时交单的情况下,也不视为部分装运。

审核信用证的部分装运条款时,还应注意对“sets/shipments”和“lots”这两个词的理解。如信用证规定 “...in two sets/shipments”,应理解为货物分两批,必须装上两艘不同船只。如规定“...in two lots”,则理解为缮制两套单据,同船或不同船装运均可。但信用证如规定“...in two lots by separate steamer”,则一定要把货物分两条船装运。

(4)信用证规定在指定期间分批定量装运,如其中一期未按期装运,则该期及以后各期均告失效,除非修改信用证的装运期,否则不能再贸然出运货物。

在审核信用证的部分装运和转运条款时,还应注意该条款与信用证其他方面的关联性,例如:

(1)Partial shipments are permitted only in two lots(只能分两批)。

(2)100M/T in June,200M/T in July(与时间关联)。

(3)50M/T to London,70M/T to Paris(与目的港关联)。

(4)One set by air, two units by sea(与运输方式关联)。

(5)Partial shipments permitted and a separate set of documents is required for each shipment(与单据关联)。

(6)Transshipment allowed only in Hongkong(只允许在某港口转运)。

(7)Transshipment allowed only goods in container(只允许在某种运输组织方式下转运)。

(七)审核单据条款与附加条款

项目46A或46B与47A或47B:关于单据要求与附加条款是审核的重点,需逐字审阅,不得有丝毫含糊。要注意核对单证规定是否有前后矛盾冲突的地方,最好把所需的单证类别、份数和要求专门列表(见P50交单一览表),以便操作。

1. 审核保险条款。

CIF或CIP出口合同,以信用证方式结算,信用证中保险条款原则上应与合同规定相符。在审证时应注意:

(1)投保金额。投保金额至少应为CIF或CIP发票金额的110%。如按发票金额的120%或130%投保,需征得保险公司的同意,同时考虑可能增加的保费,否则应洽开证申请人改证。

(2)投保的险别。投保的险别应与合同规定相符,若超出合同的规定,买方如果同意超出的保费在信用证中额外支取,则可接受,否则需修改信用证。投保的险别可按中国保险条款(CIC)或按伦敦保险协会保险条款(ICC)的险别投保,但在一份保单中,不能将两个保险条款的险别混合使用。例如,信用证规定“Covering:the Institute Cargo Clauses All Risks and...” 则不能接受,应修改为“Covering:the Institute Cargo Clauses (A)...”(承保险别为伦敦保险协会A条款)。

(3)投保的货币应与合同规定和信用证规定的货币相符。

(4)保险勘查代理人应由保险公司自主选择。如信用证指定保险勘查代理人,即信用证自行指定买方选择的代理人,则不可接受,应要求改证。

2. 审核检验条款。

(1)检验机构。原则上不接受"客检"条款。即由开证申请人或其授权的代理人实施检验并出具检验证书等,应删除此类条款或修改为由我国出入境检验检疫局(CIQ)实施检验。

(2)检验的地点与时间。检验的时间与地点原则上只接受在出口国(我国)实施检验检疫,所签发的检验证书作为兑用信用证款项的单据之一。有的信用证规定须由装运地的检验机构出具某证书,而实际上装运地无此机构,无法获得该单据,也应要求改证。

3. 审核其他单据条款。

信用证规定某些单据需由开证申请人会签的条款,不能接受。例如规定商业发票由开证申请人会签(Counter-signed by applicant),必须要求修改信用证,将此类条款删除。

又如 FOB 合同,信用证规定提单上要标明"Freight prepaid "(运费预付)或 FOB、CFR 合同项下来证却要求提交保险单据等,容易导致贸易纠纷,必须改证。

有的信用证不仅在"46A"(单据条款)中规定了受益人需提交的各种单证,还在"47A"(附加条款)中提出受益人必须证明某事,有些根据需要可能要提供某证明才能满足信用证的要求。因此,信用证中的附加条款也是审核的重点。

(八)银行费用条款的审核

审核项目 71B 银行费用。看银行费用是否公平。根据《UCP600》第 37 条 C 款的规定:指示另一银行提供服务的银行有责任负担被指示方因执行指示而发生的佣金手续费、成本或开支费用。如果信用证规定费用由受益人负担而该费用未能收取或从信用证款项中扣除,开证行依然承担支付此费用的责任。《UCP600》做出如此规定是公平合理的,但在实务中绝大多数信用证的银行费用都规定"All banking charges outside the country of issuance of this credit are for the account of beneficiary"(开证行以外的所有银行费用由受益人承担)。这样受益人除了承担国内通知行、兑用银行的费用外,还要承担一笔为数不小的转递、转让或保兑费(如果有)或因信用证中偿付行的出现而增加额外的偿付费,这是有悖于上述惯例的规定的。据此,在签订合同时,应最大限度地争取将银行费用改为"All banking charges inside China are for beneficiary's account"[受益人所在国(中国)的费用由受益人承担]。一方面,发生在受益人所在国的银行费用受益人看得见、摸得着,容易掌握;另一方面,这样规定也容易被买卖双方所接受,而且我国银行费用相对较低。有的信用证甚至规定"All banking charges are for beneficiary's account"(所有的银行费用由受益人承担),这就更不合理了,必须要求修改,否则权当只亏不赚的生意。

(九)注意审核信用证中的软条款

"软条款"是指信用证中规定有保留或限制的条款,这些条款足以改变信用证的付款保证性质。信用证的软条款一般设置在信用证生效、检验、装船、单据、验收等环节。信用证中常见的软条款有:

1. 变相的可撤销信用证条款。就是在信用证中规定,当开证行在某种条款得不到满足时,如规定"未收到买方的汇款或保函"等时,可利用条款随时单方面解除其保证付款责任。

2. 暂不生效条款。如在信用证中规定:待进口商取得进口许可证后,开证行以信用证修改形式通知信用证生效,或以买方取得进口许可证为生效条款。

3. 开证申请人说了算条款。即在信用证中规定一些非经申请人指示不能按正常程序进行条款。如在信用证中规定:客户检验、客户会签、由开证申请人通知方可装运等条款。

4. 要求受益人装船后将一份正本提单(1/3 set)径寄开证申请人,这就意味着开证申请人未付款赎单,货物就有可能已被提走的风险。

5. 要求检验证书、发票等单据由进口国某机构或某人员手签或出具的条款。

6. CIF、CIP、CPT、CFR 等价格术语要求,由开证申请人指定装船日期或船名、船公司等。

7. 要求的产地证类别非货物进口国所适用的优惠原产地证。

通常可用几个"不"字来概括信用证的软条款,即:开证行不通知生效;不发修改书;开证人不开具证书或收据;不来验货;不通知船公司、船名等。对信用证的软条款必须修改。

第五节 修改信用证

一、修改信用证的规则

信用证的修改(Amendment of L/C)是对开证行开出的信用证进行修改的行为。信用证经过审核,受益人如发现信用证条款与合同或《UCP600》规定不符,且无法接受,就要洽开证申请人修改信用证。信用证修改的规则如下:

1. 只有开证申请人(买方)才能向开证行提出修改信用证的申请。

信用证的修改可由信用证的受益人提出,也可由信用证的开证申请人提出,无论何方提出,都必须由开证申请人(买方)向开证行提出修改申请,再由原通知行通知受益人。

2. 受益人(卖方)有权决定是否接受信用证的修改。

受益人收到信用证修改书后,有权决定接受或拒绝信用证的修改。受益人如接受信用证的修改,则必须按信用证的内容及修改后的内容行事,否则受益人只需按原信用证的内容行事。

二、修改信用证的流程

对不可撤销信用证在其有效期内的任何修改,均须取得各有关当事人的同意方能生效。因此修改信用证的流程是:

1. 如信用证条款与买卖合同规定不符,且又无法接受,应由受益人(卖方)向开证申请人(买方)提出,其流程为:受益人去电征得开证申请人同意;由开证申请人向开证行申请修改信用证,征得开证行同意;由开证行开出信用证修改书并发送给通知行;经通知行将修改书送交受益人;经信用证各有关当事人特别是受益人同意后,修改方能生效。

一封规范的改证函通常包括以下内容:①感谢对方通过银行开来信用证;②列明信用证中与合同不符之处及不能接受的条款,并说明如何修改;③感谢对方的合作,并希望信用证修改书早日到达,以便按时履约。

受益人向开证申请人发送修改信用证的函电举例如下(横线处的内容实务中可根据实际情况替换):

Dear Mr. Hans,

We are pleased to receive your L/C No. 1234. Thank you for your prompt issuing.

However, when we checked the L/C with the relevant contract, we are sorry to find it contains the following discrepancies. Please amend:

1. The L/C expiry place should be in "Haikou", not in "Hongkong".

2. L/C amount in words and the figure should be read: "SAY U. S. DOLLARS TWENTY-SIX THOUSAND AND FOUR HUNDRED ONLY (USD 26400.00)."

3. Beneficiary's draft should be "paid at sight" instead of "at 30 days after sight".

4. Insurance value should be "insured for 110% of invoice value", not "130%".

5. Partial shipments and transshipment should be "allowed", not "prohibited".

6. Delete the clause "Certificate of quality in one original issued and signed by applicant 25 days before shipment whose authority and signature must be in conformity with records held in issuing bank". And add the words "quality certificate is issued by Entry-Exit Inspection and Quarantine Bureau of P. R. China".

Please let us have your L/C amendment soon so that we may effect shipment within the contracted delivery time.

Thank you.

Yours truly,

Hainan International Trade Company

Hao bo

June 15, 2009

2. 对信用证主要项目的缺漏和重大差错，如无有效期、无金额、装运期迟于信用证有效期等，应通过通知行提请开证行澄清。

三、修改信用证应注意的问题与相关的国际惯例

根据《UCP600》对修改信用证规定的解释，对不可撤销信用证内容的修改应注意如下问题：

1. 凡需要修改的内容，应一次性向客户提出，避免多次修改信用证而导致费用增加的情况。

2. 对不可撤销信用证中任何内容的修改，必须取得所有当事人同意后方能生效。

根据《UCP600》第10条的规定，受益人对信用证修改内容的接受或拒绝有两种表示的形式：

(1)受益人做出接受或拒绝信用证修改的通知。即受益人收到信用证修改书后表示接受，并与通知行联系。

(2)受益人可以行动表示接受或拒绝。即受益人可保留其接受或拒绝修改的权利直至交单为止。以受益人提交的单据作为判断接受或拒绝的依据。如受益人提交的单据符合修改书的内容，即被认为修改书已被受益人接受；如提交的单据符合原信用证的内容，则被视作拒绝信用证的修改书。值得注意的是，受益人收到修改书后保留其接受修改的权利直至交单这段时间的缄默并不等于接受。

3. 对信用证修改书的内容，受益人要么全部接受，要么全部拒绝，部分接受修改书内容，视为拒绝。

4. 应明确修改费用由谁承担。宜事先在合同中约定按责任归属来确定费用由何方负责。

5. 应注意保兑信用证的修改，其修改书的内容也应由保兑行确认，否则保兑行只对原信用证保兑。保兑行如不愿意保兑修改书，必须毫无延迟地将此情况通知开证行和受益人，对此，出口商须加以注意。

思考与练习

一、思考题

1. 简述信用证结算的特点。

2. 简述 SWIFT 信用证的电文表示方式。

3. 简述《UCP600》对开证行、付款行、保兑行和议付行的付款责任的规定。

4. 简述信用证兑用的表示方式。

5. 何谓"双到期"信用证？在处理"双到期"信用证时应注意什么问题？

6. 何谓信用证的交单期？信用证如未规定交单期，受益人向银行交单时应如何掌握交单期？

7. 在要求展延"双到期"信用证的有效期时，是否意味着信用证最迟装运期也因信用证有效期的展延而顺延？

8.《UCP600》对信用证规定装运期为"on or about..."时，应如何理解？

9. 根据《UCP600》的解释，信用证如使用"after/before/to/until/till/from/between"等介词对装运日期进行表述时，应如何理解？

10. 信用证规定"Goods to be shipped in two lots..."或"Goods to be shipped in two sets..."，受益人应如何制单？在装船时，可否同船装运？

11. 信用证规定不允许部分装运。受益人在装运时，将货物装上同一船只、同一航次，船公司出具的数套提单上显示出不同的装船港口和不同的提单签发日期，此情形可否视作部分装运？

12. 信用证规定"all banking charges are for beneficiary's account"，受益人应如何处理？

13.《UCP600》对开证行、付款行、保兑行审单的时间是如何规定的？

14. 本章第三节样例中的加拿大信用证为什么会同时要求一般原产地证及普惠制原产地证？

15. 审核信用证的依据及主要内容有哪些？

16. 简述修改信用证的规则和流程。

17. 对不可撤销跟单信用证内容在修改时应注意哪些问题？

二、实操题

1. 交单一览表是信用证分析的核心内容，只有列表正确才能够按照信用证要求的单据种类与数量正确缮制出来，请根据本章第三节中的信用证实例正确填写下列交单一览表。

交单一览表

名称 份数 对象													
信用证对应条款													
交银行	正本												
	副本												
交客户	正本												
	副本												
备注													

2. 请根据下列合同，以受益人身份审核附后的信用证，找出不符点或信用证本身的不妥之处，写一封改证函发送给开证申请人。

(1)销售合同。

海南天茂贸易有限公司

HAINAN TIANMAO TRADE CO. , LTD.

No. 167 Guomao Road, Haikou, Hainan, P. R. of China

销售合同

SALE CONTRACT

To:

EASTERN TRADING COMPANY

81 WORDFORD STREET,

LONDON

UNITED KINGDOM

Contract No. : Hk2011X826

Date: 26 AUG. , 2011

This sales contract is made between the sellers and buyers whereby the sellers agree to sell and the buyers agree to buy the under-mentioned goods according to the terms and conditions stipulated below:

Description of Goods	Quantity	Unit Price	Amount
WOOLLEN BLANKETS			CIF LONDON
ART. NO. H666	600PCS	@ USD15.50/PC	USD9300.00
ART. NO. HX88	600PCS	@ USD16.30/PC	USD9780.00
ART. NO. HE21	720PCS	@ USD18.50/PC	USD13320.00
TOTAL:	1920PCS		USD32400.00
5% MORE OR LESS AMOUNT AND QUANTITY ARE ALLOWED.			

Total amount in words SAY U. S. DOLLARS THIRTY TWO THOUSAND FOUR HUNDRED ONLY.

Packing 24Pcs in one CTN, total packed in 80CTNS.

Delivery Sea freight from Haikou to London allowing partial shipments and transshipment.

Shipping Mark EASTERN /2011X826/LONDON/NO. 1 – UP

Time of Shipment On or before 15 Oct. , 2011

Terms of Payment By 100 pct irrevocable letter of credit in favour of the Seller to be available by drafts at sight to open and to reach the seller before 05 Sep. , 2011 and to remain valid for negotiation in China until the 15th days after the foresaid time of the shipment. The L/C must mention this contract number. All banking charges outside U. K are for A/C of the beneficiary.

Insurance To be effected by the sellers for 110 pct of the invoice value covering ICC(A) and war risk of Institute Cargo Clause Date 01/01/2009.

Documents required

1. Signed invoice in triplicate.
2. Full set clean on board Bill of Lading made out to order blank endorsed notify the buyer.
3. Insurance policy in duplicate.
4. Packing list in triplicate.
5. Certificate of Origin in duplicate issued by a relevant authority.

The Seller	**Buyer**
HaiNanTianMao Trade Co. , Ltd.	Eastern Trading Company
林强	*Whuit Brown*
签署	Signature

（2）信用证。

2011SEPT02 09:00:17 LOGICAL TERMINAL XZCE
MT S700 ISSUE OF A DOCUMENTARY CREDIT PAGE 00001
FUNC EXJSMGCX
UMR 63675785

MSGACK EWS5155I AUTH OK, KEY R35609328EPBD546, BKCHCNBJ SCBLGB2L ** RECORD

BASIC HEADER		F 01 BKCHCNBJA740 1340 759092
APPLICATION HEADER		O 700 1120 110901 SCBLGB2LAXXX 3612 719680 110901 1218 N * STANDARD CHARTERED BANK * (ALL U. K. OFFICES)
USER HEADER		SERVICE CODE 103: BANK. PRIORITY 113: MSG USER REF. 108: INFO. FROM CI 115:
SEQUENCE OF TOTAL	*27	1/1
FORM OF DOC. CREDIT	*40A	IRREVOCABLE
DOC. CREDIT NUMBER	*20	LOD88095
DATE OF ISSUE	31C	110901
APPLICABLE RULES	*40E	UCP LATEST VERSION
DATE/PLACE EXP.	*31D	111020 PLACE U. K.
APPLICANT	*50	EASTERN TRADING COMPANY 81 WORDFORD STREET, LONDON UNITED KINGDOM
BENEFICIARY	*59	HAINAN TIANMAO TRADE CORP. No. 167 GUOMAO ROAD, HAIKOU, HAINAN, P. R. OF CHINA
CURRENCY CODE, AMOUNT	*32B	USD32040.00
PERCENTAGE CREDIT AMOUNT TOLERANCE	39A	05/05
AVAILABLE WITH...BY...	*41D	US BY ACCEPTANCE
DRAFTS AT...	42C	AT 30 DAYS AFTER SIGHT
DRAWEE	42D	ON US
PARTIAL SHIPMENTS	43P	NOT ALLOWED
TRANSSHIPMENT	43T	ALLOWED
PORT OF LOADING/AIRPORT OF DEPARTURE	44E	HAIKOU
PORT OF DISCHARGE/AIRPORT OF DESTINATION	44F	LONDON
SHIPMENT PERIOD	44D	111015
DESCRIPTION OF GOODS AND/OR SERVICES	45A	WOOLLEN BLANKETS, CIF LONDON ART. NO. H666 600PCS @USD15.50/PC USD9300.00 ART. NO. HX88 600PCS @USD16.30/PC USD9780.00 ART. NO. HE21 720PCS @USD18.00/PC USD12960.00 TAL:1920PCS USD32040.00 AS PER CONTRACT NO. KH2011X806
DOCUMENTS REQUIRED	46A	

* SIGNED COMMERCIAL INVOICE IN TRIPLICATE.
* PACKING LIST IN TRIPLICATE.
* FULL SET OF CLEAN ON BOARD MARINE BILLS OF LADING ISSUED TO EASTERN TRADING COMPANY MARKED FREIGHT PREPAID NOTIFY SAME AS CONSIGNEE.
* GSP FORM A CERTIFYING THAT THE GOODS ARE OF CHINESE ORIGIN ISSUED BY COMPETENT AUTHORITIES.
* INSURANCE POLICY/CERTIFICATE COVERING ALL RISKS INCLUDING WAREHOUSE TO WAREHOUSE CLAUSE UP TO FINAL DESTINATION AT LONDON FOR AT LEAST 110 PCT OF CIF VALUE AS PER CIC DATE 01/01/2009.
* SHIPPING ADVICES MUST BE SENT TO APPLICANT WITHIN 2 DAYS AFTER SHIPMENT ADVISING THE INVOICE VALUE, NUMBER OF PACKAGES, GROSS AND NET WEIGHT, VESSEL NAME, BILL OF LADING NO. AND DATE, CONTRACT NO. ,SHOWING SHIPPING MARK AS:
EASTERN
Hk2011X826
LONDON
NO. 1 – UP

ADDITIONAL CONDITIONS	47A	+ REIMBURSEMENT CHARGES USD65.00 FOR THE ACCOUNT OF BENEFICIARY. A DOCUMENT HANDING FEE OF USD40. 00 PAYABLE BY THE BENEFICIARY. + A DISCREPANCY FEE OF USD65.00 IS PAYABLE BY THE BENEFICIARY FOR EACH DRAWING PRESENTED WHICH DOES NOT STRICTLY COMPLY WITH THE TERMS OF THIS LETTER OF CREDIT AND WHICH HAS TO BE REFERRED TO APPLICANT.
CHARGES	71B	ALL BANKING CHARGES ARE FOR BENEFICIARY'S ACCOUNT.
PERIOD FOR PRESENTATION	48	10 DAYS AFTER ISSUANCE DATE OF SHIPPING DOCUMENTS BUT WITHIN THE VALIDITY OF THE CREDIT
CONFIRMATION INSTRUCTIONS	*49	WITHOUT
INSTRUCTIONS TO THE PAYING/ACCEPTING/ NEGOTIATING BANK	78	THE NEGOTIATION BANK MUST FORWARD THE DRAFTS AND ALL DOCUMENTS BY REGISTERED AIRMAIL DIRECT TO US IN TWO CONSECUTIVE LOTS. UPON RECEIPT OF THE DRAFTS AND DOCUMENTS IN ORDER, WE WILL REMIT THE PROCEEDS AS INSTRUCTED BY THE NEGOTIATING BANK.

(3)改证函。

HAINAN TIANMAO TRADE CO. LTD.
No. 167 Guomao Road, Haikou, Hainan, P. R. of China

Date:

Dear sir.

We are pleased to receive your L/C No. ________ dated ________ against S/C No. ________ . However, we are Sorry to find it contains some discrepancies . Please amend the credit as follows:

1.
2.
3.
4.
5.
⋮

Please see to it that the L/C amendment soon so that we may effect shipment within the contracted delivery time.
Thanks for your kind cooperation.

Yours
Sun Lee

■第四章■ 发　票

【学习目标】 了解商业发票的含义与作用;熟悉商业发票的内容并理解信用证有关商业发票的条款;掌握商业发票的填制方法并能处理制单中常见的问题;了解海关发票的内容并掌握其填制要领。

发票是出口商对进口商开立的销售货品价目清单,它是装运货物的总说明,也是进出口双方交接货物和结算货款的凭证。就广义而言,发票包括形式发票(Proforma Invoice)、商业发票(Commercial Invoice)、领事发票(Consular Invoice)、样品发票(Sample Invoice)、厂商发票(Manufacture's Invoice)、收讫发票(Receipt Invoice)、详细发票(Detailed Invoice)、海关发票(Customs Invoice)等;就狭义而言,发票通常是指商业发票。本章重点介绍商业发票和海关发票。

第一节　商业发票

一、商业发票的含义及作用

(一)商业发票的含义

商业发票(Commercial Invoice)简称发票(Invoice),是出口贸易结算中最主要的单据之一。它是卖方向买方开具的销售货品价目清单,是装运货物的总说明。在制单工作程序中,一般应首先制作发票,然后再制作其他单据。因此说发票是整套单据的核心,是中心单据。

(二)商业发票的作用

1. 它是卖方发货、买方收货记账的凭证。
2. 它是买卖双方清关、纳税的依据。
3. 它是货物索赔和理赔的凭据。
4. 它是国际贸易单据的基础单据,是缮制其他各种单据的依据。
5. 在不要求汇票的情况下,它可替代汇票作为付款的依据。

商业发票由出口商自行制作,目前还没有统一的格式,但内容大致相同。商业发票主要包括品名品质、数量、单价、金额和包装等条款,并直接反映买卖双方的详细名称和地址、与货物买卖有密切关系的文件(如合同、信用证、订单)号码等内容。发票内容必须符合合同和信用证的相关规定与符合《UCP600》及《ISBP745》的解释,文字描述应与信用证一致。

二、商业发票的基本内容与缮制

1. 发票名称(Document's Name)。出口商名称下面要用粗体字标出 COMMERCIAL INVOICE

或 INVOICE,以体现单据的性质和种类。发票的名称一般应与信用证的规定一致。

2. 出票人(Issuer)。填写开立发票一方的名称和地址。发票的出票人应是出口商(Exporter),即合同中的卖方(Seller)。在信用证业务中,根据《UCP600》第 18 条的规定,除已转让信用证外,发票必须由信用证的受益人(Beneficiary)出具。如果信用证已被转让,银行也可接受由第二受益人出具的发票。一般地,出口商会预先设置好固定的发票格式,该发票的顶端醒目地印有出口商名称、地址。出口商的名称、地址应与信用证上受益人的名称、地址一致,当受益人的名称、地址有变更时,发票也要随之做出相应更改。

3. 发票的收货人(To)。发票的收货人即抬头人或受票人。一般填写进口商名称、地址。根据《UCP600》第 18 条规定:商业发票必须以信用证开证申请人为抬头,除非信用证另有指定发票的抬头人。例如:信开证项下,"To the order of ×××" 或 "For account of ×××"字样中的"×××"即开证申请人,"In the name of ×××"则指定了发票的抬头人。填写时应注意进口商名称、地址不应放在同一行,对那些已更名或独立的国家,应使用新名称。

4. 发票号码(Invoice No.)、发票日期(Date)、合同号码(S/C No.)、信用证号码(L/C No.)。发票号码一般由出口商按照顺序自行编制,这样有利于事后的查对。发票号码代表了全套单据的号码,如汇票号码即按此号码填写。

发票日期,即发票的出单日期。信用证项下,发票日期一般在信用证开证日期之后,提单签发日期之前,且不能晚于信用证的交单期和有效期。根据《UCP600》第 14 条 i 款的规定,商业发票的出单日期可早于信用证的开证日期,但信用证若规定"Any documents prior to the date of issuance of this L/C are not acceptable"(任何早于信用证开立日期的单据不可接受),此时商业发票的出票日期应为信用证开立后至信用证的装运日期之前的某一合理日期。

合同号码应与信用证上列明的号码保持一致,如果一笔交易涉及几个合同号码,则都应在发票上打出来。

信用证号码一般也应在发票上列明。

5. 起运地和目的地、运输工具(From...To...By...)。填写装运港、目的港及运输方式等内容。如"Shipment from Shanghai to New York by sea(by vessel)"(从上海运至纽约,海运方式)。起运地和目的地应明确、具体。如果信用证笼统规定装运港为"Chinese port",则在缮制发票时此栏不能照搬,应填入货物实际装运的港口名称。又如信用证规定"Destination:Canadian Ports",则在此栏填入具体港名,如"Toronto"(多伦多)或"Vancouver"(温哥华)。对有重名的目的地,目的港后面要加打国名。尤其是海运,港口在世界上重名很多,如"Victoria Harbour"(维多利亚港),香港、加拿大、南非都有叫此名的港口,因此在填写时要多加小心,以免造成不必要的误会。

6. 付款方式(Terms of Payment)。填写该笔业务的付款方式,如电汇、托收、信用证等支付方式分别填写为"By T/T""By D/P"或"By D/A""By L/C"。

7. 运输标志(Marks and Numbers)。运输标志即唛头,是指出口货物包装上的装运标记和号码。信用证或合同有指定唛头的,必须严格按照规定缮制唛头;信用证或合同没有规定唛头的,出口商可自行设计唛头,设计唛头应遵循容易识别、简洁明了的原则,唛头内容可包括客户名称的缩写、合同号(或发票号)、目的港、件号等部分。应掌握:

(1)信用证规定唛头上的件数往往为"1—UP"。缮制唛头时应写上实际装运的包装数量。如实际装运 100 箱,唛头应缮制成"1—100"。

表 4-1　商业发票样例(以第三章信用证样例为例)

<table>
<tr><td colspan="2">ISSUER　(2)
CHANGZHOU BAOYAO PHARMACEUTICALS CO. LTD
MEILONGBA SOUTHERN SURRBS
CHANGZHOU JIANGSU, 213004 CHINA</td><td colspan="3">商业发票(1)
COMMERCIAL INVOICE
ORIGINAL</td></tr>
<tr><td colspan="2" rowspan="2">TO　(3)
APOTEX INC.
105 SIGNET DRIVE
TORONTO, ONTARIO M9L 1T9 CA</td><td colspan="2">(4)NO.:
CH09010</td><td>(4)DATE:
16 MARCH 2009</td></tr>
<tr><td colspan="2">(4)S/C NO.:
CHBY09316</td><td>(4)L/C NO.:
BMT0629292IM</td></tr>
<tr><td colspan="2">TRANSPORT DETAILS　(5)
SHIPMENT FROM NINGBO, CHINA TO
TORONTO,ONTARIO, CANADA BY SEA</td><td colspan="3">TERMS OF PAYMENT　(6)
BY L/C AT SIGHT</td></tr>
<tr><td>Marks and Numbers
(7)</td><td>Number and kind of package
Description of goods(8)</td><td>(9)Quantity</td><td>(10)Unit Price</td><td>(11)Amount</td></tr>
<tr><td rowspan="2">APOTEX
4500189719
TORONTO
CTN No. 1-50</td><td colspan="4">CIF TORONTO, ONTARIO, CANADA</td></tr>
<tr><td>CHLORDIAZEPOXIDE HCL USP
PACKED 5KG/TIN AND 2 TIN IN ONE CARTON.
PO NUMBER 4500189719</td><td>500KGS
(50CTNS)</td><td>USD 57.84/KG</td><td>USD 28,920.00</td></tr>
<tr><td colspan="5">(12)TOTAL:500KGS(50CTNS)　USD 28,920.00
(12)SAY　TOTAL: U. S. DOLLARS TWENTY-EIGHT THOUSAND NINE HUNDRED AND TWENTY ONLY.
(13)

(14)
CHANGZHOU BAOYAO PHARMACEUTICALS CO. LTD
张珍</td></tr>
</table>

(2)信用证无规定唛头:①属于箱装货物,卖方按实际装箱设计的唛头缮制;②属于散装货物或其他包装,则在此栏打上“N/M”(NO MARKS)字样;③当货物以集装箱方式运输时,整箱装运可以不用制作唛头,由集装箱上已有集装箱号取代;拼箱运输时货物包装一定要刷制唛头。

(3)如唛头设计复杂,不好填写,或在分配相应栏内打不下,可用一张与发票大小相同的白纸制作好唛头,将其附在发票后页,在发票唛头栏内加注“See attachment”(见附页)字样,再加盖相关的骑缝章即可。

8. 货物描述(Description of Goods)。该栏主要包括货物的名称(Commodity)、规格(Specification)、数量(Quantity)、包装(Packing)及重量(Weight)等项目。根据《UCP600》第 18 条c 款的规定,商业发票上的货物描述必须与信用证描述完全一致。又根据《UCP600》第 14 条 e 款的规定,商业发票上的货物描述不能使用概括性用语即简称,因此信用证项下商业发票中货物描述的填制必须严格按信用证中的描述。

对于货物的品名,不能随意添加或省略有关的字或句;对于货物的规格,无论以数字表示的货物规格,还是以文字表示的货物规格,都必须逐字、逐句核对,不能有任何出入,否则会造成单据与信用证不符,影响收汇安全。如信用证中“45A Description of Goods and/or

Services”条款内容为“1200 Dozen Bath towels, article No. BC5600, packed in 20 cartons as per, contract No. 1057”(货物描述:1200 打浴巾;货号:BC5600;包装:20 个纸箱;参见 1057 号合同),则以上信用证关于货物描述的内容必须完整地显示在发票上。

另外,如果 L/C 中在货物描述栏内载明了合同号码或订单号码,例如“As per S/C No.×××”或“As per Indent No.×××”,则在发票中也要列出;如果信用证有附件,相关条款规定:“Details as per attached S/C No.××× which is the integral part of credit.”(具体细节按所附第×××号销售合同,它是信用证的一部分),则要参照附件内容制单。

9. 数量(Quantity)。本栏填写货物实际发运的数量及计量单位。包装方式、件数也应在此栏载明,而且既要与实际装运货物相符合,又要与信用证规定相一致;货物重量在发票上应标明总的毛重、净重,而且应与装箱单、重量单等单据上的重量相一致。此栏关于包装的种类和件数的填写方法如下:①以件数或个数计价的货物,允许只列出件数和包装条件,如 5000pcs(500CTNS);②以箱数计价的货物,允许只列出箱数,如 500CTNS;③以重量计价的货物,必须列明净重,如 1000KGS(500CTNS)。

10. 单价(Unit Price)。单价是发票的主要项目,包括币制、单位金额、计量单位和贸易术语。以上内容填写的顺序如:USD150.00 PER SET CIF TORONTO 或 USD150.00/SET CIF TORONTO。

贸易术语即价格条款应按信用证上的规定在发票上表现出来。如信用证价格条款有变形应照打,如信用证规定价格条款为“CIF TORONTO Liner Terms”,则在发票上对单价的描述不能省去“Liner Terms”。

11. 总值(Amount)。除非信用证另有规定,发票的总值应是实际的发货金额,非部分发运时,应与合同总金额一致。因此,一定要慎重填制此栏。应掌握:

(1)如信用证的金额仅为合同金额的一定比例,另一部分用其他的结算方式在证外结算,则发票金额按实际发运的货物总金额即合同金额开列,再在发票自由表达区标明“××% AMOUNT PAY OUTSIDE THIS L/C BY T/T(D/P)”。例如合同金额为 USD10000,规定 80% 的货款信用证结算,20% 的货款电汇预付,那么开列的信用证金额会是 USD8000,合同项下货物全部发运时的发票金额应该填写 USD10000,然后在发票的自由表达区注明“20% AMOUNT i. e. USD2000 HAD BEEN PAID BY T/T ADVANCE”。最后在做汇票时按信用证金额也就是发票金额的 80% 缮制。

(2)如信用证的总金额是按含佣价计算的,则发票、汇票上总金额也应按含佣价总额计算,不要减佣,待收汇后再把佣金回付给买方。

(3)如信用证单价为含佣价(CIFC),但总额已预扣佣金,则在发票 CIFC 总金额之下要减去佣金(Less C××%),以 CIF 价作为发票、汇票的最高金额。

(4)正确掌握有关伸缩条款。《UCP600》对数量、单价和金额的解释是,信用证如在金额、数量、单价前面有“about”(约)、“approximately”(大约)字样,可理解为受益人装运货物的数量、发票和汇票金额允许有 10% 的增减幅度。信用证如只在数量前面规定有 10% 增减,这时的增减幅度只管数量,出口时,实际装运最好不要多装,如由于超装货物导致金额的增加,可与信用证下兑用的金额分开办理,将超出信用证金额的部分另外制作以进口商为付款人的汇票,按证下托收方式随证收汇。

(5)根据《UCP600》第18条的规定,发票的货币币种要与信用证上的货币币种完全一致。

12. 大小写合计(Total, Say total)。小写合计项目一般包括总数量、总净重、总毛重或总体积、总金额,在其项目下方汇总(Total)。大写合计项目一般只用英文单词标出总金额数目,在小写汇总数字下方缮打。大写金额的表示一般由货币全称、整数金额与小数金额三部分组成,举例如下:

USD156.30 表示为 Say U.S. Dollars one hundred and fifty-six point thirty only.

注意小数点用 point 或 cents 表示,先表示货币名称与整数金额部分,然后表示小数部分,把小数部分当作一个整体在小数点后面表示。另外,小数部分也可以用百分数表示,如上例也可表示为:

Say U.S. Dollars one hundred and fifty-six 30% ($\frac{30}{100}$).

13. 加注的各种声明文句(Declaration)。由于各国法令或习惯的差异,部分来证要求在发票上加注各种费用金额、原产地、特定号码等声明文句,可在发票大写合计项目下方的空白处(也称为自由处理区)按信用证要求反映出来。

下面将发票中的第7~13栏的缮制方法举例如下:

如国外来证规定:

Description of goods:

1700 cartons of canned mushroom pieces & stems 24 tins × 425 grams net weight at USD7.80 per carton CFR Damman port, Saudi Arabia.

shipping mark:

HIGH TECH

S/C NO. AE-673

DAMMAN

CTN NO. 1-UP

Documents required:

Signed commercial invoice in triplicate original and must show break down of the amount as follows: FOB value, freight charges and total amount CFR.

按上述信用证规定,发票7~13栏目的缮制方法如表4-2所示。

14. 出单人签名或盖章(Signature)。商业发票只能由L/C规定的受益人出具,根据《UCP 600》第18条的规定:除非信用证另有规定,商业发票无须签字。但是如果信用证要求提供签署(signed)的或手签(manually signed)的商业发票,则受益人必须签字。因此,为了避免发票漏签署,在实际的制单操作中都缮打出票人(出口公司)的名称并由制单员代表公司在发票上签字或手签并盖章。

三、信用证关于商业发票条款的举例与说明

信用证关于商业发票条款的表述不尽相同,通常表述为"Signed commercial invoice in triplicate showing L/C number"(签署的商业发票为一式三份,并注明信用证号码)。

以下就信用证中的商业发票条款内容进行说明并举例。

表4-2 发票7~13栏目的缮制

(7) Marks and Numbers	Number and kind of package Description of goods(8)	(9) Quantity	(10) Unit Price	(11) Amount
HIGH TECH S/C NO. AE-673 DAMMAN CTN NO. 1-1700	CFR DAMMAN PORT SAUDI ARABIA CANNED MUSHROOM PIECES & STEMS 24 TINS×425GRAMS NET WEIGHT	1700CTNS	@ USD7.80/CTN	USD 13 260.00
(12) TOTAL: 1700CTNS (12) SAY TOTAL: U.S. DOLLARS THIRTEEN THOUSAND TWO HUNDRED AND SIXTY ONLY.				USD 13 260.00
(13)	FOB VALUE: USD12 260.00 FREIGHT CHARGES: USD1 000.00 TOTAL CFR AMOUNT: USD13 260.00			

(一)关于发票的名称

发票的名称一般应与信用证的规定一致。《ISBP745》第C1段对信用证要求发票的名称处理有如下解释:

1. 如信用证规定"Certified Invoice"(证实发票)或"Detailed Invoice"(详实发票),则发票的名称也应同样显示。

2. 当信用证要求"Invoice"(发票)而未做进一步定义时,则提交的任何形式的发票都可满足,如商业发票(Commercial Invoice)、海关发票(Customs Invoice)、税务发票(Tax Invoice)、最终发票(Final Invoice)、领事发票(Consular Invoice)等,但使用"Provision Invoice"(临时发票)或"Proforma Invoice"(形式发票)则不可以。

应注意,在信用证中经常会出现一些限制性的条款,如"Combined documents are not accepted",为保证安全收汇,一般不采用将装箱单、重量单、尺码单合并在一起做成的"Combined Invoice"(联合发票)格式。

3. 信用证如果要求提交"Commercial Invoice"(商业发票),受益人也可用名称为"Invoice"(发票)的单据去满足。

虽然无论其名为"Commercial Invoice"或是"Invoice"都不会改变其"商业发票"的实质,但为了满足"相符交单",受益人一般应按信用证规定的单据名称标注为好,避免交单时产生不必要的麻烦。

(二)信用证关于发票的签署条款

根据《UCP600》的规定,商业发票由受益人出具,可以不加签署。如需签署,来证中应明确规定。例如:

1. 信用证规定:"Signed Commercial Invoice In Duplicate."(已签署的商业发票一式两份)。

2. 信用证规定发票的名称为"Certified invoice"(证实发票)、"Sworn invoice"(宣誓发票)。

3. 信用证要求发票上加注各种证明文句时,如"Commercial Invoice certify that shipment contains no solid wood packing materials..."(商业发票上必须证明装运的货物不含木质包装)。

根据上述信用证条款的规定缮制的发票均须签署。

4. 如信用证规定"Manually signed commercial invoice..."（手签的商业发票……），则缮制的商业发票必须手签。

除此之外，用于报关、退税等国内管理环节的发票，也必须手签。

（三）信用证关于发票的正、副本及份数要求条款

信用证关于发票份数的常见条款为："Signed commercial invoice in 1original and 2 copies..."（已签署的商业发票一张正本和两张副本）。根据《UCP600》第17条的规定及《ISBP745》A27～A31段，对正本单据和副本单据做了如下解释：

1. 信用证中规定的每种单据必须提交至少一份正本。如信用证规定"Commercial Invoice in duplicate/in two fold/in 2 copies..."（商业发票一式两份或两份或两套……），则提供的发票中必须有一张是正本，其余可为副本。

2. 正本单据可以当作副本使用，反之则不然，除非信用证另有规定。

据此，上述信用证的规定，也可以提交商业发票正本两张，但不可全部提交副本。

3. 如信用证规定"Commercial Invoice in 2 original..."，则必须提交商业发票正本两张。

4. 如果以影印、自动或电脑处理或复写方法制作的发票作为正本，应在发票上注明"正本"（ORIGINAL）字样，并由出单人签字。

信用证中关于发票份数的写法有很多，常用的有：

In Duplicate	2 - Fold	In 2 copies	一式两份
In Triplicate	3 - Fold	In 3 copies	一式三份
In Quadruplicate	4 - Fold	In 4 copies	一式四份
In Quintuplicate	5 - Fold	In 5 copies	一式五份
In Sextuplicate	6 - Fold	In 6 copies	一式六份
In Septuplicate	7 - Fold	In 7 copies	一式七份
In Octuplicate	8 - Fold	In 8 copies	一式八份
In Nonuplicate	9 - Fold	In 9 copies	一式九份
In Decuplicate	10 - Fold	In 10 copies	一式十份

（四）信用证关于发票的货物描述条款

信用证项下商业发票中对货物的描述必须符合信用证中的描述。在实务中应掌握：

1. 信用证只规定货物的总称，缮制发票时，除了照样显示外，还可以加列详细的货名，但不得与总称矛盾。例如：信用证规定"coloured leather shoes"，发票却显示"coloured shoes"，这就不允许。

2. 信用证列举的货物描述很详细，则发票应按信用证规定一一列明。

例如，信用证上的货物描述为"1,000 Pairs sport shoes ART. No. HP-613, size:39～45 as per beneficiary's sales contract No. 07HAPJ0506 dated 3rd May, 2014 and as per applicant's sample."（1,000双运动鞋，货号：HP-613，鞋码：39～45，按照受益人在2014年5月3日签署的第07HAPJ0506号买卖合同及开证申请人的样品）。商业发票上的货物描述就必须像信用证的货物描述一样完整地"复制"，虽然可以分几处（不是一股脑儿地）分头描述，但必须在发票上能够找出以上全部描述的相关文字。按上述信用证的货物描述，发票的缮制见表4-3。

表 4-3 发票货物描述的缮制

Marks and Numbers	Number and kind of package Description of goods	Quantity	Unit Price	Amount
	sport shoes ART. No. HP-613, size:39 ~ 45 as per beneficiary's sales contract No. 07HAPJ0506 dated 3rd May, 2014 and as per applicant's sample.	1,000 Pairs (40cartons)		

3. 信用证规定的货名除了英文文字外，还有进口国文字表示，缮制发票应原文照抄；若货名仅有进口国文字表示，发票应按信用证规定的显示出来，并在括号内用英文表述。

4. 信用证规定了多种货名，不可盲目照抄，应将实际发货的货名在发票中注明，除信用证规定的货物外，不能另外显示其他货物或免费样品等。

（五）信用证关于发票的声明文句条款

有的信用证要求在发票上加注一些诸如"certify/state/evidence/indicate/mark/show/quote..."（证实、声明、证明、表明、注明、显示、引用等）声明文句，大致有以下几种情况：

1. 注明特定号码。有的信用证要求在发票上注明进口许可证号码、配额许可证号码等。例如，"Manually signed commercial invoice in triplicate indicating applicant's ref. No. SCLI-98"，该条款要求手签的商业发票一式三份，并在商业发票上显示开证人的参考号码 SCLI-98，那么就应该将开证申请人的参考号码标注在商业发票的自由处理区。

2. 证明原产地。如信用证规定"Commercial invoice...and certifying the goods are of Chinese origin"，要求加注原产地证明文句，缮制发票时不可照搬，可填"We hereby certify that the goods mentioned above are of Chinese Origin"（兹证明上述货物系中国原产），以满足上述条款的要求，这样的发票信用证没有要求签署，因有证明语句，实际也要签署。

3. 加注运费、保险费和 FOB 金额等。在 CIF 的价格条件下，有的信用证要求发票上分别列明运费、保险费和 FOB 金额，则必须按照实际发生的费用在自由表达区缮打，并且三者之和应等于金额栏的 CIF 金额。

4. 特别要求条款。有的信用证对货物、包装等有特别的要求，如"Commercial invoice must indicate table cloth pieces are to be made unjoined"（商业发票上必须表明各块台布没有连接在一起）。根据上述信用证的规定，缮制商业发票时，应在自由区加注声明文句如下：

We hereby certify that table cloth pieces have been made unjoined.

（六）信用证的商业发票条款举例与操作

1. Manually signed commercial invoice in five folds showing a deduction of USD200.00 being commission and the goods are as per Article No. DKRB1047 quoting L/C No.

操作：①提交商业发票一式五份（至少一份正本，其余可用副本补足）；②商业发票必须手签；③注明扣除 200 美元作为佣金；④在发票上注明货号"DKRB1047"与信用证号码。

2. Signed commercial invoice combined with certificate of origin and value two original and plus

three copies required for imports into Nigeria.

操作:①提交商业发票正本两份,副本三份;②商业发票须签署;③发票是进口到尼日利亚需要的,联合证明货物原产地和货物价值,实际此要求为提供尼日利亚海关发票,有专门格式,可向进口商索要。

3. Signed commercial invoice in five fold certifying that goods are as per Contract No. 12345 of 03. 11, 2014 quoting L/C Number and BTN/HS NO.

操作:①制作商业发票一式五份;②货物按照合同描述后注明"above mentioned goods are as per contract No. 12345 of 03. 11, 2014";③商业发票需签署;④注明信用证号码和布鲁塞尔税则分类号码(即协调制度编码)。

4. Commercial invoice in triplicate showing separately FOB value, freight charges, insurance premium, CIF value and country of origin.

操作:①提交商业发票一式三份;②在发票自由处理区分别列明 FOB 价值、运费、保险费、CIF 总值;③在发票自由处理区填写声明"We hereby certify that the goods mentioned above are of Chinese Origin"。

5. Commercial invoice in quadruplicate indicating the following: ①That each item is labeled "Made in China"; ② That one set of non-negotiable shipping documents has been airmailed in advance to buyer.

操作:①提交商业发票一式四份;②在发票自由处理区填写声明:"We hereby certify that each item is labeled 'Made in China' and one set of non-negotiable shipping documents has been airmailed in advance to ××× Co. "(每件商品已贴"中国制造"标签;一套副本装运单据已提前航邮寄给买方公司)。

6. Invoice must indicate that goods are marked or stamped or printed or labeled in an irremovable way (according to goods nature) with the name of country of origin. (在发票上注明货物的原产地国名已根据货物的性质用一种不可移动的方式在货物上标注或戳记或打印或贴标签标出。)

操作:①根据货物性质选用标注或戳记或贴标签等中的任一方式将"Made in China"的字样固定在货物上;②在发票的自由处理区加注声明文句"We hereby certify that the goods have been marked (or stamped or printed or labeled,这几个动词视实际操作选择一个) in an irremovable way with 'Made in China'",并作签署。

第二节 其他发票

一、形式发票(Proforma Invoice)

在实际业务中,进口商有时会要求出口商提供一份有关出售货物的名称、规格、单价等内容的非正式的参考性发票,凭以向本国外汇管理当局或贸易管理当局等申请外汇支付额度或申请进口许可证等,这种发票叫作形式发票。

形式发票虽然也叫发票,但不是一种正式的发票,不能用于托收或信用证项下兑用,其所列的单价等内容,是出口商对其商品基本情况的一种估计,对双方无最终约束力。因此,形式发票只是一张估价单或意向书,正式成交后,还需另外重新制作正式的商业发票作为兑用凭证。

形式发票与商业发票在内容和格式上非常相似,且两者关系紧密。信用证在货物内容后常出现"As per proforma invoice No.××× dated ×××"(按某年某月某日之某号形式发票)的条款,此时,出口商应按照形式发票来制单,在商业发票上打上"As per proforma invoice No.××× dated ×××"即可;但若形式发票作为信用证的附件,出口商则要完全按形式发票的内容制单,银行也会按形式发票的要求审单。本书第十四章第二节的第十二份信用证即为一份以形式发票为附件的信用证。

二、厂商发票(Manufacturer's Invoice)

厂商发票是由制造厂商提供给出口商的销售货物的证明。它以本国货币计算价格,用来证明出口货物的出厂价格。信用证要求提供厂商发票,主要是为了供进口国海关估价、核税,并检查出口国出口商品是否低价倾销,是否应征收反倾销税。因此厂商发票的货物价值应低于FOB价。

厂商发票的内容及制作要求如下:①单据的名称要用粗体字标明"MANUFACTURER'S INVOICE"字样,表明单据的性质。②抬头人必须填出口商的名称和地址。③出票日期应不迟于商业发票的日期。④货物的品名、规格、数量、件数等应与商业发票的内容相符合。⑤价格可按商业发票的FOB价格的九折或八五折填写。货币应为出口国的币制(即人民币)。⑥如信用证无特别要求,厂商发票可不缮打唛头;但如信用证有明确要求,则应按要求缮打唛头。⑦厂商发票上必须由厂方负责人签字盖章。⑧如果是工贸公司,本公司就是生产厂家,那么可以在商业发票上标明"The Seller is the Manufacturer"(卖方即是生产商)。

三、领事发票(Consular Invoice)

有些国家,如拉丁美洲国家、菲律宾等规定,凡进口货物,必须提供进口国驻出口国的领事签证的发票,它是货物进口征收关税的前提条件。

领事发票是一份官方签署的单据,它可以从出口国当地的进口国领事馆获得。在实际业务中,常常由其领事在出口商的商业发票上进行认证(Legalization),就是由领事馆的官员在发票上签字盖章,证实商品的实际产地与价值。关于发票认证条款的内容,不同国家有不同的要求,是否必须认证应视具体条款而定。

在信用证结算方式下,应对领事发票签证或认证条款认真审核。应注意:如受益人无法提供此类单据,应与开证申请人洽商从信用证中删除关于要求领事发票的要求或改为由中国国际贸易促进委员会进行商业发票认证。

四、海关发票(Customs Invoice)

(一)海关发票的概念和作用

1.海关发票的概念。海关发票是进口国(地区)海关制定的、由出口商填制、供进口商凭以进口清关用的一种特定格式的发票。它是一种从性质到作用直至填制方法都与商业发票不同的特殊单据,它可供进口商凭以向海关办理进口报关、纳税等手续。

2. 海关发票的作用:①它是进口国海关估价完税的凭证。②它是进口国海关核查货物的原产地、征收差别待遇关税或征收反倾销税的依据。③它是进口国海关作为统计资料的依据。

3. 海关发票的种类。目前使用海关发票的国家主要有新西兰、美国、加拿大、加勒比共同市场、加纳以及东非和西非的一些国家。有些国家或地区在要求海关发票的同时,还要求提供商业发票,有些则不再要求提供商业发票,此时,海关发票兼有商业发票的双重作用。常见的海关发票格式有以下几种:①美国海关发票(Special Customs Invoice);②加拿大海关发票(Canada Customs Invoice);③牙买加海关发票 C23(Invoice and Declaration of Value Required for Shipment to Jamaica Form C23);④加勒比共同市场海关发票 Caricom (Caribbean Common Market Invoice);⑤新西兰海关发票 59A (Certificate of Origin of Goods for Exports to New Zealand Form 59A)。

(二)海关发票的内容和缮制

各国海关发票格式不尽相同,其主要内容有商品的价值(Value)和商品的产地(Origin of goods),海关发票的内容应与商业发票或其他单据相一致。目前较常见的是加拿大海关发票,因此本节仅以加拿大海关发票为例,介绍其内容和缮制方法。

加拿大海关发票的栏目用英、法两种文字对照,内容繁多,共 25 个栏目,要求每个栏目必须填写,不得留空,若不适用或无该项内容,则必须在该栏目内填写"N/A"(不适用)。各栏目具体填制方法如下(表 4-4 为据第三章样例信用证缮制完整的加拿大海关发票):

1. 卖方、发货人(Vendor)。填写出口公司的名称及地址。

2. 直接运往加拿大的日期(Date of Direct Shipment to Canada)。填写提单上的装船日期和提单号码。

3. 其他参考文号(Other Reference)。填写有关合同、订单、发票的号码等。

4. 收货人(Consignee)。填写加拿大收货人的名称与地址。

5. 买方名称与地址(Purchaser's Name and Address)。填写买卖合同上作为买方签字人的名称与地址。如果该填写的内容与第 4 栏的内容一样,在这一栏填写"The Same as Consignee"(同收货人)。

6. 转船的国家(Country of Transshipment)。填写转船地点的名称。如在香港转船时,填写"W/T at Hong Kong";如果不转船,填写 N/A(Not Applicable)。

7. 原产国(Country of Origin of Goods)。填写"China"(中国);如果装运的货物中含有不是原产国的原料、零件、部件或材料,本栏填 N/A,具体情况在第 12 栏列明。

8. 运输:直接运往加拿大的方式和起讫地点(Transportation: Give Mode and Place of Direct Shipment to Canada)。填写两项内容:地点和运输方式。例如:从广州运往加拿大魁北克,使用海运方式,填写"From Guangzhou To Quebec, Canada By Sea"。

9. 销售方式和支付条款(如销售、寄售、租赁等)[Conditions of Sales and Terms of Payment (i.e. Sale, Consignment, Shipment, Leased Goods, etc.)]。填写两项内容:价格术语和支付方式。例如"CIF Toronto By L/C At Sight""FOB Guangzhou By D/P at sight"等。

10. 结算货币(Currency of Settlement)。填写成交时确定的支付货款的货币名称。填写该货币名称的缩写即可,如 USD、HKD、EUR 等,须与商业发票上使用的计价货币一致。

11. 件数(No. of Packages)。填写最大包装的件数。

12. 货物内容(包装方式、唛头、件数、货物描述和特征,如等级、品质)(Specification of Commodities,Kind of Packages, Marks and Numbers, General Description and Characteristics, i. e. Grade, Quality)。填写的要求与商业发票的相同栏目的要求完全一致。

13. 数量(Quantity)。填写数量条款的内容,即按计价单位算的实际交货的数量,如1000MT等。

14. 单价(Unit Price)。填写计价货币、计量单位、单价数额和价格术语四个部分,如USD100 Per Set FOB Haikou。但有时也只填写计价货币和单价数额,因为价格术语在第9栏中已打出,计量单位在第13栏中已打出,如@ USD 50.00。

15. 总金额(Total)。填写方法与商业发票的相同栏目一样。如果一张海关发票上有两个或两个以上不同货号的货品,就应分别列出单价,相应地填写每一货号的金额小计。在上述内容打完之后,可以打出一横线,在横线的下方打出各货号小计金额的合计金额,也可以不打合计金额,因为在第17栏要求填写发票总金额。

16. 总重量(Total Weight)。由Net Weight(净重)和Gross Weight(毛重)两个小栏目构成。填写整批货的总净重和总毛重,要求与提单及装箱单的相同栏目保持完全一致。

17. 发票总额(Invoice Total)。填写整批货的合计总金额,并在金额的前面加上计价货币的缩写。

18. 如果第1~17栏所填内容都已填写在所附的商业发票中,则查对本栏(If any of fields 1 to 17 are included on and attached commercial invoice, check this box)。如果第1~17栏的内容在商业发票上有显示,在本栏目的"□"里打"×"并在最下一栏的横线上方打上同批货物的商业发票的号码。

19. 出口商的名称与地址(Exporter's Name and Address)。如果出口商与第一栏的Vendor(卖方发货人)不同则填写,如相同则填"The Same as Vendor"。

20. 原产国负责人(名称与地址)[Originator(Name and Address)]。填写时,先填写出口公司的名称和地址,后填写负责人(制单经办人)的名字和签字。

21. 主管当局现行条例(Departmental Ruling)。即加拿大海关对本批货物进口的有关规定。如没有,则在制单时打上"N/A"字样。

22. 如果第23~25栏不适用,查对本栏目(If fields 23 to 25 are not applicable, check this box)。如果第23~25栏都不适用,即都填上"N/A",则在这一栏中的"□"里打上"×"。如果第23~25栏填上了内容(不一定全部填满),则"□"可留空。

23. 如果下列金额已包括在第17栏目(If included in field 17 indicate amount):

ⅰ. Transportation charges, expenses and insurance from the place of direct shipment to Canada.

从起运地至加拿大的运费和保险费:填写运费和保险费之和。

ⅱ. Cost for construction, erection and assembly incurred after importation into Canada.

货物进口到加拿大后因建造、安装和组装而产生的费用:根据实际情况填写,如果无此项费用产生,在横线上方打上"N/A"(不适用)。

ⅲ. 出口包装费(Export Packing)。

在填写时,可将实际费用或"N/A"打在横线的上方。

表 4－4　加拿大海关发票样例（以第三章信用证样例为例）

Canada Border Services Agency　Agence des services frontaliers du Canada

CANADA CUTOMS INVOICE
FACTURE DES DOUANES CANADIENNES

Page 1 of 1 de

1. Vendor (Name and address)-Vendeur (Nom et adresse) **CHANGZHOU BAOYAO PHARMACEUTICALS CO. LTD** **MEILONGBA SOUTHERN SURRBS** **CHANGZHOU JIANGSU, 213004 CHINA**	2. Date of Direct Shipment to Canada-Date d'expedition directe vers le Canada **2009/03/22** 3. Other References (Include Purchaser's Order No.) Autres references (Inclure le n de commande de l' acheteur) **P. O. No.** 4500189719
4. Consignee (Name and Address)/ Destinataire (Nom et adresse) **APOTEX INC.** **105 SIGNET DRIVE** **TORONTO, ONTARIO M9L 1T9 CA**	5. Purchaser's Name and Address (if other than Consignee) Nom et adresse de l'acheteur (S'il differed u destinataire) **THE SAME AS CONSIGNEE** 6. Country of Transhipment-Pays de transbordement **N/A** 7. Country of Origin of Goods Pays d'origine des mer-chandises **CHINA** IF SHIPMENT INCLUDS GOODS OF DIF-FERENT ORIGINS ENTER ORIGINS A-GAINST ITEMS IN 12. SIL'EXPEDITION COMPREND DES MARCHANDISE D'ORIGINES DIFFEREN-TES, PRECISEZ LEUR PROVENANCE EN 12
8. Transportation Give Mode and Place of Direct Shipment to Canada Transport Preciser mode et point d'expedition di-recte Vers le Canada **SHIPMENT FROM NINGBO, CHINA TO TORONTO, ONTARIO, CANADA BY SEA**	9. Conditions of Sale and Terms of Payment (i. e. Sale, Consignment Shipment. Leased Goods, etc.) Conditions de vente et modalites de paiement (p. ex. vente, expedition en consignation, location de march-an-dises. etc.) **CIF TORONTO, ONTARIO, CANADA BY L/C** 10. Currency of Settlement-Devises du paiement **USD**

11. Number of packages Nombre de colis	12. Specification of Commodities (Kind of Packages, Marks and Numbers, General description and charac-teristics, i. e. Grade, Quality) Designation des articles (nature des colis, marques et numeros, description generale et caracteristiques, p. ex. lasse, qualite)	13. Quantity (State Unit) Quantity (Preciser l'unite)	Selling Price-Prix de vente 14. Unit Price Prix unitaire	15. Total
50 CTNS	**500 KGS OF CHLORDIAZEPOXIDE HCL USP** **PACKED 5KG/TIN AND 2 TIN IN ONE CARTON.**	**500KGS**	**USD 57.84/KG**	**USD 28,920.00**

18. If any of fields 1 to 17 are included on an attached commercial invoice. Check this box	16. Total Weight-Poids Total		17. Invoice Total
Si tout renselgnement relativement aux zones 1 a 17 figure sur une ou des fac-tures ☒ commerclales ci-attachees, cochez cette case Commercial Invoice No. － No de la facture commerclale **CH09010**	Net **500KGS**	Gross-Brut **520 KGS**	Total de la facture **USD 28,920.00**

19. Exporter's Name and Address (If other than Vendor) Nom et adresse de l'exportatur (S'il deffere du vendeur) **THE SAME AS VENDOR**	20. Originator (Name and Address)-Expediteur d'origine (Nom et adresse) **CHANGZHOU BAOYAO PHARMACEUTICALS CO. LTD** **张珍**
21 Department Ruling (If applicable)/Decision du Ministere (S'il y a lieu) **N/A**	22 If fields 23 to 25 are not applicable, check this box ☐ Si les zones 23 a 25 sont sans object, cocher cete boite

23 If included in field 17 indicate amount: Si compris dans le total a la zone 17, Preciser: (i) Transportation charges, expenses and insurance from the place of direct ship-ment to Canada **USD1659.00** (ii) Costs for construction, erection and assembly incurred after importation into Canada. **N/A** (iii) Export packing Le cout de l'emballage d'exportation **N/A**	24 If not included in field 17 indicate amount: Si non copris dans le total a la zone 17 Preci-ser: (i) Transportation charges. Expenses and insurance to the place of direct shipment to Canada **N/A** (ii) Amounts for commissions other than buying commissions **N/A** (iii) Export packing Le cout de l'emballage d'exportation **N/A**	25. Check (If applicable): Cocher (S'il y a ;ieu): (i) Royalty payments or subsequent proceeds are paid or payable by the purchaser. **N/A** ☐ (ii) The purchaser has supplied goods or services for use in the production of these goods. **N/A** ☐

Dans ce formulaire, toutes les expresslons deslgnant des personnes visent a la fols les homes et les femmes.

24. 下列金额不包括在第 17 栏中(If not included in field 17 indicate amount):

ⅰ. Transportation charge, expenses and insurance from the place of direct shipment to Canada.

如果在第 17 栏中没有包括运费和保险费时,那么在这一栏填上运费和保险费;否则在横线上方打上"N/A"。

ⅱ. Amounts for commissions other than buying commissions(购买佣金以外的佣金)。

按实际情况填写或打上"N/A"。

ⅲ. Export Packing(出口包装费)。

按实际情况填写或打上"N/A"。

25. 核对(Check):

ⅰ. Royalty payments or subsequent proceeds are paid or payable by the purchaser(买方已支付的专利费或售后支付的款项)。一般这一栏空着或打上"N/A"。

ⅱ. The purchaser has supplied goods or services for use in the production of these goods(买方为这些货物的生产提供的货物或服务)。

这两项内容一般用于三来一补业务中,一般的货物贸易不涉及这两项,所以一般都在"□"内打上"N/A"。

思考与练习

一、思考题

1. 发票有哪些种类? 何谓商业发票? 商业发票的主要作用有哪些?

2.《UCP600》对商业发票有哪些要求?

3. 不同方式的佣金支付,在有关发票上需如何相应处理?

4. 根据《UCP600》的规定,商业发票的抬头应如何填制?

5. 出口箱装货物,信用证如未规定运输标志,受益人能否按实际装箱设计的唛头印制,并将自制的唛头填入发票的相关栏目内?

6. 按惯例,商业发票中货物描述能否使用货物的统称?

7. 信用证规定"signed commercial invoice…"或"manually signed commercial invoice…"时,缮制商业发票时,应如何满足该信用证条款?

8. 商业发票上的单价应包括几个组成部分?

9. 缮制商业发票时应如何满足信用证关于发票的声明文句条款?

10. 海关发票的主要内容和作用是什么? 其他发票的作用是什么?

二、实操题

根据下列信用证的相关内容及补充材料缮制商业发票。

（一）信用证相关资料摘录

SEQUENCE OF TOTAL	27	1/1
FORM OF DOC, CREDIT	40A	IRREVOCABLE
DOC, CREDIT NUMBER	20	ABL-AN107
DATE OF ISSUE	31C	150405
APPLICABLE RULES	40E	UCP LATEST VERSION
EXIPRY	31D	DATE 150615 AT NEGOTIATING BANK'S COUNTER
APPLICANT	50	ITOCHU CORPORATION, OSAKA, JAPAN
BENEFICIARY	59	SHANGHAI TEXTILES IMP. AND EXP. CORPORATION. 27 ZHONGSHAN ROAD E, 1. SHANGHAI, CHINA
AMOUNT	32B	CURRENCY USD AMOUNT 88.500,00
AVAILABLE WITH/BY	41D	ASAHI BANK, LTD SHANGHAI BRANCH BY NEGOTIATION
DRAFTS AT...	42C	DRAFTS AT SIGHT FOR FULL INVOICE VALUE
DRAWEE	42A	SAIBJPJT ASAHI BANK LTD, TOKYO
PARTIAL SHIPMENTS	43P	ALLOWED
TRANSSHIPMENT	43T	ALLOWED
PORT OF LOADING/AIRPORT OF DEPAERURE	44E	SHANGHAI, CHINA
PORT OF DISCHARE/AIRPORT OF DESTINATION	44F	OSAKA, JAPAN
LATEST DATE OF SHIP	44C	080531
DESCRIPT. OF GOODS	45A	100% COTTON APRON AS PER S/C NO. AN107

ART NO.	QUANTITY	UNIT PRICE
49394(014428)	32 100 PIECES	USD1.00
49393(014428)	36 900 PIECES	USD1.00
55306(014429)	15 600 PIECES	USD1.25

PRICE TERM :CIF OSAKA

DOCUMENTS REQUIRED 46A

+ORIGINAL SIGNED COMMERCIAL INVOICE IN 5 COPIES INDICATING S/C NO.

……

ADDITIONAL COND. 47A

1. THE GOODS TO BE PACKED IN EXPORT STRONG COLORED CARTONS.

…

（二）补充资料

1. Invoice No. :08IN-C314
2. Invoice date:2015 年 5 月 10 日
3. B/L No. :COSU30088
4. B/L date:2015 年 5 月 25 日
5. Vessel name:CHANG GANG V.98097H
6. Packing:300PCS/CARTON 1 * 20'FCL CY/CY
7. Measurement:(80 * 50 * 20)CM/CTN
8. N. W. :50KGS/CTN G. W. :55KGS/CTN
9. Shipping mark:

ITOCHU/08IN – C314/OSAKA/NOS. :1 – UP

空白发票

SHANGHAI TEXTILES IMP. AND EXP. CORPORATION

27 ZHONGSHAN ROAD E, 1. SHANGHAI, CHINA

COMMERCIAL INVOICE

To:

Invoice No.:________________

Invoice Date:________________

S/C No.:________________

S/C Date:________________

From:________________ **To:**________________

Letter of Credit No.:____________ **Issued By:**________________

Marks and Numbers	Number and kind of package Description of goods	Quantity	Unit Price	Amount

TOTAL:

SAY TOTAL:

第五章 包装单据

【学习目标】 了解包装单据的作用与种类；掌握装箱单、重量单、尺码单的主要内容和缮制方法；根据信用证的有关条款，学会缮制各种包装单据。

第一节 包装单据的种类与作用

包装单据(Packing Documents)是指用于记载或描述商品包装细节的清单，是商业发票的补充单据。除散装货物外，包装单据一般为不可或缺的货运单据，由出口公司根据具体要求缮制，目的是表明合同及/或信用证中有关货物包装的细节，以满足进出口双方及各有关当局对已装箱货物详情的了解。

一、包装单据的作用

1. 它是出口商缮制商业发票及其他单据时计量、计价的基础。
2. 它是进口商清点数量或重量以及销售货物的依据。
3. 它是海关查验货物的凭证。
4. 它是公证或检验检疫机构检验货物的参考资料。

二、包装单据的种类

(一)包装单据的种类

根据不同商品或信用证的规定有不同类型的包装单据，常用的包装单据主要有：

1. 装箱单(Packing List)。装箱单也称包装单，是用于说明货物包装形式、包装内容、数量、重量、体积及件数等细节的清单。

2. 重量单(Weight List)。重量单也称磅码单(Weight Memo/Note)，是用于说明以重量计量的货物的毛净重清单。

3. 尺码单(Measurement List)。尺码单是用于说明货物单位包装的长、宽、高及总体(容)积的细节清单。

4. 详细装箱单(Detailed Packing List)。详细装箱单是说明不定量包装商品中每件包装细节的清单，是一种繁式装箱单。

除以上包装单据外，还有包装明细单(Packing Specification)、包装提要(Packing Memo)、规格单(Specification List)、花色搭配单(Assortment List)、集装箱装箱单(分柜明细单)等。

(二)包装单据的内容

包装单据并无统一固定的格式，制作时一般都由各公司根据信用证或合同的要求和货物的特点自行设计。总体来说,包装单据应大致具备以下内容:①编号和日期(Number and Date);②合同号码或信用证号码(Contract Number or L/C Number);③唛头(Shipping Marks);④货物名称、规格和数量(Name of Commodity,Specification and Quantities);⑤包装件数及件号、包装件尺码(Numbers and Measurement);⑥包装类别(Kinds of Packing);⑦货物毛净重(Gross and Net Weight)。

包装单据是发票的补充说明,说明发票上没有记载的装箱情况,而不需要再记载发票上已有的货物单价和总值。

受益人(出口公司)应按信用证的规定以及进口商的要求,并根据不同商品的特点提供适当的包装单据。本章主要介绍装箱单、重量单和尺码单的内容及缮制方法。

第二节　装箱单、重量单和尺码单

一、装箱单的内容与缮制

1. 单据名称(Document's Name)。单据名称一般为装箱单(Packing List),通常用中英文粗体标注在单据的上方或右上方。

2. 出单人(Issuer)。填写出口商(Exporter)的名称、地址,应与发票的同项内容一致。在信用证结算方式下,出口企业的名称、地址应与信用证受益人的名称和地址一致。出口商一般将名称、地址采用函头的方式事先印在单据上。

3. 抬头(To)。即受单人,填写进口商的名称和地址,并与信用证开证申请人的名称和地址保持一致。在某些情况下也可不填,或填写"To whom it may concern"(致有关当事人)。

4. 发票号(Invoice No.)。填写商业发票的号码。

5. 日期(Date)。装箱单的缮制日期一般与发票日期一致,不能迟于信用证的截止日及交单日期。

6. 运输标志(Marks and Numbers)。出口货物包装上的装运标记和号码,要符合信用证的要求,与发票、提单一致。

7. 包装种类和件数、货物描述(Number and Kind of Packages, Description of Goods)。填写货物名称及包装的详细资料。货物的名称可以只填写货物的统称,但不得与信用证规定的货物描述相抵触。通常要对货物的包装情况做详细说明,特别是信用证要求"Detailed Packing List"时,更应详细列出有关包装的细节。例如,信用证规定:25 kgs in 4-ply paper sacks with inner polyethylene liner and big bags in 7 ×20' containers (25 千克装一个四层纸厚的厚纸袋,里面套塑料袋,7 个 20 英尺集装箱)。以上货物包装的详情都要反映到装箱单上。

8. 包装(Package)。一般填写最大包装数量,如货物种类或规格不同,应分别列出每种或每规格货物的最大包装数量,并累计其总数。

9. 数量(Quantity)。填写货物包装内的实际数量,如品质规格不同,应分别列出并累计总数。

10. 货物的毛重、净重、体积(Gross Weight, Net Weight, Measurement)。填写每件货物的单位毛重、净重和体积,并计算出总的毛重、净重和体积,如有不同规格或种类的货物,应分别列出并最后累计其总数。

11. 合计(Total)。此栏对8、9、10栏分别合计。

12. 自由处理区。位于单据格式下方,以表达格式中其他栏目不能或不便表达的内容。例如,信用证对装箱单规定"Packing list in duplicate indicating the goods are of Chinese origin"(装箱单一式两份,并显示货物原产自中国),则须按要求在自由处理区内显示证明的内容:"We hereby certify that the goods mentioned above are of Chinese Origin"。

13. 签章(Signature)。出口企业的签章应与商业发票相符,如果信用证规定中性包装,此栏不可填。

表5-2是根据第三章第三节的信用证样例及第四章表4-1发票实例处理的装箱单。

关于信用证对装箱单的表述方法有很多,如"Packing list in 3-fold showing the gross weight, net weight and measurement of each package"(装箱单一式三份并显示每个包装的毛重、净重和尺码)。

下面将装箱单第7~13栏的填制举例如下(见表5-1):

如国外来证规定:

L/C NO.:0187-5679

DESCRIPTION OF GOODS:

5000 SETS OF TABLE LAMPS AT USD15.00 PER SET CFR ROTTERDAM.

ART. NO.001　　2400SETS

ART. NO.002　　2600SETS

DOCUMENTS REQUIRED:

PACKING LIST IN DUPLICATE AND SHOW L/C NO.

……

附实际出运货物的资料:

纸箱装,四台一纸箱

净重:每箱4KGS

毛重:每箱5KGS

尺码:80×40×40CM

表5-1　装箱单7—13栏填写举例

Marks and Numbers	Number and kind of package Description of goods	Package	Quantity	G. W.	N. W.	Meas.
	TABLE LAMPS ART. NO.001 ART. NO.002	 600CTNS 650CTNS	@4SETS 2400SETS 2600SETS	@5KGS 3000KGS 3250KGS	@4KGS 2400KGS 2600KGS	@80×40×40CM 76.800M³ 83.200M³
	TOTAL:	1250**CTNS**	5000**SETS**	6250**KGS**	5000**KGS**	160.000M³
SAY TOTAL:ONE THOUSAND TWO HUNDRED AND FIFTY CARTONS ONLY **L/C NO.**:0187-5679 ×××**COMPANY** (**SIGNATURE**)						

表 5－2　装箱单样例（以第三章信用证样例为例）

ISSUER（2） CHANGZHOU BAOYAO PHARMACEUTICALS CO. LTD MEILONGBA SOUTHERN SURRBS CHANGZHOU JIANGSU，213004 CHINA	**装箱单** **PACKING LIST** （1）	
TO（3） APOTEX INC. 105 SIGNET DRIVE TORONTO，ONTARIO M9L 1T9 CA	**INVOICE NO.**（4） **CH09010**	**DATE**（5） **16 MARCH，2009**

Marks and Numbers（6）	**Number and kind of package Description of goods**（7）	**Package**（8）	**Quantity**（9）	**G. W**（10）	**N. W**（10）	**Meas.**（10）
APOTEX 4500189719 TORONTO CTN No. 1－50	CHLORDIAZEPOXIDE HCL USP PACKED IN TIN OF 5KG EACH AND 2 TIN IN ONE CARTON. PO NUMBER 4500189719	50CTNS	@10KGS 500KGS	@10.4KGS 520KGS	@10KGS 500KGS	@80×50×30CM $6.000M^3$
	（11）TOTAL：	**50CTNS**	**500KGS**	**520KGS**	**500KGS**	**$6.000M^3$**

（11）SAY TOTAL：FIFTY CARTONS ONLY

（12）

CHANGZHOU BAOYAO PHARMACEUTICALS CO. LTD

（13）　张珍

二、重量单的内容与缮制

重量单无统一格式，在制作内容上侧重于货物的每箱净重（Net Weight）和毛重（Gross Weight），并且计算出来的总毛重应与提单上的一致。

1. 出口企业名称和地址（Exporter's Name and Address）。填写出口企业的公司名称和地址，一般事先打印在出口公司印制好的重量单上。

2. 单据名称（Name of Document）。单据名称通常用英文粗体标出“Certificate of Weight”或者“Weight List”，实际使用中应与信用证要求的名称相符。

3. 重量单编号（No.）。一般填发票号码，也可填合同号码。

4. 出单日期（Date）。填发票签发日期。

5. 运输标志（Marks and Numbers）。应与发票和提单保持一致。

6. 品名和规格（Name of Commodity and Specifications）。必须与信用证的描述相符。

7. 数量（Quantity）。填写实际件数，如品名规格不同应分别列出，并累计其总数。

8. 毛重（Gross Weight）。包括包装在内的每件货物的重量，并累计其总量。

9. 净重（Net Weight）。每件货物的实际重量并计总量。

10. 签章（Signature）。出单人签章应与商业发票相符，如信用证规定中性包装，此栏不可填。

信用证对重量单的表述也是各式各样，如“Weight list in triplicate issued by beneficiary indicating quantity, gross and net weight of each package”（由受益人签署的重量单一式三份，显示每件包装的数量、毛重和净重）。

另外，如果信用证对重量单特别规定"...certifying that the weights are true and correct"，则应在重量单的自由表达处证明并签署（不管信用证是否要求签署）。

现将重量单的填制举例如下（背景资料见 P72）：

表 5-3 重量单样例

SHANGHAI TEXTILES I&E CORPORATION

WEIGHT LIST

NO.：×××

DATE：××××-××-××

Marks and Numbers	Number and kind of package Description of goods	Quantity	Package	G. W.	N. W.
	TABLE LAMPS ART. NO. 001 ART. NO. 002	@4SETS 2400SETS 2600SETS	600CTNS 650CTNS	@5KGS 3000KGS 3250KGS	@4KGS 2400KGS 2600KGS
	TOTAL：	5000**SETS**	1250**CTNS**	6250**KGS**	5000**KGS**

WE HEREBY CERTIFY THAT THE WEIGHTS ARE TRUE AND CORRECT.

SHANGHAI TEXTILES I&E CORPORATION
（SIGNATURE）

三、尺码单的内容与缮制

尺码单无固定格式，由出口企业自行拟制。其主要内容有：

1. 出口企业名称和地址（Exporter's Name and Address）。填写出口企业的公司名称和地址，一般事先打印在出口公司印制好的尺码单上。

2. 单据名称（Name of Document）。单据名称通常用英文粗体标出"Certificate of Measurement"或者"Measurement List"。实际使用中应与信用证要求的名称相符。

3. 尺码单编号（No.）。一般填发票号码，也可填合同号码。

4. 出单日期（Date）。填发票签发日期。

5. 运输标志（Marks and Numbers）。应与发票和提单保持一致。

6. 品名和规格（Name of Commodity and Specifications）。必须与信用证的描述相符。

7. 数量（Quantity）。填写实际件数，如品名规格不同应分别列出，并累计其总数。

8. 尺码（Measurement）。包括包装在内的每件货物的尺码并累计其总量。缮制时应将不同货物的尺码及长、宽、高的尺寸做重点说明。

9. 签章（Signature）。出单人签章应与商业发票相符，如要求中性包装，此栏不可填。

现将尺码单的填制举例如下（背景资料见 P72）：

表5－4 尺码单样例表

SHANGHAI TEXTILES I&E CORPORATION

MERSUREMENT LIST

NO.：×××

DATE：××××－××－××

Marks and Numbers	Number and kind of package Description of goods	Quantity	Package	MEASUREMENT
	TABLE LAMPS ART. NO.001 ART. NO.002	@4SETS 2400SETS 2600SETS	 600CTNS 650CTNS	@80×40×40CM 76.800M^3 83.200M^3
	TOTAL:	**5000SETS**	**1250CTNS**	**160.000M^3**
			SHANGHAI TEXTILES I&E CORPORATION (SIGNATURE)	

四、缮制包装单据的注意事项

1.包装单据名称以与信用证规定的一致为宜。信用证如何规定的单据名称，在缮制时就使用与信用证一致的单据名称。如信用证规定"Detailed packing list in duplicate"，那么包装单据名称就注明"Detailed packing list"。

2.装箱单、重量单与尺码单中的毛、净重、尺码应列明每件的毛重、净重和尺码，小计数及合计数必须与发票、提单、产地证以及出口许可证的数字相符。

3.包装单据的货物描述可以与信用证的货物描述一致，也可以使用货物统称，但不能与信用证规定的货物描述相抵触。

4.包装单据中一般不应显示单价和总值，避免泄露中间商的商业秘密。

5.信用证如同时要求提交装箱单和/或重量单时，应视信用证规定而定。如规定"Packing list/weight list…"或"Packing list or weight list…"，可以两者选其一，只提交其中一种包装单据。如规定"Packing list and weight list…"，可以单独提供每一种包装单据，也可以提供联合的包装单据，如"Weight list and Measurement list"，除非信用证有特别规定"Combined documents are not allowed"。

6.信用证如要求提交中性包装单据，如"Neutral Packing List"或"Packing List in white paper/in plain paper"，在单据上不得显示买卖双方的名称和地址，也不得签署。

7.信用证如无规定，包装单据可以不签字、不盖章，也不必注明出单日期。

8.信用证如未规定包装单据的份数，按《UCP600》第17条，理解为提交一份正本即可。

思考与练习

一、思考题

1. 包装单据包括哪些单据？每种单据的具体用途有哪些？
2. 简述装箱单的含义与作用。
3. 如何缮制装箱单？
4. 缮制包装单据应注意哪些问题？

二、实操题

请根据第四章中的实训操作题的信用证及补充资料，缮制一份装箱单（空白装箱单附后）。

空白装箱单

<table>
<tr><td colspan="3">ISSUER</td><td colspan="4" rowspan="2">装箱单
PACKING LIST</td></tr>
<tr><td colspan="3" rowspan="2">TO</td></tr>
<tr><td colspan="2">INVOICE NO.</td><td colspan="2">DATE</td></tr>
<tr><td>Marks and Numbers</td><td>Number and kind of package
Description of goods</td><td>Quantity</td><td>Package</td><td>G. W.</td><td>N. W.</td><td>Meas.</td></tr>
<tr><td></td><td></td><td></td><td></td><td></td><td></td><td></td></tr>
<tr><td colspan="7">TOTAL：
SAY TOTAL：</td></tr>
</table>

第六章 检验检疫证书

【学习目标】 了解检验检疫证书的种类与作用;熟悉我国的检验检疫制度和检验检疫证单的申领程序及各种检验检疫证书的主要内容和缮制方法;掌握报检单的主要内容和缮制方法。

第一节 检验检疫证书概述

一、检验检疫证书的含义与作用

(一)含义

检验检疫证书(Inspection Certification)是由政府机构(官方)或公证机构(非官方)对进出口商品检验检疫或鉴定后,出具并签署的证明货物已检验达标或评述检验结果的书面单证。

(二)作用

在国际贸易中,检验检疫证书是有关各方履行契约义务、处理争议及索赔、仲裁、诉讼举证的有效证件,也是海关验放、征收关税和优惠减免关税的必要证明,具有重要的法律地位。检验证书的作用主要表现在以下几方面:

1. 它是证明货物的品质、数量、包装以及卫生条件等是否符合合同规定的依据。
2. 它是银行兑用和出口结汇的单证。
3. 它是进出口海关验放的凭据。
4. 它是解决进出口商品责任归属的主要依据。
5. 它是进口商品检验对外索赔的依据。

二、检验检疫证书的种类

在实务中,由于商品的种类、特性及各国贸易习惯、政府有关法令的不同,检验证书的种类也有差别。目前,我国检验检疫机构签发的检验证书、凭单、监管类证单、通关单和记录报告等共有近百种,常见的证书种类有:

(一)品质检验证书(Inspection Certificate of Quality)

用于证明进出口商品品质、规格、等级、成分、性能等商品质量实际情况,明确履约情况,便于交接货物。

(二)重量或数量检验证书(Inspection Certificate of Weight or Quantity)

用于证明进出口商品重量或数量,如毛重、净重、皮重等。该证书是出口商交货结汇、签发提单和进口商结算索赔的有效凭证。出口商品的重量证书也是进口商报关缴税和计算运费、装卸费用的证书。

（三）包装检验证书（Inspection Certificate of Packing）

用于证明进出口商品包装及标志情况。

（四）兽医检验证书（Veterinary Inspection Certificate）

证明出口动物产品或食品经过检疫合格的证书。适用于冻畜肉、冻禽、禽畜罐头、冻兔、皮张、毛类、绒类、猪鬃、肠衣等出口商品，一般由主任兽医签署。

（五）卫生/健康证书（Sanitary/Health Inspection Certificate）

用于证明可供人类食用的出口动物产品、食品等经过卫生检验或检疫合格的证书。该证书适用于肠衣、罐头、冻鱼、冻虾、食品、蛋品、乳制品、蜂蜜等。

（六）消毒检验证书（Inspection Certificate of Disinfection）

用于证明出口动物产品经过消毒处理、保证安全卫生要求。该证书适用于猪鬃、马尾、皮张、山羊毛、羽毛、人发等商品。

（七）熏蒸证书（Inspection Certificate of Fumigation）

用于证明出口粮谷、油籽、豆类、皮张等商品，以及包装用木材与植物性填充物等，已经过熏蒸灭虫的证书。该证书主要证明使用的药物、熏蒸的时间等情况。

（八）残损检验证书（Inspection Certificate on Damaged Cargo）

证明进口商品残损情况的证书，适用于进口商品发生残、短、渍、毁等情况，可作为收货人向发货人或承运人或保险人等有关责任方索赔的有效证件。

（九）温度检验证书（Certificate of Temperature）

证明出口冷冻商品温度符合合同或有关规定。如国外仅需证明货物温度，不一定要单独的温度证书，可将测温结果列入品质检验证书。

（十）船舱检验证书（Inspection Certificate on Tank/Hold）

用于证明承运出口商品的船舱清洁、牢固、冷藏效能及其他技术条件是否符合保护承载商品的质量和数量完整与安全的要求。可作为承运人履行租船契约适载义务、进出口贸易关系方进行货物交接和处理货损事故的依据。

（十一）货载衡量检验证书（Inspection Certificate on Cargo Weight & Measurement）

这是证明进出口商品的重量和体积吨位的证书，可作为计算运费和制订配载计划的依据。

（十二）价值证明书（Certificate of Value）

主要用于证明发票所列商品的价格真实正确，作为进口国管理外汇和征收关税的凭证。在发票上签盖检验检疫机构的价值证明章与价值证明书具有同等效力。

如果合同、信用证规定由检验检疫部门检验出证的，或国外客户要求检验证书的，则应按合同或信用证要求签发检验证书，提交的证书种类一定要与信用证相符，否则会因此延误出运，影响收汇。但是，对于非法检的商品，如果客户也未提要求，可以不用提供检验证书。

三、签发检验证书的机构

根据我国《商检法》、《动植物检疫法》及其实施条例、《卫生检疫法》及其实施细则、《食品安全法》及其他有关法律法规的规定，出入境检验检疫机构依法对出入境人员、货物、运输工具、集装箱及其他法定检验检疫物（统称法定检验检疫对象）实施检验、检疫、检定等检验检疫业务，称为法定检验检疫，又称强制性检验检疫。所有列入国家检验检疫机构指定、调整的《法检商品目录》的商品都必须实施强制检验。

除国家法律、行政法规规定必须由出入境检验检疫机构检验检疫的货物以外，输入国规定必须凭检验检疫机构出具的证书方准入境的和有关国际条约规定必须经检验检疫机构检验检疫的进出境货物，货主或其代理人也应在规定的时限和地点向检验检疫机构报检。

接受报检、实施检验检疫并出具商品检验证书的检验检疫机构一般分为官方、半官方和民间机构三大类型。

（一）官方检验检疫机构

它是指由主权国家或地方政府投资并直接设立的行政机构，按照国家有关法律、行政法规对进出口商品实施法定检验检疫和监督管理，是为了保护本国利益而执行强制性检验检疫措施的机构。中国质量监督检验检疫总局（General Administration of Quality Supervision Inspection and Quarantine of People's Republic of China，AQSIO）及其直属的各地出入境检验检疫局（Entry-Exit Inspection and Quarantine Bureau，CIQ）是我国的官方检验机构，主管全国出入境商品检验检疫、动植物检疫、国境卫生检疫工作。其基本任务是实施进出口商品的法定检验和公证鉴定，监督管理进出口商品检验工作和统一管理并签发原产地证书。

（二）半官方检验检疫机构

由国家批准设立的公证检验机构。一般地，政府授权该类机构代表政府负责商品检验鉴定工作和部分管理工作，此类机构出具的商品检验检疫证明或其他鉴定证明是有效文件并具有权威性。如我国的中国商品检验公司（CCIC）。

（三）民间检验检疫机构

它是指非政府的民间商品检验机构，有商会、协会、同业公会等具有专业检验鉴定技术能力的公证行或检验公司等。目前在我国有许多各行各业的第三方检测机构，如“上海化工研究院检测中心”等，其中包括多家国际著名检验检测机构在中国设立的分支机构及办事处，如瑞士通用公证行（SGS）、英国英之杰检验集团（IITS）、日本海外货物检验株式会社（OMIC）、美国安全试验所（UL）、法国船级社（B. V）、中国香港天祥公证化验行等机构。

四、检验检疫证单的申领

目前，我国检验检疫机构与海关已建立了“先报检，后报关”的通关协调机制，并大力推广“电子报检、电子转单、电子通关”。自2000年1月起，海关凭报关地的检验检疫机构签发的《入境货物通关单》或《出境货物通关单》对进出口货物验放。

出口商品检验检疫证单的申领程序是：

1. 报检人员填写“出境货物报检单”，提供合同、信用证及有关单证资料进行申报并缴费。
2. 检验检疫机构对已报检的出口货物实施检验或检疫，并出具检验结果。
3. 报检人领取检验检疫单证。

第二节 出入境货物报检单和检验检疫证书

一、报检单的主要内容和缮制

报检单位报检时必须使用国家质检总局统一印制的报检单,常用的报检单种类主要有《入境货物报检单》和《出境货物报检单》。

报检人要认真填写"入/出境货物报检单",内容应按合同、发票、提(运)单上的内容填写,报检单应填写完整,无漏项,字迹清楚,不得涂改,且中英文内容一致,并加盖申请单位公章或已经向检验检疫机构备案的"报检专用章",报检人应在签名栏手签,不得代签。

(一)《出境货物报检单》的主要内容与缮制

1. 编号:由15位数字组成,由检验检疫机构报检受理人员填写。前6位为申报地检验检疫局机关代码,第7位为出境货物报检类别代码"2",第8、9位为年份代码,如2015年为"15",第10~15位为流水号。实行电子报检后,该编号在电子报检的受理回执中自动生成。

2. 报检单位(加盖公章):填写报检单位的中文名称全称,并加盖申请单位公章或已经向检验检疫机构备案的"报检专用章"。

3. 报检单位登记号:填写报检单位在检验检疫机构备案或注册登记的代码。

4. 联系人:填报检人员姓名。电话:填报检人员的联系电话。

5. 报检日期:检验检疫机构受理报检的日期,由检验检疫机构报检受理人员填写。报检日期应当在商业发票出票日期之后,装运日期以前。

6. 发货人:根据不同情况填写。预检报检的,可填写生产单位。出口报检的,应填写外贸合同中的卖方或信用证受益人。

7. 收货人:填外贸合同、信用证中所列买方名称。

8. 货物名称:填外贸合同、信用证上所列货物的名称及规格。

9. HS编码:填本批货物的商品编码。以当年海关公布的商品税则编码分类为准。

10. 产地:指货物的生产(加工)地,填写省、市、县名。

11. 数量/重量:填实际申请检验检疫数量/重量。重量还应填写毛重/净重。

12. 货物总值:填本批货物的总值及币种,应与外贸合同、发票上所列的货物总值一致。

13. 包装种类及数量:填本批货物实际运输包装的种类及数量,应注明包装的材质。

14. 运输工具名称号码:填装运本批货物的运输工具的名称和号码。

15. 贸易方式:填本批货物出口的贸易方式,根据实际情况选择填写一般贸易、来料加工、进料加工、易货贸易、补偿贸易、边境贸易、无偿援助、外商投资、对外承包工程进出口货物、出口加工区进出境货物、出口加工区进出区货物、退运货物、过境货物、保税区进出境仓储、转口货物、保税区进出区货物、暂时进出口货物、暂时进出口留购货物、展览品、样品、其他非贸易性物品、其他贸易性货物等。

16. 货物存放地点:填本批货物存放的具体地点、厂库。

17. 合同号:填对外贸易合同、订单的号码。

18. 信用证号:填本批货物对应的信用证编号。

表 6－1　出境货物报检单样例(以第三章信用证样例为例)

中华人民共和国出入境检验检疫
出境货物报检单

报检单位(加盖公章):(2)　　　　　　　　　　　　　　　* 编　号(1)__________

报检单位登记号:(3)3216000089　联系人:(4)张珍　电话:0519－8811915　报检日期:(5)2009 年 3 月 18 日

发货人(6)	(中文)常州宝药制药有限公司
	(外文)CHANGZHOU BAOYAO PHARMACEUTICALS CO. LTD
收货人(7)	(中文)* * *
	(外文)APOTEX INC.

货物名称(中/外文)(8)	HS 编码(9)	产地(10)	数/重量(11)	货物总值(12)	包装种类及数量(13)
盐酸氯氮卓 CHLORDIAZEPOXIDE HCL USP	2933.9100.11	江苏常州	净重 500 千克	28,922.00 美元	50 纸箱

运输工具名称号码(14)	Henghe Voy. 121	贸易方式(15)	一般贸易	货物存放地点(16)	常州梅龙坝
合同号(17)	CHBY09316	信用证号(18)	BMT0629292IM	用途(19)	药用
发货日期(20)	2009.03.22	输往国家(地区)(21)	加拿大	许可证/审批号(22)	310100209001547
启运地(23)	宁波	到达口岸(24)	多伦多	生产单位注册号(25)	3216000089
集装箱规格、数量及号码(26)	* * *				

合同、信用证订立的检验检疫条款或特殊要求(27)	标 记 及 号 码(28)	随附单据(划"√"或补填)(29)	
有信用证	APOTEX 4500189719 TORONTO CTN No. 1－50	☑合同 ☑信用证 ☑发票 □换证凭单 ☑装箱单 ☑厂检单	☑包装性能结果单 ☑许可/审批文件 □ □ □

需要证单名称(划"√"或补填)(30)		* 检验检疫费(31)	
□品质证书 __正__副 □重量证书 __正__副 □数量证书 __正__副 □兽医卫生证书 __正__副 □健康证书 __正__副 □卫生证书 __正__副 □动物卫生证书 __正__副	□植物检疫证书 __正__副 □熏蒸/消毒证书 __正__副 ☑出境货物换证凭单 1 正 1 副 ☑分析证明 1 正 1 副 □ □	总金额(人民币元)	
		计费人	
		收费人	

报检人郑重声明:(32)	领取证单(33)	
1. 本人被授权报检。 2. 上列填写内容正确属实,货物无伪造或冒用他人的厂名、标志、认证标志,并承担货物质量责任。 签名:__张珍__	日期	
	签名	

注:有"*"号栏由出入境检验检疫机关填写。　　　　◆国家出入境检验检疫局制

[1－2(2000.1.1)]

19. 用途：本批货物的用途。从以下9个选项中选择符合实际出境货物用途来填报：①种用或繁殖；②食用；③奶用；④观赏或演艺；⑤伴侣动物；⑥试验；⑦药用；⑧饲用；⑨其他。

20. 发货日期：填出口装运日期，预检报检可不填。

21. 输往国家和地区：填外贸合同中买方（进口方）所在国家和地区，或合同注明的最终输往国家和地区。

22. 许可证/审批号：对已实施许可/审批制度管理的货物，报检时填写质量许可证编号或审批单编号。

23. 生产单位注册号：填生产、加工本批货物的单位在检验检疫机构注册登记编号，如卫生注册登记号等。

24. 启运地：填装运本批货物离境的交通工具的启运口岸或城市地区名称。

25. 到达口岸：填本批货物最终抵达目的地停靠口岸名称。

26. 集装箱规格、数量及号码：货物若以集装箱运输应填写集装箱的规格、数量及号码。

27. 合同订立的特殊条款以及其他要求：填在外贸合同中特别订立的有关质量、卫生等条款或报检单位对本批货物检验检疫的特别要求。

28. 标记及号码：填货物的标记号码，应与合同、发票等有关外贸单据保持一致。若没有标记号码则填“N/M”。

29. 随附单据：按实际向检验检疫机构提供的单据，在对应的“□”中打“√”或补填。

30. 需要证单名称：根据所需由检验检疫机构出具的证单，在对应的“□”中打“√”或补填。并注明所需证单的正副本数量。

31. 检验检疫费：由检验检疫机构计费人员填写。

32. 报检人郑重声明：报检人员必须亲笔签名。

33. 领取证单：报检人在领取证单时填写领证日期并签名。

（二）《入境货物报检单》的主要内容与缮制

1. 编号：由15位数字组成，由检验检疫机构报检受理人员填写。前6位为申报地检验检疫局机关代码，第7位为入境货物报检类别代码“1”，第8、9位为年份代码，如2015年为“15”，第10～15位为流水号。实行电子报检后，该编号在电子报检的受理回执中自动生成。

2. 报检单位（加盖公章）：填报检单位的中文名称全称，并加盖申请单位公章或已经向检验检疫机构备案的“报检专用章”。

3. 报检单位登记号：填报检单位在检验检疫机构登记的号码。

4. 联系人：填报检人员姓名。电话：填报检人员的联系电话。

5. 报检日期：检验检疫机构受理报检的日期，由检验检疫机构报检受理人员填写。报检日期一般在到货通知或提货单日后。

6. 收货人：填外贸合同中的收货人。企业性质：根据实际情况，在对应的“□”中打“√”。

7. 发货人：填外贸合同中的发货人。

8. 货物名称（中/外文）：填本批货物的品名和规格，应与进口合同、发票名称一致，如为废旧货物应注明。

9. HS编码：填进口货物的商品编码，以当年海关公布的商品税则编码分类为准。

10. 原产国（地区）：填本批货物生产/加工的国家或地区，有产地证的，以产地证标注的为准。

11. 数/重量:填本批货物的数/重量,注明数/重量的单位,应与进口合同、发票所列一致。

12. 货物总值:填写本批货物的总值及币种,应与合同、发票或报关单上所列的货物总值一致。

13. 包装种类及数量:填本批货物的实际运输包装种类及数量,注明包装材质。

14. 运输工具名称和号码:填本批货物的运输工具的名称和号码。

15. 合同号:填对外贸易合同、订单或形式发票的号码。

16. 贸易方式:填本批货物的进口贸易方式,根据实际情况选择填写一般贸易、来料加工、进料加工、易货贸易、补偿贸易、边境贸易、无偿援助、外商投资、对外承包工程进出口货物、出口加工区进出境货物、出口加工区进出区货物、退运货物、过境货物、保税区进出境仓储、转口货物、保税区进出区货物、暂时进出口货物、暂时进出口留购货物、展览品、样品、其他非贸易性物品、其他贸易性货物等。

17. 贸易国别(地区):填进口货物的贸易国别(地区)。

18. 提单/运单号:填货物海运提单号、空运单号或铁路运单号,转船运输的,一般应填写最终航程的提(运)单号。

19. 到货日期:填进口货物到达口岸的日期。

20. 启运国家(地区):填装运本批货物的交通工具的启运国家或地区,若从中国境内保税区、出口加工区入境的,填写保税区、出口加工区。

21. 许可证/审批号:需办理进境许可证或审批的货物应填写有关许可证号或审批号。

22. 卸毕日期:填货物在口岸的卸毕日期。

23. 启运口岸:填装运本批货物的交通工具的启运口岸,若从中国境内保税区、出口加工区入境的,填写保税区、出口加工区。

24. 入境口岸:填货物的入境口岸。

25. 索赔有效期至:填外贸易合同中规定的日期,特别要注明截止日期。

26. 经停口岸:填本批货物启运后,入境前中途曾经停靠的口岸名称。

27. 目的地:填本批货物预定最后到达的交货地。

28. 集装箱规格、数量及号码:货物若以集装箱运输应填写集装箱的规格、数量及号码。

29. 合同订立的特殊条款以及其他要求:在合同中订立的有关检验检疫的特殊条款及其他要求应填入此栏。

30. 货物存放地点:填本批货物存放的地点。

31. 用途:本批货物的用途。根据实际情况选填:种用或繁殖、食用、奶用、观赏或演艺、伴侣动物、试验、药用、饲用、介质土、食品包装材料、食品加工设备、食品添加剂、食品容器、食品洗涤剂、食品消毒剂、其他。

32. 随附单据:按实际向检验检疫机构提供的随附单据,在对应的"□"中打"√"或补填。

33. 标记及号码:货物的唛头标记及件数,应与合同、发票等有关外贸单据保持一致。若没有标记号码则填"N/M"。

34. 外商投资财产:由检验检疫机构报检受理人员填写,在对应的"□"中打"√"。

35. 报检人郑重声明:由报检人员亲笔签名。

36. 检验检疫费:由检验检疫机构计费人员核定费用后填写。

37. 领取证单:报检人在领取检验检疫机构出具的有关检验检疫证单时填写领证日期及领证人姓名。

二、检验检疫证书的主要内容和缮制

(一)检验检疫证书的主要内容

检验检疫证书内容因证书种类、出证机构的不同而有所不同。各类证书主要内容有:

1. 证书名称(Title)。检验检疫证书因其证明内容有别、各国标准不一、货物差异、当事人的要求不同而名称各异。除非信用证另有规定,检验检疫证明书的名称应与合同或信用证规定相符。

例如,信用证的 Documents Required 包括:1 ORIGINAL AND 1 COPY CERTIFICATE OF ANALYSIS FOR EACH LOT,则证明书的名称为"CERTIFICATE OF ANALYSIS"(分析证明书)。

2. 发货人。一般填写出口商名称,该栏内容应符合合同或信用证的规定,并与其他单据保持一致。一般只填写公司名称,无须填写地址。

例如,信用证中 Beneficiary: CHANGZHOU BAOYAO PHARMACEUTICALS CO. LTD MEILONGBA SOUTHERN SURRBS CHANGZHOU JIANGSU, 213004 CHINA.

则本栏缮制为:CONSIGNOR:CHANGZHOU BAOYAO PHARMACEUTICALS CO. LTD.

3. 收货人。收货人一般为信用证的开证申请人,除非信用证另有规定,本栏一般不用填写具体的名称,或仅填写"＊＊＊"即可。如果要求出具中性单据,则可以填写成"To whom it may concern"(致有关当事人)。

例如,信用证中 APPLICANT:APOTEX INC.
150 SIGNET DRIVE
TORONTO, ONTARIO M9L 1T9 CA

则本栏缮制为:CONSIGNEE:APOTEX INC.
150 SIGNET DRIVE
TORONTO, ONTARIO M9L 1T9 CA

4. 品名、数量、重量、包装种类及件号(数)这些内容应与商业发票及提单上所描述的内容完全一致。报检时每份报检单只限一批货,但对批量小的同一类货物,只要运输工具、目的地、收发货人相同,且属同一报关单的货物可同一单申报和出证。

(1)品名(Commodity)。填写商品名称,即信用证或发票中所表明的货物,如 Commodity: Men's Trousers 100% wool,则证明书品名栏缮制为:Commodity:Men's Trousers 100% wool。

(2)数量/重量(Quantity/Weight)、包装种类(Package)。按发票内容填制,如包装描述为"360CTNS, with 27PCS in each carton"(共 360 个纸箱,每箱 27 件)。则这部分内容缮制为:

Quantity:9720 Pieces
Package:CARTON

5. 运输工具(Means of Conveyance)。填报运输工具名称,要求与提运单中的运输工具名称一致。

6. 唛头(Shipping Mark)。按信用证或合同规定的唛头填制,如果没有具体规定,出口商可自行编制,但必须与其他单据和货物的唛头一致。如果没有唛头则填"N/M"。如 MARKS & NO.: FURUI DE/LOS ANGELES/C/NO. 1 - 360,则缮制为:

Shipping Mark: FURUI DE

LOS ANGELES

C/ NO. 1 – 360

7. 检验结果(Results of Inspection)。此栏是检验证明书中最重要的一项,记载报检货物经检验的状况,是证明货物是否符合合同或信用证要求的关键所在。由检验检疫机构在检验后批注。如检验结果叙述为:

The above mentioned goods comply with the quality requirements of Chinese National Standard GB ×× (上述货物品质符合中国国家标准 GB ×× 的要求)。

8. 签证地点与日期(Place and Date of Issue)。检验证书的出证地点应是实施检验检疫的机构所在地。检验检疫工作应于装船前进行,但检验检疫证书的签发日期可以晚于提单日期,但不得晚于信用证的截止日及实际交单日。证书上标明的抽样检验的日期不得晚于提单日期。

9. 印章和签署(Stamp & Chief Inspector)。如果信用证指定检验机构,则应由信用证指定的检验机构盖章并签字(手签);如果没有特别指定检验机构,任何检验机构均可出具,但必须盖章和签署。

(二)缮制有关证书应注意的事项

1. 证书日期。检验证书签发的日期不得晚于信用证的截止日及实际交单日,证书上标明的抽样检验的日期不得晚于提单日期;但是证书标明的抽样检验日期也不可过分早于提单日(比如鲜活商品检验检疫证书的有效期为两周,超过这个期限必须重新检验)。

2. 出证机构及签章。检验证书可由我国出入境检验检疫局或生产企业出具,亦可由外国公证行、公证人、鉴定人签发,如要求“Competent Authority”出证,则一般由检验检疫机构出具;如果信用证并未规定出证机构,则由出口商根据实际情况决定。如要求手签有关的检验证书,就不可以只加盖图章;加盖图章时,图章内的文字可以不是英文(这不构成不符);出证地点应是实施检验检疫的机构所在地。

3. 检验结果。若信用证对检验结果有明确规定,则检验证书上显示的检验结果应符合信用证的检验要求;若信用证未对检验结果有明确规定,但信用证中具体规定了商品的质量、成分,则检验结果不能含有对货物的规格、品质、包装等不利陈述的检验证书,除非信用证特别授权。

三、信用证关于检验检疫条款的说明与举例

信用证对检验条款的表述不尽相同,但通常都包括证书种类要求、证书份数要求和指定的出证机关等组成部分。

例如:Manually signed inspection certificate of quality in duplicate from Entry-Exit Inspection and Quarantine Bureau stating the goods comply with the quality requirements of Chinese National Standard GB ××.

根据上述信用证条款可知:

第一,检验证书的种类要求为“Inspection certificate of quality”(品质检验证书),则出口商提交的证书名称应为品质证书,不能以数量证书等其他证书来代替。

第二,证书份数要求为“in duplicate”(一式两份),则出口商应提交的证书份数应为两份,一正一副。

第三,指定的出证机关为“Entry-Exit Inspection and Quarantine Bureau”(出入境检验检疫局)。

出口商应到出入境检验检疫局注册或备案登记取得报检资格,或者委托有代理报检资格的企业向出入境检验检疫局报检,由该机构检验并出具检验证书。

另外,"Manually signed"(手签)表示对检验证书的签字的要求;"stating..."表示对检验证书的特殊要求。

以下就信用证中比较常见的检验条款进行举例说明。

(一)关于检验证书的种类

1. 如信用证规定"Certificate of analysis in six copies"(分析证明书一式六份),则检验证书的名称应为分析证明书,不能以品质证书来代替。

2. 如信用证规定"Inspection certificate of Quality and Quantity in duplicate"(品质证书和数量证书一式两份),则出口商应提供的证书名称为品质证书和数量证书,份数均为一式两份。

(二)关于检验证书的出证机构

1. 信用证规定:"Inspection certificate of quality in 3 copies issued by manufacturer"(由工厂出具的品质检验证书一式三份)。该证指定的检验证书出证机构为生产厂商,则生产厂商完成生产后需对商品实施检验并出证,证书份数应符合信用证的要求。

2. 信用证规定:"Inspection certificate of quality and weight issued by Entry-Exit Inspection and Quarantine Bureau. The item of consignee leave a blank"。根据该条款,质量和重量检验证书只能由出入境检验检疫局签发。则发货人应当及时向该机构报检,经出入境检验检疫局检验后出具检验证书并批注用于证明本批货物的实际品质和数量。关于该证书收货人栏的内容,按本条款的规定应当留空。

(三)关于检验证书的份数

1. 信用证规定:"Certificate of analysis in six copics"(分析证明书一式六份)。

2. 信用证规定:"Inspection certificate in one original plus five copies"(检验证书一正五副)。出口商提交的证书份数以及正副本数量都必须符合信用证要求。

(四)关于信用证中的商检软条款

信用证规定:"Negotiation will be effected with the certificate of quality acceptance that will be issued by accountee within 5 days after arrival of the vessel by means of fax."

本条款规定凭开证申请人在船到港后5天内传真出具的质量证明议付。

对于信用证中进口商开列的"商检软条款"应根据具体交易情况进行分析,区别对待,不能一概拒绝;但是对于那种由申请人或其授权人签发检验证书,且其签字与其在银行留存签字样本一致的条款,应予以修改或拒绝。对不能或很难办到的商检条款应及时与客户洽商,通过开证行改证,不宜接受只凭客户出具的检验证书或报告正本作为议付单据,安排检验必须要留有足够的时间,以便及早取得符合信用证要求的检验证书。

表 6－2　分析证书样例(以第三章信用证样例为例)

中华人民共和国出入境检验检疫

ENTRY-EXIT INSPECTION AND QUARANTINE OF THE PEOPLE'S REPUBLIC OF CHINA

分析证书（1）

编号 NO:380000209368756

CERTIFICATE OF ANALYSIS

发货人(2)
Consigner　CHANGZHOU BAOYAO PHARMACEUTICALS CO. LTD

收货人(3)
Consignee　APOTEX INC.

品名(4)
Description of Goods　CHLORDIAZEPOXIDE HCL USP

报检数量/重量（4）
Quantity/ Weight Declared　－500－KGS

包装种类及数量（4）
Number and Type of Package　－50－CTNS

运输工具(5)
Means of Conveyance　BY SEA

标记及号码(6)
Mark & No
APOTEX
4500189719
TORONTO
CTN No. 1－50

We hereby certify that: Representative samples were taken at random from the above mentioned goods for inspection with the results as follow: (7)

Molecular Weight	336.2158 [g/mol]
Molecular Formula	$C_{16}H_{15}Cl_2N_3O$
H-Bond Donor	2
H-Bond Acceptor	4
Rotatable Bond Count	1
Exact Mass	335.059218
MonoIsotopic Mass	335.059218
Topological Polar Surface Area	48.2
Heavy Atom Count	22
Formal Charge	0
Complexity	580
Isotope Atom Count	0
Defined Atom StereoCenter Count	0
Undefined Atom StereoCenter Count	0
Defined Bond StereoCenter Count	0
Undefined Bond StereoCenter Count	0
Covalently-Bonded Unit Count	2

The results of this lot of goods is in conformity with the requirements of Distribution Agreement according to USP24.

****

印章

(8)签字地点 Place of Issue　CHANGZHOU　　签证日期 Date of Issue　19 MARCH 2009

(9) 授权签字人 Authorized officer　WANGZHIPING　签名 Signature　王芝萍

思考与练习

一、思考题

1. 简述检验证书的概念及作用。
2. 在我国,法定检验的商品应向哪个机构报检?
3. 缮制检验证书应注意哪些问题?

二、实操题

请根据以下信息缮制《品质检验证书》:

1. 信用证资料:

In favour of ABC Import & Export CO., LTD.

Description of goods: Chinese white sugar, Shuangxi brand(品名:中国白糖,双喜牌)。

Quantity: 500M/TS.

Documents required: Inspection certificate of quality in duplicate issued by Entry-Exit Inspection and Quarantine Bureau of P. R. China.

Other conditions: Shipping mark to be "C/No. 1-up" only.

Port of loading: Ningbo.

Shipment Model: By sea.

2. 检验检疫结果:

包装(Packing): In new jute bags with inner polythene bag of 50kg net each(新麻袋装,内衬塑料袋,每袋净重50千克);

旋光度(Polarization): 99.84°;

水分(Moisture): 0.043%;

色值(Color): 140 ICUMSA units(140国际糖色值单位)。

3. 检验日期:2014年11月22日。

表 6－3　空白品质检验证书

中华人民共和国出入境检验检疫

ENTRY-EXIT INSPECTION AND QUARANTINEOF THE PEOPLE'S REPUBLIC OF CHINA

品质检验证书

编号 NO：

CERTIFICATE OF QUALITY

发货人
Consigner ____ 标记及号码
收货人 Mark & No
Consignee ____
品名
Description of Goods ________________________________
报检数量/重量
Quantity/Weight Declared ____________________________
包装种类及数量
Number and Type of Package __________________________
运输工具
Means of Conveyance ________________________________

We hereby certify that: Representative samples were taken at random from the above mentioned goods for inspection with the results as follow:

The results of this lot of goods is in conformity with the requirements of Distribution Agreement.

****

印章

签字地点 Place of Issue ________　签字日期 Date of Issue ________
授权签字人 Authorized officer ________　签名 Signature ________

第七章 报关单证

【学习目标】 了解进出口报关与报关单的含义与种类、进出口货物报关的一般程序；熟悉报关单的主要内容并学会根据相关资料缮制报关单；掌握进出口货物报关单填制的一般要求。

第一节 报关单概述

一、报关与报关单的含义

报关(Customs declaration) 指进出口货物收发货人、进出境运输工具负责人、进出境物品的所有人或者他们的代理人向海关办理货物、物品或运输工具进出境手续及相关海关事务的过程。

进出口货物报关单是由海关总署规定统一格式和填制规范，由进出口货物收发货人或其代理人填制，对进出口货物的真实情况作电子或书面申明并提交海关办理进出口货物申报手续的法律文件，是海关依法监管货物进出口、征收关税及其他税费、编制海关统计及其他事务的重要凭证。

二、进出口货物报关单的种类

按照不同的分类方法有下列不同种类的报关单：

1. 按进出口的状态可分为：进口货物报关单和出口货物报关单。

2. 按介质表现形式可分为：纸质报关单与电子数据报关单。

3. 按海关监管方式可分为：进料加工进(出)口货物报关单；来料加工及补偿贸易进(出)口货物报关单；一般贸易及其他贸易进(出)口货物报关单。

纸质的进口报关单一式四联，分别是海关作业联、企业留存联、海关核销联、进口付汇证明联；纸质的出口报关单一式五联，分别是海关作业联、企业留存联、海关核销联、出口收汇证明联、出口退税证明联。不同监管方式下使用的报关单各个栏目的设置完全相同，区别是底纹颜色和标志代码不同(详见表 7－1)①。

---

① 据海关总署、国家外汇管理局联合公告 2013 年第 52 号《关于取消打印报关单收、付汇证明联的公告》，自 2013 年 9 月 16 日起，海关不再为国家外汇管理局分支局核定的货物贸易外汇管理 A 类企业提供纸质报关单收、付汇证明联。A 类企业办理货物贸易外汇收付业务，按规定需提交报关单的，通过中国电子口岸自行以普通 A4 纸打印报关单证明联(出口收汇与进口付汇用)并加盖企业公章。对于外汇局核定的货物贸易外汇管理 B 类和 C 类的企业，海关仍按现行做法为其提供纸质报关单收、付汇证明开关。据海关总署公告 2015 年第 14 号《关于取消打印出口货物报关单证明联(出口退税专用)的公告》，对 2015 年 5 月 1 日(含)以后出口的货物，海关不再签发纸质出口货物报关单证明联(出口退税专用)，并同时停止向国家税务总局传输出口货物报关单证明联(出口退税专用)相关电子数据，改由海关总署向国家税务总局传输出口报关单结关信息电子数据。实施启运港退税政策的出口货物暂时仍按照现行规定打印纸质出口货物报关单证明联(出口退税专用)。

三、进出口货物报关的一般程序

报关程序按时间先后可分为三个阶段:前期阶段、进出境阶段、后续阶段。

(一)前期阶段

指对于保税货物、减免税货物等适用海关特殊监管程序的进出口货物,收发货人或其代理人在货物实际进出境之前,向海关办理备案手续的过程。

表7-1　进出口货物报关单各联用途表

出口货物报关单各联用途		进口货物报关单各联用途	
海关作业联	审核、查验、征税、装运	海关作业联	审核、查验、征税、提货
企业留存联	审核、查验、征税、装运、统计	企业留存联	审核、查验、征税、提货、统计
海关核销联	备案	海关核销联	备案、申领车牌等
出口收汇证明联	合同核销、结案	进口付汇证明联	合同核销、结案
出口退税证明联	退税		

(二)进出境阶段

指进出口货物收发货人或其代理人根据海关对进出境货物的监管要求,在货物进出境时,向海关办理进出口申报、配合查验、缴纳税费、提取或装运货物手续的过程。

(三)后续阶段

指对于前期办理过备案手续的保税货物、减免税货物等适用海关特殊监管程序的进出口货物,在货物进出境储存、加工、装配、使用、维修后,在规定的期限内,按照规定的要求,向海关办理上述进出口货物核销、销案、申请解除监管等手续的过程。

一般进出口货物只涉及第二阶段即进出境阶段。货物在进出境阶段,海关规定的货物报关作业程序是:

审　单 → 查　验 → 征　税 → 放　行

根据海关进出境阶段这一报关作业程序,进出口货物收发货人或其代理人相应配合完成以下四个环节工作:

1. 进出口货物申报。进出口货物收发货人或其代理人应在海关规定的时限内,按照海关规定的形式向海关报关,报告进出口货物情况,提请海关按其申报的内容放行货物的工作环节即为进出口货物申报。此环节有以下两项内容:

(1)申报前的单证、货物、运输三方面的准备:

Ⅰ. 单证准备。申报单证分为进(出)口货物报关单和随附单证两大类。单证准备是进出口货物收发货人或其代理人开始申报的第一步工作,也是顺利报关的关键一步。

Ⅱ. 货物准备。在实务中,一般海运出口货物在船离境48小时前进入码头海关监管区,空运出口货物在飞机起飞24小时前进入空港机场,在运输工具离境24小时前向海关申报出口货物。

Ⅲ. 运输准备。出口货物申报前要先办理“出口货物托运”手续;进口货物申报前要先办理

“进口货物换单”手续。

(2)电子数据申报和提交纸质报关单证。以上三方面的申报准备完毕后,进出口货物收发货人或其代理人可以选择报关大厅终端、自行 EDI、委托 EDI 或网上申报四种方式中的任意一种,并按照海关规定将手填的报关单内容录入海关电子计算机系统,生成电子数据报关单,提交申报后,报关员接收到海关发送的接受申报信息,即表示申报成功。报关员可以打印纸质报关单,备齐规定的随附单证并签名盖章,到货物所在地海关提交书面单证,海关关员接受报关人提交的纸质报关单和随附文件,审核无误后,进入下一程序。

表 7-2 常见的出口报关单证

报关单	随附单证			
	基本单证	运输单证	官方单证	备用单证
出口货物报关单	商业发票	装货单	出口许可证	贸易合同
	装箱单	航空货运单	出境货物通关单	知识产权申报单
	代理报关委托书	邮件清单	原产地证	运输条件鉴定书
	加工贸易登记手册	汽车载货清单	特定减免税证明	货物保险单
				退运证明

表 7-3 常见的进口报关单证

报关单	随附单证			
	基本单证	运输单证	官方单证	备用单证
进口货物报关单	商业发票	进口提货单	进口许可证	贸易合同
	装箱单	航空货运单	入境货物通关单	货物保险单
	代理报关委托书	邮件清单	原产地证	入境货物调离通知单
	加工贸易登记手册	司机纸	特定减免税证明	退运证明
		提单、海运单	自动进口许可证	

2. 配合查验。进出口货物经海关决定查验时,进口货物的收发货人(报关员)应按时到查验现场,配合海关查验货物。如实回答查验关员的询问,提供海关查验货物时所需要的装箱清单或其他资料;按照海关要求搬移货物、开拆包装及重新封装被查验的货样;协助海关提取需进一步检验、化验或鉴定的货样,收取海关出具的取样清单;查验结束后,认真阅读关员填写的“海关进出境货物查验记录单”并签字确认。

3. 缴纳税费。进出口货物的收发货人或其代理人接到海关开出的《税费缴纳通知书》后,向海关指定的银行办理税费款项的缴纳手续。

4. 提取或装运货物。进出口货物收发货人或其代理人,在办理了进(出)口申报、配合查验、缴纳税费等手续,海关放行后,凭加盖“海关放行章”的进口提货凭证或出口装货凭证,提取进口货物或装运出口货物。

第二节　进出口货物报关单

一、海关对进出口货物报关单填制的一般要求

进出境货物的收发货人或其代理人向海关申报时,必须填写并向海关递交进出口货物报关单。申报人在填制报关单时,应当依法如实向海关申报,对申报内容的真实性、准确性、完整性和规范性承担相应的法律责任。

1. 报关人必须按照《海关法》、《货物申报管理规定》和《报关单填制规范》的有关规定和要求,向海关如实申报。

2. 报关单的填报必须真实,做到"两个相符":一是单证相符,即所填报关单各栏目的内容必须与合同、发票、装箱单、提单以及批文等随附单据相符;二是单货相符,即所填报关单各栏目的内容必须与实际进出口货物的情况相符,不得伪报、瞒报、虚报。

3. 报关单的填报要准确、齐全、完整、清楚,若有更正,须在更正项目上加盖"校正章"。

4. 不同批文或合同的货物;同一批货物中不同贸易方式的货物;不同备案号的货物;不同提运单号的货物;不同征免性质的货物;不同运输方式或相同运输方式但不同航次的货物等,均应分单填报。

5. 一份原产地证书只能对应一份报关单。同一份报关单上的商品不能同时享受协定税率和减免税。在一批货物中,对于实行原产地证书联网管理的,如涉及多份原产地证书或含非原产地证书商品,亦应分单填报。

6. 一份报关单最多填报 20 项商品,超过则应分单填报。一张纸质报关单最多打印 5 项商品,超过换页。

7. 在反映进出口商品情况的项目中,须分项填报的主要有下列几种情况:商品编码不同的;商品名称不同的;原产国(地区)或最终目的国(地区)不同的。

8. 已向海关申报的进出口货物报关单,如原填报内容与实际进出口货物不一致而又有正当理由的,申报人应向海关递交书面更正申请,经海关核准后,对原填报的内容进行更改或撤销。

二、进出口货物报关单的主要内容与缮制

报关单的主要栏目,除"税费征收情况"及"海关审单、批注及放行日期(签章)"外,均由收发货人或其代理人填写。

(一)报关单表头栏目的填写

1. 进出口口岸。本栏目应根据货物实际进出境的口岸海关,填报海关规定的《关区代码表》中相应口岸海关的名称及代码。例如,货物在天津新港海关出口,经查询,新港海关关区代码 0202,则该栏目填写"新港海关 0202"。转关运输货物仍应填报进出境地海关的名称和代码。例如,货物从宁波进境,向宁波海关办理转关手续后,运抵杭州海关办理正式进口报关手续,本栏应填报"宁波海关 3101"。无实际进出境的货物,填报接受申报的海关名称及代码。

2. 备案号。本栏目填报进出口货物收发货人在海关办理加工贸易合同备案或征、减、免税备案审批等手续时,海关核发的《中华人民共和国海关加工贸易手册》、电子账册及其分册(以下统

称《加工贸易手册》)、《进出口货物征免税证明》(以下简称《征免税证明》)或其他备案审批文件的编号。备案号的长度为12位,其中第一位是标记码,不同的标记码代表不同的备案文件,《加工贸易手册》第一位"A""B""C""D""E""F""G"分别表示备料加工、来料加工、进料加工、加工贸易设备、加工贸易电子账册、加工贸易异地报关分册、加工贸易深加工结转分册;"Z"是征免税证明标记,"Y"是原产地证明标记。

前期阶段无备案审批的进出口货物报关单,本栏目为空,但若是有备案审批的则一定要填写,其标记码必须与"贸易方式""征免性质""征免""用途"等栏目相协调。如备案号栏填写"B04026100941",则对应的"贸易方式"和"征免性质"栏都应填报为"来料加工","征免"栏填报"全免"。

3. 合同协议号。本栏目填报进出口货物合同(包括协议或订单)编号。在原始单据(发票)上的合同协议号一般表示为"Contract No.;Sales confirmation No(S/C No.);Order No."等。

4. 进口日期/出口日期。进口日期填报运载进口货物的运输工具申报进境的日期。出口日期指运载出口货物的运输工具办结出境手续的日期,本栏目供海关签发打印报关单证明联用,在申报时免予填报。

无实际进出境的报关单填报海关接受申报的日期。

本栏目为8位数字,顺序为年(4位)、月(2位)、日(2位)。

如装载某货物的运输工具于2015年3月26日申报进境,该进口货物收发货人于2015年3月30日向海关申报,进口日期栏应填"20150326"。

5. 申报日期。申报日期指海关接受进出口货物收发货人、受委托的报关企业申报数据的日期。以电子数据报关单方式申报的,申报日期为海关计算机系统接受申报数据时记录的日期。以纸质报关单方式申报的,申报日期为海关接受纸质报关单并对报关单进行登记处理的日期。本栏目在申报时免予填报。

注意:进口货物申报日期不得早于进口日期;出口货物申报日期不得晚于出口日期。

6. 经营单位。本栏目填报在海关注册登记的对外签订并执行进出口贸易合同的中国境内法人、其他组织或个人的名称及海关注册编码。

本栏目应填报经营单位中文名称及经营单位编码,只填一项都是错误的。单位编码长为10位数,前四位数是行政区划代码,第五位是经济区划代码,第六位是企业经济性质代码,第七位到第十位是流水号。

(1)如果对外签约与执行合同的不是同一单位,则以执行合同的单位为准。

(2)国内的企业委托有进出口经营权的企业进出口,经营单位应填代理方,即有进出口经营权的企业。

(3)外商投资企业委托有进出口经营权的企业进出口投资设备、物品的,经营单位应填"外商投资企业",在报关单备注栏填上"委托××公司进口"。

(4)外商投资企业委托有进出口经营权的企业进出口的不是投资设备、物品,而是一般贸易货物的生产原料,则经营单位应填写代理方,即有进出口经营权的企业。

如外商投资企业北京宇都商贸有限公司(1101220756)在投资总额内委托大连化工进出口公司(2102911013)与韩国签约进口电动叉车。则报关单经营单位栏应填"北京宇都商贸有限公司1101220756",并在报关单备注栏填"委托大连化工进出口公司进口";而如果是进口冷轧钢板用于生产空调,则进口报关单“经营单位”填“大连化工进出口公司2102911013”。

7. 收货单位/发货单位。

(1)收货单位填报已知的进口货物在境内的最终消费、使用单位的名称,包括自行从境外进口货物的单位和委托进出口企业进口货物的单位。

(2)发货单位填报出口货物在境内的生产或销售单位的名称,包括自行出口货物的单位和委托进出口企业出口货物的单位。

(3)有海关注册编码或加工企业编码的收发货单位,本栏目应填报其中文名称及编码;没有编码的应填报其中文名称。使用《加工贸易手册》管理的货物,报关单的收发货单位应与《加工贸易手册》的“经营企业”或“加工企业”一致;减免税货物报关单的收发货单位应与《征免税证明》的“申请单位”一致。

8. 运输方式。运输方式包括实际运输方式和海关规定的特殊运输方式。前者指货物实际进出境的运输方式,按进出境所使用的运输工具分类;后者指货物无实际进出境的运输方式,按货物在境内的流向分类。

本栏目应根据货物实际进出境的运输方式或货物在境内流向的类别,按照海关规定的《运输方式代码表》选择填报相应的运输方式。

对于实际进出境的货物,可以根据货运单据的相关信息确定运输方式栏的填写:

(1)看货运单据种类,一般BILL OF LADING(B/L)是水路运输;AIR WAYBILL(AWB)是航空运输。

(2)看运费描述:Air Freight(航空运输)。

(3)其他信息:Flight No. 表示航班号为航空运输;By Air 表示航空运输;如果出现(Ocean) Vessel、Steam Ship(S/S)表示船名的信息则为水路运输。

9. 运输工具名称(航次号)。本栏目填报载运货物进出境的运输工具名称或编号,以及其航次编号。填报内容应与运输部门向海关申报的舱单(载货清单)所列相应内容一致。

一份报关单只允许填报一个运输工具名称。在填写这栏的时候,在货运单据中一般都能够找到相应的栏目,以水路运输为例,运输工具名称从Vessel中能够找到,Voyage是航次号。

(1)水路运输方式下,本栏填写“运输工具名称/航次号”。

例如:Vessel:MERKUR CLOUD,Voyage:0026E,则运输工具名称栏填“MERKUR CLOUD/0026E”。

或:S/S MERKUR CLOUD V0026E,运输工具名称栏填“MERKUR CLOUD/0026E”。

或:M/V MERKUR CLOUD V0026E ,运输工具名称栏填“MERKUR CLOUD/0026E”。

如果MERKUR CLOUD的船舶编号是12345678,运输工具名称栏也可填为“12345678/0026E”。

(2)航空运输方式下,本栏填写“航班号”。

如Flight No. :SQ8794,运输工具名称栏填“SQ8794”。

10. 提运单号。本栏目填报进出口货物提单或运单的编号。一份报关单只允许填报一份提单或运单号,一票货物对应多份提单或运单时,应分单填报。

(1)水路运输方式下,本栏填写进出口提运单号,如有分提运单的,填“提运单号*分运单号”。

(2)公路运输、邮政运输方式下本栏免予填报。

(3)航空运输方式下填“总运单号_分运单号”,无分运单的填报“总运单号”。

11. 贸易方式(监管方式)。本栏目应根据实际对外贸易情况按海关规定的《监管方式代码表》选择填报相应的监管方式简称及代码。一份报关单只允许填报一种监管方式。常见的海关监管方式主要有:

(1)一般贸易0110:主要适用于我国境内有进出口经营权的企业单边进口或者单边出口的贸易。

(2)来料加工0214:适用于来料加工装配贸易进口料件及加工出口成品。

(3)进料对口0615:适用于进料加工装配贸易进口料件及加工出口成品。

(4)合资合作设备2025:合资合作企业作为投资进口的设备物品。

(5)外资设备物品2225:外商独资企业作为投资进口的设备物品。

(6)货样广告品A 3010:有对外贸易经营权单位进出口的货样广告品。

(7)电子商务9610:全称"跨境贸易电子商务",适用于境内个人或电子商务企业通过电子商务交易平台实现交易,并采用"清单核放、汇总申报"模式办理通关手续的电子商务零售进出口商品,通过海关特殊监管区域或保税监管场所一线的电子商务零售进出口商品除外。

(8)保税电商1210:全称"保税跨境贸易电子商务",适用于境内个人或电子商务企业在经海关认可的电子商务平台实现跨境交易,并通过海关特殊监管区域或保税监管场所进出的电子商务零售进出境商品[海关特殊监管区域、保税监管场所与境内区外(场所外)之间通过电子商务平台交易的零售进出口商品不适用该监管方式]。此监管方式用于进口时仅限经批准开展跨境贸易电子商务进口试点的海关特殊监管区域和保税物流中心(B型)。

12. 征免性质。本栏目应根据实际情况按海关规定的《征免性质代码表》选择填报相应的征免性质简称及代码,持有海关核发的《征免税证明》的,应按照《征免税证明》中批注的征免性质填报。一份报关单只允许填报一种征免性质。常见的征免性质主要有:

(1)一般征税101:一般征税进口货物。

(2)来料加工502:来料加工装配和补偿贸易进口料件及出口成品。

(3)进料加工503:进料加工贸易进口料件及出口成品。

(4)中外合资601:中外合资经营企业进出口货物,目前一般适用于中外合资企业自产的出口产品。

(5)中外合作602:中外合作经营企业进出口货物,目前一般适用于中外合作企业自产的出口产品。

(6)外资企业603:外商独资企业进出口货物,目前一般适用于外商独资企业自产的出口产品。

(7)鼓励项目789:适用于国家鼓励发展的内外资项目进口设备。

(8)自有资金799:外商投资企业在投资总额以外利用自有资金进口设备、备件、配件。

13. 征税比例/结汇方式。进口报关单本栏目免予填报。出口报关单填报结汇方式,按海关规定的《结汇方式代码表》选择填报相应的结汇方式名称或代码。

结汇方式栏目信息一般来源于发票或装箱单。"Payment""Payment Term""Paid by"等栏目后面填写的内容即结汇方式名称或者缩写,如T/T(表示电汇)等;也有些单据在备注栏(Remarks)中表明相应的结汇方式;如果单据中信用证号(L/C No.)栏目填写信用证的编号则说明结汇方式是信用证,但如用文字叙述,则应根据文字内容判断,例如:"Documents against Acceptance"(D/A表示承兑交单)。

14. 许可证号。本栏目填报以下许可证的编号:进(出)口许可证、两用物项和技术进(出)口许可证、两用物项和技术出口许可证(定向)、出口许可证(加工贸易)、出口许可证(边境小额贸易)。一份报关单只允许填报一个许可证号。

15. 起运国(地区)/运抵国(地区)。起运国(地区)指进口货物起始发运的国家(地区)。运抵国(地区)指出口货物直接运抵的国家(地区)。

在发生中转运输的情况下,若中转地发生了商业性交易,则该栏填报中转地,如未发生商业性交易,则进口货物报关单起运国栏填报起始装运港所在的国家,出口货物报关单运抵国栏填报运抵地(港)所在国家。中转地是否发生商业性交易,一个重要的判断指标是发票抬头和出票人的名称与地址。

例如:提单显示 From TOKYO to GUANGZHOU via HONGKONG(从东京经香港到达广州),如果发票出票人的地址是日本的,说明该进口货物在香港没有发生买卖关系,起运国(地区)填报"日本";如果出票人的地址是香港,则说明货物在香港发生了买卖关系,起运国(地区)填报"香港"。

16. 装货港/指运港。装货港填报进口货物在运抵我国关境前的最后一个境外装运港。指运港填报出口货物运往境外的最终目的港;最终目的港不可预知的,按尽可能预知的目的港填报。

本栏目的填报不受是否发生中转、中转地有无发生商业性交易的影响。

17. 境内目的地/境内货源地。境内目的地填报已知的进口货物在国内的消费、使用地或最终运抵地,其中最终运抵地为最终使用单位所在的地区。最终使用单位难以确定的,填报货物进口时预知的最终收货单位所在地。境内货源地填报出口货物在国内的产地或原始发货地。出口货物产地难以确定的,填报最早发运该出口货物的单位所在地。

18. 批准文号。进口货物报关单中本栏目免予填报。出口货物报关单中本栏目原来填报出口收汇核销单编号。为大力推进贸易便利化、进一步改进货物贸易外汇服务和管理,自 2012 年 8 月 1 日起全国实施货物贸易外汇管理制度改革,取消出口收汇核销单,相应调整出口报关流程,本栏目不需要再填写。

19. 成交方式。本栏目应根据进出口货物实际成交价格条款,按海关规定的《成交方式代码表》选择填报相应的成交方式代码。与发票中贸易术语的对应关系见表 7-4。

表 7-4 发票中的贸易术语与报关单的成交方式对应关系

发票中的贸易术语	报关单上的成交方式	成交方式代码
CIF、CIP、DAT、DAP、DDP	CIF	1
CFR(C&F、CNF)、CPT	CFR	2
EXW、FCA、FAS、FOB	FOB	3

20. 运费。本栏目填报进口货物运抵我国境内输入地点起卸前的运输费用,出口货物运至我国境内输出地点装载后的运输费用。进口货物成交价格包含前述运输费用(如 CIF、CFR)或者出口货物成交价格不包含前述运输费用的(如 FOB),本栏目免予填报。运保费合并计算的,填报在本栏目。

运费可按运费单价、总价或运费率三种方式之一填报,注明运费标记(运费标记"1"表示运费率,"2"表示每计量单位货物的运费单价,"3"表示运费总价),并按海关规定的《货币代码表》选择填报相应的币种代码。

示例:①10%运费率填报为"费率数值/标记码":10/1。②50 英镑的运费单价填报为"货币代码/

数值/标记码”:303/50/2。③3000 美元的运费总价填报为“货币代码/数值/标记码”:502/3000/3。

21. 保费。本栏目填报进口货物运抵我国境内输入地点起卸前的保险费用,出口货物运至我国境内输出地点装载后的保险费用。进口货物成交价格包含前述保险费用或者出口货物成交价格不包含前述保险费用的,本栏目免予填报。运保费合并计算的,本栏目免予填报。

保费可按保险费总价或保险费率两种方式之一填报,保险费标记“1”表示保险费率,“3”表示保险费总价,填制格式与运费格式相同。

22. 杂费。本栏目填报成交价格以外的,按照《中华人民共和国进出口关税条例》相关规定应计入完税价格或应从完税价格中扣除的费用。应计入完税价格的杂费填报为正值或正率,应从完税价格中扣除的杂费填报为负值或负率。

可按杂费总价或杂费率两种方式之一填报,杂费标记“1”表示杂费率,“3”表示杂费总价,填报格式与运费、保费处理方法一样。

23. 件数。本栏目填报有外包装的进出口货物的实际件数,只能填报数字。本栏目不得填报为零,裸装货物填报为“1”。

有关单据仅列明托盘件数,或者既列明托盘件数,又列明单件包装件数的,本栏填报托盘件数。如“2 PALLETS 100 CTNS”,件数应填报为 2。有关单据既列明集装箱个数,又列明托盘件数、单件包装件数的,按以上要求填报。如仅列明集装箱个数,未列明托盘或者单件包装件数的,填报集装箱个数。

24. 包装种类。本栏目应根据进出口货物的实际外包装种类。如木箱(wooden case)、纸箱(carton)、铁桶(iron drum)、裸装(in nude)、散装(in bulk)等。在原始单据(装箱单或提运单据)上件数和包装种类一般表示为“No. of pkgs”,其后数字即表示应填报的件数,其后接的单位名词即包装种类。如“Total Packed in ×× Cartons only”包装种类应填“纸箱”;又如“Total ×× Wooden Cases only”,包装种类即应填“木箱”。

25. 毛重(千克)。本栏目填报进出口货物及其包装材料的重量之和,计量单位为千克,不足 1 千克的填报为“1”。如货物的毛重在 1 千克以上且非整数,其小数点后保留 4 位,第五位及以后略去。如毛重 3.56789 千克,该栏应填“3.5678”;毛重 123 456.789 千克,应填“123 456.789”。

26. 净重(千克)。本栏目填报进出口货物的毛重减去外包装材料后的重量,即货物本身的实际重量,计量单位为千克,不足 1 千克的填报为“1”。净重在 1 千克以上且非整数,其小数点后保留 4 位,第五位及以后略去。

27. 集装箱号。本栏目填报装载进出口货物(包括拼箱货物)集装箱的箱体信息。填报格式为:集装箱号(在集装箱箱体上标示的全球唯一编号)/集装箱的规格/集装箱的自重。非集装箱货物填报为“0”。如 HJCU1428763/40/3720,表明这是一个 40 英尺的集装箱,箱号为 HJCU1428763,自重 3720 千克。如果有多个集装箱,本栏填一个,其余在备注栏填列。①

① 现行的海关监管通关系统 H2000 是在原来的 H883 系统的基础上升级而来的,报关单“集装箱号码”这一栏原来的填制规范是填“一个集装箱号 * 自然箱个数(折算标准箱个数)”,其余的集装箱号在备注栏填列。如集装箱号码栏的内容为“GCCU5003660 * 14(28)”,表明一共有 14 个 40 英尺的集装箱,折算成 28 个 20 英尺标准集装箱,其中一个集装箱箱号为“GCCU5003660”。实务操作中,申报数据录入时,按现行规范录入,但打印纸质报关单时,报关单上显示的内容还是按老系统里的处理方式显示,并且限于篇幅,如果自然箱数超过 8 个,在“备注”栏只显示 7 个箱号,其余的集装箱箱号不在纸质报关单上显示。

28. 随附单证。本栏目填报"许可证号"栏可填报的许可证件以外海关规定的《监管证件代码表》中的其他进出口许可证件或监管证件代码及编号。但是合同、发票、装箱单等必备的随附单据不在本栏目填报。如随附的单据是入境货物通关单，通关单的编号为442100104064457，报关单本栏目就填"A:442100104064457"，表7-5中的"I"为精神药物进出口准许证。

有两个以上监管证件的，第一个填在本栏，其他填制在备注栏。

29. 用途/生产厂家。进口货物本栏目填报用途，应根据进口货物的实际用途按海关规定的《用途代码表》选择填报相应的用途代码。出口货物本栏目填报其境内生产企业。

表7-5　出口货物报关单样例(以第三章信用证样例为例)

中华人民共和国海关出口货物报关单

预录入编号：　　　　　　　　　　　　　　　　　　　　海关编号：

<table>
<tr><td colspan="2">出口口岸
宁波海关(3101)</td><td colspan="3">备案号</td><td colspan="2">出口日期</td><td colspan="2">申报日期</td></tr>
<tr><td colspan="3">经营单位
常州宝药制药有限公司(3216000089)</td><td colspan="2">运输方式
水路运输</td><td colspan="2">运输工具名称
Henghe/121</td><td colspan="2">提运单号
09CO-BHY 0709</td></tr>
<tr><td colspan="3">发货单位
常州宝药制药有限公司(3216000089)</td><td colspan="2">贸易方式
一般贸易</td><td colspan="2">征免性质
一般征税</td><td colspan="2">结汇方式
信用证</td></tr>
<tr><td colspan="3">许可证号</td><td colspan="2">运抵国(地区)
加拿大</td><td colspan="2">指运港
多伦多</td><td colspan="2">境内货源地
江苏常州梅龙坝</td></tr>
<tr><td colspan="3">批准文号
3216001245</td><td>成交方式
CIF</td><td colspan="2">运费
502/1500/3</td><td colspan="2">保费
502/159/3</td><td>杂费</td></tr>
<tr><td colspan="3">合同协议号
CHBY09316</td><td>件数
50</td><td colspan="2">包装种类
纸箱</td><td colspan="2">毛重(公斤)
520.0000</td><td>净重(公斤)
500.0000</td></tr>
<tr><td colspan="3">集装箱号
0</td><td colspan="4">随附单据
I:310100209001547</td><td colspan="2">生产厂家
常州宝药制药有限公司</td></tr>
<tr><td colspan="9">标记唛码及备注：APOTEX
4500189719
TORONTO
CTN No.1-50</td></tr>
<tr><td>项号</td><td>商品编号</td><td>商品名称、规格型号</td><td>数量及单位</td><td>原产国(地区)</td><td>单价</td><td>总价</td><td>币制</td><td>征免</td></tr>
<tr><td>01</td><td>2933910011</td><td>盐酸氯氮卓</td><td>500千克</td><td>中国</td><td>57.84</td><td>28 922.00</td><td>美元</td><td>照章征税</td></tr>
<tr><td colspan="9"></td></tr>
<tr><td colspan="9"></td></tr>
<tr><td colspan="9">税费征收情况</td></tr>
<tr><td colspan="3">录入员　录入单位</td><td colspan="3" rowspan="2">兹声明以上申报无讹并承担法律责任

申报单位(签章)

电话：　　　　填制日期：</td><td colspan="3">海关审单批注及放行日期(签章)
审单　　　审价</td></tr>
<tr><td colspan="3">报关员：李四
单位地址：
江苏常州梅龙坝
邮编：</td><td colspan="3">征税　　　统计</td></tr>
<tr><td colspan="3"></td><td colspan="3"></td><td colspan="3">查检　　　放行</td></tr>
</table>

30. 标记唛码及备注。本栏目可能填报的内容有：

(1)标记唛码中除图形以外的文字、数字。

(2)受外商投资企业委托代理其进口投资设备、物品的进出口企业名称。

(3)与本报关单有关联关系的，同时在业务管理规范方面又要求填报的备案号，填报在电子数据报关单中"关联备案"栏。

(4)与本报关单有关联关系的，同时在业务管理规范方面又要求填报的报关单号，填报在电子数据报关单中"关联报关单"栏。

(5)办理进口货物直接退运手续的，本栏目填报《准予直接退运决定书》或者《责令直接退运通知书》编号。

(6)多个监管证件的，除第一个监管证件以外的，其余的监管证件代码及编号。

(7)涉及多个集装箱的，除第一个集装箱以外的，其余的集装箱号。

(8)申报时其他必须说明的事项填报在本栏目。

(二)报关单表体栏目的填写

1. 项号。本栏目分两行填报及打印。第一行填报报关单中的商品顺序编号；第二行专用于加工贸易、减免税等已备案、审批的货物，填报和打印该项货物在《加工贸易手册》或《征免税证明》等备案、审批单证中的顺序编号。

2. 商品编号。本栏目应填报由《中华人民共和国进出口税则》确定的进出口货物的税则号列和《中华人民共和国海关统计商品目录》确定的商品编码，以及符合海关监管要求的附加编号组成的10位商品编号。

3. 商品名称、规格型号。本栏目分两行填报及打印。第一行填报进出口货物规范的中文商品名称，第二行填报规格型号，过长可换行。

4. 数量及单位。本栏目分三行填报及打印。

(1)第一行应按进出口货物的法定第一计量单位填报数量及单位。

(2)凡列明有法定第二计量单位的，应在第二行按照法定第二计量单位填报数量及单位。无法定第二计量单位的，本栏目第二行为空。

(3)成交计量单位及数量应填报在第三行，如成交计量单位与海关法定计量单位一致，本栏目第三行为空。

5. 原产国(地区)/最终目的国(地区)。原产国(地区)是指进口货物的生产、开采或加工制造的国家或地区。对经过几个国家或地区加工制造的进口货物，以最后一个对货物进行经济上可以视为实质性加工的国家或地区作为该货物的原产国(地区)。最终目的国(地区)填报已知的出口货物的最终实际消费、使用或进一步加工制造国家(地区)。本栏目应按海关规定的《国别(地区)代码表》选择填报相应的国家(地区)名称及代码。

6. 单价。本栏目填报同一项号下进出口货物实际成交的商品单位价格。无实际成交价格的，本栏目填报单位货值。如发票显示：Unit Price：USD20.55/DOZ，则"单价"栏应填"20.55"。

7. 总价。本栏目填报同一项号下进出口货物实际成交的商品总价格。无实际成交价格的，本栏目填报货值。

如发票显示：Total Amount：USD300000 CIF Kobe，则"总价"栏应填"300 000"。

8. 币制。本栏目应按海关规定的《货币代码表》选择相应的货币名称及代码填报，如《货币代码表》中无实际成交币种,需将实际成交货币按申报日外汇折算率折算成《货币代码表》列明的货币填报。

9. 征免。本栏目应按照海关核发的《征免税证明》或有关政策规定,对报关单所列每项商品选择海关规定的《征减免税方式代码表》中相应的征减免税方式填报。

加工贸易货物报关单应根据《加工贸易手册》中备案的征免规定填报;《加工贸易手册》中备案的征免规定为“保金”或“保函”的,应填报“全免”。

(三)报关单其他栏目

1. 税费征收情况。本栏目供海关批注进(出)口货物税费征收及减免情况。

2. 录入员。本栏目用于记录预录入操作人员的姓名。

3. 录入单位。本栏目用于记录预录入单位名称。

4. 填制日期。本栏目填报申报单位填制报关单的日期。

5. 海关审单批注及放行日期(签章)。本栏目供海关作业时签注。填制进出口报关单时,需满足海关对进出口货物报关单填制的一般要求外,还应根据原始商业单据、货运单据填制,并做到填制的报关单与原始单据相符。

报关单中根据发票填制的栏目内容主要有:经营单位、收/发货单位、结汇方式(出口)、成交方式、运费、保险费、杂费、商品名称、规格型号、数量及单位、原产国(地区)/最终目的国(地区)、单价、总价、币制、合同协议、集装箱号等。

报关单中根据装箱单和提运单据查找的栏目内容一般有:运输方式、运输工具名称、航次、提运单号、集装箱号、起运国(地区)/运抵国(地区)、装货港/指运港、件数、包装种类、毛重、净重、标记唛码及备注等。

思考与练习

一、思考题

1. 根据报关单的填制要求,分析“起运国”栏目的填写方法。

2. 请根据以下商业发票、装箱单内容填报报关单相应栏目。

Manufacturer:A Electronics Co., Ltd. (44063 * * * *)

Saler:B Trading INC. (44012 * * * *)

Descriptions:Men’s Trousers 100% Wool/L220806 - 1

Payment Terms:T/T

Quantity:24000PCS

Unit Price:FOB Guangzhou USD30/PCS

POL/POD:Guangzhou, China/Los Angeles, USA

(1)经营单位栏应填(　　　);　　(2)发货单位栏应填(　　　);

(3)商品名称、规格型号栏应填(　　　);　　(4)单价栏应填(　　　);

(5)总价栏应填(　　　);　　(6)运抵国(地区)栏应填(　　　)。

二、实操题

天津东升光电子有限公司(121194＊＊＊＊)从韩国 VACUNI 公司购买一台镀膜机。运载该货物的运输工具于2014年6月30日申报进境,永佳报关行接受东升公司的委托,当日向天津新港海关(代码0202)办理报关手续。请根据以下合同、商业及货运单据,填制该批货物的进口报关单。

(一)合同

SALES CONTRACT

DATE: 2014.6.10
NUMBER: UI-1406-10

DONGSHENG EOTECH CO.,LTD.
HEAD OFFICE & FACTORY
JHJ23-7 DONGO-RI, HYANGNAM-MYON, HWASUNG-CITY
KYONGGIDO. KOREA
MESSER: TIANJIN DONGSHENG OPTP-ELECTRONICS MOLDING
NO.19 HUIYUAN ROAD, ZHANGJIAWO INDUSTRY YUAN
XINQIAN ECONOMIC DEVELOMENT, TIANJIN, 300380, CHINA

WE HAVE THE PLEASURE TO SALES CONTRACT YOU THE FOLLOWING MERCHANDISE ON THE TERMS AND CONDITIONS MENTIONED HEREUNDER.

DESCRIPTION OF GOODS	QUANTITY	UNIT PRICE	TOTAL AMOUNT
1 SET COATING MACHINE	1 SET	USD 434 000.00	USD 434 000.00

TOTAL: USD434000.00

SHIPPING PORT: BUSAN, KOREA
DESTINATION: TIANJIN CHINA
TRADE TERMS: CFR TIANJIN
SHIPMENT: WITHIN ONE(1) MONTH
PAYMENT: BY T.T REMITTANCE
PAYMENT TERMS: SALES ON CREDIT [WITHIN FOUR(4) MONTHES]
PACKING: IN STANDARD EXPORT PACKING
VALIDITY: THREE (3) MONTHES

FOR AND ON BEHALF OF BUYER

SIGNED BY ______________

FOR AND ON BEHALF OF SELLER

SIGNED BY ______________

（二）商业发票

COMMERCIAL INVOICE

SELLER VACUNI. ,LTD. 118 MANGDUNGNI, JUCHONMYUN,GIMHAE, GYEONGNAM, KOREA TEL:82 -55 -323 -××××-×	**NO. AND DATE OF INVOICE** UI-1406-10 AND JUNE 10,2014 **NO. AND DATE OF L/C**
CONSIGNEE TIANJIN DONGSHENG OPTP-ELECTRONICS,. LTD. NO. 19 HUIYUAN ROAD, ZHANGJIAWO INDUSTRY YUAN XINQIAN ECONOMIC DEVELOPMENT,TIANJIN, 300380,CHINA TEL:86 -22 -××××-××××	**BUYER (IF OTHER THAN CONSIGNEE)** NOTIFY SAME AS "CONSIGNEE"

DEPARTURE DATE	VESSEL/VOY. NO.	PORT OF LOADING	DESTINATION	TERMS OF DELIVERY & PAYMENT
JUNE 24,2014	MERKUR CLOUD 0026E	BUSAN, KOREA	XINGANG CHINA	CFR TIANJIN,CHINA & T/T

SHIPPING MARKS	DESCRIPTION OF GOODS	QUANTITY	UNIT PRICE	AMOUNT
DONGSHENG TIANJIN,CHINA	COATING MACHINE	1 SET	USD434,000.00	USD434,000.00
C/NO. 1 -5 MADE IN KOREA			CFR TIANJIN, CHINA TOTAL	USD434,000.00

VACUNI, LTD.

YOO,Heung Sang/President

（三）装箱单

PACKING LIST

SELLER VACUNI. ,LTD. 118 MANGDUNGNI, JUCHONMYUN,GIMHAE, GYEONGNAM, KOREA TEL:82 -55 -323 -××××-×	**NO. AND DATE OF INVOICE** UI-1406-10 AND JUNE 10,2014 **NO. AND DATE OF L/C**
CONSIGNEE TIANJIN DONGSHENG OPTP-ELECTRONICS,. LTD. NO. 19 HUIYUAN ROAD, ZHANGJIAWO INDUSTRY YUAN XINQIAN ECONOMIC DEVELOPMENT,TIANJIN, 300380,CHINA TEL:86 -22 -××××-××××	**BUYER (IF OTHER THAN CONSIGNEE)** NOTIFY SAME AS "CONSIGNEE"

DEPARTURE DATE	VESSEL/VOY. NO.	PORT OF LOADING	DESTINATION	TERMS OF DELIVERY & PAYMENT
JUNE 24,2009	MERKUR CLOUD 0026E	BUSAN, KOREA	XINGANG CHINA	CFR TIANJIN, CHINA & T/T

SHIPPING MARKS	DESCRIPTION OF GOODS	QUANTITY	N/WEIGHT	G/WEIGHT	MEASUREMENT
DONGSHENG TIANJIN,CHINA C/NO. 1 -5 MADE IN KOREA	COATING MACHINE	1 SET	8,500KGS	9,870KGS	51.8CBM
	TOTAL	1 SET	8,500KGS	9,870KGS	51.8CBM

VACUNI, LTD.

YOO,Heung Sang/President

(四)海运提单

Shipper VACUNI,LTD 118 MANGDUNGNI, JUCHONMYUN, GIMHAE GYEONGNAM, KOREA TEL:82 – 55 – 323 –××××–×	**BILL OF LADING**
Consignee TIAN JIN DONGSHENG OPTO-ELECTRONICS CO. ,LTD NO. 19 HUIYUAN ROUD, ZHANGJIAWO INDUSTRY YUAN XIQIAN ECONOMIC DEVELOPMENT AREA, TIANJIN, * *	
Notify Party SAME AS CONSIGNEE * * 300380 CHINA. TEL:86 – 22 –××××–××××	**HANJIN SHIPPING** (**NON NEGOTIABLE**)

* Pre carriage by	* Place of Receipt BUSAN, KOREA		
Ocean Vessel Voy. No. MERKUR CLOUD 0026E	Port of Loading BUSAN, KOREA		
Port of discharge	* Final destination	Freight payable at	Number original Bs/L
XINGANG, CHINA	XINGANG, CHINA		THERE(3)

Marks and Numbers	Number and kind of packages; Description	Gross weight	Measurement M^3
DONGSHENG	S/H127W2,2	9 870.000	51.800
TIANJIN, CHINA	9870.000KGS 51.800CBM		
C/NO. 1 – 5	5CASES IN A TOTAL		
MADE IN KOREA	5CS COATING MACHINE		
TOTAL PACKAGES(IN WORDS) FIVE CASES ONLY			

Freight and charges FREIGHT ALL AS ARRANGED

Place and date of issue BUSAN, KR 25 June,2014
Signed for the Carrier

* Applicable only when document used as a Through Bill of Loading

(五)进口货物报关单

中华人民共和国海关进口货物报关单

预录入编号：　　　　　　　　　　海关现场：　　　　　　　　　　海关编号：

进口口岸	备案号	进口日期	申报日期	
经营单位	运输方式	运输工具名称	提运单号	
收货单位	贸易方式	征免性质	征免比例	
许可证号	起运国(地区)	装货港	境内目的地	
批准文号	成交方式	运费	保费	杂费
合同协议号	件数	包装种类	毛重(公斤)	净重(公斤)
集装箱号	随附单据	用途		
标记唛码及备注				

项号	商品编号	商品名称	规格型号	数量及单位	原产国(地区)	单价	总价	币制	征免

税费征收情况		
录入员　录入单位	兹声明以上申报无讹并承担法律责任。	海关审单批注及放行日期(签章) 审单　　审价
报关员 单位地址 邮编　　电话	填制日期	征税　　统计 查验　　放行

第八章 原产地证明书

【学习目标】 了解原产地证的类型与作用及其申领程序与手续；熟悉一般原产地证和普惠制原产地证的格式与内容并理解信用证有关原产地证的条款；掌握一般原产地证和普惠制原产地证缮制的方法并能处理制单中常见的问题；掌握其他区域性优惠原产地证缮制的要领。

第一节 原产地证明书概述

一、原产地证明书的含义与作用

原产地证明书(CERTIFICATE OF ORIGIN)简称原产地证，是证明货物原产地或制造地的具有法律效力的书面文件。它一般是出口商应进口商要求而提供的，由政府机构或行业协会或出口商或生产商出具。原产地证书是贸易关系人在交接货物、结算货款、索赔理赔、进口国海关统计、征收关税时的有效凭证，它还是进口国对出口国或进口商品进行配额限制、采取不同的国别政策、实行差别关税的凭证。

二、原产地证明书的类型

(一)按用途划分，原产地证的分类

1. 非优惠原产地证。非优惠原产地证的作用是证明货物原产于某一特定国家或地区，享受进口国的正常关税(最惠国关税)待遇的证明文件，它的适用范围是征收关税、贸易统计、保障措施、歧视性数量限制、反倾销和反补贴、原产地标记、政府采购等方面，证书主要有一般原产地证(CERTIFICATE OF ORIGIN)、金伯利进程国际证书(THE KINGBERLEY PROCESS CERTIFICATE)等。

2. 优惠原产地证。优惠原产地证是根据相关国家的优惠原产地证规则和有关要求，出口受惠国官方机构出具的，是具有法律效力的受惠国的出口产品在给惠国享受在最惠国税率基础上进一步减免进口关税的官方凭证，分单向优惠和互惠原产地证书。单向优惠的优惠原产地证有普惠制原产地证、CEPA 原产地证书等；互惠的优惠原产地证有亚太贸易协定原产地证、中国—东盟自由贸易区优惠原产地证、中国—巴基斯坦自由贸易区优惠原产地证、中国—智利自由贸易区优惠原产地证、中国—新西兰自由贸易区优惠原产地证、中国—新加坡自由贸易区优惠原产地证、中国—秘鲁自由贸易区优惠原产地证、中国—哥斯达黎加自由贸易区优惠原产证、中国—瑞士自由贸易区优惠原产地证、中国—冰岛自由贸易区优惠原产地证、中国—韩国自由贸易区优惠原产地证、中国—澳大利亚自由贸易区优惠原产地证及海峡两岸经济合作框架协议(ECFA)原产地证等。

（二）按签发人划分，原产地证的分类

1. 检验检疫机构出具的原产地证书。由中华人民共和国国家质量监督检验检疫总局及其下属各地出入境检验检疫局（CIQ）出具上述各用途的原产地证。

2. 商会（贸促会）出具的原产地证书。中国商会即中国国际贸易促进委员会（CCPIT），原来只出具一般原产地证书，简称贸促会产地证书（CCPIT CERTIFICATE OF ORIGIN）。根据海关总署2009年3月1日实施的第181号令《中华人民共和国海关进出口货物优惠原产地管理规定》第十一条的规定，中国贸促会及其地方机构作为国家法律明确授权签发出口货物原产地证书的签证机构之一，将承担优惠贸易协定项下出口货物原产地证书的签发工作。从2009年8月1日起，全国贸促会系统开始实施签发亚太贸易协定原产地证、中国—新加坡自由贸易区优惠原产地证和中国—新西兰自由贸易区优惠原产地证的工作。此后生效的中国—秘鲁自由贸易区优惠原产地证、中国—哥斯达黎加自由贸易区优惠原产地证、中国—瑞士自由贸易区优惠原产地证、中国—冰岛自由贸易区优惠原产地证及ECFA原产地证等区域优惠原产地证，贸促会也能签发。

3. 商务管理机关出具的原产地证书。由国家商务部配额许可证事务局及其授权的各地商务厅（贸易发展局）等商务管理机关出具的部分输土耳其纺织品产地证。具体为输土耳其纺织品产地证和丝麻产地证。

4. 制造商或出口商出具的原产地证书。如果合同或信用证没有规定具体的原产地证出具人，可由制造商或出口商出具产地证明。

在国际贸易实务中，应该提供哪种原产地证明书，主要依据合同或信用证的要求。提供原产地证应以使进口货物顺利通关，让进口商获取最优惠进口关税待遇为目的，一般对于货物出口到给予我国普惠制待遇的给惠国家，都要求出具普惠制原产地证明书；对于货物出口到与我国签署优惠贸易协定或自由贸易区协定的国家与地区，应了解出口货物是否在进口国海关的该协定项下关税减让清单上，如果是，则需提供相应的优惠原产地证。如果我们是从上述国家或地区进口商品，则需了解该商品是否在中华人民共和国海关的相应优惠贸易协定项下关税减让清单上，如果是，则应要求出口商为我们提供相应的优惠原产地证，以便在商品进口时获取相应比例的关税减让待遇。如果信用证并未明确规定原产地证书的出具者，那么银行应该接受任何人出具的原产地证明书。

三、原产地证明书的申领

不同的原产地证有不同的签发机构，本章仅介绍向出入境检验检疫局申领原产地证以及向商务管理机构申领纺织品原产地证的程序。

（一）向出入境检验检疫局申领原产地证的程序

为了更好地服务外贸，为我国原产地证申领企业提供便利，国家质量监督检验检疫总局开发启用了原产地证企业备案平台系统（http://ocr. eciq. cn）。在我国，依法具有申领原产地证书资格的企业，都可以登录该系统，自行提出网上备案、企业年审、企业信息变更等操作的申请。该系统操作便捷，功能齐全，将帮助企业规范操作，并节约时间成本和人力成本。

1. 申请原产地证的企业资格。

备案申领原产地证书业务的企业必须在中华人民共和国境内依法设立，并具有下列资格之一：

(1)在商务部门进行对外贸易经营者备案登记的国内企业;

(2)中外合资、中外合作和外商独资企业;

(3)国外企业、商社常驻中国代表机构;

(4)对外承接来料加工、来图来样加工、来件装配和补偿贸易业务的企业;

(5)经营旅游商品的销售部门;

(6)参加国际经济、文化交流及拍卖等活动需出售展品、样品等的有关单位。

2. 企业备案流程。

(1)企业备案。

目前新企业备案需通过原产地证企业注册平台系统实现。在浏览器地址栏输入 www. eciq. cn,点击"原产地证企业注册平台"进入。输入企业组织机构代码(去掉横杠,字母大写),点击新注册,进入系统后,点击企业注册,在线填写注册信息,保存并提交,注册信息包括企业基本信息、企业产品信息、企业申报员信息、企业电子文档资料等。除了带 * 的为必填项外,还需填写:申报模式、是否为生产企业、经营范围描述、联系人、联系电话、法人代表、法人代表联系电话等。"申报模式"填"自行申报","签证机构""领证机构""所属机构"选工商注册所在地的检验检疫机构,新企业结算方式只能选择次结。

(2)企业电子文档资料(要求所有上传的扫描件大小在 200k 以内,具体见操作平台上的使用手册):

1)企业营业执照扫描件;

2)进出口经营权的资格证书或批准证书或对外贸易经营者备案登记表的扫描件;

3)组织机构代码证扫描件;

4)企业中英文印章扫描件;

5)申报员身份证扫描件;

6)其他:如果有其他需要说明或上传的内容可在"企业电子文档资料"中找到未被占用的栏目上传。

(3)企业产品信息。

需填写产品 10 位 HS 编码、产品具体名称、产品生产企业名称、产品英文名称、是否含有进口成分等。产品的生产企业在外地的,需在备注中填写当地出入境检验检疫局出具的异地调查结果单的号。企业在备案过程中提交的产品信息必须符合以下原产地标准,才能进行产品备案登记:①完全原产品或含有非原产成分,但经过国内实质性加工改造,符合相应的原产地标准的产品;②产品及其包装、说明书等物品没有出现中国以外国家或地区的原产地标记,也没有出现香港、澳门和台湾地区的原产地标记。

(4)企业申报员信息。

1)填写被授权的申报员的姓名、身份证号、联系电话、所属机构。

2)上传下述扫描件:

a. 被授权的申报员的手签笔迹;

b. 在"照片"一栏上传被授权的申报员的身份证。

原产地证申报员是指经申领企业授权,代表申领企业签署、申领原产地证的人员。申请人申请原产地证的业务应指定原产地证申报员办理。申报员必须具备以下基本条件:①熟悉产品的原料结构和加工工序;②熟悉相关的原产地标准;③具备一定的外贸知识和英语水平。

新备案企业拟授权申报员应向检验检疫局报名参加申报员培训,经培训考试合格才能备案。

(5)审核。

申请企业以上信息填写完整后提交审核,检验检疫局会在两个工作日内审核申报信息,申请企业需及时查看回执信息按要求更改,如无问题,提交相关纸质材料(查看回执)。

(6)现场提交材料。

1)企业营业执照原件及复印件(需加盖公章)。

2)进出口经营权的资格证书或批准证书或对外贸易经营者备案登记表原件及复印件(需加盖公章)。

3)组织机构代码证原件及复印件(需加盖公章)。

4)印章:中英文对照的公司印章。

5)备案手签员的企业授权书。

6)申领员身份证复印件(正反面复印在一张纸上)。

7)打印《产地证备案表》一式两份,用B4纸正反面打印。

8)《产品成本明细单》。

a. 拟备案的产品的生产企业为本地的:要提供购买原材料的增值税发票的复印件(有进口原材料的要提供进口报关单或其他证明材料)。

b. 拟备案的产品的生产企业不在本地的:不需要提供上述明细单,但需提供生产企业当地的检验检疫部门出具的《异地货物调查结果单》。如果产品已在异地检验检疫局产地证系统备案,申请证书时直接输入生产企业的实际名称和组织机构代码即可实现异地链接。

9)主要原料国产证明:指一年以内工厂发票/转厂单/出口复进口证明。

(7)领证。

上述资料被受理后,检验检疫局会根据产品敏感程度确定是否下厂核查,生产企业应配合现场核查工作。核查通过后,检验检疫局为申请企业颁发《产地证备案证》,企业即可申请原产地证书。

3. 申请产地证流程。

备案成功的企业可通过网上电子申报系统(九城软件、榕基软件、信城通)将每批申请原产地证的有关数据以电子方式发送给检验检疫机构,待收到正确回执后,打印出原产地证明申请书和原产地证书。申请企业的产地证申报员携带相关资料到出入境检验检疫局签发原产地证书并缴纳签证费。

(1)申请签发产地证时所附单据要求如下:①企业端打印完整的《原产地证明申请书》并加盖公章;②企业端打印出原产地证书,证书下方中间处须打印出条形码;③证书申请栏由备案的手签员签字,且每页加盖中英文印章(海峡两岸原产地证书只签字不盖章);④出口商业发票、装箱单并加盖企业印章;⑤后发证书需附提/运单,三方贸易需提供第三方发票;⑥异地产品须提交《异地货物调查结果单》;⑦检验检疫机构需要的其他单据。

(2)签证收费标准:按国家发改委、财政部《关于印发〈出入境检验检疫收费办法〉的通知》办理。

(二)向商务主管机关申领纺织品原产地证的程序

纺织品原来是配额管理商品,其出口要向国家商务部配额许可证事务局及其授权的各地商务厅(贸易发展局)等商务管理机关申请配额及出口许可证方可出口。2005年全球纺织品配额取消，我国从2005年1月1日起对6大类148种敏感纺织品开征临时出口关税（原计划执行至2007年12月31日，在年中中美、中欧签订新的纺织品贸易协议后，从2006年1月1日起停征），2005年3月1日起我国对输往美国、欧盟与土耳其的纺织品实行临时出口许可证制度。在2005年达成的中美、中欧新的纺织品贸易协议中规定部分敏感纺织品的出口实行为时3年的纺织品出口许可证制度，由各地商务管理机关签发输美、输欧、输土纺织品许可证（产地证）。2009年起不再签发输美纺织品各类证件，只签发输欧纺织品产地证、OPT产地证、丝麻产地证、手工制品证（配套签发产地证），以及输土纺织品产地证和丝麻产地证，纺织品产地证涉及4、5、6、7、20、26、31、115八个类别纺织品，具体包括T恤衫、套衫、男士裤、女式衬衫、套装、胸衣、床单以及亚麻产品。2011年10月24日起，欧盟取消了对我国输欧盟所有纺织品类别专用原产地证的核查，企业出口纺织品到欧盟成员国无须出具纺织品原产地证明。

向土耳其出口上述纺织品，需要申办相应的纺织品产地证才能在土耳其顺利进口清关。企业申领纺织品产地证具体流程如图8-1所示。

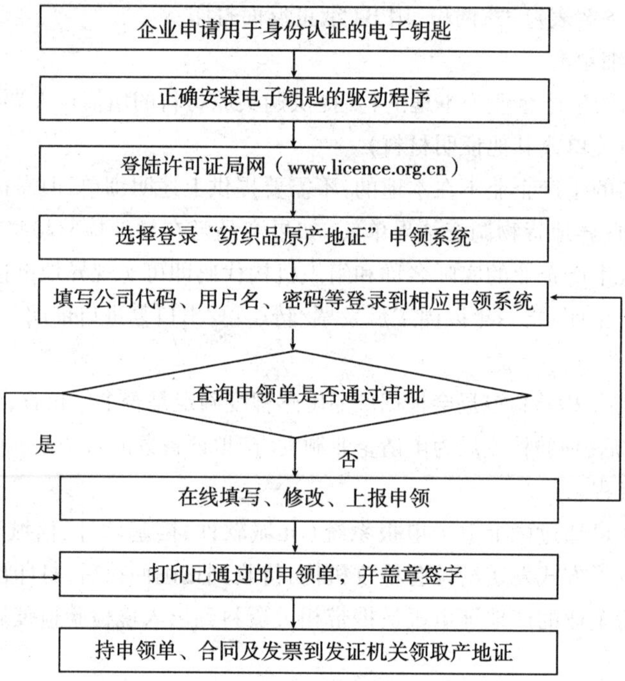

图8-1　纺织品产地证网上申领流程图

1. 编制纺织品出口商码（EID码）。出口企业首次申领纺织品产地证，应先申请编制纺织品出口商码，需提交以下文件：①《申请编制纺织品出口商码报告》，加盖公章；②对外贸易经营者备案登记或外商投资企业批准证书的复印件；③营业执照复印件。

注：生产企业申请编制“纺织品生产商码（MID码）”方法同上（无须提供第②项文件）。

2. 办理用于企业身份认证的电子钥匙。

3. 企业申领纺织品产地证网上操作具体流程（详见图8-1）。

4. 领证。

（1）须提供的材料（必须真实有效）：①打印已审核通过的纺织品英文证书申请表（正本加盖

公章);②合同、发票复印件(盖公章);③商务部规定的其他材料。

(2)领证时间:需3个工作日。

四、原产地证明书申请书的填写

出口企业在向签证机构申领各种原产地证时都要填写原产地证明书申请书(见表8-1),其内容与原产地证的内容一样。

表8-1 原产地证明书申请书样单(以第三章信用证样例为例)

原产地证明书申请书

申请单位及注册号码(盖章):常州宝药制药有限公司　　　　证书号码:C093216000890052

申请人郑重声明:

本人是被正式授权代表申请单位申请办理原产地证明书和签署本申请书的。

本人所提供原产地证明书及所附单据内容正确无误,如发现弄虚作假,冒充证书所列货物,擅改证书,自愿按照有关规定接受处罚并负法律责任。现将有关情况申报如下:

申请单位	常州宝药制药有限公司		联系人	张珍	电话	8811915	
序号	HS编码	货物名称	进口成分*	生产企业	数量/重量	单位	FOB值(美元)
1	29339100	盐酸氯氮卓(CHLORDIAZEPOXIDE HCL USP)	0%	常州宝药制药有限公司	500	kg	27 261.00
2							
发票号码		CH09010		商品FOB总值(美元)		27 261.00	
贸易方式(请在相应的"□"内处打"√")							
☑一般贸易		□加工贸易		□零售		□展卖	□其他
中转国/地区		最终销售国	加拿大	出口日期		2009-3-22	

申请证书类型:(请在相应的"□"内处打"√")

1. ☑中华人民共和国出口货物原产地证明书;
2. □加工装配证明书;
3. ☑普惠制原产地证明书;
4. □《亚太贸易协定》优惠原产地证明书;
5. □《中国—东盟自由贸易区》优惠原产地证明书;
6. □《中国—巴基斯坦自由贸易区》优惠原产地证明书;
7. □《中国—智利自由贸易区》优惠原产地证明书;
8. □输欧盟蘑菇罐头原产地证明书;
9. □烟草真实性证明书;
10. □转口证明书;
11. □其他原产地证明书(请列明__________)

备注:	申报员(签名):张珍 电话:8811915 日期:2009年3月16日

现提交出口商业发票副本一份、原产地证明书一套,以及其他附件　份,请予审核签证。

*注:"进口成分"指产品含进口成分的情况,如不含进口成分,则填0%;若含进口成分,则填进口成分占产品出厂价的百分比。

1. 商品名称栏。用中文对申报产品进行详细描述。产品描述应当包含"用途和材料"两个方面，不能采用笼统的描述，例如，五金制品需明确表述为是五金餐具还是五金钥匙链等，不能只写五金制品。

2. 申请单位栏。填写在产地证签证机构注册的单位名称全称。

3. HS 税目号栏。正确填写申报产品的六位数商品编码(HS No.)。

4. 证书号栏。检验检疫局的原产地证书号码由 16 个字符组成，其编码规则如图 8－2 所示。

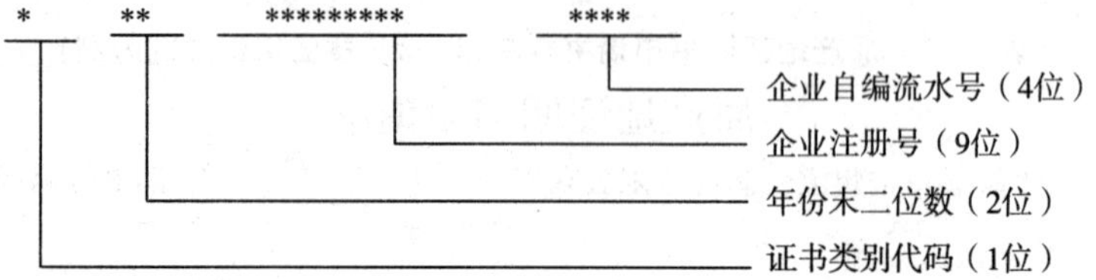

图 8－2　原产地证书号码的编码规则示意图

第 1 位字符为英文大写字母，代表证书类别，一般原产地证为 C(其他优惠原产地证书的类别代码详见表 8－4)；第 2～3 位字符为阿拉伯数字，代表年份，如"09"代表 2009 年；第 4～12 位字符为企业注册号，如"321600089"；第 13～16 位字符为该类证书本企业当年出证的顺序号，如"0052"。综上所述，证书号 C093216000890052 是注册号为 321600089 的单位(本书第三章样例信用证中的受益人常州宝药制药有限公司的注册号)2009 年办理的第 52 份 CO 证书。

5. 商品 FOB 总值栏。该栏以美元为单位填写证书项下产品的 FOB 总值，如果该批货物的 FOB 总值不足一百美元或超过一百万美元，申请人要在备注栏注明"货物总值真实"。

6. 备注栏。对于后发、贴唛、FORM A 加签日本原材料证明等特殊证书的申请，申领单位要在该栏注明。

7. 申请人应如实填写申请书的其他栏目，栏目不得留空。

第二节　原产地证明书

一、一般原产地证明书的内容与缮制

(一)一般原产地证书简介

中华人民共和国原产地证明书(Certificate of Origin of the People's Republic of China)简称原产地证书，它是证明货物原产于中国享受进口国的正常关税待遇的证明文件，与其他能享受进口国优惠关税待遇的产地证相比较，它不能让进口商享受优惠进口关税，所以也叫一般原产地证(Certificate of Origin，简称"CO 证书")，其格式由商务部统一规定与印制，由国家质量监督检验检疫总局及其直属各地出入境检验检疫局或中国国际贸易促进委员会及其各地分会签发(本书均以出入境检验检疫局签发的证书为例)。

(二)一般原产地证明书的内容与缮制

证书右上角为产地证名称及产地证书的编号(CERTIFICATE NO.)；产地证名称及签发国家(CERTIFICATE OF ORIGIN OF THE PEOPLE'S REPUBLIC OF CHINA，中华人民共和国原产地证

明书)已印就,证书编号(CERTIFICATE NO.)按签证机构的编码规则填写,与申请书上的编号要一致。此栏不得留空,否则证书无效(本书后面各种优惠原产地证书此栏同此要求)。

一般原产地证明书(见表8-2)共有12栏,各栏的内容与填写方法如下:

1. 出口方(Exporter)。填写在中国境内的出口商详细地址,包括街道名、门牌号码及国名等。出口商必须是已办理产地证注册的企业,且公司英文名称应与其在检验检疫局注册备案的一致。若中间商要求显示其名称,可按如下方式填写:“出口商名称 VIA 中间商名称”。

2. 收货方(Consignee)。填写最终收货人名称、地址和国家(地区)名。通常是出口合同中的买方或信用证的开证申请人。如信用证规定所有单证收货人一栏留空,在这种情况下,此栏应加注“To whom it may concern”,不得留空。若需填写中间商名称时,可在收货人后面加填英文 VIA,然后再写中间商名称、地址、国家。收货人所处应为在第4栏所填写的进口国家或地区。

3. 运输方式和路线(Means of transport and route)。填写装运港(地)和目的港(地)、运输方式。若经转运,还应注明转运地。例如,通过海运,由海口港经香港转运至汉堡港,应填为:From Haikou to Hamburg by Vessel via Hongkong。

4. 目的地国家(地区)(Country/region of destination)。填写目的地国家(地区)。应与最终收货人或最终目的港(地)国别相一致,不能填写中间商国家名称。

5. 签证机构使用栏(For certifying authority use only)。由签证机构在签发后发证书、补发证书或加注其他声明时使用。证书申领单位应将此栏留空。一般情况下,该栏不填。

6. 运输标志(Marks and numbers)。填写唛头。应按信用证、合同及发票上所列唛头填写完整图案、文字标记及包装件数(号),不可简单填写“见第×××号发票”(As per invoice No.×××)或者“见第×××号提单”(As per B/L No.×××)。货物如无唛头,应填写“无唛头”(No mark 或 N/M)字样。此栏不得留空,如唛头过多,本栏目不够填写,可填写在第7、8、9栏内的空白处,如还是不够,可用与原产地证尺寸一致的附页填写。

7. 商品描述、包装数量及种类(Number and kind of packages;description of goods)。填写商品描述及包装数量。商品名称要具体,以便进口国海关能对其进行归类,不得用概括性表述,如Garment(服装)、Food(食品)等。包装数量及种类要按具体单位填写,不应与信用证及其他单据矛盾。包装数量应在英文表述后用括号加注阿拉伯数字,如“Colour TV sets, total: one hundred (100) cartons”(100箱彩电),“Total: one thousand(1000)M/T only pigiron in bulk”(1000公吨散装生铁)。如货物为散装,在商品名称后加注“In bulk”(散装)字样。本栏商品描述完后须换行打上表示结束的终止线符号(**************),以防加添额外的商品内容。有时信用证要求在所有单据上加注合同号码、信用证号等一些附加的条款,可加注在终止线下方。

8. 商品编码(HS Code)。填写至少6位数的HS编码,应与报关单一致。若同一证书包含几种商品,则应将相应的HS编码全部填写。此栏是产地证的核心栏目,是进口国海关据以征收最惠国关税的主要依据,不得留空。

9. 数量(Quantity)。填写出口货物包装内的总数量及其计量单位。如果是重量单位,需注明是毛重(G. W.)还是净重(N. W.)。

10. 发票号码及日期(Number and date of invoice)。填写商业发票号码及日期。此栏不得留空,为避免对月份、日期的混淆,月份一律用英文表述,如2014年9月10日,则为SEP 10, 2014。

11. 出口方声明(Declaration by the exporter)。填写出口人的名称、申报地点及日期,由已在

表 8－2　一般原地证明书样例（以第三章信用证样例为例）

ORIGINAL

1. Exporter **CHANGZHOU BAOYAO PHARMACEUTICALS CO. LTD** **MEILONGBA SOUTHERN SURRBS** **CHANGZHOU JIANGSU, 213004 CHINA**	Certificate No. C093216000890052 **CERTIFICATE OF ORIGIN** **OF** **THE PEOPLE'S REPUBLIC OF CHINA**
2. Consignee **APOTEX INC.** **105 SIGNET DRIVE** **TORONTO, ONTARIO M9L 1T9 CA**	
3. Means of transport and route **FROM NINGBO CHINA TO TORONTO, ONTARIO, CANADA BY SEA**	5. For certifying authority use only
4. Country/region of destination **CANADA**	

6. Marks and numbers	7. Number and kind of packages; description of goods	8. HS Code	9. Quantity	10. Number and date of invoices
APOTEX **4500189719** **TORONTO** **CTN No. 1-50**	**FIFTY(50) CARTONS OF** **CHLORDIAZEPOXIDE HCL USP** ************************	**293391**	**520Kgs** **(G. W.)**	**CH09010** **16 MAR, 2009**

11. Declaration by the exporter The undersigned hereby declares that the above details and statements are correct, that all the goods were produced in China and that they comply with the Rules of Origin of the People's Republic of China. **CHANGZHOU BAOYAO PHARMACEUTICALS CO. LTD** （章） 张珍 16 MARCH, 2009 CHANGZHOU -- Place and date, signature and stamp of authorized signatory	12. Certification It is hereby certified that the declaration by the exporter is correct. **CCPIT 杜生财** 17 MARCH, 2009 CHANGZHOU -- Place and date, signature and stamp of certifying authority

签证机构注册的申领人员签名(手签)并加盖中英文印章。此栏填写的申报日期不得早于本证第10栏内的发票日期,可与其日期同为一天。

12. 由签证机构签字、盖章(Certification)。填写签证地点、日期。签证机构签证人经审核后在此栏(正本)签名,并盖签证印章。

应注意第11栏与第12栏的签字不能与盖章重叠。

二、普惠制原产地证明书的内容与缮制

(一)普惠制简介

普遍优惠制(Generalized System of Preferences)是发达国家承诺从发展中国家进口工业制成品和半制成品(包括某些初级产品)时给予的一种普遍的、非歧视的、非互惠的关税优惠待遇,简称G. S. P。目前,普惠制项下的进口产品关税平均比最惠国关税税率要低1/3左右,因此在出口时积极主动地提供普惠制原产地证能为进口商节省关税支出,降低成本,也能促进相应出口产品在给惠国家的销售。

享受普惠制待遇的发展中国家称为受惠国,目前有一百多个国家与地区享受普惠制的关税优惠待遇,中国作为世界上最大的发展中国家也是普惠制受惠国之一。给予发展中国家普惠制待遇的发达国家称为给惠国,各个国家按照各自的给惠方案施行普惠制。目前全世界共有41个给惠国,它们分别为:欧盟28国[法国、联合王国(英国)、爱尔兰、德国、丹麦、意大利、比利时、荷兰、卢森堡、希腊、西班牙、葡萄牙、奥地利、瑞典、芬兰、匈牙利、波兰、捷克、斯洛伐克、斯洛文尼亚、爱沙尼亚、立陶宛、拉脱维亚、马耳他、塞浦路斯、罗马尼亚、保加利亚、克罗地亚]、瑞士、挪威、日本、新西兰、澳大利亚、美国、加拿大、俄罗斯、白俄罗斯、乌克兰、哈萨克斯坦和土耳其,自2007年8月22日开始,列支敦士登被列为普惠制给惠国。除美国以外,其他40个国家给予我国普惠制待遇。

我国出口企业对于出口到我国的给惠国家并符合该给惠国给惠方案的受惠商品,均可向我国出入境检验检疫局申请普惠制原产地证。

(二)普惠制原产地证明书的内容与缮制

与一般原产地证明书一样,普惠制原产地证明书(见表8-3)也有12栏,各栏的内容与填写方法如下:

证书右上角的产地证名称及签发国家(GENERALIZED SYSTEM OF PREFERENCES CERTIFICATE OF ORIGIN FORM A Issued in THE PEOPLE'S REPUBLIC OF CHINA,在中华人民共和国签署的普遍优惠制度原产地证明书FORM A)已印就,"Reference No."处填写该份证书的编号,其类型代码为G,证书的编号要与申请书上的一致。

1. 出口商名称、地址、国别(Exporter's business name, address, country)。填写出口商的名称、地址及国名(CHINA),出口商须在出入境检验检疫局登记注册,其名称、地址必须与注册档案一致。如果是代理其他公司出口,可在出口商名称、地址、国别后加上ON BEHALF OF (O/B)、VIA或CARE OF (C/O)的字样,和被代理公司的名称及地址,被代理公司含境外名称、地址的不得申报。

2. 收货人的名称、地址和国别(Consignee's name, address, country)。填写给惠国最终收货人名称、地址和国别,即合同中的买方或信用证的开证申请人或者是合同或信用证上特别声明的收货人。除欧盟28国、挪威外,此栏须填上给惠国最终收货人名称,不可填中间转口商的名称,此

栏须打上国名,须与第12栏中声明的进口国一致。欧盟28国、挪威对此栏是非强制性要求,若第2栏进口商国家和第12栏最终目的国都是欧盟国家,则可以与第12栏国家不同,也可以不填详细地址,只填上"To order";如最终收货人不明确或为中间商,可填"To order"字样,但须打上收货人所在国家。

3. 运输方式及路线(Means of transport and route)。填写装货和到货地点(始发地必须是中国国内的港口或城市,目的地必须是给惠国城市或港口)、离境日期及运输方式(如海运、陆运、空运、陆海联运等)。经非给惠国地区转运的(香港、澳门除外)签证时需提供联运提单。如到货港不清楚,可填进口国名或地区(仅限欧盟,如EU),如经香港转运,应标明离开中国关境的日期,并在日期前加上英文"on/about"或"on/after"表示于×××日期前后5天(about在《UCP600》中解释装运日期时为该日期的前后5天)或自×××日期之后启运,不能用before表示在×××日期之前。月份需用英文大写表示,年份需打四位数。该栏日期应不早于申请日期(第12栏)和签发日期(第11栏),后发证书除外。

4. 供官方使用(For official use)。由签证当局填写,正常情况下此栏空白。特殊情况下,签证当局在此栏加注。例如:①货物已出口,签证日期迟于出货日期,签发"后发"证书时,在此栏注明"Issued retrospectively"(后发);②证书遗失、被盗或者损毁,签发"复本"证书时盖上"Duplicate"红色印章,并在此栏注明原证书的编号和签证日期,并声明原发证书作废,其文字是"This certificate is in replacement of Certificate of Origin No. ...dated...which is cancelled"。

需要加签日本原材料证明的FORM A证书,由申请单位在此栏加上"ANNEX REF NO. ×××(附件参考号×××)"。

由香港中国检验公司做的"未再加工证明"亦在该栏批注。

5. 商品顺序号(Item number)。如果同批出口货物有不同品种或不同型号的,可按要求分列"1""2""3"等产品序号。单项商品,此栏填"1"。

6. 唛头及包装序号(Marks and numbers of packages)。应照实填写该批货物包装箱上完整的图案、文字标记及包装号。如图案文字无法缮制,可采取贴唛形式,贴唛的唛头必须完整清晰,平贴在证书第5、6、7、8、9、10栏的空白处,且不得超出证书的边线和第11、12栏的顶线。加贴的唛头须加盖签证机构骑缝印章。如无唛头,应填"N/M"字样。该栏不得留空。唛头过多的可接页。此栏不得出现"Made in Hongkong "(香港制造)或类似的"澳门、台湾等地区或其他国家制造"的字样,以及"As per B/L"(见提单)、"As per invoice"(见发票)等字样。

7. 商品名称、包装数量及种类(Number and kind of packages;description of goods)。此栏应以商品的用途及所用材料给予商品详细的描述,商品的描述应以能确定4位HS税目号为准,商品的描述可参考前面申请书品名的填写。该栏最后须用大写的英文数字并用括号加上阿拉伯数字标明商品的总箱数及包装方式,然后加上终止线符号(**************),以防止添加伪造的商品信息。包装数量应包含各种商品的数量及总数量,货物无包装,应注明"散装(In balk)"或"裸装(In nude)"。唛头上注明是挂装的衣物,可打总件数(PCS)。国外信用证要求填写合同、信用证号码等内容的,可加在终止线下方空白处。

证书上声明"无木质包装"或"经过熏蒸处理"等内容的,须给签证机构提供信用证及相关资料的正本复印件以备查对。

8. 原产地标准(Origin criterion)。此栏填写时用字最少,但却是给惠国海关审证的核心项目,

表8－3 普惠制原产地证样例(以第三章信用证样例为例)

ORIGINAL

1. Goods consigned from (Exporter's business name, address, country) **CHANGZHOU BAOYAO PHARMACEUTICALS CO. LTD** **MEILONGBA SOUTHERN SURRBS** **CHANGZHOU JIANGSU, 213004 CHINA**	Reference No. **G093216000890015** **GENERALIZED SYSTEM OF PREFERENCES** **CERTIFICATE OF ORIGIN** (Combined declaration and certificate) **FORM A** Issued in **THE PEOPLE'S REPUBLIC OF CHINA** (country) See Notes overleaf
2. Goods consigned to (Consignee's name, address, country) **APOTEX INC.** **105 SIGNET DRIVE** **TORONTO, ONTARIO M9L 1T9 CA**	
3. Means of transport and route (as far as known) **FROM NINGBO CHINA TO TORONTO, ONTARIO, CANADA** **BY SEA ON/ABOUT 22 MARCH, 2009**	4. For official use

5. Item number	6. Marks and numbers of packages	7. Number and kind of packages; description of goods	8. Origin criterion (see Notes overleaf)	9. Gross weight or other quantity	10. Number and date of invoices
1	**APOTEX** **4500189719** **TORONTO** **CTN No.1－50**	**FIFTY(50) CARTONS OF** **CHLORDIAZEPOXIDE HCL USP** ****************************	**P**	**520Kgs** (G. W)	CH09010 16 MAR.2009

11. Certification It is hereby certified, on the basis of control carried out, that the declaration by the exporter is correct. **CIQ**(章) 杜生财 18 MARCH 2009 CHANGZHOU Place and date, signature and stamp of certifying authority	12. Declaration by the exporter The undersigned hereby declares that the above details and statements are correct, that all the goods were produced in CHINA and that they comply with the origin requirements specified for those goods in the Generalized System of Preferences for goods exported to CANADA **CHANGZHOU BAOYAO PHARMACEUTICALS CO. LTD**(章) 张珍 16 MARCH 2009 CHANGZHOU Place and date, signature and stamp of authorized signatory

必须正确填写。

(1)完全为中国原产商品,不含任何进口成分,出口到所有给惠国的均填“P”。

(2)含有进口成分的商品(须符合原产地标准):①出口到欧盟28国、瑞士、列支敦士登、挪威、土耳其、日本等国的,填写“W”加商品的HS四位数编码,如“W”95.03。②出口到加拿大的商品,含有的进口成分是来自两个或两个以上的加拿大受惠国的原料,填“G”(全球累计),其他国家进口成分填“F”(从这些国家进口成分不能超过FOB价40%)。③出口到澳大利亚、新西兰含有进口成分的商品,此栏可留空或填“W”加商品的HS四位数编码。④出口到俄罗斯、白俄罗斯、乌克兰、哈萨克斯坦等国家含进口成分的商品,其进口成分不得超过FOB价的50%,填写“Y”字样,并在字母后面打上进口价值成分占FOB价的百分比。例如:“Y”45%。对于成分全部来自受惠国家(包括我国)并且最后一道工序在我国完成,从我国出口的,填“PK”。

9. 毛重或其他数量(Gross weight or other quantity)。填写商品的计量单位,如“只”“件”“匹”“双”等。以重量计算的,则填写毛重;只有净重的,填净重亦可,但要标上“N. W.”(NET WEIGHT)。该栏计量单位的填写应以销售(计价)单位为准,不能只填运输的重量及包装的箱数,遇到多项或多种型号的商品时,数量要分项列明。

对于一份证书申报多项商品或多种型号的,第7栏的品名、第8栏的原产地标准、第9栏的数量要一一对应。

10. 发票号及日期(Invoice No. and date)。填写发票号及发票日期,不得留空。为避免误解,月份一律用英文缩写。该栏的发票日期不能晚于第3、11、12栏的日期。

11. 签证当局的证明(Certification)。由签证人员审核证书无误后签名并加盖公章。审签人签名必须清楚。如无特殊要求,只签一份正本,不签副本。此栏日期不得早于第10栏日期和12栏日期,也不能迟于提单日期。货物出口到俄罗斯,还应在第11栏用英文加注签证机构的名称、地址和联系电话。

12. 出口商的申明(Declaration by the exporter)。出口商的申请声明,应填写出口国“CHINA(中国)”和进口给惠国国名,进口国名必须与第2栏收货人国别、第3栏目的港的国别一致。运往欧盟的货物,进口国不明确时,此栏可填写EU。申报单位须在此栏加盖经检验检疫机构注册的单位印章及手签(正副本均须手签并盖章)。签字与盖章不能重叠。此栏填写的申报日期不得早于第10栏日期。

注意事项:

(1)普惠制产地证的第11、12栏的内容与一般原产地证的第11、12栏的内容调换了位置,填写时要注意证书类型,以免处理错误。

(2)受惠商品出口到澳大利亚、新西兰不强制要求提供FORM A产地证,但出口到澳大利亚的商品应在发票上注明享受普惠制优惠的商品协调制度编码(HS CODE)及发展中国家声明,进口商凭此发票清关可享受优惠关税待遇。声明语句如下:“I DECLARE THAT THE FINAL PROCESS OF MANUFACTURE OF THE GOODS FOR WHICH SPECIAL RATES ARE CLAIMED HAS BEEN PERFORMED IN CHINA AND THAT NOT LESS THAN ONE HALF OF THE FACTORY OR WORKS COST OF THE GOODS IS REPRESENTED BY THE VALUE OF THE LABOUR OR MATERIALS OR OF LABOR AND MATERIALS OF CHINA AND AUSTRALIA”。

出口到新西兰的受惠商品可提供新西兰海关发票(Certificate of Origin to New Zealand Form

59A)以享受普制关税优惠,我国与新西兰签署的《中国—新西兰自由贸易协定》已于2008年10月生效,现在商品从我国出口到新西兰,只需要提供中国—新西兰自由贸易区优惠原产地证(FORM N),进口商即可享受到普惠制与中国—新西兰自由贸易协定项下最优惠的关税待遇,值得注意的是普惠制下已产品毕业的商品可重获优惠关税进入新西兰市场。澳大利亚也是普惠制给惠国,中国—澳大利亚自由贸易区协定生效后,我国出口到澳大利亚的商品,出口商只需要提供中国—澳大利亚自由贸易区优惠原产地证,澳大利亚的进口商即可享受到普惠制与中国—澳大利亚自由贸易区协定项下最优惠的关税待遇,已产品毕业的商品将重获优惠关税进入澳大利亚市场(如果是中国—澳大利亚自由贸易区协定澳方清单产品的话)。

(3)瑞士、列支敦士登是普惠制的给惠国,也是关税同盟国家,须注意的是我国与瑞士签署的《中国—瑞士自由贸易协定》2014年7月1日起已生效,现在商品从我国出口到瑞士或列支敦士登,只需要提供中国—瑞士自由贸易区优惠原产地证(FORM S)或出口商品的原产地声明[由经出入境检验检疫局核准的出口商品至瑞士(含列支敦士登)的出口商自行签发],进口商即可享受到普惠制与中国—瑞士自由贸易协定项下最优惠的关税待遇。普惠制下已产品毕业的商品可重获优惠关税进入瑞士或列支敦士登市场,经过加工与增值,可以流通到欧洲其他地区,这值得我国出口商高度重视。

三、区域性优惠原产地证明书的内容与缮制

伴随着经济全球化的推进,区域经济合作呈现出强劲的发展势头。世界上很多国家和地区都参与了不同形式的区域经济合作,签订了为数众多的区域贸易协定。加入WTO至今,我国已与相关国家(地区)与组织达成了如下区域性的优惠贸易协定:《中国—东盟自由贸易区协定》,《中国—巴基斯坦自由贸易区协定》,《中国—智利自由贸易区协定》,《亚太贸易协定》,《中国—新西兰自由贸易区协定》,《中国—新加坡自由贸易区协定》,《中国—秘鲁自由贸易区协定》,《中国—哥斯达黎加自由贸易区协定》,《中国—冰岛自由贸易区协定》,《中国—瑞士自由贸易区协定》,《中国—韩国自由贸易区协定》,《中国—澳大利亚自由贸易区协定》,中国内地与香港、澳门的更紧密经贸关系安排(CEPA),以及与台湾地区的海峡两岸经济合作框架协议(ECFA)等,还有更多的自由贸易区正在谈判或研究之中。为了正确实施这些优惠性贸易协定或安排,我国分别与目标国家或地区达成了相应的优惠性原产地规则,在具体实施中,海关负责进口商品的原产地证书的核查并给予相应的优惠关税,国家质检总局所属各地检验检疫机构负责签发出口商品的优惠性原产地证书。从2009年8月1日开始,中国贸促会及其地方机构也实施签发亚太贸易协定原产地证、中国—新加坡自由贸易区优惠原产地证、中国—秘鲁自由贸易区优惠原产地证、中国—新西兰自由贸易区优惠原产地证、中国—哥斯达黎加自由贸易区优惠原产地证、中国—冰岛自由贸易区优惠原产地证、中国—瑞士自由贸易区优惠原产地证及ECFA原产地证的工作。

(一)亚太贸易协定产地证

《亚太贸易协定》前身为《曼谷协定》。现有成员国为中国、孟加拉、印度、老挝、韩国和斯里兰卡,其中孟加拉和老挝为最不发达成员。成员国间相互按照各自的关税减让表(清单)给予来自其他成员国的清单商品的进口优惠关税待遇,凭亚太贸易协定产地证(CERTIFICATE OF ORIGIN Asia-Pacific Trade Agreement)享受。

亚太贸易协定产地证(见附表1-21)共12栏,栏目编排上与FORM A有所不同,下面就其各栏填写方法与FORM A栏目一一对照说明。

1. 证书编号栏。证书类别代码为B,其余编码规则与其他证书相同(详见本章第一节图8-2)。

2. 与FORM A内容要求一致的栏目。第1、2、6、7、9、10栏与FORM A对应各栏的填写要求一致;第3栏与FORM A的第4栏对应,第4栏与FORM A的第3栏对应,第11栏与FORM A的第12栏对应,第12栏与FORM A的第11栏对应,填写要求基本相同。

3. 不同的栏目。

(1)第5栏 税则号(Tariff item number),本栏注明货物在进口国的4位数的HS编码。

(2)第8栏 原产地标准(Origin criterion)。

本栏注明申报货物享受优惠待遇所依据的原产地标准:

Ⅰ. 如货物完全为出口成员国原产,填写"A"。

Ⅱ. 如货物含进口成分,非国产价值成分<55%,填写字母"B"加原产于非成员国或原产地不明的材料、部件或产品的总值占出口商品FOB价的百分比,如("B"40%)。

Ⅲ. 如货物含进口成分,国产及成员国累计价值成分≥60%,填写"C"加原产于成员国的累计含量的总值与出口商品FOB价的百分比,如("C"65%)。

Ⅳ. 符合亚太贸易协定特定原产地标准的商品,填写字母"D"。(该项主要针对最不发达国家出口申报的商品)

(二)中国—东盟自由贸易区优惠原产地证(FORM E)

中国—东盟自由贸易区成员包括中国和"东盟十国"(文莱、印度尼西亚、马来西亚、菲律宾、新加坡、泰国、柬埔寨、老挝、缅甸和越南)。中国企业与东盟成员间的贸易,凭借中国—东盟自由贸易区优惠原产地证(FORM E)可以享受关税优惠,FORM E产地证(见附表1-19)一式三份,包含一份正本及两份副本,其构成与用途如下:①正本——米黄色,交给进口商,供其报关缴税用;②第二副本——浅绿色,由签证机构留存;③第三副本——浅绿色,由出口商留存。

FORM E产地证一共有13栏,右上角的证书编码规则见本章第一节图8-2,其类型代码为E。第1、2、5、6、10栏的内容填法与FORM A相对应的栏目填法要求一样,第11栏的内容填法与FORM A第12栏的填法类似。其余各栏填法如下:

1. 第3栏:运输方式及路线(就所知而言)[Means of transport and route(as far as known)]。

此栏填写三项内容:离港日期(Departure date)、运输工具名称号次(Vessel's name/Aircraft etc.)以及卸货港口(Port of Discharge)

其中离港日期按提单日期填,不能确定的在日期前加"on/about"或"on/after",不能用"before",如on/after 16 Sep. 2014。运输工具名称号次视具体的运输方式填写船名航次或飞机航班号或卡车车号或火车车次车皮号等。卸货港口填写在东盟境内的最终目的港(地),如果是信用证项下,填与信用证44F栏相一致的港口,此港口与提单上的卸货港也应一致。

2. 第4栏:供官方使用(For Official Use)。

与FORM A或一般原产地证的官方使用栏不一样的是,此栏是供进口国海关标注本证书项下货物享受关税优惠待遇情况：

□Preferential Treatment Given Under ASEAN-CHINA Free Trade Area Preferential Tariff(根据中国—东盟自由贸易区优惠关税协定给予优惠待遇)。

□Preferential Treatment Not Given(Please state Reason/s)［不给予优惠待遇(请注明原因)］。

Signature of Authorized Signatory of the Importing Country(进口国官方授权人签字)。

不管是否给予优惠待遇,进口国海关均须在本栏做出相应的标注。

3. 第7栏:包装数量及种类,商品名称及HS编码[Number and type of packages, description of goods(including quantity where appropriate and HS number of the importing Country)]。

本栏与FORM A相对应的栏目比较,只是多了一个填写要求HS编码,填写时在货物名称后加注其HS编码的前6位即可,其余的内容填写要求与FORM A的第7栏相同。

4. 第8栏:原产地标准(Origin criterion)。①货物为出口国完全生产的,不含任何非原产成分,填写"WO"。②货物在出口成员国加工但并非完全生产,未使用原产地累计规则判断原产地标准的,填写我国原料成分的百分比(应不低于该出口产品FOB价值的40%),如45%(单一国家比例);或货物在出口成员国加工但并非完全生产,使用了原产地累计规则判断原产地标准的,填写中国—东盟累计成分的百分比(不低于产品FOB价值的40%),如40%(区域成分比例)。③符合《中国—东盟自由贸易区协定》"特定原产地标准"的产品,填写"PSR"(Product Specific Rule,产品特定原产地规则)。

5. 第9栏:毛重或其他数量,货值(FOB金额)[Gross weight or other quantity and value (FOB)]。本栏与FORM A相对应的栏目比较,多了一个填写货物价值的要求,按照第10栏的发票金额的FOB金额来填写即可。

6. 第12栏:官方证明(Certification)。此栏填写签证机构的签证地点、日期。检验检疫局签证人员经审核后在此栏签名,盖FORM A签证印章(其他区域性优惠产地证除ECFA原产地证书外均盖此章),本证书正副本都要做签署。当申请单位申请重发证书时,需在此栏中加注"CERTIFIED TRUE COPY"。

7. 第13栏:此栏为后发、展览、流动证书和第三方发票四项内容的选择项目。如果申请日期迟于出运日期三天,只能签署后发证书,在"Issued Retroactively"前方格中打"√";当产品由出口方运至另一方展览并在展览期间或展览后销售给一方时,要签展览证书,在"Exhibition"前方格中打"√",展览的名称及地址应在第2栏中注明;当发票由第三方开具时,在"Third Party Invoicing"(第三方发票)前方格中打"√",该发票号码应在第10栏中注明,开具发票的公司名称及所在国家等信息应在第7栏中注明;流动证书(Movement Certificate)当产品运经中间方境内时,应出口商请求,中国—东盟自由贸易区内的中间方签证机构可以签发流动证书,在中国,流动证书应当由海关当局签发。在东盟各国,流动证书应当由其签证机构签发。

(三)中国—新加坡自由贸易区优惠产地证

中国—新加坡自由贸易区协定于2009年1月1日生效,新方承诺从生效日起取消全部自华进口产品关税,新加坡进口商凭借中国出口商提供的中国—新加坡自由贸易区优惠原产地证(见附表1-24)享受;中方承诺在2010年1月1日前对97.1%的自新进口产品实现零关税,中国进口商凭借新加坡出口商提供的新加坡国原产地证(见附表1-25)享受。中国—新加坡自由贸易区优惠原产地证可向各地检验检疫机构或贸促会申请办理。

中国—新加坡自由贸易区优惠原产地证的栏目与FORM E一样,填写方法大部分栏目与FORM E的填写要求相同,不同的是按检验检疫局的证书号编码规则,其证书号类型识别码为X。另外第8栏的原产地标准的表示方法也不一样,具体为:

(1)在出口国完全获得的符合中国—新加坡自由贸易区原产地规则规定的产品,填"P"。

(2)含有进口成分,中国—新加坡自由贸易区区域价值成分≥40%的产品,填"RVC"。

(3)含有进口成分,符合中国—新加坡自由贸易区产品特定原产地规则的产品,填"PSR"。

(四)中国—巴基斯坦自由贸易区优惠原产地证

中国—巴基斯坦自由贸易区优惠原产地证FORM P(附表1-20)共有13个栏目,其各项内容与FORM E产地证类似,下面就其各栏填写方法与FORM E栏目一一对照说明。

1.证书编号栏。证书名称与签发国家已印就,证书类别代码为P,其余编码规则与其他证书相同(详见本章第一节图8-2)。

2.与FORM E内容要求一致的栏目。第1、2、9、10栏与FORM E对应各栏的填写要求一致;第5栏与FORM E的第4栏对应,第4栏与FORM E的第3栏对应,第12栏与FORM E的第11栏对应,第13栏与FORM E的第12栏对应,填写要求基本相同。

第7栏比FORM E的第7栏多一项内容为唛头,其余的填写要求一样。

第4栏比FORM E的第3栏多一项内容为Port of loading(装货港),填写货物的实际装运港口或机场,信用证结算方式下,这一栏填写的内容要与SWIFT信用证44E域所指定的港口一致。

3.不同的栏目。

(1)第3栏:生产商名称、地址及国别(Producer's Name, Address, Country)。本栏填写第7栏所述货物的生产商名址及国别,如果证书上的货物生产商不止一个,必须注明所有生产商的全称和地址(包括国家)。如果出口商或生产商希望该信息保密,也可以在该栏注明"Available to Customs upon request"(应要求向海关提供)。如果生产商与出口商相同,该栏只需填写"Same"(相同),如果不知道生产商,可填写"Unknown"(不知道)。

(2)第8栏:原产地标准。本栏注明申报货物享受优惠待遇所依据的原产地标准:①完全国产,填写"P";②含中国、巴基斯坦两国以外的国家进口成分,填写出口国单一国家成分占产品FOB价的百分比(不小于40%),如45%;③产品含中国或巴基斯坦的成分,可以累计视为中国原产,填写累计成分占产品FOB价的百分比(应大于40%),如45%;④符合《中国—巴基斯坦自由贸易区协定》产品特定原产地标准的产品,填写"PSR"。

(3)第11栏:备注(Remarks)。如有要求,该栏可注明合同号、订单号、信用证号等,即这些内容可以不用像其他证书那样在第7栏(货物描述栏)注明。

(五)中国—智利自由贸易区优惠原产地证

中国—智利自由贸易区优惠原产地证明书FORM F(见附表1-22)共15个栏目,下面就其与中国—巴基斯坦自由贸易区优惠原产地证(FORM P)各栏目比较来一一说明其填写方法。

1.证书编号栏。证书名称与签发国家已印就,证书类别代码为F,其余编码规则与其他证书相同(详见本章第一节图8-2)。

2. 与 FORM P 内容要求一致的栏目。第1、2、3、4、5、6、7、14、15栏分别与 FORM P 的第1、2、3、4、5、11、6、12、13栏相对应，各栏的填写要求基本一样，只是第15栏签证机构签署时，还须注明在智利海关备案的直属局的地址、电话与传真号码，以便智利当局查证联系。

3. 不同的栏目。

(1)第8、9、10栏：唛头、货物、HS 编码。

这三栏的内容在 FORM P 中集中在第7栏这一栏中。填写方法参考 FORM P 第7栏的填写，把相应内容分解到这三栏中即可。

(2)第11栏：原产地证标准。

本栏注明申报货物享受优惠待遇所依据的原产地标准：①出口货物完全原产于出口国的，填"P"；②出口货物含进口成分，其中国—智利的区域价值≥40%，填"RVC"；③出口货物含进口成分，符合中国—智利自由贸易区协定产品特定原产地标准规定，填"PSR"。

(3)第12栏(毛重或其他数量)、第13栏(发票号码、日期及金额)。这两栏内容与 FORM P 中的第9栏与第10栏相对应，但发票金额在 FORM P 中是在第9栏的毛重或其他数量及 FOB 价值中，FORM F 的发票金额要求在发票号码与发票日期栏注明，这样比较科学些。另外，虽然它用 VALUE(金额)一词，但在注明时需要注明发票的 FOB 金额。

(六)中国—新西兰自由贸易区优惠原产地证

中国—新西兰自由贸易区协定于2008年10月1日起正式生效，这是我国与发达国家签署的第一个自由贸易区协定，提供《中国—新西兰自由贸易区优惠原产地证书》(下称"FORM N 产地证")是中新两国进口商享受优惠进口关税必不可少的条件。

新西兰是普惠制关税制度下中国的一个给惠国，但随着中国制造业的发展，许多商品在该国已经产品毕业，作为双边享受中国—新西兰自由贸易区优惠关税的 FORM N 产地证今后将逐步取代普惠制原产地证书，为那些原已产品毕业的中国商品重新获得优惠关税进入新西兰市场，中国的进口企业从新西兰进口清单产品利用 FORM N 产地证也将获得优惠的进口关税。因此，充分用好 FORM N 产地证，享受协定优惠政策，是目前贸易形势下的最佳选择。FORM N 产地证将成为该区域最为优惠的原产地证书和最有效的通关结汇凭证，善于利用这一证书的中国进出口企业将拥有更广阔的市场，进出口企业在进出口相关货物时应该主动索取或提供 FORM N 产地证(见附表1-23)。

FORM N 产地证共15个栏目，与 FORM F 产地证的栏目构成完全一样，下面就其与 FORM F 产地证各栏目比较来一一说明其填写方法。

1. 证书编号栏。证书名称与签发国家已印就，证书类别代码为 N，其余编码规则与其他证书相同(详见本章第一节图8-2)。

2. 与 FORM F 内容要求一致的栏目。第1、2、3、4、5、6、7、8、9、10、12、13、14、15栏与 FORM F 的相应栏目一致，各栏的填写要求基本一样，只是第15栏签证机构签署时，无须像 FORM F 那样注明在进口国海关备案的直属局的地址、电话与传真号码。

3. 不同的栏目。

第11栏：原产地证标准。本栏注明申报货物享受优惠待遇所依据的原产地标准：此栏用字最少，但却是国外海关审证的核心项目。对含有进口成分的商品，因情况复杂，国外要求严格，极易弄错而造成退证，填写前应认真核对。现将一般情况说明如下：

(1)完全原产的货物,填写“WO”。

(2)货物含有进口成分,但符合原产地标准,填写如下:①该货物是在一方或双方境内,完全由符合原产地规定的材料生产,填写“WP”;②该货物是在一方或双方境内生产,所使用的非原产材料满足特定原产地规则所规定的税则归类改变、区域价值成分、工序要求或其他要求,且该货物符合其所适用的原产地标准的其他规定,填写“PSR”。如果货物适用特定原产地规则规定的区域价值成分(RVC)要求,需在PSR后加注该成分百分比,其计算公式为 $RVC=(FOB-VNM)\div FOB\times100\%$[其中:RVC为区域价值成分,以百分比表示;FOB为货物的FOB价格;VNM为原材料CIF价格中非缔约方原产材料(包括不明原产地材料)的价值]。

(七)中国—秘鲁自由贸易区优惠原产地证

《中国—秘鲁自由贸易区协定》2009年4月28日在北京签署。这是我国与拉美国家达成的第一个一揽子的自由贸易协定,分别于2009年12月5日与2010年1月15日由秘鲁及中国政府批准生效,2010年3月1日开始签发优惠产地证,可向各地出入境检验检疫局或贸促会申领。

中国—秘鲁自由贸易区优惠原产地证(见附表1-25)共14个栏目[其实是15栏,“供官方使用栏(For Official Use Only)在该证中无标号”],证书编号栏的证书名称与签发国家已印就,证书类型代码为R,其余编码规则与其他证书相同(详见本章第一节图8-2)。

中国—秘鲁自由贸易区优惠原产地证的栏目与FORM N产地证相近,具体为其第1、2、3、4、5、6、7、8、9、10、13、14栏与FORM N产地证的第1、2、3、4、6、7、9、10、11、12、14、15栏的对应内容是一致的,填写方法类似,不同的是以下三栏:

1. 供官方使用栏(For Official Use Only)。此栏与FORM A一样,是供出口国签证机构使用。

2. 第11栏(发票号码与发票日期)、第12栏(发票金额)。这两栏的内容在FORM N中是集中在第13栏中,因此在填写时参考FORM N第13栏的填写方法,把相应内容分解到这两栏中即可。

(八)中国—哥斯达黎加自由贸易区优惠原产地证

中国—哥斯达黎加自由贸易区协定是中国与中美洲国家签署的第一个一揽子自由贸易区协定,自2011年8月1日起正式实施。按照协定,在货物贸易方面,中哥双方将对各自90%以上的产品分阶段实施零关税,中国的纺织原料及制品、轻工、机械、电器设备、蔬菜、水果、汽车、化工、生毛皮及皮革等产品和哥方的咖啡、牛肉、猪肉、菠萝汁、冷冻橙汁、果酱、鱼粉、矿产品、生皮等产品将从降税安排中获益。中哥自贸区内进出口商凭中国—哥斯达黎加自由贸易协定原产地证书享受清单产品的关税优惠,我国企业可在各地贸促会或出入境检验检疫局办理中国—哥斯达黎加自由贸易协定原产地证书。

中国—哥斯达黎加自由贸易协定原产地证书(见附表1-27)共有14个有编号的栏目,与FORM R产地证的内容要求相仿(填写方法也类似),只是栏目次序有所不同。在填写中国—哥斯达黎加自由贸易协定原产地证书时,其他的一些注意事项如下。

1. 证书编号栏。证书类别代码为L,编码规律详见本章第一节图8-2。

2. 证书第9栏中所指HS编码填写我国现采用的国际协调制度统一的6位HS编码。

3. 第10栏的原产地标准缮制规定。出口方完全获得的货物,填“WO”;含有从其他国家或地区进口的原料(符合中国—哥斯达黎加自由贸易协定原产地规则的规定),完全是在缔约的一方或双方境内生产的货物,填“WP”;含有从其他国家或地区进口的原料,符合中国—哥斯达黎加自由贸易协定原产地规则的产品特定原产地标准的货物,填“PSR”。

4. 申请中国—哥斯达黎加自由贸易协定原产地证书可以使用非缔约方发票。此种情况下，除在证书第12栏填写发票号码、发票日期及发票价格外，还需在证书第5栏详细注明货物原产国生产商依法登记的名称、地址和国家。

5. 证书应在货物出口前或出口时签发，出口商如未能及时申请签发的，可以在货物出口之日起12个月内申请补发，并在证书第14栏注明“ISSUED RETROSPECTIVELY”字样。

6. 如原产地证书被盗、遗失或损毁，在申请人确信此前签发的原产地证书正本未被使用的情况下，可签发经核准的原产地证书副本，并在证书上注明“CERTIFIED TRUE COPY with the original Certificate of Origin number ________ dated ________”。

7. 出口货物申报时，出口货物发货人或者其代理人应当按照海关的申报规定填制《中华人民共和国海关出口货物报关单》，并向海关提交《中国—哥斯达黎加自由贸易协定》项下原产地证书电子数据或者原产地证书正本的复印件。

（九）海峡两岸经济合作框架协议（ECFA）原产地证

《海峡两岸经济合作框架协议》（英文为 Economic Cooperation Framework Agreement，简称 ECFA，以下简称《协议》）于2010年6月29日签署，其项下货物贸易早期收获计划于2011年1月1日实施。《协议》项下设临时原产地规则、适用于货物贸易早期收获产品的临时原产地规则的操作程序和产品特定原产地标准，对货物贸易早期收获产品清单中的产品实施优惠关税。大陆地区的进出口企业对台进出口的商品如在优惠清单上，须凭《海峡两岸经济合作框架协议原产地证书》（以下简称“ECFA 原产地证书”）才能够享受《协议》项下的关税优惠待遇。自2011年1月1日起，内地各出入境检验检疫局及贸促会开始签发 ECFA 原产地证书。凡申请 ECFA 原产地证书的出口产品，必须符合《协议》临时原产地规则及签证操作程序和产品特定原产地标准。企业申请 ECFA 原产地证书签证时，必须提交《海峡两岸经济合作框架协议》原产地证书申请书、按规定填制的 ECFA 原产地证书、出口商品的商业发票副本及必要的其他材料。

ECFA 原产地证书（见附表1－28、附表1－29）共有15个有编号的栏目，与 FORM F 产地证的内容要求相仿，只是栏目次序有所不同，另外一个区别是 ECFA 原产地证书使用的语言是中文，证书以简体中文填写，必要时辅以英文（如货品品名等），但不能仅以英文填写。在填写 ECFA 原产地证书时，其他的一些注意事项如下。

1. 证书编号栏。证书类别代码为H，编码规律详见本章第一节图8－2。

2. 证书第2栏“生产商”，需详细列出所有生产商的名称、地址、电话，若有传真或电子邮件也需列出。如证书填写不下，需随附生产商清单，以A4空白纸打印。

3. 证书第8栏填写的 HS 编码以进口方8位编码为准。

4. ECFA 原产地证书不需要企业加盖印章，只需企业申请人签字即可。签证机构在第15栏（证明栏）加盖“海峡两岸经济合作框架协议原产地证明章”。申请人应将签证机构签发的证书正本提供给台方进口商，供其进口清关，以便台方海关验放货物与计征关税。第二副本由出口商留存。第三副本由签证机构留存。

5. 对原产地证书的续页格式做了严格规定，填写规则亦同正本。续页也须填写同一证书编号，同时在证书下方填写“第×页，共×页”。如果证书仅有一页，也需标明“第1页，共1页”。

6. 第12栏的原产地标准缮制规定。出口方完全获得的货物，填“WO”；含有从其他国家或地区进口的原料（符合 ECFA 临时原产地规则的规定），完全是在内地及台湾地区由一方或双方生产的货物，填“WP”；符合 ECFA 临时原产地规则的产品特定原产地标准的货物，填“PSR”；如根据临时原产地规则中的“累计规则”“微小含量”或是“可互换材料”条款，则需要在此栏相应地填写“ACU”“DMI”或者“FG”。

7. 根据临时原产地规则的签证操作程序第二条第四款，出口企业可以签发“补发”证书，并在证书上注明“补发”字样。申请企业申请签发“补发”或“后发”证书时，需要提交提单复印件。

8. 出口货物申报时，出口货物发货人或者其代理人应当按照海关的申报规定填制《中华人民共和国海关出口货物报关单》，并向海关提交《协议》项下原产地证书电子数据或者原产地证书正本的复印件。

（十）中国—冰岛自由贸易区优惠原产地证及中国—瑞士自由贸易区优惠原产地证

《中国—冰岛自由贸易区协定》于 2013 年 4 月 15 日在北京签署，自 2014 年 7 月 1 日起生效，是我国与欧洲国家签署的第一个自由贸易协定，涵盖货物贸易、服务贸易、投资等诸多领域。

根据协定规定，自协定生效之日起，冰岛对从中国进口的所有工业品和水产品实施零关税，这些产品占中国向冰岛出口总额的 99.77%；与此同时，中国对从冰岛进口的 7830 个税号产品实施零关税，这些产品占我国自冰岛进口总额的 81.56%，其中包括冰岛盛产的水产品。中冰自贸区建成后，双方最终实现零关税的产品，按税目数衡量均接近 96%，按贸易量衡量均接近 100%。中冰自贸区内进出口企业凭中国—冰岛自由贸易区协定优惠原产地证享受协定项下清单产品的关税优惠，我国企业可在各地贸促会或出入境检验检疫局办理中国—冰岛自由贸易区协定优惠原产地证。

《中国—瑞士自由贸易区协定》于 2013 年 7 月 6 日在北京签署，自 2014 年 7 月 1 日起施行。是我国与欧洲大陆国家签署的第一个一揽子自贸协定，是一个高质量、内涵丰富、互利共赢的协定。

根据协定，瑞士从《中国—瑞士自由贸易区协定》生效之日起，对自我国进口的 6958 项产品立即实施零关税，对 619 项产品实施部分降税，降幅从 10% 到 50% 不等，将 254 项产品作为例外不予降税。其中，工业品方面，瑞士承诺从《中国—瑞士自由贸易区协定》生效之日起全部实施零关税，我国的出口优势产品纺织品、服装、鞋帽、汽车零部件和金属制品等都能享受零关税。农产品方面，瑞士承诺从《中国—瑞士自由贸易区协定》生效之日起对 962 项农产品立即实施零关税，对 403 项农产品实施部分降税，对 216 项加工农产品取消工业成分的关税（对其中 23 项加工农产品还将取消其农业成分 40% 的关税，包括口香糖、甜食、糕点、意粉等，涵盖了几乎我国对瑞士有出口利益的所有加工农产品，平均降税幅度高达 71%），将 254 项农产品作为例外不予降税。可以说，这是瑞方首次在自贸协定中较大幅度开放其农产品市场，使我国出口农产品在瑞士市场获得优于其他国家的准入条件。

我国从《中国—瑞士自由贸易区协定》生效之日起对 1803 项自瑞士进口的产品立即实施零关税，对 5495 项产品经 5 年、10 年或更长时间实施零关税，对 168 项产品经 10 年过渡期降税 60%（对其中 165 项从协定生效之日起先降税 18%，然后在此后 9 年内匀速降税），将 457 项产品作为例外不予降税。

总体来看，瑞士将对 99.7% 自我国进口的产品从协定生效之日立即实施零关税，我国将对 84.2% 自瑞士进口的产品最终实施零关税。如果加上部分降税的产品，瑞士参与降税的产品比例是 99.99%，我国是 96.5%。

值得注意的是，列支敦士登公国与瑞士联邦结成关税同盟，《中国—瑞士自由贸易区协定》

同样适用于列支敦士登。我国出口商向瑞士或列支敦士登出口《中国—瑞士自由贸易区协定》项下的清单产品，凭各地贸促会或出入境检验检疫机构签发的中国—瑞士自由贸易协定原产地证书可使瑞士或列支敦士登的进口商享受关税优惠；我国进口企业自瑞士或列支敦士登进口商品，凭欧洲1号流动证书（MOVEMENT CERTIFICATE EUR.1）可享受我国海关的关税优惠。瑞士与列支敦士登是普惠制的给惠国，我国在普惠制项下对瑞士与列支敦士登出口的已产品毕业的工业品，凭中国—瑞士自由贸易区协定优惠原产地证又可以优惠关税甚至是零关税进入这两个国家的市场。因此，出口商出口到瑞士或列支敦士登，提供中国—瑞士自由贸易协定原产地证书比提供普惠制 FORM A 产地证会让进口商享受到更多的关税优惠。

中国—冰岛自由贸易区协定优惠原产地证书（见附表1－30、附表1－31、附表1－32）（下称"中冰产地证"）与中国—瑞士自由贸易区协定优惠原产地证书（见附表1－33、附表1－34、附表1－35）（下称"中瑞产地证"）栏目内容一样，填写方法类似，在此一并做介绍。

中冰产地证与中瑞产地证的证书名称不一样，适用国家不一样，但栏目数与内容一样，填写方法与要求类似。证书有编号的栏目一共有15栏，其中第14栏（REQUEST FOR VERIFICATION）、第15栏（RESULT OF VERIFICATION）印在证书正本的背面，为进口国官方对证书存疑时向出口国出证机构查询时双方使用，在此不做介绍。

在出入境检验检疫局申请的证书的类型代码，中冰产地证为"I"，中瑞产地证为"S"。

证书的第1～10栏与中国—哥斯达黎加自由贸易区优惠原产地证书（下称"中哥证书"）的第1、3～11栏在名称上一致，内容的填写方法一样，在此不做重复介绍。

证书的第11栏与中哥证书的第12栏对应，少了发票金额一项内容，只需要填写发票号码与发票日期即可。

证书的第12栏与中哥证书的第14栏对应，为出证机构证明栏，名称与内容略为不同。中冰产地证与中瑞产地证的名称为"ENDORSEMENT BY THE AUTHORISED BODY"（授权机构签证），内容为"It is hereby certified, on the basis of control carried out, that the declaration of the exporter is correct"（兹证明在实施的协定管理基础上，出口商的声明是正确的），这比中哥产地证上的相应证明语句要简洁，中哥证的证明中还有货物是满足中国—哥斯达黎加自由贸易区协定规定的语句，而该语句在出口商声明中已由出口商做出声明，签证者只需要证明出口商的声明是正确的，就足以证明这一点，不需要再重复。

证书的第13栏与中哥证书的第13栏对应，为出口商声明栏，填写方法一栏，内容类似，上面的货物生产国填出口国——CHINA（中国），下面的进口国家，中冰产地证填"ICELAND"（冰岛），中瑞产地证视最终的进口国情况填写"SWITZERLAND"（瑞士）或"PRINCIPALITY OF LIECHTENSTEIN"（列支敦士登）。

与我国缔结的其他区域性自由协定的原产地规则不同的是，在其他协定中，允许出口商提供原产地声明书的情况都仅限于协定中规定的货值不超过若干美元的时候才可由出口商自主提供原产地声明书，而在《中国—冰岛自由贸易区协定》与《中国—瑞士自由贸易区协定》中，在原产地实施程序方面，缔约双方同意采用企业自主声明模式，在该模式下，经核准的出口商无须办理相关优惠原产地证，可凭自行出具的符合要求的原产地声明享受快速通关和关税减免待遇，从而简化了出口货物的原产地申报、通关手续，并强化了出口商的责任意识。获得自主出具原产地声明书资格的出口企业需事先向出入境检验检疫局申请，经审核批准后备案的企业，货物出口到冰岛或瑞士或列支敦士登，无论货值大小，即可自行按相关协定的原产地规则规定的样式出具原产地声明书，中冰原产地声明书与中瑞原产地声明书格式不一样，请需要者参考附表1-32及附表1-35。

《中国—韩国自由贸易区协定》《中国—澳大利亚自由贸易区协定》已于2015年6月签署，实施后相应的中国—韩国自由贸易区优惠原产地证（见附表1-36）、中国—澳大利亚自由贸易区优惠原产地证（见附表1-37至附表1-39）将适用于两个区域内的商品贸易，具体的缮制方法，请关注海关总署及出入境检验检疫局的相关公告。

优惠原产地证书的种类很多，使用的证书格式不尽相同，其原产地标准规定也有所区别，具体可参考表8-4。

四、信用证有关原产地证明书条款说明与举例

信用证关于原产地证条款的表述不尽相同，通常表述为"Certificate of origin issued by the Chamber of Commerce in one original and two copies evidencing China as origin of goods."（由中国商会签发的证明货物为中国原产的原产地证一份正本，两份副本）。

以下就信用证中的原产地证条款内容进行说明并举例。

（一）关于原产地证的签发机构

1. Signed certificate of origin in 1 original and 3 copies（签署的产地证一份正本和三份副本）。

操作：①提交原产地证一正本，三副本。②签署机构：产地证的签署人可以是受益人、厂家、贸促会或出入境检验检疫局。

《UCP600》规定产地证如果没有指定出证机构，那么由受益人签署的产地证也是满足要求的，本条款项下可提供受益人或厂家或贸促会或出入境检验检疫局出具的产地证。

2. Certificate of origin textile product category 5（第5类的纺织品原产地证书）。

操作：①签署机构：当地商务管理机关（商务厅、贸发局等）。②在证书的第4栏（Category number）填写"5"。③纺织品原产地证书相当于配额许可证，目前只有输往土耳其的8个类别的纺织品有要求。

3. GSP FORM A issued by PRC Competent Authority Certifying the Chinese Origin of Goods（由中华人民共和国法定的管理机构签发的普惠制FORM A产地证，证明货物为中国原产）。

操作：①提交普惠制FORM A产地证。②签署机构：目前我国法定的普惠制产地证的签署机构是各地出入境检验检疫局，备齐相关资料向其申请即可。

4. Certificate of origin issued by Chamber of Commerce China certify that the goods are of Chinese origin（由中国商会签发的证明货物为中国原产的原产地证）。

操作：中国国际贸易促进委员会也是中国国际商会，要求由中国商会签发的产地证可向各地贸促会申请，贸促会出证时须在一般产地证的第5栏加盖下列印章："CHINA COUNCIL FOR THE PROMOTION OF INTERNATIONAL TRADE IS CHINA CHAMBER OF INTERNATIONAL COMMERCE"，即"中国贸促会即中国国际商会"的说明章①。

① 据2013年4月国际商会通过的《ISBP745》的第L3段C(ii)款，已无须如此操作，直接提供贸促会或出入境检验检疫局签署的原产地证都满足要求了。详见附录三。

5. Certificate of origin certifying that the goods are of China origin issued by Chamber of Commerce/beneficiary in duplicate(由商会或受益人签署的证明货物为中国原产的原产地证一式两份)。

操作:信用证指定了产地证的签署人,二选一,可向商会申请或受益人自己签署均可。

6. Certificate of origin certified by the China Council for the Promotion of International Trade(由中国贸促会签署的原产地证)。

操作:信用证指定了产地证的签署人,只能向贸促会申请,不能向出入境检验检疫局申请。

7. Certificate of origin in duplicate attesting that the goods are of China Origin issued or legalized by the local chamber of commerce(证明货物为中国原产的原产地证,由当地商会签发或认证)。

操作:①提交产地证一式两份;②签署机构可以是贸促会,也可以由受益人或工厂缮制并由商会(贸促会)做认证。

(二)关于原产地证的份数

中国国家出入境检验检疫局或中国国际贸易促进委员会签发的原产地证书通常为一式四份,即一份正本,三份副本。正本印有"ORIGINAL"字样;副本印有"COPY"字样。

8. 46A (4) 1 Copy of certificate of origin issued by Entry-exit Inspection and Quarantine Bureau.

47A (10) Beneficiary certifying that original certificate of origin (Asia-pacific Trade Agreement) and copy of one set shipping documents have been sent to applicant within 2 days after shipment by courier service.

单据要求第4条,由出入境检验检疫局签署的产地证副本一份。

附加条款第10条,受益人证明正本的原产地证(亚太贸易协定)以及一套副本的装运单据已经在装运后两天内通过快递寄给了开证申请人。

操作:①提交亚太贸易协定产地证,一份副本。②签署机构:亚太贸易协定产地证,目前可由贸促会或出入境检验检疫局出具,本证要求提供出入境检验检疫局出具的证书。③向银行提交产地证的副本,正本连同一套副本的装运单据(按《ISBP745》A19段理解为信用证中要求的除了汇票、传真报告、证实寄送单据的快递收据之外的所有单据的副本),在装运后两天内快递给开证申请人,并由受益人出一份证明(寄单证明),证明其已这样做了,来向银行交单。④原产地证是进口清关的主要单据之一,正本单据直接寄给开证申请人有利于进口商在货到港后及时办理进口提货手续,但出口商也会面临货款两空的风险,实务中对这样的条款要求要谨慎接受或洽商改证(改为正本单据交银行,副本单据寄客户)。

(三)信用证规定不接受联合单据

9. A certificate of origin stating that the goods are of China origin giving the full name and address of the manufacturer/producer and exporter signed by China Council for the Promotion of International Trade. A certificate of origin incorporated in the invoice will not be acceptable(由中国贸促会签署的证明货物为中国原产的原产地证,须给出生产商/制造商及出口商的全称与详址。不接受与发票联合的产地证)。

操作:①不可以在发票上做产地证明,须向贸促会申请签发一般原产地证;②在产地证第7栏终止线下空白处注明生产商及出口商的详细名称和地址。

表 8－4　优惠原产地证书的编号类型码、原产地标准及适用国家(地区)一览表

证书名称	证书简称	证书类型码	原产地标准(Origin Criterion)		适用国家(地区)	进口报关单优惠贸易协定代码
			完全国产	含有进口成分		
普惠制原产地证	FORM A	G	P	①W HS CODE(欧盟、挪威、瑞士、土耳其、列支敦士登、日本) ②F 或 G(F:进口原料来自非加拿大给惠国; G:来自加拿大的受惠国家及地区的原料全球累计) ③Y－%(到俄罗斯、乌克兰、白俄罗斯、哈萨克斯坦);如果成分全部来自受惠国,填 PK ④留空或 W HS CODE(到澳大利亚、新西兰)	欧盟 28 国(法国、英国、爱尔兰、德国、丹麦、意大利、比利时、荷兰、卢森堡、希腊、西班牙、葡萄牙、奥地利、瑞典、芬兰、波兰、匈牙利、斯洛文尼亚、捷克、斯洛伐克、爱沙尼亚、拉脱维亚、立陶宛、塞浦路斯、马耳他、罗马尼亚、保加利亚、克罗地亚)、土耳其、瑞士、列支敦士登公国、挪威、日本、澳大利亚、新西兰、加拿大、俄罗斯、乌克兰、白俄罗斯、哈萨克斯坦	不适用
亚太贸易协定原产地证	FORM B	B	A	①B 含非成员国的进口成分 ②C 有从成员国和非成员国进口的成分 ③D 满足亚太贸易协定产品特定规则	韩国、印度、斯里兰卡、孟加拉、老挝、中国	01
中国—东盟自由贸易区优惠原产地证	FORM E	E	WO	①____%(仅含非成员国家进口成分,出口国单一国家成分占 FOB 价值 40% 或以上) ②____%(进口原料含成员国及非成员国成分,中国和东盟的原料占 FOB 价值的 40% 或以上) ③PSR(符合产品特定规则)	中国及"东盟十国"(印度尼西亚、马来西亚、菲律宾、新加坡、泰国、文莱、越南、老挝、缅甸和柬埔寨)	02
中国—新加坡自由贸易区优惠原产地证	FORM X	X	P	①RVC(区域价值在 40% 或以上) ②PSR(符合产品特定规则)	新加坡、中国	11
中国—智利自由贸易区优惠原产地证	FORM F	F	P	①RVC(含有中国和智利进口成分占 FOB 价 40% 或以上的) ②PSR(符合产品特定规则)	智利、中国	08
中国—新西兰自由贸易区优惠原产地证	FORM N	N	WO	①WP(含有进口成分) ②PSR(如果该产品的特定标准是按区域价值成分算的,还需标明区域价值比例)	新西兰、中国	10
中国—秘鲁自由贸易区优惠原产地证	FORM R	R	WO	①WP(含有进口成分) ②PSR(如果该产品的特定标准是按区域价值成分算的,还需标明区域价值比例)	秘鲁、中国	12

续表

证书名称	证书简称	证书类型码	原产地标准(Origin Criterion)		适用国家(地区)	进口报关单优惠贸易协定代码
			完全国产	含有进口成分		
中国—巴基斯坦自由贸易区优惠原产地证	FORM P	P	P	①____%(含非成员国家进口成分,出口国单一国家成分占 FOB 价值比例在 40% 或以上) ②____%(中国和巴基斯坦的原料占 FOB 价值的 40% 以上) ③PSR(符合产品特定规则)	巴基斯坦、中国	07
海峡两岸经济合作框架协议原产地证	ECFA 原产地证	H	WO	①WP(完全是在一方或双方,仅由符合协议附件的临时原产地规则的原产材料生产) ②PSR(符合临时原产地规则的产品特定原产地标准的货物) ③ACU(符合临时原产地规则中的"累计规则"条款的货物) ④DMI(符合临时原产地规则中的"微小含量"条款的货物) ⑤FG(符合临时原产地规则中的"可互换材料"的货物)	中国大陆、台湾地区	14
中国—哥斯达黎加自由贸易区优惠原产地证	FORM L	L	WO	①WP(完全是在一方或双方,由符合规定的原产材料生产) ②PSR(符合产品特定原产地标准的货物)	哥斯达黎加、中国	15
中国—冰岛自由贸易区优惠原产地证	FORM I	I	WO	①WP(完全是在一方或双方,由符合规定的原产材料生产) ②PSR(符合产品特定原产地标准的货物)	冰岛、中国	16
中国—瑞士自由贸易区优惠原产地证	FORM S	S	WO	①WP(完全是在一方或双方,由符合规定的原产材料生产) ②PSR(符合产品特定原产地标准的货物)	瑞士、列支敦士登、中国	17
中国—韩国自由贸易区优惠原产地证	*	*	WO	①WP(完全是在一缔约方由符合规定的原产材料生产) ②PSR(在一缔约方生产,所使用的非原产材料符合"产品特定原产地规则"所规定的税则归类改变、区域价值成分、工序要求或其他要求) ③OP 符合第 3.3 条"特定货物处理"的规定	韩国、中国	*
中国—澳大利亚自由贸易区优惠原产地证	*	*	WO	①WP(完全是在缔约一方或双方领土内由符合规定的原产材料生产) ②PSR(在缔约一方或双方领土内使用符合产品特定原产地规则及协定其他有关要求的非原产材料生产)	澳大利亚、中国	*

注:带 * 号的内容请留意海关总署、国家质量监督检验检疫总局的协定生效时间公告及产地证的填写说明详情。

PSR:Product Specific Rules,产品特定规则,每个协定都有自己的产品特定规则,详见各协定的附件。

各自由贸易区协定的原文、优惠原产地证书样式及填写方法、关税减让表、受惠商品税率及中国目前正在谈判的自由贸易区的进展情况均可在"中国自由贸易区服务网"查询,网址:http://fta. mofcom. gov. cn/。

（四）信用证规定原产地证须经大使馆或领事馆认证条款

10. Certificate of origin：

(A) The certificate of origin must be issued/certified by a Chamber of Commerce/industry or manufacturer(s) or producer(s) or exporter(s) in a separate form or by China Council for the Promotion of International Trade.

(B) The certificate of origin must clearly show the name and nationality of manufacturer(s) or producer(s), in case manufacturer(s) or producer(s) name and nationality cannot be stated on certificate of origin, a separate certificate stating the name and nationality of manufacturer(s) or producer(s) legalized by a notary public is acceptable.

(C) The certificate of origin must be legalized by UAE embassy/consulate.

原产地证：

(A)产地证须由一家商会或一个实体或生产商或制造商或出口商或中国贸促会以单独的格式签署或证实。

(B)产地证上须明确标明生产商或制造商的名称与国别，如果产地证上没有显示生产商或制造商的名称与国别，提供一份由公证人出具的独立的证明证实生产商或制造商的名称与国别是可以接受的。

(C)产地证须由阿拉伯联合酋长国大使馆或领事馆认证。

操作：①签署机构：这是中东地区信用证，具体为阿联酋要求的产地证，签署机构可做多样选择，但实务中以贸促会签署为好。②在产地证上显示货物的生产商或制造商名址，否则无法通关。③必须由使领馆认证。

中东国家的单证使领馆认证起因是20世纪50年代阿拉伯国家为了对以色列进行经济制裁，抵制与以色列有经贸往来的外国企业，阿拉伯国家对向其出口的货物所涉及的单证（主要是一般原产地证书与商业发票），要求由阿拉伯国家驻该国的使领馆予以认证，以证明出口商品与以色列无关，才能在本国办理通关结汇手续。但时至今日，使领馆认证的最初作用已改变，因其所需时间相对较长，费用较高，从某种意义上说可以达到变相限制进口的目的，因而成为一些国家为保护本国利益而对进口别国商品所采取的非关税贸易壁垒措施之一。实务工作中，出口商应该了解目标市场进口国政府的相关规定。在报价时，须把使领馆认证的费用考虑进去；确定装运期与交单期时，须考虑认证所需要的时间。现在各地贸促会都有代理企业办理使领馆认证的业务，出口企业如有需要，可电话咨询当地贸促会具体的认证事宜。

思考和练习

一、思考题

1. 什么是原产地证？它具有哪些作用？

2. 产地证可由哪些单位签署？目前贸促会能签发哪些产地证？哪些产地证是互惠的？

3. 目前检验检疫机构签发的产地证的证书号的编码规则是怎样的？各种证书的类型代码分别是什么？

4. 检验检疫机构签发的区域性优惠原产地证的签证章盖的都是 FORM A 专用章吗?
5. 原产地证中的收货人能否填写中间商的名称?
6. 在实务中,如信用证未规定原产地证的签发机构,银行可否接受由出口商自行签发的原产地证?
7. 经中国转口的外国货,可否取得中国原产地证?
8. 中国原产地证的签署日期不得早于申报日期,是否可以早于发票日期?

二、实操题

(一)练习一

根据下列国外来证及有关信息制作一份一般原产地证(空白单据附后)。该批商品用纸箱包装,每箱装 10 盒,每箱净重为 75 公斤,毛重为 80 公斤,纸箱尺寸为 113 ×56 ×30CM,商品编码为 68022110,货物由"胜利"轮于 2014 年 8 月 1 日运送出口。发票号码 XT20140725,发票日期 2014 - 07 - 25,2014 年 7 月 27 日向厦门贸促会申请产地证,当天办妥。

FROM: HONGKONG AND SHANGHAI BANKING CORP. , HONGKONG
TO:BANK OF CHINA, XIAMEN BRANCH, XIAMEN CHINA
TEST:12345 DD. 140705 BETWEEN YOUR HEAD OFFICE AND US. PLEASE CONTACT YOUR NO. FOR VERIFICATION.
WE HEREBY ISSUED AN IRREVOCABLE LETTER OF CREDIT NO. HKH123123 FOR USD8,440.00, DATED 140705.
APPLICANT:PROSPERITY INDUSTRIAL CO. LTD.
342 - 3 FLYING BUILDING KINGDOM STREET HONGKONG
BENEFICIARY:XIAMEN TAIXIANG IMP. AND EXP. CO. LTD.
NO. 88 YILA ROAD 13/F XIANG YE BLOOK RONG HUA BUILDING, XIAMEN, CHINA
THIS L/C IS AVAILABLE WITH BENEFICIARY'S DRAFT AT 30 DAYS AFTER SIGHT DRAWN ON US ACCOMPANIED BY THE FOLLOWING DOCUMENTS:
1. SIGNED COMMERCIAL INVOICE IN TRIPLICATE.
2. PACKING LIST IN TRIPLICATE INDICATING ALL PACKAGE MUST BE PACKED IN CARTON/NEW IRON DRUM SUITABLE FOR LONG DISTANCE OCEAN TRANSPORTATION.
3. CERTIFICATE OF CHINESE ORIGIN IN DUPLICATE.
4. FULL SET OF CLEAN ON BOARD OCEAN MARINE BILL OF LADING MADE OUT TO ORDER AND BLANK ENDORSED MARKED "FREIGHT PREPAID" AND NOTIFY APPLICANT.
5. INSURANCE POLICY OR CERTIFICATE IN DUPLICATE ENDORSED IN BLANK FOR THE VALUE OF 110 PERCENT OF THE INVOICE COVERING FPA/WA/ALL RISKS AND WAR RISK AS PER CIC DATED 09/18/2009.
SHIPMENT FROM:XIAMEN, CHINA . SHIPMENT TO:HONGKONG
LATEST SHIPMENT 31 AUGUST 2014
PARTIAL SHIPMENT IS ALLOWED, TRANSSHIPMENT IS NOT ALLOWED.
COVERING SHIPMENT OF:

COMMODITY AND SPECIFICATIONS	QUANTITY	UNIT PRICE	AMOUNT
		CIF HONGKONG	
1625/3D GLASS MARBLE	2000BOXES	USD2.39/BOX	USD4,780.00
1641/3D GLASS MARBLE	1000BOXES	USD1.81/BOX	USD1,810.00
2506D GLASS MARBLE	1000BOXES	USD1.85/BOX	USD1,850.00

SHIPPING MARK:P. I. C/HONGKONG/NO. 1 - UP
ADDITIONAL CONDITIONS:
5 PERCENT MORE OR LESS BOTH IN QUANTITY AND AMOUNT IS ALLOWED.

ALL BANKING CHARGES OUTSIDE ISSUING BANK ARE FOR ACCOUNT OF BENEFICIARY.
DOCUMENTS TO BE PRESENTED WITHIN 15 DAYS AFTER THE DATE OF ISSUANCE OF THE SHIPPING DOCUMENT BUT WITHIN THE VALIDITY OF THE CREDIT.
INSTRUCTIONS:
NEGOTIATING BANK IS TO SEND DOCUMENTS TO US IN ONE LOT BY DHL.
UPON RECEIPT OF THE DOCUMENTS IN ORDER WE WILL COVER YOU AS PER YOUR INSTRUCTIONS.
L/C EXPIRATION:15 SEP. 2014.
THIS L/C IS SUBJECT TO UNIFORM CUSTOMS AND PRACTICE FOR DOCUMENTARY CREDITS (2007 REVISION) INTERNATIONAL CHAMBER OF COMMERCE PUBLICATION NO. 600.
PLEASE ADVISE THIS L/C TO THE BENEFICIARY WITHOUT ADDING YOUR CONFIRMATION.
THIS TELEX IS THE OPERATIVE INSTRUMENT AND NO MAIL CONFIRMATION WILL BE FOLLOWED.

空白产地证

<table>
<tr><td colspan="2">1. Exporter</td><td colspan="3" rowspan="3">Certificate No.

CERTIFICATE OF ORIGIN
OF
THE PEOPLE'S REPUBLIC OF CHINA</td></tr>
<tr><td colspan="2">2. Consignee</td></tr>
<tr><td colspan="2">3. Means of transport and route</td></tr>
<tr><td colspan="2">4. Country/region of destination</td><td colspan="3">5. For certifying authority use only</td></tr>
<tr><td>6. Marks and numbers</td><td>7. Number and kind of packages; description of goods</td><td>8. HS code</td><td>9. Quantity</td><td>10. Number and date of invoices</td></tr>
<tr><td colspan="2">11. Declaration by the exporter
The undersigned hereby declares that the above details and statements are correct; that all the goods were produced in China and that they comply with the Rules of Origin of the People's Republic of China.

Place and date, signature and stamp of authorized signatory</td><td colspan="3">12. Certification
It is hereby certified that the declaration by the exporter is correct.

Place and date, signature and stamp of certifying authority</td></tr>
</table>

(二)练习 2

根据信用证(NO. :14/25/4020XT)有关内容,缮制普惠制产地证一份。设:

(1)本信用证项下货物的运输方式为海运,在香港转船。所有货物均为中国原产。

(2)本信用证下的发票号码为 1408XW10,开票日期为:JUL. 12,2014。

(3)设普惠制产地证签证机构的签证日期为:JUL. 13,2014,地点为广州, 出口商申请日期为 JUL. 12,2014。

(4)货物于 2014 年 7 月 16 日从广州南沙港装船出运。

(5)设本信用证项下的货物包装规格及唛头如下:

① XUWANG DOCUMENTATION SYSTEMS:
每 10 套装一纸箱
唛头: BLG TREE
TORONTO
CTNS#1 - 300
KEEP DRY

② XUWANG EDUCATION SYSTEMS:
每 10 盒装一纸箱
唛头: BLG TREE
TORONTO
CTNS#301 - 800
KEEP DRY

信用证资料如下:

ISSUING BANK:STANDARD CHARTERED BANK, LONDON
ADVISING BANK:BANK OF CHINA GUANGZHOU
APPLICANT:PETRICO INTERNATIONAL TRADING CORP.
UO SHEPPARD ARENUE EAST SUITE 406 WILLOWDALE ONTARIO CANADA M2K W2
BENEFICIARY:XUWANG BUSINESS COMPUTING CO. LTD
RM. NA34. ZIJINGYUAN HOTEL OF ZHONGSHAN UNIVERSITY, GUANGZHOU P. R. CHINA.
FORM OF L/C:IRREVOCABLE
L/C NO:14/25/4020XT
ISSUE DATE:140622
EXPIRY DATE/PLACE:140830 IN COUNTRY OF BENEFICIARY
L/C AMOUNT:USD4,458,314.00
AMOUNT SPECIFICATION:CIF TORONTO
AVAILABLE WITH/BY:FREELY AVAILABLE BY NEGOTIATION
DRAFTS:AT SIGHT DRAWN ON OURSELVES
TRANSPORT DETAILS:FROM CHINESE PORT NOT LATER THAN 15TH AUG. 2014 TO TORONTO, CANADA
DESCRIPTION OF GOODS:
XUWANG DOCUMENTATION SYSTEMS VERSION 5.0 1000SETS
XUWANG DOCUMENTATION SYSTEMS VERSION 6.0 2000SETS
XUWANG EDUCATION SYSTEMS 5000 BOXES
DOCUMENTS REQUIRED:CERTIFICATE OF ORIGIN FORM A DULY NOTARIZED IN SIX COPIES.
CONDITIONS:CONSIGNEE-BIG TREE BUSINESS CO. LTD
SUNRISE STREET EAST, TORONTO, CANADA.

普惠制原产地证

<table>
<tr><td colspan="3">1. goods consigned from (Exporter's name, address, country)</td><td colspan="3" rowspan="2">Reference No.

GENERALIZED SYSTEM OF PREFERENCES
CERTIFICATE ORIGIN
(combined declaration and certificate)
FORM A
Issued in **THE PEOPLE'S REPUBLIC OF CHINA**
(COUNTRY)
see notes. overleaf</td></tr>
<tr><td colspan="3">2. goods consigned to (Consignee's name, address, country)</td></tr>
<tr><td colspan="3">3. Means of transport and route (as far as known)</td><td colspan="3">4. For official use</td></tr>
<tr><td>5. Item number</td><td>6. Marks and numbers</td><td>7. Number and kind of packages; description of goods</td><td>8. Origin criterion (see notes overleaf)</td><td>9. Gross weight or other Quantity</td><td>10. Number and date of invoices</td></tr>
<tr><td></td><td></td><td></td><td></td><td></td><td></td></tr>
<tr><td colspan="3">**11. Certification**
It is hereby certified, on the basis of control out, that the declaration by the exporter is correct.

Place and date, signature and stamp of certifying authority</td><td colspan="3">**12. Declaration by the exporter**
The undersigned hereby declares that the above details and statements are correct; that all the goods were produced in --
and that they comply with the origin requirements specified for those goods in the generalized system of preferences for goods exported to
----
(importing country)

Place and date, signature and stamp of authorized signatory</td></tr>
</table>

第九章　保险单据

【学习目标】 了解保险单据的种类与作用、保险单的申领手续；学会缮制投保单；熟悉保险单据的内容及保险单的缮制方法并能处理制单中常见的问题。

第一节　保险单据概述

在国际贸易中，货物从出口国运抵进口国需经过长途运输与装卸过程，可能由于自然灾害或意外事故等因素，造成货物的损失或灭失。为减少风险，避免损失，在货物出运前，货方往往需要对货物投保运输险，由保险公司承担货物运输途中的损失赔偿。

一、保险单据的作用

保险单据（Insurance Documents）是保险人与被保险人之间订立的保险合同证明。

保险单据是赔偿证明。在运输过程中，当被保险货物遭受保险合同责任范围内的损失时，它是被保险人索赔、保险人理赔的依据。

在 CIF 或 CIP 合同中，它又是出口商必须向进口商提供的出口结汇单据之一。出口公司在货物集港之前必须向保险公司办理保险，并取得相应的保险单。

二、保险单据的种类

在我国外贸业务中应用的保险单据有：

（一）保险单（Insurance Policy）

保险单是保险人与被保险人之间订立保险合同的一种正式证明。保险单正面列出海上货物保险所需的基本事项：被保险人与保险人名称；保险的货名、数量、包装；保险金额、保险费及保险费率；运输工具、开航日期、装运港与目的港；承保险别；理赔勘查人；赔偿偿付地点以及保单出单日期等。保险单背面则是保险公司印就的保险条款，规定保险人与被保险人的各项权利和义务等内容。保险单一般适用于办理单一笔的进出口货物运输保险。

（二）保险凭证（Insurance Certificate）

保险凭证是一种简化的保险单，与保险单具有同等的法律效力。保险凭证多用于预约保险合同项下，一般会有预约保险单号（Open Policy No.）一栏。有时也用于办理单一笔的进出口货物运输保险。

（三）预约保险单（Open Policy）

又称开口保险单，是保险公司承保被保险人在一定时期内发运的以 CIF 价格条件成交的出口货物或以FOB、CFR价格条件进口货物的保险合同。预约保险单一般只载明保险货物的范围、投保险别、保险责任、保险费率、保险合同有效期限以及双方当事人的其他相关权利和义务等。凡属于预约保险范围内的进出口货物，一经出运，保险公司接到装运通知后自动承保。它一般适用于经常有相同类型货物需要装运的保险，可简化逐笔签订保险合同的手续。

（四）保险批单（Endorsement）

保险批单是保险公司在保险单开具后，根据投保人的需求，对保险内容补充或变更而出具的一种凭证。保险单一经批改，保险公司即按批改的内容承担责任。批单是保险单的组成部分。

除以上保险单据外，还有预约保险单下的保险证明书（Insurance Certificate）或保险声明书（Insurance Declaration）。暂保单（Cover Note）是保险公司在签发保险单或保险凭证之前，开出的临时保险单证。

根据《UCP600》第28条d款的解释，如信用证规定提交预约保险单下的保险证明书（Insurance Certificate）或保险声明书（Insurance Declaration）时，受益人可提供保险单（Insurance Policy）做替代；但银行不接受暂保单（Cover Notes）。在我国出口业务中使用的保险单据主要是保险单。

三、保险单的申领手续

以CIF或CIP条件成交的出口合同，出口企业应在运输工具起运前，备妥货物并确定装运日后及时办理投保。投保人必须填写一份“海运出口货物投保单”或“运输投保申请单”（Application for Transportation Insurance），并随附发票或提单等，保险公司对此审核无误后，以此为依据出具保险单或其他保险单据，收取保险费。

投保申请单（见表9－1）一般由保险人根据不同险种事先设计内容格式，供投保人在投保时填写。投保申请单的主要内容有：投保人名称、发票号和标记、包装及数量（件数）、货名、保险金额、运输工具与开航日期、赔付地点与币制、运输路程、承保险别、投保单位签章与投保日期等。

第二节　保险单

进出口货物运输险按货物不同运输方式主要分为海上、陆上、航空和邮包四类，其中以海运货物保险最为常用。本章主要介绍海运货物运输保险单（见表9－2）。

一、保险单的内容与缮制

1. 保险公司名称（Name of Insurance Company）。买卖合同与信用证不宜指定保险公司，如果指定，则保险公司的名称应与合同和信用证的要求相一致。例如，信用证规定“Insurance policy by PICC”（由中国人民财产保险股份有限公司出具的保险单），则提供的保险单的名称应为中国人民财产保险股份有限公司，即“The People’s Insurance（Property） Company of China，×××Branch”。

表 9-1 出口货物运输保险投保单样例(以第三章信用证样例为例)

中国人民财产保险股份有限公司常州分公司
The People's Insurance(Property) Company of China Changzhou Branch

PICC 中国人保财险
北京2008年奥运会保险合作伙伴
OFFICIAL INSURANCE PARTNER OF THE BEIJING 2008 OLYMPIC GAMES

总公司设于北京 一九四九年创立
Head Office Beijing Established in 1949

货物运输保险投保单
APPLICATION FORM FOR CARGO TRANSPORTATION INSURANCE

发票号(INVOICE NO.) **CH09010**
合同号(CONTRACT NO.) **CHBY09316**
信用证号(L/C NO.) **BMT0629292IM**
发票金额(INVOICE AMOUNT.) **USD28920.00** 投保加成(PLUS)**10%**
被保险人
Insured: **CHANGZHOU BAOYAO PHARMACEUTICALS CO. LTD**

兹有下列货物向中国人民财产保险股份有限公司常州分公司投保:
INSURANCE REQUESTED ON THE FOLLOWING COMMODITIES:

标 记 MARKS&NOS	包装及数量 QUANTITY	保险货物项目 DESCRIPTION OF GOODS	保险金额 AMOUNT INSURED
AS PER INVOICE NO. CH09010	**500 KGS(50CTNS)**	**CHLORDIAZEPOXIDE HCL USP**	**USD31812.00**

启运日期
DATE OF COMMENCEMENT **As per B/L** 装载运输工具:
PER CONVEYANCE: **Henghe Voy.121**
自 经 至
FROM:NINGBO,CHINA VIA TO TORONTO,ONTARIO, CANADA
提单号:
B/L No.:09CO-BHY0709 赔款偿付地点
CLAIM PAYABLE AT TORONTO IN USD
投保险别(PLEASE INDICATE THE CONDITIONS &/OR SPECIAL COVERAGES):
COVERING ALL RISKS AND WAR RISKS AS PER OCEAN MARINE CARGO CLAUSES, WAR RISKS CLAUSES(1/1/1981) **FOR THE PEOPLE'S INSURANCE COMPANY OF CHINA (ABBREVIATED AS C.I.C ALL RISKS AND WAR RISKS) (WAREHOUSE TO WAREHOUSE CLAUSE IS INCLUDED)**

请如实告知下列情况:(如"是",打"√","不是"打"×")
1. 货物种类: √袋装 散装 冷藏 液体 活动物 机器/汽车 危险品等级
GOODS BAG/JUMBO BULK REEFER LIQUID LIVE ANIMAL MACHINE/AUTO DANGEROUS CLASS
2. 集装箱种类: 普通 开顶 框架 平板 冷藏
CONTAINER ORDINARY OPEN FRAME FLAT REFRIGERATOR
3. 装运工具: √海轮 飞机 驳船 火车 汽车
BY TRANSIT SHIP PLANE BARGE TRAIN TRUCK
4. 船舶资料: 船籍 中国 船龄 8
PARTICULAR OF SHIP REGISTRY CHINA AGE EIGHT

备注:被保险人确认本保险合同条款和内容已经完全了解。
THE ASSURED CONFIRMS HEREWITH THE TERMS AND CONDITIONS OF THIS INSURANCE CONTRACT FULLY UNDERSTOOD.
NUMBER OF ORIGINAL:ONE(1)
投保日期(DATE):
21 MARCH 2009

投保人(签名盖章)APPLICANT'S SIGNATURE
CHANGZHOU BAOYAO PHARMACEUTICALS CO. LTD
电话:(TEL)(0519)8811915 张珍
地址:(ADD)

本公司自用(FOR OFFICE USE ONLY)
费率
RATE: 保费
PREMIUM:
经办人 核保人 负责人
BY 承保公司签章
INSURANCE COMPANY'S SIGNATURE

地址(ADD):中国常州市和平南128路八楼 电话(TEL):(0519)8150007 8114833
邮编(POST CODE):213001 传真(FAX):(0519)8150007 8114834

2. 保险单据名称(Name)。按信用证和合同规定填写。例如,信用证规定“Insurance policy in duplicate...”(保险单一式两份……),则要求保险公司出具保险单即“Cargo Transportation Insurance Policy”(货物运输保险单)。

3. 发票号(Invoice No.)。填写本批投保货物商业发票的号码。依第三章信用证样例为:CH09010。

4. 合同号(Contract No.)。填写本笔合同号码。依第三章信用证样例为:CHBY09316。

5. 信用证号(L/C No.)。填写本笔信用证号码。依第三章信用证样例为:BMT0629292IM。

6. 保单号(Policy No.)。填写保险公司的保险单号码。

7. 被保险人(Insured)。又称保险单的抬头。在CIF或CIP条件下,出口货物都是由出口商办理投保,因此,信用证无特别规定或采用托收、汇付等支付方式时,填出口商(受益人)的名称并由出口商空白背书(信用证无特别规定被保险人)时,本栏具体填写方法见本节“关于保险单的抬头(Insured)与背书(Endorsed)”。

8. 标记(Marks and Nos.)。此栏内容应和发票、提单及其他单据上的标记一致。除非信用证有特别规定,则保险公司可采取只填写“As per invoice No. ×××”的做法。因为投保或发生保险索赔时,都要提供发票。

9. 包装及数量(Quantity)。此栏填写最大包装件数,并与发票和运输单据同一栏目内容一致。具体填写方法有:①以包装件数计价者,填件数;②以净重计价者,填件数和净重;③以毛作净者,填件数和毛重;④散装货,填数量后写上“In Bulk”。

10. 保险货物项目(Description of Goods)。可参照发票中描述的商品名称填制,也可填制货物的统称并与其他单据填写的相同栏目内容一致。

11. 保险金额(Amount Insured)。按信用证规定的加成投保,如信用证没有规定,投保金额至少为货物CIF或CIP价值的110%。根据国际保险业务的惯例,保险金额小数点后尾数一律要“进位取整”或“进一取整”,即不管小数部分数字是多少,一律舍去并在整数部分加“1”。投保时使用的货币应与信用证和发票上的货币保持一致。

如果从单据中不能确定CIF或CIP价格,投保金额必须基于要求承付或议付的金额,或者基于发票上显示的货物总值来计算,两者之中取金额较高者。如果从信用证或单据中可以得知最后的发票金额仅是货物总价值的一部分(例如由于折扣、预付或类似情况,或由于货物的部分价款将晚些支付),也必须以货物的总价值为基础来计算保险金额。

12. 总保险金额(Total Amount Insured)。即大写金额,用英文单词表示,大写金额栏和小写金额栏填写的金额与币制必须一致。

13. 保费及费率(Rate)。此栏一般已由保险公司印就“As arranged”(如约定)字样。除非信用证另有规定,每笔保费及费率可以不具体表示。如果信用证要求显示具体的保费及保险费率,应征求保险公司意见,如保险公司不同意,须洽开证申请人改证;如果信用证要求保费项目“Marked premium prepaid”(注明保费预付),则保费项目显示“Premium prepaid”即可。

14. 装载运输工具(Per Conveyance S. S)。此栏填写需与提单上的船名和航次一致。如该船在中途需转船,则在第一程船名后加打第二程船名。如:S. S. “ROSE KING” to be transshiped at Hongkong on S. S...。如二程船名无法确定,则在第一程船名后填写“W/T at Hong Kong”。若连转船地点也不知道,可填:S. S. “ROSE KING” and/or steamers。

表 9－2　出口货物运输保险单样例(以第三章信用证样例为例)

中国人保财险
北京2008年奥运会保险合作伙伴
OFFICIAL INSURANCE PARTNER OF THE BEIJING 2008 OLYMPIC GAMES

中国人民财产保险股份有限公司常州分公司

The People's Insurance(Property)Company of China Changzhou Branch

总公司设于北京　　　　一九四九年创立

Head Office Beijing　　　　Established in 1949

货物运输保险单

CARGO TRANSPORTATION INSURANCE POLICY

发票号(**INVOICE NO.**)　　**CH09010**　　保单号次

合同号(**CONTRACT NO.**)　　**CHBY09316**　　**POLICY NO. PICCCZ－12546**

信用证号(**L/C NO.**)　　**BMT0629292IM**

发票金额(**INVOICE AMOUNT.**)　　**USD28920.00**

被保险人:

Insured:　CHANGZHOU BAOYAO PHARMACEUTICALS CO. LTD

中国人民财产保险股份有限公司常州分公司(以下简称本公司)根据被保险人的要求,由被保险人向本公司缴付约定的保险费,按照本保险单承保险别和背面所载条款与下列特款承保下述货物运输保险,特立本保险单。

THIS POLICY OF INSURANCE WITNESSES THAT THE PEOPLE'S INSURANCE (PROPERTY) COMPANY OF CHINA (HEREINAFTER CALLED "THE COMPANY") AT THE REQUEST OF THE INSURED AND IN CONSIDERATION OF THE AGREED PREMIUM PAID TO THE COMPANY BY THE INSURED, UNDERTAKES TO INSURE THE UNDERMENTIONED GOODS IN TRANSPORTATION SUBJECT TO THE CONDITIONS OF THIS OF THIS POLICY AS PER THE CLAUSES PRINTED OVERLEAF AND OTHER SPECIL CLAUSES ATTACHED HEREON.

标　记 MARKS&NOS	包装及数量 QUANTITY	保险货物项目 DESCRIPTION OF GOODS	保险金额 AMOUNT INSURED
AS PER INVOICE NO. CH09010	**500 KGS** (**50CTNS**)	**CHLORDIAZEPOXIDE HCL USP**	**USD31812.00**

总保险金额

TOTAL AMOUNT INSURED: SAY U. S. DOLLARS THIRTY-ONE THOUSAND EIGHT HUNDRED AND TWELVE ONLY.

保费:　　启运日期:　　装载运输工具:

PERMIUM: AS ARRANGED　DATE OF COMMENCEMENT: AS PER B/L No.09CO－BHY0709　PER CONVEYANCE: Henghe Voy. 121

自　　经　　至

FROM: NINGBO, CHINA　VIA ＿＿＿＿＿＿　TO TORONTO, ONTARIO, CANADA

承保险别:

CONDITIONS: COVERING ALL RISKS AND WAR RISKS AS PER OCEAN MARINE CARGO CLAUSES, WAR RISKS CLAUSES(1/1/1981) **FOR THE PEOPLE'S INSURANCE COMPANY OF CHINA (ABBREVIATED AS C. I. C ALL RISKS AND WAR RISKS) (WAREHOUSE TO WAREHOUSE CLAUSE IS INCLUDED).**

所保货物,如发生保险单项下可能引起索赔的损失或损坏,应立即通知本公司下述代理人查勘。如有索赔,应向本公司提交保单正本(本保险单共有　1　份正本)及有关文件。如一份正本已用于索赔,其余正本自动失效。

IN THE EVENT OF LOSS OR DAMAGE WITCH MAY RESULT IN A CLAIM UNDER THIS POLICY, IMMEDIATE NOTICE MUST BE GIVEN TO THE COMPANY'S AGENT AS MENTIONED HEREUNDER. CLAIMS, IF ANY, ONE OF THE ORIGINAL POLICY WHICH HAS BEEN ISSUED IN ONE ORIGINAL(S) TOGETHER WITH THE RELEVENT DOCUMENTS SHALL BE SURRENDERED TO THE COMPANY. IF ONE OF THE ORIGINAL POLICY HAS BEEN ACCOMPLISHED. THE OTHERS TO BE VOID.

AGENT OF PICC AT CANADA:
BAOYIN INSURANCE COPANY LTD.
TORONTO CANADA
TEL: 001-416-5621456

中国人民财产保险股份有限公司常州分公司
The People's Insurance(Property) Company of China Changzhou Branch

赔款偿付地点
CLAIM PAYABLE AT TORONTO IN USD

王祥
Authorized Signature

出单日期
ISSUING DATE　22 MARCH 2009

地址(ADD):中国常州市和平南 128 路八楼
邮编(POST CODE):213001

电话(TEL):(0519)8150007 8114833
传真(FAX):(0519)8150007 8114834

15. 开航日期(Slg. on or abt.)。填写已知的或预计的装船日期(与实际发生相差在 5 天之内均可)。海运方式一般填写"As per B/L No. ×××"。

16. 起讫地点(From...to)。填写货物实际装运的起运港和目的港名称,必须和提单或其他运输单据相关栏目一致。①例如提单的装运港和目的港分别为广州和纽约,则此栏应填:"From Guangzhou to New York";②例如提单的装运港和目的港分别为广州和纽约,途经香港转船,则此栏应填:"From Guangzhou to New York W/T at Hongkong";③如信用证要求海运至某目的港而保险至内陆,此栏应该在目的港后再填内陆地名。例如,提单的装运港和目的港分别为上海和马赛,信用证要求投保至巴黎,则此栏应填:"From Shanghai to Marseilles and thence to Paris"。

17. 承保险别(Conditions)。本栏是保险单的中心内容,应按照信用证中保险条款要求填制。其中包括:①险别。包括主险及附加险。②保险条款。如 CIC(中国保险条款)、ICC(伦敦协会货物保险条款)或 AICC(美国协会货物保险条款)。③保险险别适用的保险条款的文本及制定或生效的日期等内容。如"Covering all risks and war risk as per CIC dated 09/18/2009..."(根据 2009 年 9 月 18 日制定的中国保险条款投保一切险与战争险)。英国伦敦保险协会及中国保监会下各会员保险公司在 2009 年都对相应的保险条款进行了修订,但本章实例的投保单与保险单中的保险条款为 CIC(1/1/1981)是因为本书所用信用证样例为 2008 年 12 月 28 日开出的信用证,买卖双方签订贸易合同时,中国保险条款的最新修订本还是 1981 年 1 月 1 日制定的。

18. 保险单的份数(Number of Insurance Policy)。此栏应按信用证要求填写大写英文的正本份数。根据《UCP600》条款的规定,正本保险单必须注明"Original"字样,并显示该套保险单正本的出具份数。

19. 保险勘查代理人(Insurance Survey Agent)。保险勘查代理人是指货物出险时负责勘查、理赔的承保人的代理人,此栏填写保险勘查人的名称及地址,其所在地一般在货物的进口地。保险勘查代理人一般由保险公司自己选定,如果信用证自行指定买方选择的代理人,则不应接受。

20. 赔付地点(Claim Payable at...)。按信用证规定填写赔付地点与币制。信用证如无规定,通常将目的地作为赔偿地点。此栏填写的内容为"At...(目的港或信用证有要求时,填符合信用证要求的地点)in...(货币名称)"。

21. 保险单的签发日期和地点(Date and Place)。保险单的签发日期应不早于货物离开仓库和不晚于运输单据的装运日期,除非保险单据表明保险责任不迟于装运日生效。保险单签发地点一般为投保人所在地。

22. 保险公司签章(Authorized Signature)。此栏加盖与第一栏相同名称的保险公司印章及负责人的签字。保险单需由保险公司签章方能生效。根据《UCP600》第 28 条 a 款的规定,如果保险单据是由保险公司的代理人(Agent)或代表(Proxy)出具并签字的,代理人或代表的签字必须表明其是"代表保险公司或承保人"签字。

23. 附加条款(Additional Conditions)。如果信用证和合同对保险单有特殊要求,可将此特殊要求填写在保险单的适当位置(空白处)。如信用证要求"L/C No., date of issued and name of issuing bank must be indicated in all documents"(所有单据必须注明信用证号、开证日期及开证行名称),则应在保险单的空白处加注具体的信用证号码、开证日期及开证行名称来满足信用证的要求。

二、信用证关于货物运输保险单条款说明与举例

信用证对保险条款的表述不尽相同,通常表述为"Insurance policy or certificate in duplicate endorsed in blank for 110% of invoice value covering all risks and war risks as per CIC dated 9/18/2009 with claim payable at port of destination in the currency of draft "(保险单或保险凭证一式两份,空白背书,按发票金额的110%投保中国保险条款2009年9月18日施行的一切险加战争险,按汇票所适用的货币在目的港赔付)。

以下就信用证中的保险条款内容进行说明并举例。

(一)关于保险单据的名称

受益人提交何种保险单据应根据信用证的规定。例如:

1. 信用证规定"Insurance policy or certificate..." 或"Insurance policy/certificate..."时,受益人(卖方)可提交保险单或保险凭证,即两者择一。

2. 信用证规定"Insurance policy..."时,受益人(卖方)只能提交保险单。

3. 信用证规定"Insurance certificate/declaration..."时,受益人(卖方)可以提交保险凭证或保险声明书,也可以用保险单代替保险凭证或保险声明书。

(二)关于保险单的抬头(Insured)与背书(Endorsed)

货物运输保险单和提单一样,是一种可以进行转让的单据。根据国际保险行业的习惯,保险单经被保险人背书后,其或有权益即随同被保险货物权利的转移而自动转让给受让人。

保险单的背书需在保险单的正本上进行。背书的方式分为记名背书和空白背书两种。其中记名背书就是指在保险单背面注明被保险人的名称和经办人的名字后,打上"Claim if any, Payable to ××× Company (Bank) " 的字样;空白背书是指在保险单背面只注明被保险人(公司名称和经办人的签名)。

除非信用证另有规定,保险单多为空白背书。信用证往往规定"Insurance policy or certificate blank endorsed..."或是"Insurance policy or certificate endorsed in blank..."(保险单或保险凭证,空白背书……)。

以下为信用证有关保险单背书方法的举例:

1. 信用证要求保险单做成"凭指示"抬头。如保险条款规定为"Insurance policy or certificate made out to order blank endorsed..."(保险单或保险凭证,做成凭指示抬头,空白背书……)时,按国际商会《ISBP745》第K20段a款,不支持这样的信用证条款,在保险单或保险凭证的被保险人(Insured)一栏内填写受益人的名称,同时由受益人(出口公司)在保险单背面进行空白背书。

2. 信用证要求保险单做成以开证申请人抬头。如保险条款规定为"Insurance policy or certificate made out in name of applicant..."(保险单或保险凭证,做成以开证申请人为抬头……)时,在保险单或保险凭证的被保险人(Insured)一栏填写" ××× Co. Ltd. ",受益人无须背书。

3. 信用证要求保险单做成凭某特定方的指示抬头。如保险条款规定为"Insurance policy or certificate made out to order of ××× Co. Ltd(Bank)"[保险单或保险凭证,做成凭 ××× 公司(开证行)的指示抬头……]时,这也是《ISBP745》不支持的,按其第K20段b款,在保险单或保险凭证的被保险人(Insured)一栏内只需要填" ××× Co. Ltd(Bank)"即可,不需要有"to order of"(凭指示)字样,受益人无须背书。

4. 信用证要求记名指示背书。如保险条款规定为“Endorsed to the order of ABC Co. Ltd”(背书成凭 ABC 公司的指示)时,被保险人填受益人,并在保险单背面打上“Claim if any, payable to the order of ABC Co. Ltd”,然后签署被保险人的名称。

5. 信用证要求保险单做成第三者抬头,即中性投保。如“Insurance Policy issued in neutral name”或“Insurance Policy made out to bearer”(保险单做成中性抬头),这是《ISBP745》不提倡的信用证条款,据《ISBP745》第 K20 段 a 款,在保险单或保险凭证的被保险人(Insured)一栏内填上受益人名称,然后由受益人空白背书。

6. 信用证无特别规定或托收、T/T 汇款时,在保险单或保险凭证的被保险人(Insured)一栏内填上卖方(即信用证受益人),并由卖方空白背书。

应注意凡以受益人为投保人的保单,受益人都要空白背书,以利转让。

(三)关于保险单的份数

中保公司(PICC)出具的保险单一式四份,包括正本(Original)和复联本(Duplicate)各一份,副本(Copy)两份。

1. 当信用证没有特别说明保险单份数或者信用证规定“Marine insurance policy or certificate in duplicate/in two folds/in 2 copies…”(保险单或保险凭证一式两份或两份或两套)时,可理解为提交一份正本(original);一份复联本(duplicate 注意,此非副本)构成一套完整的保险单。

2. 信用证要求多份正本保险单,如规定“Insurance policy or certificate at least three originals and three copies…”(保险单或保险凭证至少三份正本及三份副本),可在正本保险单上分别注明“The First Original”(第一正本)、“The Second Original”(第二正本)、“The Third Original”(第三正本)等,以示区别,交单时,必须将上述列明的全部三份正本如数提交给银行并附三份副本或正本复印件。

(四)关于保险金额

保险金额按合同和信用证要求填制,至少按发票总金额的 110% 投保。如信用证对投保金额未作规定,投保金额须至少为货物的 CIF 或 CIP 价值的 110%。如信用证规定:

1. “Insurance policy/certificate in triplicate endorsed in blank for 110% of invoice value covering…”该信用证要求保险金额应为发票金额的 110%。

2. “Insurance policies/certificate in two fold for invoice value plus 10% covering…”该信用证要求保险金额应为发票金额加成 10%。

3. “Insurance policies/certificate for 110% full CIF invoice value covering…”该信用证要求保险金额应为 CIF 发票金额的 110%。

上述信用证的规定,保险金额均为发票金额的 110%。

4. “Insurance policies/certificate in duplicate any additional premium to cover uplift between 10% and 15% may be drawn in excess of the credit value…”该证规定保险费如增加 10% ~15%,超出部分可在本证金额以外支付。本证没有直接规定保险金额比例,但据 Intercoms 2010 或《UCP600》,至少都得是货物 CIF 价值的 110%,但从保费的增加来看,保险金额应大于货物 CIF 价值的 110%。

(五)关于保险的险别

1. 信用证应规定保险的险别及附加险(如果有)。如信用证无规定具体的险别或只笼统地规定“Marine Risk”（海险）、“Usual Risk”（通常险别）或“Customary Risk”（惯常险别）等，办理投保时，可按基本险中最低险别进行投保，无论是否有漏保的风险，提交这种保险单据将被银行接受。

2. 保险单据必须显示信用证规定的险别。当信用证要求投保“一切险”时，如保险单据载有任何“一切险”批注或条款，即使该保险单据声明不包括某些风险，例如保险单据表明投保 ICC（A）条款，均符合信用证关于“一切险”条款或批注的要求，这种保险单据将被银行接受。

3. 保险单据的险别可以注明“受相对免赔率”（franchise）或“绝对免赔率”（deductible/excess）的约束。“免赔率”（franchise）是保险公司针对散装粮食、易碎、易破、易损耗等特定的货物所做的“免责”规定。具体分为：①相对免赔率即指货损比例不超过免赔率保险公司不赔，超过则赔偿全部损失；②绝对免赔率即指货损比例不超过免赔率保险公司不赔，超过则只赔超过的部分；③不计免赔率（IOP，Irrespective of Percentage）指在保险责任的范围内，货损多少保险公司就赔多少。如信用证的保险条款为：“Insurance policy or certificate in duplicate covering all risks and war risks including breakage in excess of five percent and W/W up to applicant's storehouse in Kuwait.”（保险单或保险凭证一式两份；投保一切险加战争险，包括破碎损失有 5% 绝对免赔率；保险责任起讫适用仓至仓条款，负责到开证申请人科威特的仓库为止）。

需注意的是，一份保险单内不允许同时显示两种保险条款，即不允许一份保险单内既按 CIC 条款又按 ICC 条款投保。

（六）信用证关于保险条款的举例与操作

1. Insurance policies or certificate in two fold payable to the order of Citibank, New York. Covering all risks as per ocean marine cargo clause of the People's Insurance Company of China dated 09/18/2009, including aflatoxin for invoice value plus 10% including warehouse to warehouse up to the final destination at New York, marked premium paid, showing claims if any, payable in the USA.

操作：①提交保险单或保险凭证两份。②被保险人（抬头）填写受益人名称，然后由受益人做以下指书：Claimif any, Payable to the order of Citibank, NewYork；③保险金额是发票金额的 110%。④承保条件填写为：All risks as per ocean marine cargo clause of the People's Insurance Company of China dated 09/18/2009, including aflatoxin, including warehouse to warehouse up to the final destination at New York. ⑤保单上打印 PREMIUM PAID。⑥理赔地点填写 The USA。

2. Insurance policies in two fold issued to the applicant, covering risks as per Institute Cargo Clauses（A）, and Institute War Clauses（cargo）including warehouse to warehouse clause up to final destination at Kuala Lumpur for at least 110% of CIF value, showing claims if any payable in Kuala Lumpur, naming settling agent in Kuala Lumpur.

操作：①提交保险单一式两份；②被保险人填写开证申请人的名称，受益人无须背书；③至少按 CIF 价发票金额 110% 投保；④承保条件按伦敦保险协会条款投保 ICC（A）和协会战争险，包括仓至仓条款到达最后目的地 Kuala Lumpur（吉隆坡）；⑤注明在吉隆坡赔付，同时表明在吉隆坡理赔代理人的名称。

3. Insurance certificate three originals and three copies endorsed in blank for 110% of invoice value covering all risks and war risks as per CIC with claims payable at Singapore in the currency of draft（irrespective of percentage）, including 60 days after discharges of the goods at port of destination（of at sta-

tion of destination) subject to CIC.

操作:①提交保险凭证,可用保险单代替,三份正本,三份副本;②被保险人填写受益人名称,并做成空白背书;③保险金额是发票金额的110%;④投保中国保险条款的一切险和战争险,按汇票所使用的货币在新加坡赔付(无免赔率),并根据中国保险条款,保险期限在目的港卸船(或在目的地车站卸车)后60天为止。

思考与练习

一、思考题

1. 保险单据有何作用?
2. 根据《UCP600》的解释,信用证支付方式下,银行接受的保险单的种类有哪些?
3. 保险单的被保险人一栏应如何填写?
4. 保险单中"货物描述"一栏可否使用货物的统称?
5. 如何掌握保险单的签发日期?
6. 如何掌握保险单份数的使用?
7. 如何理解信用证关于保险金额的规定?
8. 如何处理信用证关于保险险别的规定?

二、实操题

根据下面信用证的相关内容及补充材料缮制保险单。

(一)信用证相关资料

L/C NO. BH-00842

L/C AMOUNT:USD 20000.00

BENIFICIARY:GUANGDONG HAOLI TRADING IMPORT AND EXPORT CORP.

…

LIST OF DOCUMENTS

…

INSURANCE POLICY OR CERTIFICATE IN DUPLICANT ENDORSED IN BLANK FOR 110PCT INVOICE VALUE COVERING ALL RISKS AND WAR RISKS AS PER CIC DATED 09/18/2009 WITH CLAIMS PAYABLE AT SEATTLE IN THE CURRENCY OF DRAFT MARKED PREMIUM PAID

…

GOOGS DESCRIPTION:

10,000 PIECES OF PROCELAIN LUCK CATS

USD 2.00 PER PC CIF SEATTLE PACKING IN CARTONS OF 25PCS EACH

DETAILS AS PER S/C HL09003 DATED 08/15/2014

(二)补充资料

(1) VESSEL'S NAME:KING ROSE V.769

(2) INSURANCE CHARGES:USD 33.00

(3) PORT OF LOADING:HUANGPU

(4) B/L DATE:20 OCT. 2014

(5) POLICY NO. :DK09/1467008654

(6) INVOICE NO. :GZHL-09012

(7) INSURANCE ISSUED BY:PICC GUANGZHOU BRANCH 肖克

(8) SHIPPING MARK:

I. T. C.
S/C HL09003
SEATTLE
NO. 1—400

(9)保险公司在西雅图的勘查代理人:

Jhons Insurance Survey Company Ltd.

Add:No. 135 W. A Str. Seattle Washington, USA

Tel: +1(206)3254110

空白保险单

PICC
中国人保财险

中保财产股份有限公司广东分公司
The People's Insurance(Property)Company of China, Ltd. Guang Dong Branch
总公司设于北京 一九四九年创立
Head Office Beijing Established in 1949

货物运输保险单
CARGO TRANSPORTATION INSURANCE POLICY

发票号(**INVOICE NO.**) 保单号次
合同号(**CONTRACT NO.**) **POLICY NO.**
信用证号(**L/C NO.**)
被保险人:
Insured:

中保财产股份有限公司广东分公司(以下简称本公司)根据被保险人的要求,由被保险人向本公司缴付约定的保险费,按照本保险单承保险别和背面所载条款与下列特款承保下述货物运输保险,特立本保险单。

THIS POLICY OF INSURANCE WITNESSES THAT THE PEOPLE'S INSURANCE COMPANY OF CHINA (HEREINAFTER CALLED"THE COMPANY") AT THE REQUEST OF THE INSURED AND IN CONSIDERATION OF THE AGREED PREMIUM PAID TO THE COMPANY BY THE INSURED, UNDERTAKES TO INSURE THE UNDERMENTIONED GOODS IN TRANSPORTATION SUBJECT TO THE CONDITIONS OF THIS OF THIS POLICY AS PER THE CLAUSES PRINTED OVERLEAF AND OTHER SPECIL CLAUSES ATTACHED HEREON.

标　记 MARKS&NOS	包装及数量 QUANTITY	保险货物项目 DESCRIPTION OF GOODS	保险金额 AMOUNT INSURED

总保险金额
TOTAL AMOUNT INSURED:________

保费: 启运日期 装载运输工具:
PERMIUM: AS ARRANGED DATE OF COMMENCEMENT:________ PER CONVEYANCE:________
自 经 至
FROM:________ VIA ________ TO ________
承保险别:
CONDITIONS:

所保货物,如发生保险单项下可能引起索赔的损失或损坏,应立即通知本公司下述代理人查勘。如有索赔,应向本公司提交保单正本(本保险单共有____份正本)及有关文件。如一份正本已用于索赔,其余正本自动失效。

IN THE EVENT OF LOSS OR DAMAGE WITCH MAY RESULT IN A CLAIM UNDER THIS POLICY, IMMEDIATE NOTICE MUST BE GIVEN TO THE COMPANY'S AGENT AS MENTIONED HEREUNDER. CLAIMS, IF ANY, ONE OF THE ORIGINAL POLICY WHICH HAS BEEN ISSUED IN ____ORIGINAL(S) TOGETHER WITH THE RELEVENT DOCUMENTS SHALL BE SURRENDERED TO THE COMPANY . IF ONE OF THE ORIGINAL POLICY HAS BEEN ACCOMPLISHED. THE OTHERS TO BE VOID.

中保财产股份有限公司广东分公司
The People's Insurance (Property) Company of China, Ltd. Guangdong Branch

赔款偿付地点
CLAIM PAYABLE AT ________
出单日期
ISSUING DATE ________

____
Authorized Signature

地址(ADD):中国广州市八旗二路 电话(TEL):13416103268
邮编(POST CODE):510000 传真(FAX):(020) 38479253

第十章 运输单据

【学习目标】 了解运输单据的种类与作用以及海运提单的性质与特点；掌握出口货物托运单的缮制方法；熟悉海运提单的内容并理解信用证中有关海运提单的条款；掌握海运提单的缮制方法并能处理制单中常见的问题；了解航空运单、国际铁路运单的内容并掌握其缮制要领。

第一节 运输单据概述

国际贸易采用的运输方式有江海运输、航空运输、铁路运输、公路运输、国际多式联运等。不同的运输方式必须使用不同的运输单据。

一、运输单据的概念

运输单据(Transport Documents)泛指在国际货物运输过程中，由承运人、进出口货物收发货人、货运代理人签发的，在组织货源、托运订舱、检验检疫、海关申报、货物装运、交货提货、银行结汇、数据交换等各业务环节中，用于货物运输操作、管理、证明国际货物运输的一切单证、收据、凭证和电子报文。运输单据主要包括出口货物托运委托书、海运提单、航空运单、国际铁路联运单、货物收据、承运人证明等。

货物装运后，承运人收到承运货物签发给托运人的运输单据，是交接货物、处理索赔与理赔以及结算货款或进行信用证款项兑用的重要单据。它是国际贸易活动中不可或缺的重要组成部分，并成为国际贸易单证中最重要的单据之一。

二、运输单据的分类

运输单据主要分为两大类：一类为托运人向承运人填写并签署的“出口货物托运单”；另一类为承运人向托运人签发的运输单据。

《UCP600》提及的运输单据分为七大类：

(1)多式运输单据或联合运输单据(Multimodal or Combined Transport Document)，即至少包括两种不同运输方式的运输单据(A transport document covering at least two different modes of transport)。

(2)海运提单(Bill of Lading，B/L)。

(3)不可转让海运单(Non-negotiable Sea Waybill)。

(4)租船合同提单(Charter Party Bill of Lading)。

(5)空运单据(Air Transport Document)。

(6)公路、铁路或内陆水运单据(Road，Rail or Inland Waterway Transport Documents)。

(7)快递收据、邮政收据或投邮证明(Courier Receipt, Post Receipt or Certificate of Posting)。

本章主要介绍在国际贸易实务中常用的运输单据:海运托运单、海运提单、航空运单、国际铁路运单的内容与缮制方法。

第二节 出口货物托运单

一、海运出口货物托运单的含义与作用

(一)海运出口货物托运单的含义

海运出口货物托运单(Booking Note for Export Cargo, B/N)是发货人根据买卖合同或信用证的有关内容填写并盖章确认的,递交给承运人的委托办理货物运输的书面凭证,是托运人向承运人(船公司)订舱的主要依据。

托运单虽然不是结汇单据,却是缮制提单的主要依据。出口公司办理订舱时,应按合同或信用证有关条款及内容填制"托运单"或"订舱委托书"(Shipping Note)递交船公司预订舱位。即出口公司本身开展托运业务,需填写托运单;如出口公司不办理运输业务,则填写订舱委托书委托代理订舱。

(二)海运托运单的作用

海运托运单是托运人与承运人之间运输合同的书面记录;是办理托运的凭证;是出口货物报关的货运单据;是船公司接受订舱配载的依据;也是船公司日后签发提单的原始依据。它虽然不作为出口结汇的正式单据,却作为制作提单的主要依据。

托运单一式数联,分别由出口企业、船公司或货代留底以及运费通知等。常见的纸质托运单一式十联,其各联的作用分别是:

第一联:由船务代理公司留存。

第二联、第三联:运费通知。其中一联向出口单位收取运费,另一联船代理留底。

第四联:装货单(Shipping Order, S/O),须经船代理盖章有效。海关完成验关手续后,便在装货单上加盖海关放行章,因此装货单亦称"关单"。船方凭关单收货装船,因此装货单也称"下货纸",船方在收货后将其留存。

第五联:收货单(Mate's Receipt)亦称大副收据。货物装船完毕,由船长或大副在收货单上签收后交货方,凭以向船代理换取正本提单。如果大副在此单上批注货物包装不良或有残损等事项,这些批注将全部转移到提单上,使之成为不清洁提单。

第六联:货运代理留底。

第七联、第八联:配舱回单。其中一联由货运代理在船只配定后退给托运人。

第九联:货主留底。

第十联:缴纳出口货物港务费申请书。由港务部门留存并以此联计算港务费用。

此外再附空白格式的两联,由码头作桩脚标记和码头仓库存查之用。以上共为一式十二联,其中第四联装货单与第五联收货单是托运单的核心内容。

二、海运托运单的内容与缮制

目前,无论使用纸质托运单还是电子托运单,以下内容和缮制规范都是一样的。

1. 托运人(Shipper)。填写托运人的名称和详细地址、联系电话、传真号。托运人可以是货主、货主的贸易代理人、货主的货运代理人。信用证结算方式下,托运人一般为信用证的受益人,列明受益人的名称和地址。

2. 收货人(Consignee)。填写收货人的名称和详细地址、联系电话、传真号。填写信用证规定的提单收货人。信用证结算方式下,收货人的规定通常有以下两种表示方法:

(1)记名收货人。填写信用证规定的实际收货人的名称、地址。记名收货人也可以是货运代理人。如以 FOB 贸易方式出口,货主委托货运代理托运并且运费到付时,承运人提单上收货人是货运代理人,货代提单上收货人是实际收货人。

(2)指示收货人。填写信用证规定的"To order"(凭指示)或"To the order of ×××"(凭 ××× 的指示)。这种指示收货人掩饰了具体的收货人的名称和地址,使单据可以转让,空白指示(To order)情况下,单据持有人可以自由转让单据。在记名指示(To the order of ×××)情况下,记名人有权控制和转让单据。

承运人一般不接受一票货物有两个或两个以上收货人。

3. 通知人(Notify Party)。填写船方发送到货通知的对象的名称和地址。信用证结算方式下,严格按运输单据中"Notify" 或"Notify party"(通知人)规定的 "Applicant"或"Buyers"填写其名称和详细地址。其他结算方式下,一般填写进口商的名称和地址、联系方式等。

4. 船名与航次(Vessel/Voy)。本栏由货运代理和船舶代理填写。

5. 装运港(Port of Loading)。按信用证规定填写具体的装运港。如信用证未规定具体港口,则填写货物实际装运港口的全称。此栏依照信用证 44E 域填写。

6. 卸货港(Port of Discharge)。按信用证规定填写具体的卸货港或目的港。如信用证未规定具体港口,则填写实际货物被最后卸离船舶的港口全称,必要时加上港口所在国家(地区)的名称。此栏依照信用证 44F 域填写。

7. 交货地点(Place of Delivery)。此栏只在多式联运时使用,与信用证 44B 域相对应,为货物卸离海港后的最终内陆交货地点。有时最终目的地与卸货港相距较远,需明确从卸货港到最终目的地的费用由谁支付,才可以填写目的地。常见的承运人提单显示卸货港,在货代提单上才显示最终目的地,由货代的卸货港海外代理在卸货港支付从装运港到卸货港的运费给承运人,并从承运人处取货后,自行用其他运输工具将货物运至最终目的地,货代向收货人收取从装运港到最终目的地的全程运费后,将货物交给真正收货人。

8. 唛头(Shipping Mark)。填写货物外包装上的运输标志。必须严格按信用证或合同规定填写,如信用证或合同未做规定,受益人(卖方)可自行设计一个合适的唛头。托运单上的唛头与实际货物唛头不一致时,承运人或海关都可以认为是单货不一致而拒绝放行或装运。

9. 商品名称(Description of Goods)。一般只填写货物的概括性名称(统称),只要不与信用证或合同规定的名称相矛盾。如果同时出口两类不同性质的商品时,则应分别填写两类商品的名称,如同时出口茶叶和茶具,应分别填写"茶叶""茶具"。

10. 商品数量、重量、体积(Quantity, Weight, Measurement)。商品数量一般填写货物最大包装的件数，用阿拉伯数字小写与英文单词大写件数表示。如托运总箱数为 50 纸箱，则填写“50 Cartons”与“SAY FIFTY CARTONS ONLY”。如果货物的包装材料不同或同一批出运的货物有不同的包装方式，应分别填列不同的包装单位的数量，再表示总合计数，包装种类用件数统称“packages”表示，如出口中药材黄芪一批，纸箱装 100 纸箱和麻袋装 50 麻袋，则填写：

100 Cartons
50 Gunny bags
————————
150 Packages

同时英文大写合计为“SAY ONE HUNDRED AND FIFTY PACKAGES ONLY”。

商品重量一般填写货物的总毛重，以千克为计量单位并保留两位小数。

商品体积一般填写整批货物的尺码总数，包括各件货物尺码之和，还应包括件与件之间堆放时的合理空隙所占的体积，以立方米为计量单位并保留三位小数。

11. 装运期（Shipment Date）。指货物最迟装运期限，应严格按信用证规定的装运日期填写。装运日期可以使用阿拉伯数字，也可以使用英文与阿拉伯数字一起表示。如 2014/10/22 或 Oct. 22,2014。

表 10－1　海运出口货物托运单样例（以第三章信用证样例为例）

BOOKING ORDER（托运单）

<table>
<tr><td colspan="2">1. SHIPPER
CHANGZHOU BAOYAO PHARMACEUTICALS CO. LTD
MEILONGBA SOUTHERN SURRBS
CHANGZHOU JIANGSU, 213004 CHINA</td><td rowspan="3">COSCO
中远集装箱运输有限公司
海运托运单
COSCO CONTAINER LINES
SHIPPING ORDER
TLX:33057 COSCO CN
FAX: +86(21) 6545 8984</td></tr>
<tr><td colspan="2">2. CONSIGNEE
TO THE ORDER OF BANK OF MONTREAL</td></tr>
<tr><td colspan="2">3. NOTIFY PARTY
APOTEX INC., 150 SIGNET DRIVE, TORONTO, ONTARIO, M9L 1T9 CANADA</td></tr>
<tr><td colspan="2"></td><td>11. 装运日期　22 MARCH 2009</td></tr>
<tr><td rowspan="3">4. VESSEL/VOY
Henghe Voy. 121</td><td rowspan="3">5. PORT OF LOADING
NINGBO, CHINA</td><td>12. 接货地点</td></tr>
<tr><td>13. 提单份数 THREE ORIGINAL</td></tr>
<tr><td>14. 是否转运　允许</td></tr>
<tr><td>6. PORT OF DISCHARGE
TORONTO, ONTARIO, CANADA</td><td>7. PLACE OF DELIVERY</td><td>15. 运费支付方式
FREIGHT PREPAID</td></tr>
</table>

8. Marks & No.	9. Description of goods	10. Quantity	G. W. (kgs)	Meas. (M^3)
APOTEX 4500189719 TORONTO CTN No. 1-50	50 CARTONS OF CHLORDIAZEPOXIDE HCL USP L/C NO. BMT0629292IM	N. W. 500 KGS	520.00 KGS	6.000 M^3

SHIPPER'S SEAL & SIGNED（托运人签章）：
CHANGZHOU BAOYAO PHARMACEUTICALS CO. LTD

联系人：韩飞　　电话：(0519)8143120　8143121　　传真：(0519)8143120

12. 接货地点(Place of Receipt)。承运人接收监管货物的地点,用中英文对照填写。此栏只在多式联运时使用,与信用证44A域相对应。

13. 提单份数(Number of Original B/L)。按信用证要求填写所需签发的提单正本份数,以及可能要求的副本份数。

14. 转运(Transshipment) 。按合同或信用证填写"允许"或"不允许"。

15. 运费(Freight Charges)。按合同或信用证规定填写"Freight Prepaid"(运费预付)、"Freight Paid"(运费已付)、"Freight Collect"(运费到付)等。

16. 托运人签章(Shipper's Seal & Signed)。托运人在完成上述内容的填写后,必须盖章签字,以示确认。

集装箱货物托运单、空运货物托运单与海运托运单因运输方式不同内容有所差异,但主要内容一致,具体样式可参见附录样单,填写方法可参考海运托运单的填法,本书不再另做解释。

第三节 海运提单

一、海运提单的定义和作用

(一)提单的定义

海运提单(Ocean Bill of Lading,简称提单,B/L)是指用以证明海上货物运输合同和货物已经由承运人接受或装船,以及承运人保证据以交付货物的单证。

(二)海运提单的性质与作用

1. 它是海上货物运输合同的证明(Evidence of the contract carriage)。

2. 它是承运人或其代理人签发的货物收据(Receipt for the goods)。

3. 它是一种货物所有权的凭证(Document of title)。

货物抵达目的港后,提单的货物所有权人可以凭提单提取货物,因此提单具有物权凭证的性质。提单的货物所有权人还可经过背书将提单转让他人,从而转让货物所有权;也可在市场上将提单当作有价证券流通使用,如凭提单向银行办理抵押贷款或叙做押汇。

从国际贸易业务和运输业务角度看,海运提单的作用是承运人有条件地为托运人运输货物的书面确认;是银行结汇单据中最重要的单据;是货主与货代之间、货代与承运人之间或货主与承运人之间的支付或收取运费的凭证,同时也是在经济上互相制约的有效文件。

二、提单的种类

常见的提单种类有:

1. 按表现形式可分为纸质提单(Bill of Lading, B/L)和电子报文提单(Electronics Bill of Lading)。

2. 按货物是否装船可分为已装船提单(On Board B/L)和收妥待运提单(Received for Shipment B/L)。

3. 按货物外包装的状况可分为清洁提单(Clean B/L)和不清洁提单(Unclean B/L, Foul B/L)。

4. 按提单收货人不同可分为记名提单(Straight B/L)、不记名提单(Bearer B/L, Open B/L)和凭指示提单(Order B/L)。

5. 按运输方式不同可分为直达提单(Direct B/L)、转船提单(Transshipment B/L)和多式联运提单(Multimodal or Combined Transport Document)。

6. 按船舶经营方式不同可分为班轮提单(Liner B/L)和租船提单(Charter Party B/L)。

7. 按提单签发人不同可分为承运人提单(Master B/L)、无船承运人提单(NVOCC B/L)和货代提单(House B/L)。

8. 按提单签发时间不同可分为顺签提单(Post-date B/L)、倒签提单(Anti-date B/L)和预借提单(Advanced B/L)。

三、海运提单的内容与缮制

1. 托运人(Shipper)。填写托运人即发货人(Consignor)的名称和地址。信用证项下此栏的写法有:

(1)信用证无指定,则信用证的受益人就是提单的发货人。在此栏填写受益人的名称和地址。

(2)信用证规定发货人是受益人以外的第三者,此栏不可填写受益人,这种提单称为第三者提单(Third Party B/L)或中性提单(Neutral B/L)。这种提单往往在信用证和合同中做相应的规定"THIRD PARTIY B/L ACCEPTABLE"。根据《UCP600》的规定,运输单据上"Shipper"一栏填写受益人以外的第三者是允许的。目前,实务中许多货代公司将自己公司名称填写在这一栏中。

(3)托收或汇付项下一般填写卖方的名称和地址。

2. 收货人(Consignee)。收货人即提单的抬头,是提单的要项。此栏的填写与海运托运单"收货人"一栏的填写完全一致,应严格按合同或信用证的有关规定填写。信用证项下,通常以"Made out to/Consigned to/Issued to/In the name of"引出收货人,缮制提单时,将"To/of"后的内容填入收货人栏中。提单的抬头有记名抬头、不记名抬头和指示抬头三种缮制方法。其写法如下:

(1)记名抬头提单。如信用证规定"Full set of clean on board B/L consigned to the applicant (ABC Company, Seoul, Korea)…",则在收货人栏内填写成"ABC Company, Seoul, Korea"(交给ABC公司)。

(2)不记名抬头提单。如信用证规定"Full set of clean on board B/L consigned to the bearer…",则在收货人栏内填写"the bearer"(交给来人)。

(3)指示抬头提单。如信用证规定"Full set of clean on board B/L made out to order…",则在收货人栏内填写 "To order"(凭指示);如信用证规定"Full set of clean on board B/L made out to the order of ××× …",则在收货人栏内填写"To the order of ×××"(凭×××的指示)。

一般信用证结算方式多使用指示抬头。托收或汇付方式一般做成不记名(空白)指示或托运人指示提单,即在此栏填写"To order"或"To order of shipper"等字样。

3. 被通知人(Notify Party)。此栏是货物到达目的港船方发送到货通知的对象。这一栏内容的填写与托运单的相同栏目完全一样。具体的填写方法有:

(1)如是记名或收货人指示提单,收货人一栏已有详细地址,此栏可不填或填 SAME AS

CONSIGNEE。

(2)如是空白指示或托运人指示提单,则必须填写被通知人名称和详细地址,否则船方无法与收货人联系。

(3)在信用证项下的提单,当信用证对提单被通知人有具体规定时,必须严格按信用证规定填写。如信用证规定"Full set of clean on board B/L made out to order notify the applicant…",则应将开证申请人的名称和详细地址填入本栏。

(4)若信用证中无规定被通知人时,正本提单被通知人一栏可留空不填(如船方要求一定要填写,可填开证申请人名称及地址,银行可以接受但不必进行审核),但无论如何副本提单上要注明开证申请人(Applicant)的名称及详细地址,否则船方无法发送到货通知。

4. 前程运输(Pre-carriage by)。如货物需转运,填写第一程船的船名;如货物不需转运,则此栏留空。

5. 接货地(Place of Receipt)。如货物需转运,填写出运地承运人接收货物的港口名称或地点;如货物不需转运,则此栏留空。

6. 船名及航次(Name of Vessel, Voy. No)。填实际所装运的船名,如系班轮,要加注航次号。如货物需转运,填写货物所装第二程船的船名和航次;如货物不需转运,填写货物所装第一程船的船名和航次。

7. 装运港(Port of Loading)。按信用证规定填写实际的装运港口名称。如信用证无规定具体港口,只是笼统规定装运港为"中国港口"(Chinese Port),制单时要填入实际的装船港口,且装运港后需加注"China"字样,如"Qingdao, China"。如果信用证列出几个装运港即选择港,制单时,不得照抄,而应填入实际的装船港口。如货物需转运,填写货物中转港的名称。

8. 卸货港(Port of Discharge)。填写货物实际卸下的港口名称。卸货港应具体化,如是同名港口,须加注国别或地区。如信用证规定卸货港为"欧洲港口"(European Port)时,应填写具体的卸货港名称,如"Hamburg"。如信用证规定选择港为"Seattle/Los angeles/Oakland"(西雅图/洛杉矶/奥克兰),则表示为卖方选港,只填写其中一个港口;如信用证规定选择港为"Option Seattle/Los angeles/Oakland",则表示为买方选港,应依次全部照填。

根据《UCP600》的规定,租船方式下,运输单据可以按信用证中规定显示为一组港口或某个地理区域。

9. 交货地点(Place of Delivery)。填写最终目的地名称,如最终目的地就是卸货港,则此栏留空。

10. 集装箱号、铅封号与唛头(Container No., Seal No., Marks and Nos.)。按实际情况填写集装箱号、铅封号和唛头。唛头应与发票等单据相同栏目一致,信用证无规定时,箱装货,可按发票上的唛头填写;散装货,则写上"N/M"。托运时,一般集装箱封号可以不填,但在提单上必须填报每一个集装箱的箱号、铅封号。

11. 货物包装及件数(Number and Kind of Packages)。填写实际装运的最大包装数量和包装单位,如"100 Cartons"(100 纸箱);同时在大写合计栏内填写英文单词表示的总件数"SAY ONE HUNDRED CARTONS ONLY"。

如货物包括两种以上不同包装单位,应分别填列不同的包装单位的数量,再表示总合计数。例如:

表 10－2　海运提单样例(以第三章信用证样例为例)

1. Shipper Insert Name, Address and Phone CHANGZHOU BAOYAO PHARMACEUTICALS CO. LTD MEILONGBA SOUTHERN SURRBS CHANGZHOU JIANGSU, 213004 CHINA	20. B/L No. 09CO-BHY 0709 **中远集装箱运输有限公司(21)** COSCO CONTAINER LINES **TLX:33057 COSCO CN** **FAX: +86(21) 6545 8984**
2. Consignee Insert Name, Address and Phone TO THE ORDER OF BANK OF MONTREAL	**ORIGINAL** 21. Port－to－Port or Combined Transport **BILL OF LADING**
3. Notify Party Insert Name, Address and Phone (It is agreed that no responsibility shall attach to the Carrier or his agents for failure to notify) APOTEX INC., 150 SIGNET DRIVE, TORONTO, ONTARIO, M9L 1T9 CANADA	RECEIVED in external apparent good order and condition except as otherwise noted. The total number of packages or unites stuffed in the container, the description of the goods and the weights shown in this Bill of Lading are furnished by the Merchants, and which the carrier has no reasonable means of checking and is not a part of this Bill of Lading contract. The carrier has Issued the number of Bills of Lading stated below, all of this tenor and date, one of the original Bills of Lading must be surrendered and endorsed or signed against the delivery of the shipment and whereupon any other original Bills of Lading shall be void. The Merchants agree to be bound by the terms and conditions of this Bill of Lading as if each had personally signed this Bill of Lading. SEE clause 4 on the back of this Bill of Lading (terms continued on the back hereof, please read carefully). * Applicable only when document used as a Combined Transport Bill of Lading.

4. Combined Transport * Pre-carriage by	5. Combined Transport * Place of Receipt
6. Ocean Vessel Voy. No. Henghe Voy. 121	7. Port of Loading NINGBO, CHINA
8. Port of Discharge TORONTO, ONTARIO, CANADA	Combined Transport * 9. Place of Delivery

10. Marks & Nos. Container/Seal No.	11. No. of Containers or Packages	12. Description of Goods (If Dangerous Goods, See Clause 20)	13. Gross Weight Kgs	14. Measurement
APOTEX **4500189719** **TORONTO** **CTN No. 1-50**	**50CTNS**	CHLORDIAZEPOXIDE HCL USP L/C NO. BMT0629292IM FREIGHT PREPAID	520.00 KGS.	6.000 M^3
		Description of Contents for Shipper's Use Only (Not part of This B/L Contract)		

15. Total Number of containers and/or packages (in words)　　SAY TOTAL FIFTY CTNS ONLY.
Subject to Clause 7 Limitation

16. Freight & Charges Declared Value Charge	Revenue Tons	Rate	Per	Prepaid	Collect

Ex. Rate:	Prepaid at	Payable at	18. Place and date of issue NINGBO, CHINA 22 MARCH 2009
	Total Prepaid	17. No. of Original B(s)/L THREE(3)	19. Signed for the Carrier COSCO CONTAINER LINES

LADEN ON BOARD THE VESSEL　　Henghe Voy. 121　　顾江　AS CARRIER

DATE　22 MARCH 2009　　BY　　COSCO　顾江

300 bags
500 drums
800 packages

同时在大写合计栏填写:"SAY EIGHT HUNDRED PACKAGES ONLY"。

散装货物件数栏只填"In Bulk",大写合计栏可不填。

12. 货物的描述(Description of Goods)。一般只填写货物的名称,应与托运单相应栏目填写相同。货名应符合信用证规定,并与发票及其他的单据一致。根据《UCP600》第14条e款规定,提单中的货物描述可以使用概括性用语,但不能与信用证中货物描述(即商业发票中的货物描述)抵触。

应注意的是,货物描述使用统称或概括性用语,不能理解为使用商品的集合名称,如"garments"(服装)、"footware"(鞋类)等。在有些国家,提单如使用类似商品的集合名称描述,货物进口清关时会遇到麻烦。

又如,商业发票中货物描述栏分别显示"Men's training trousers;Children's training trousers",提单货物名称不能简单合并为"Men's/Children's training trousers"。因为符号"/"既可表示为"和",也可表示为"或",用于货物描述,容易产生歧义。

13. 毛重(Gross Weight)。填写总毛重。毛重一般用千克(kgs.)作为计量单位,按四舍五入处理,通常保留两位小数。

当货物没有毛重只有净重时,如裸装货物,则可填写"N. W. ×× KGS",不得留空。

14. 尺码(Measurement)。填写总体积。体积一般用立方米(M^3)为计量单位,通常保留三位小数,按体积计费时,一定要填写体积。

15. 大写包装单位数量(Total Number of P'kgs in Words)。把13栏的小写包装件数用英文单词表示填入本栏。开头一般写"SAY",结尾写"ONLY"。如小写总件数为"100 Cartons",则本栏填写为"SAY ONE HUNDRED CARTONS ONLY"。如果信用证规定货物有包装同时又要求集装箱运输,则同时注明大写的包装件数和集装箱个数。如"SAY FOUR HUNDRED CARTONS IN ONE TEU ONLY"(一个20英尺标准集装箱,共400纸箱)。

16. 运费支付(Freight and Charges)。填写运费支付情况。应参照发票中的价格术语填写。

如CIF、CFR条件下,应填写"运费已付"(Freight Paid)或"运费预付"(Freight Prepaid);FOB条件下,填写"运费到付"(Freight Collect/Freight Payable at Destination)。

17. 正本提单份数(No. of Original B/L)。信用证项下提单正本份数一定要按信用证规定的份数出具,并用英文单词(大写)填写。如"ONE""TWO""THREE"。

18. 提单签发地点与时间(Place and Date of Issue)。指承运人接管货物的地点与时间。提单签发日期除收妥备运提单外均为装船日期,装船日期不能迟于信用证规定的装运期。在此,根据有关的国际惯例规定,应掌握:

(1)每张提单必须有签发日期。其日期一般为货物装船完毕的日期。

(2)银行接受签发日期早于信用证开证日期的提单。

(3)提单签发地点一般与装运港一致,如该地不一致,银行也可以接受。

19. 承运人签字(Signed for the Carrier)。提单须注明承运人名称,并由承运人或其具名代理人、船长或其具名代理人签字。根据《UCP600》第20条的规定,提单在签署的同时还需注明签署人的身份"As carrier"(作为承运人)或"As agent"(作为代理人)。此外,如果签署人是代理人身份,还需注明其是承运人还是船长的代理,承运人的代理需有承运人的名称,船长的代理无须有船长姓名。例如提单的承运人为“SINOTRANS”;承运人的具名代理人为“WAN HAI SHIPPING COMPANY”。提单的签署具体写法如下:

(1)提单签署人为承运人。

提单第(21)栏中显示:SINOTRANS

本栏签章为:SINOTRANS(章)

×××(签字)As Carrier(作为承运人)

(2)提单签署人为承运人的具名代理人。

提单第(21)栏中显示:SINOTRANS

本栏签章为:WAN HAI SHIPPING COMPANY(章)

×××(签字)As agent for and on behalf of the carrier SINOTRANS

(3)提单签署人为船长。

提单第(21)栏中显示:SINOTRANS

本栏签章为:×××(签字)As Master of the carrier SINOTRANS

(4)提单签署人为船长的具名代理人。

提单第(21)栏中显示:SINOTRANS

本栏签章为:WAN HAI SHIPPING COMPANY(章)

×××(签字)

As agent for and on behalf of the master of the carrier SINOTRANS

注意:在表10-2提单第(21)栏显示的“SINOTRANS”如果没有特别说明为“the carrier”(承运人),那么在签署栏一定要注明谁是承运人。

20. 提单号(B/L No.)。提单上必须注明承运人或其代理人指定的编号。没有提单号,提单无效,一般列在提单右上角,由提单的签发人统一编制,提单号通常与船公司签发的装货单和收货单所用号码相一致。提单号是查询、报检、报关、跟踪货物、收运杂费、归档等环节中不可缺少的一项重要内容。

21. 承运人与提单的名称(Carrier and Name of B/L)。表明承运人与提单的名称。根据《UCP600》第20条的解释,提单,无论其名称如何,必须表明承运人名称并由承运人或其具名代理人、船长或其具名代理人签署。

四、信用证关于海运提单条款的说明与举例

信用证关于提单条款的表述不尽相同,通常表述为:“Full set clean on board ocean bill of lading made out to order endorsed in blank marked freight prepaid notify applicant.”(全套清洁的已装船的海运提单,做成凭指示抬头,空白背书,注明运费预付,通知开证申请人)。

以下就信用证中的提单条款内容进行说明并举例。

(一)关于提单的份数

提单的份数必须严格按信用证规定办理。《UCP600》第17条规定,信用证如要求多份单据,则提交一份正本,其余提交副本即可,但此条款对提单则不适用,因为按《UCP600》第20条规定,如所签发的多张正本提单,则需要全套正本。据此,当信用证要求一份以上正本提单时,受益人必须提交全套正本提单,而不能提交一份正本,其余份数以副本代替。

出口单证实务中信用证对提单份数的要求举例：

如信用证规定提单份数为“全套”(full set)，则按《UCP600》的规定，“开立全套正本提单可以是仅有一份正本提单或是一份以上正本提单”。实务中船公司一般提供一套三份正本，并在提单份数栏(No. of original B/L) 填上“THREE”。

如信用证规定“Full set 3/3 original clean on board ocean B/Ls”，则制作一套三份正本提单，在提单份数栏填上“THREE”，并将三份正本一起提交给银行。

如信用证规定“Full set(at least three)original clean on board B/Ls…”指制作全套至少三份正本提单，在提单份数栏内填上“THREE”，并将三份正本提交给银行。

如信用证规定“Full set less one on board B/L”，指制作全套正本，向银行交单时减去一份正本。例如签发三份正本提单，交单时，提交两份。另一份正本做何处理，信用证应做交代，如无交代，交单时提交全套三份正本提单银行也会接受。

正本提单一般注明正本“ORINGINAL”字样，以区别于副本提单。

(二)关于“清洁的、已装船的”海运提单

国外开来的信用证一般都规定提供“……清洁的、已装船的海运提单”(…clean on board ocean B/L)。根据《UCP600》第20、27条的有关规定，银行拒绝接受载有货物或包装外表状况有缺陷批注的提单以及除非信用证另有规定，银行只接受“已装船”提单。

1. 清洁提单(Clean B/L)。清洁提单指提单上没有任何明确表明“货物或包装有缺陷”的批注。提单上常见的货物或包装有缺陷的批注如下：

(1) Five packages in damaged condition (5件损坏)。

(2) Ten cases sustained water damage(10箱遭水渍)。

(3) Insufficiently packed for ocean voyage(包装不适海运)。

(4) Iron strap loose or missing(铁皮条松失)。

(5) Seven bags torn(7包扯破)。

(6) Two cases short shipped(2箱货短装)。

(7) A few drums leaking or seeping(有几桶渗漏)。

(8) Some cases slightly broken(几箱轻微破损)。

(9) The cloth bags have been stained(布袋遭污染)。

(10) About five percent of goods have been crushed(约5%的货物被压碎)。

…

但实务中，有时承运人为免去其责任，在提单上声明对包装性质而引起损坏或损失予以保留条款，并不作为声明货物有缺陷，则银行对此不能以不清洁为由，拒受单据。以下三种情况不构成不清洁提单：

(1)不明确表示货物或包装有缺陷。如只批注“used cases”(旧包装箱)、“used drums”(旧桶)、“Second-hand gunny bags”(二手麻袋)等。

(2)强调承运人对于货物或包装性质所引起的风险不负责任的免责批注。如在集装箱提单上加注 “said to contain” (据称内装)、“Shipper's load and count” (托运人装载和计数)等。

(3)否认承运人知晓货物的内容、重量、容积、质量或技术规格的批注。如“Shipper's load, count and seal, carriers not responsible for quality, quantity, packing, condition and/or nature of goods."(发货人自装、自点、自封,承运人不负责货物的质量、数量、包装等条件的清点和复核),这是船东的一种自我保护措施,因为承运人提单上面的货物状况(件数、包装、重量、名称等)都是发货人提供的,承运人无法核实,只能用了这个批注作为免责声明。

2. 已装船提单(On board B/L or Shipped B/L)。已装船提单是指货物已经装上指定船只后,承运人所签发的提单。这种提单必须注明船名与装船日期,除非信用证另有规定,银行通常只接受"已装船"提单。根据《UCP600》的解释,可通过以下两种方式表明货物已在信用证规定的装货港装上具名船只:

(1)提单上预先印就"已装船"文字。如"Shipped on board the vessel named herein apparent good order and condition..." 或 "Shipped in apparent good order and condition..."(在货物外表状况良好的条件下装上指定的船只……)。这种提单通常被称为"已装船"提单,提单上的签发日期就是装船日期,须在信用证规定的装运期内。

(2)如果提单上没有列明信用证规定的装运港,或载有"预期船只"(intended vessel),或类似关于船名的限定语,则货物装上指名船只后,承运人需在提单上加注"已装船"(on board),即注明装运港、实际船名、装船日期、承运人简签等内容,该批注的日期视为装运日期,而提单的签发日期不能视作装运日期。

(三)关于提单的背书(Endorse)

背书是实现提单转让的一种手段。提单经过背书后,提单本身所代表的物权便产生变化,转让提单也就是转让了物权。根据提单的收货人(抬头)不同,可分为记名抬头、不记名抬头和指示抬头提单。

1. 记名提单(Straight B/L)。指提单收货人(consignee)一栏明确规定特定的收货人,即填写"Deliver to ××× Co. Only"。其特点是只能由特定收货人提货,托运人不能对提单背书进行转让。一般多为贵重物品运输所使用的提单。

2. 不记名提单(Bearer B/L)。指在提单收货人一栏留空或填写"To bearer"(交来人)。其特点是提单无须背书,任意转让,即谁持有提单,谁就可以提取货物。

3. 指示提单(Order B/L)。指在提单收货人一栏填写"To order"或"To the order of shipper/ ××× bank/ ××× Co. Ltd"。其特点是提单只有经过背书,才能进行转让。

提单的背书主要有空白背书、记名背书和指示背书等几种形式。

1. 空白背书。就是在提单的背面仅写上背书人(提单转让人)的名称并签字盖章。空白背书示例如下:

FOR ×××　　　　(背书人的名称)

SIGNED (签字)

2. 记名背书。就是在提单的背面写上背书人及签字盖章,还列明被背书人的名称。记名背书示例如下:

DELIVER TO ×××　　　　(被背书人名称)
FOR ×××　　　　(背书人名称)

SIGNED (签字)

3. 指示背书。指背书人在提单背面写明"凭×××指示"的字样，同时由背书人签字盖章。经过指示背书的指示提单还可以进行背书，但背书必须连续。指示背书示例如下：

DELIVER TO THE ORDER OF ××× （被背书人名称）

FOR ××× （背书人名称）

SIGNED （签字）

提单的抬头与背书直接关系到物权归谁所有和能否转让等问题，因此，一定要严格按照信用证要求办理。以下是出口单证实务中指示提单抬头的填写和背书方法举例：

1. 如信用证规定提单条款为" Full set of B/L made out to order endorsed in blank..."或"...Made onto order endorsed in blank..."，则在提单收货人一栏内填写"To order"或 "Onto order"，并由发货人做成空白背书。

2. 如信用证规定提单条款为"...Made out to the order of shipper and blank endorsed..."或"...Made out to shipper's order and blank endorsed..."，则在提单收货人一栏内填写"To the order of ××× Co.（发货人）"或"To the order of shipper "，并由发货人做成空白背书。

3. 如信用证规定提单条款为"...Made out to our order"，则在提单收货人一栏内填写"To order of ××× bank（开证行）"，并由开证银行背书。

4. 如信用证规定提单条款为"...Made out to order delivery to order of ××× bank"，则在提单收货人一栏内填写"To order"，由发货人做指示背书，即在提单背面背书"Delivery to the order of ××× bank"并签字盖章。

5. 如信用证规定提单条款为"...Made out to the order of ××× bank or to order"，则只能选择其中一种或是"To the order of ××× bank"或是"To order"填入提单收货人一栏，并由有关银行（前者）或发货人（后者）背书。

（四）信用证的提单条款举例与操作

1. Full set of clean on board B/L issued to our order, marked notifying applicant and freight prepaid and showing full name and address of the relative shipping agent in Kuwait.

操作：①提交清洁已装船提单全套正本（几份视船公司签署习惯）；②收货人（抬头）填写"To order of ××× bank"（凭开证行指示）；③被通知人填写开证申请人的名称、地址及电话、传真（如果有）；④注明"Freight prepaid"（运费预付）；⑤注明船公司在科威特代理的全称和详细地址。

2. Full set clean on board port to port Bill of Lading, made out to the order and endorsed to our order , marked freight prepaid dated not later than the latest date of shipment nor prior to the date of this credit. plus three non-negotiable copies.

操作：①提交港至港清洁已装船提单全套正本（几份视船公司签署习惯），加上三份不可转让的副本；②收货人（抬头）填写 "To order"，并由受益人背书成"Delivery to order of ××× bank（开证行）"；③被通知人填写开证申请人的名称、地址及电话、传真（如果有）或正本提单此栏留空不填；④注明"Freight prepaid"（运费预付）；⑤提单的装船日期不得迟于最迟装运日期，也不得早于信用证的开证日期。

3. 3/3 set clean on board ocean Bill of Lading issued to order, blank endorsed marked freight payable at destination notify as Han Trading Company and showing invoice value, unit price, trade terms, con-

tract number and L/C number unacceptable, Bill of Lading to state shipment has been effected in containers and container numbers, short form Bills of Lading are not acceptable.

操作:①提交清洁的已装船的全式提单全套三份正本;②收货人(抬头)填写"To order",并由托运人进行空白背书;③被通知人填写"Han Trading Company";④注明"Freight payable at destination"(运费在目的地支付);⑤不得将发票金额、单价、价格术语、合同号码和信用证号等内容打在提单上。⑥注明集装箱装运及集装箱号码。

4. Full set clean on board ocean Bill of Lading, made out to order and blank endorsed, evidencing shipment from Guangzhou to Seattle not later than April 05 2014, marked freight prepaid and notify to the buyers, indicating L/C No. and S/C No., received for shipment B/L not acceptable.

操作:①提交清洁的已装船的海运提单全套正本(几份视船公司签署习惯)。②收货人(抬头)填写"To order",并由托运人进行空白背书;③被通知人填写买方的名称与地址;④注明从广州运至西雅图,不得迟于2014年4月5日装船;⑤注明"Freight prepaid"(运费预付);⑥注明信用证号与合同号;⑦不接受收妥备运提单。

5. FULL SET OF ORIGINAL CLEAN "SHIPPED ON BOARD" MARINE BILLS OF LADING MADE OUT OR ENDORSED TO ORDER OF BANK ALFALAH LIMITED, CENTRALIZED IMPORTS, 11TH FLOOR, BUSINESS PLAZA, MUMTAZ HASSAN ROAD, KARACHI, PAKISTAN, MARKED FREIGHT COLLECT AND MARKED NOTIFY APPLICANT AND OURSELVES. BILL OF LADING MUST SHOW NAME, ADDRESS, TELEPHONE AND FAX NUMBER OF LOCAL SHIPPING AGENT IN PAKISTAN.

操作:①提交清洁已装船的海运提单全套正本(几份视船公司签署习惯,签出的正本悉数提交)。②收货人抬头可做成或背书成"TO ORDER OF BANK ALFALAH LIMITED, CENTRALIZED IMPORTS, 11TH FLOOR, BUSINESS PLAZA, MUMTAZ HASSAN ROAD, KARACHI, PAKISTAN"(凭阿尔法拉银行指示),这个提单条款给受益人提供了可选择的收货人抬头的做法,即收货人直接做成"凭阿尔法拉银行指示",这样就不需要背书了,或者是收货人抬头填"TO ORDER"或"TO ORDER OF SHIPPER",然后交单时作为托运人的受益人再做如下背书:"DELIVERY TO ORDER OF BANK ALFALAH LIMITED, CENTRALIZED IMPORTS, 11TH FLOOR, BUSINESS PLAZA, MUMTAZ HASSAN ROAD, KARACHI, PAKISTAN",实务中很多人都选择把收货人抬头人做成凭银行指示而免去背书的麻烦,但是却放弃了控制物权的权利。③提单上要标注"FREIGHT COLLECT"(运费到付)。④提单的被通知人栏需要填写两个人:开证申请人与开证行(信用证中的第一人称代词指代的是发出信用证的开证行)。⑤提单上要注明船运公司在巴基斯坦当地代理的名字、地址、电话与传真号码。参照《ISBP745》第E23段,如果提单上显示的代理公司不在巴基斯坦也不属不符。

6. 46A: DOCUMENTS REQUIRED

\+ FULL SET LESS ONE OF CLEAN ON BOARD MARINE BILLS OF LADING MADE OUT TO ORDER OF RITONI CO., LTD., MARKED "FREIGHT COLLECT", NOTIFY: RITONI CO., LTD. TOKYO HEAD OFFICE 4 - 15 4 CHO - ME, KAMIYA, KITAKU, TOKYO JAPAN FAX NO 81 - 3 - 6751 - 8712. SURRENDER B/L ACCEPTABLE, IN CASE OF SURRENDER B/L, ONE COPY OF SURRENDERED B/L MADE OUT TO RITONI CO., LTD. REQUIRED, ORIGINAL B/L MUST BE SURRENDERED TO THE SHIPPING COMPANY.

+ BENEFICIARY´S CERTIFICATE STATING THAT ONE ORIGINAL CLEAN ON BOARD OCEAN BILLS OF LADING(NON - NEGOTIABLE B/L REQUIRED IN CASE OF SURRENDER B/L) AND NON - NEGOTIABLE COPY OF OTHER DOCUMENTS HAVE BEEN SENT DIRECTLY TO RITONI CO. ,LTD. TOKYO HEAD OFFICE WITHIN 5 DAYS AFTER SHIPMENT, AND THE COPY OF COURIERS RECEIPT IS REQUIRED FOR NEGOTIATION.

操作:①提交清洁已装船海运提单全套正本少一份(“LESS”在此是“减去”的意思,所以全套正本须是两份或以上数字,后面受益人证明有要求直接寄一份正本给开证申请人,换一种表达方式则为“2/3SET”)或正本提单交给船公司出电放提单,交单时交一盖有电放章的副本提单;②提单收货人抬头做成“TO ORDER OF RITONI CO., LTD.”,如果是电放提单,则为“RITONI CO., LTD.”;③提单上要标注“FREIGHT COLLECT”(运费到付);④被通知人栏填“RITONI CO.,LTD. TOKYO HEAD OFFICE 4 - 15 4 CHO - ME, KAMIYA, KITAKU, TOKYO JAPAN FAX NO 81 - 3 - 6751 - 8712”,⑤一份正本的提单(提单电放时为副本提单)及其他信用证要求的单据副本在装运后5天内直接寄给 RITONI 有限公司东京总部,受益人的寄单证明及快递收据副本一起交单议付。

这是典型的近洋运输的提单条款要求,日本、韩国的来证中常见要求一份正本提单直寄开证申请人或提单电放,提单电放是托运人要求船公司不出正本提单而直接通过电讯等快捷方式通知其在目的港代理在货物到港后直接放货给托运人指名的收货人,托运人须凭电放保函及支付电放费用办理此项业务(如船公司已出正本提单,须把全套正本提单交回船公司才能办理此项业务),电放等于是放弃了凭正本提单提货的权利,对尚未收到或收齐货款的受益人存在极大风险。受益人接受这样的条款须充分考虑收款风险。

第四节　其他运输单据

一、航空运单

航空运单(Airway bill)是由承运的航空公司或其代理人在接管货物后签发的一份货物运输单据,是托运人和承运人之间就航空货物运输所订立的运输合同。但它不是物权凭证,不能凭以提货,不能转让。

(一)航空运单的种类

航空运单主要分为两大类:

1. 航空主运单(Master Air Waybill, MAWB)。凡由航空运输公司签发的航空运单就称为主运单。它是航空运输公司据以办理货物运输和交付的依据,是航空公司和托运人订立的运输合同,每一批航空运输的货物都有自己相对应的航空主运单。

2. 航空分运单(House Air Waybill, HAWB)。集中托运人在办理集中托运业务时签发的航空运单被称作航空分运单。

在集中托运的情况下,除了航空运输公司签发主运单外,集中托运人还要签发航空分运单。在这中间,航空分运单作为集中托运人与实际托运人之间的货物运输合同,合同双方分别为具体的货方某甲、某乙等公司(实际托运人)和集中托运人;而航空主运单作为航空运输公司与集中托运人之间的货物运输合同,不仅如此,由于在起运地货物由集中托运人将货物交付航空运输公司,在目的地由集中托运人或其代理从航空运输公司处提取货物,再转交给收货人,因而货主与航空运输公司也没有直接的货物交接关系。

(二)航空运单的作用

1. 它是发货人与航空承运人之间的运输合同。与海运提单不同,航空运单不仅证明航空运输合同的存在,而且航空运单本身就是发货人与航空运输承运人之间缔结的货物运输合同,在双方共同签署后产生效力,并在货物到达目的地交付给运单上所记载的收货人后失效。

2. 它是承运人签发的已接收货物的证明。在发货人将货物发运后,承运人或其代理人就会将其中一份交给发货人,作为已经接收货物的证明。除非另外注明,它是承运人收到货物并在良好条件下装运的证明。

3. 它是承运人据以核收运费的账单。航空运单分别记载着属于收货人负担的费用,属于应支付给承运人的费用和应支付给代理人的费用,并详细列明费用的种类、金额,因此可作为运费账单和发票。承运人往往也将其中的承运人联作为记账凭证。

4. 它是报关单证之一。出口时航空运单是报关单证之一。在货物到达目的地机场进行进口报关时,航空运单也通常是海关查验放行的基本单证。

5. 它是货物保险证明。如果承运人承办保险或发货人要求承运人代办保险,则航空运单也可用来作为保险证书。

6. 它是承运人内部业务的依据。航空运单随货同行,以证明货物的身份。运单上载有有关该票货物发送、转运、交付的事项,是承运人对货物运输全过程做出相应安排的依据。

7. 它是货物交付后的收据。银行结汇单据之一。

(三)航空运单的份数

航空公司每承运一批货物,均须由托运人或者托运人委托承运人填写一套航空主运单(见表10-3、附表1-9)。国际航空运输协会(International Air Transport Association,IATA)推荐的标准航空运单每套一式十二联,三联正本,其余均为副本。三联正本具有初步证据的效力,正本背面印有运输条件(承运条款),三联正本分别以不同颜色的纸张印制,各有不同用途,第一联(浅绿色)交承运人,由承运人留存,作为收取运费和记账的凭证;第二联(粉红色)交收货人,作为收货人核收货物的依据;第三联(浅蓝色)交托运人,作为承运人接受货物的初步证据。副本4(浅黄色)为提货收据,由收货人在提货时签字,到站留存备查。其余副本(白色)分别供代理人、到站机场和第1、2、3承运人等使用。

(四)航空运单的主要内容与缮制

航空运单与海运提单类似,也有正面、背面条款之分,也分有出票航空公司(Issue Carrier)标志的航空运单和无承运人标志的中性航空运单两种。通常不同的航空公司也会有自己独特的航空运单格式,但各航空公司所使用的航空运单大多借鉴IATA所推荐的标准格式,差别并不大。所以我们这里介绍这种标准格式,也称中性运单。下面按表10-3所附空运单中的编号顺序就有关需要填写的栏目说明如下:

1. 始发站机场(Airport of Departure)。填写始发站机场的IATA三字代码,由承运人填写。如果没有机场的IATA三字代码,可以填写机场所处城市的IATA三字代码。这一栏应该和第9栏相一致。

(1A)IATA 统一编制的航空公司代码,如中国国际航空公司的代码就是999。

(1B)运单号码,由八位数字组成,前七位为顺序号,第八位为校验码。其校验码为前7位顺序号除以7的余数,因此第八位数的取值在0~6之间。

(1C)空运单所属承运人的名称及地址(Issuing Carrier's Name and Address)。

此处一般印有航空公司的标志、名称和地址。例如附录一中附表1-9的"中国国际航空公司货运单",如是用中性空运单,则须在本栏打上作为承运人的航空公司名称。此栏中印有"Not Negotiable"(不可转让)字样不可被删去或篡改,其所有权属于出票航空公司。任何IATA成员都不允许印制可以转让的航空运单。

(1D)正本联说明(Reference to Originals),已印就"Copies 1, 2 and 3 of this Air Waybill are originals and have the same validity"(本空运单的第一、二、三联是具有同等效力的正本),无须填写。

(1E)契约条件(Reference to Conditions of Contract),已印就,一般情况下无须再填写,除非承运人需要。

2. 托运人姓名、住址(Shipper's Name and Address)。填写托运人的全名、地址、所在国家及联络方法。信用证结算条件下,托运人一般为受益人。

3. 托运人账号(Shipper's Account Number)。只在必要时填写(承运人需要)。

4. 收货人姓名、住址(Consignee's Name and Address)。应填写收货人姓名、地址、所在国家及联络方法。与海运提单不同,因为空运单不是物权凭证,不可转让,所以"TO ORDER"(凭指示)之类的字样不应出现。信用证条件下应是信用证要求的航空运单中的收货人,一般是开证申请人或开证行,《ISBP745》第H13段规定,如果信用证要求空运单收货人抬头做成"TO ORDER"或者"TO ORDER OF ×××",那么提交收货人为开证申请人或×××的记名空运单,银行也接受。

5. 收货人账号(Consignee's Account Number)。同3栏一样只在必要时填写。

6. 承运人代理的名称和所在城市(Issuing Carrier's Agent Name and City)。填写承运人代理的名称及其所在的城市,应清楚、详细。

7. 代理人的IATA代号(Agent's IATA code)。代理人在非货账结算区(Non-Cass Areas)填其在IATA的7位数字代码,例14-30288;代理人在货账结算区(Cass Areas)填其IATA的7位数字代码,再加三位Cass地址代码和一位校验码,如34-41234/5671。

8. 代理人账号(Account No.)。本栏一般不需填写,除非承运人需要。

9. 始发站机场及所要求的航线(Airport of Departure and Requested Routing)。此栏填写与第1栏中一致的始发站机场名称,以及所要求的运输路线。与第1栏不同的是,此栏始发站机场或所在城市应填英文全称而非简称或代码。信用证结算方式下,此栏及第1栏的始发机场应该是SWIFT信用证44E域指定的机场或在44E域指定的区域内的某一具体机场。

10. 结算信息(Accounting Information)。填写与结算有关的注意事项,一般只在使用特殊的付款方式时填写。

11. 运输路线和目的站(Routing and Destination)。

(11A)去往(第一转运站)(To):本栏填写目的站机场或第一个转运站的IATA三字代码(当该城市有多个机场,不知道机场全称时,可用城市代码)。

(11B)由第一程运输承运人(By First Carrier):本栏填写第一程运输承运人的名称(全称或IATA两字代码皆可)。

表 10－3　IATA－FIATA 联合推荐的航空运单标准格式

(1A)|(1)|(1B)| (1A) (1B)

Shipper's Name and Address (2) | (3) Shipper's Account Number

Not Negotiable
Air Waybill (1C)
ISSUED BY

Copies 1,2 and 3 of this Air Waybill are originals and have the same validity. (1D)

Consignee's Name and Address (4) | (5) Consignee's Account Number

It is agreed that the goods described herein are accepted in apparent good order and condition (except as noted) for carriage SUBJECT TO THE CONDITIONS OF CONTRACCT ON THE REVERSE HEREOF. ALL GOODS MAY BE CARRIED BY ANY OTHER MEANS INCLUDING ROAD OR ANY OTHER CARRIER UNLESS SPECIFIC CONTRARY INSTRUCTIONS ARE GIVEN HEREON BY THE SHIPPER, AND SHIPPER AGREES THAT THE SHIPMENT MAY BE CARRIED VIA INTERMEDIATE STOPPING PLACES WHICH THE CARRIER DEEMS APPROPREATE. THE SHIPPER'S ATTENTION IS DRAWN TO THE NOTICE CONCERNING CARRIER'S LIMITATION OF LIABILITY. Shipper may increase such limitation of liability by declaring a higher value for carriage and paying a supplemental charge if require. (1E)

Issuing Carrier's Agent Name and City (6)

Accounting Information (10)

Agent's IATA Code (7) | Account No. (8)

Airport of Departure (Addr. of First Carrier) and Requested Routing (9)

Reference Number | Optional Shipping Information
(34A) (34B) (34C)

TO (11A)	By First Carrier Routing and Destination (11B)	to (11C)	by (11D)	to (11E)	by (11F)	Currency (12)	CHGS Code (13)	WT/VAL PPD (14A)	WT/VAL COL (14B)	OTHER PPD (15A)	OTHER COLL (15B)	Declared Value for carriage (16)	Declare Value for Customs (17)

Airport of Destination (18) | Flight/date for Carriage Use Only Flight/date (19A) (19B)

Amount of insurance (20) | INSURANCE-If carrier offers insurance and such insurance is required in accordance with the conditions thereof, indicate amount to be insured in figures in box marked "amount of insurance". (20B)

Handling Information (21)
(20A) (21A) SCI

No. of pieces RCP	Gross Weight	kg Lb		Rate class	Commodity Item No.	Chargeable weight	Rate / Charge	Total	Nature and Quantity of Goods (incl. Dimensions or Volume)
(22A)	(22B)	(22C)	(22Z)	(22D)	(22E)	(22F)	(22G)	(22H)	(22I)
(22J)	(22K)							(22L)	

Prepaid	Weight charge	Collect	Other charges
(24A)		(24B)	(23)
Valuation Charge (25A)		(25B)	
Tax (26A)		(26B)	
Total Other Charges Due Agent (27A)		(27B)	Shipper certify that the particulars on the face hereof are correct and that in so far as any part of the consignment contains dangerous goods, such part is properly described by name and is in proper condition for carriage by air according to the applicable dangerous goods Regulations.
Total Other Charges Due Carrier (28A)		(28B)	(31)
(29A)		(29B)	Signature of shipper or his Agent
Total Prepaid (30A)		Total Collect (30B)	(32A) (32B) (32C)
Currency Conversion Rates (33A)		CC Charges in Dest. Currency (33B)	Executed on (date) at (place) Signature of Issuing carrier or its Agent
For Carrier's use only at Destination (33)		Charges at Destination (33C)	Total Collect Charges (33D)

ORIGINAL 3(FOR SHIPPER)A

(11C)去往(第二转运站)(To):本栏填写目的站机场或第二个转运站的 IATA 三字代码(当该城市有多个机场,不知道机场全称时,可用城市代码)。

(11D)由第二承运人(by Second Carrier):本栏填写第二承运人的 IATA 两字代码。

(11E)去往(第三转运站)(To):本栏填写目的站机场或第三个转运站的 IATA 三字代码(当该城市有多个机场,不知道机场全称时,可用城市代码)。

(11F)由第三承运人(by Third Carrier):本栏填写第三承运人的 IATA 两字代码。

12. 币种(Currency)。填写始发站所在国家的流通货币三字代码(由 ISO 规定)。除 33A 至 33B 栏以外,空运单上所有货物运费及其他费用均应以此币种表示。

13. 运费代码(CHGS CODE)。填写货物运费的支付方式。本栏仅供承运人用,一般不需填写,仅供电子传送空运单信息时使用。

14. 航空运费/声明价值附加费的付款方式(WT/VAL,Weight Charge/Valuation Charge)。此处可以有预付(PPD,Prepaid)和到付(COLL,Collect)两种情况,即 24 栏的根据货物计费重量乘以适用的运价收取的运费(weight charge)与 25 栏的声明价值附加费(valuation charge)的预付 14A 或是到付 14B,空运单上 24、25、26 三栏如有内容,必须是同时在 24A、25A、26A 栏出现或同时在 24B、25B、26B 栏出现,即这三项费用必须全部预付或全部到付,不能分别以不同方式支付。如“预付”在 14A 中填入“×”,否则在 14B 中填入“×”。

15. 其他费用的付款方式(Other)。也有预付和到付两种支付方式。本栏表明支付给承运人代理的费用 27 栏和支付给承运人的费用 28 栏是以预付还是到付方式支付,与 14 栏一样,空运单上 27A 与 28A 或 27B 与 28B 须同时有内容才有效(不能 A、B 交叉有内容),即两项费用必须同时全部预付或同时全部到付。在 15A 中打“×”表示“预付”,在 15B 中打“×”表示“到付”。

16. 运输声明价值(Declared Value for Carriage)。在此栏填写托运人向承运人声明运输货物价值的金额。如果托运人不要求声明价值,则填入“NVD”(No Value Declared)。

17. 海关声明价值(Declared Value for Customs)。托运人在此填入向海关申报的货物价值,或者填入“NCV”(No Customs Valuation),表明没有声明价值。

18. 目的地机场(Airport of Destination)。填写货物目的站的机场名称,应填写英文全称,不得简写或使用代码。如有必要,填写该机场所属国家、州的名称或城市的全称。信用证结算方式下,此栏应该是 SWIFT 信用证 44F 域指定的机场或在 44F 域指定的区域内的某一具体机场。

19. 航班及日期(Flight/Date)。填入货物所搭乘航班及日期。19A 填写托运人已经订妥的航班/日期,19B 填写托运人已经订妥的续程的航班/日期。信用证结算方式下,此栏内容不作为货物装运日的表示。

本栏仅供承运人用,一般不需填写,除非参加运输各有关承运人需要。

20. 保险金额(Amount of Insurance)。在航空公司提供代办保险业务而托运人也有此需要时,此栏填写托运人货物投保的金额。如果承运人不提供此项服务或托运人不要求投保,此栏内必须填写“×××”或“NIL”字样。

21. 操作信息(Handling Information)。一般填写货物在仓储和运输过程中承运人对货物处理时所需要注意的事项,但必须注意,这些事项应不超过承运人的仓储、运输能力。如果有收货人以外的到货被通知方(Notify Party)也填入此栏。

(21A)SCI,海关信息:填写海关信息,仅在欧盟国家之间运输货物时使用。

22. 货物详情(Detail Goods)。本栏填写货物名称、数量、运价、运费等详细情况,具体如下:

(22A)货物件数和运价组成点(No. of Pieces RCP, Rate Combination Point):填写货物的件数,一票货物中如含有两种或两种以上不同运价类别计费的货物应分别填写,每填写一项另起一行,如果含有危险品,则该危险货物应列在第一项,并将总件数填写在22J内。如果货物运价系分段相加运价,将运价组成点(运价点)的IATA三字代码填写在件数下面。

(22B)毛重(Gross Weight):与件数相对应,填写货物的毛重,如果分别填写时,将总毛重填写在(22K)栏内。

(22C)重量单位(Kg/Lb):填写货物毛重的计量单位"K"或者"L",分别表示"千克"或者"磅"。

(22D)运价等级(Rate Class):针对不同的航空运价分别填写代码。

M—Minimum Charge(最低运费,或叫起码运费)

N—Normal Rate(45公斤以下货物适用的普通货物运价,也称普通货物标准运价)

Q—Quantity Rate(45公斤以上货物适用的普通货物运价,或叫重量分界点运价)

C—Specific Commodity Rate(指定商品运价,或叫特种货物运价)

R—Class Rate Reduction(低于普通货物运价的等级货物运价,或叫等级货物附减运价)

S—Class Rate Surcharge(高于普通货物运价的等级货物运价,或叫等级货物附加运价)

U—Unit Load Device Basic Charge or Rate(集装化货物基本运费或运价)

E—Unit Load Device Additional Rate(集装化货物附加运价)

X—Unit Load Device Additional Information(集装化货物附加说明)

Y—Unit Load Device Discount(集装化货物折扣)

(22E)商品代码(Commodity Item No.):根据不同的商品分情况填写。①使用指定商品运价时(即22D填C时),此栏填写指定商品品名代码;②使用等级货物运价时(即22D填R或S时),此栏填写附减或附加运价的比例(百分比);③根据从低原则使用重量分界点运价时,填写重量分界点运价代码及分界点重量;④如果是集装货物,填写集装货物运价等级。

(22F)计费重量(Chargeable Weight):此栏填入航空公司据以计算运费的计费重量,该重量可能是货物毛重,也可能是货物体积按6000立方厘米除得的体积重量,两者比较以数大者填入此栏。

如果是集装货物则:①与运价代码"U"对应填写适合集装货物基本运费的运价点重量;②与运价代码"E"对应填写超过使用基本运费的重量;③与运价代码"X"对应填写集装器空重。

(22G)运价(Rate/Charge):填入该货物适用的费率。

当使用最低运费时,此栏与运价代码"M"对应填写最低运费;

22D的运价代码为"N""Q""C" 等时,填写与之对应的运价;

22D的运价代码为"S"或"R"时,对应填写附加或附减后的运价;

如果货物是集装货物则:①与运价代码"U"对应填写集装货物的基本运费;②与运价代码"E"对应填写超过基本运费的集装货物运价。

(22H)运费总额(Total):填写根据货物运价和货物计费重量计算出的航空运费额。如果分别填写,将航空运费总额填写在22L内。如果是最低运费或集装货物基本运费,本栏与22G内金额相同。

(22I)货物的品名、数量,含尺码或体积(Nature and Quantity of Goods incl. Dimensions or Volume)：①填写货物的品名(用英文大写字母),货物品名不得填写表示货物类别的统称,如不能填写电器、仪器、仪表等。②当一票货物中含有危险货物时,应分列填写,危险货物应列在第一项并用其标准学术名称。③活动物运输,本栏内容应根据 IATA 活动物运输规定填写。④对应集合货物,本栏应填写“Consolidation as per Attached List”(集中运输见附页)并另附详细货物清单。⑤填写每件货物的外包装尺寸或体积,单位分别用厘米和立方厘米表示,货物尺寸按其外包装的“长×宽×高×件数”的顺序填写。尺寸分别以货物最长、最宽、最高边为基础。体积则是上述三边的乘积,单位为立方厘米或立方英寸。⑥作为货物运输的行李应填写其内容和数量,或随附装箱清单。⑦可打印货物的产地国。

(22J)该运单项下货物总件数:填写 22A 中各组货物的件数之和。

(22K)该运单项下货物总毛重:填写 22B 中各组货物毛重之和。

(22L)该运单项下货物总运费:填写 22H 中各组货物运费之和。

(22Z)此栏一般不需填写,除非承运人需要,此栏内可填写有关服务代号。

23. 其他费用(Other Charges)。指除运费和声明价值附加费以外的其他费用。填写其他费用的项目名称和金额。在始发站发生的其他费用应全部预付或者到付;也可以填写在运输过程中或目的站发生的其他费用,应全部预付或者到付,根据 IATA 规则,各项费用项目名称分别用三个英文字母表示。其中前两个字母是某项费用的代码,如运单费就表示为 AW(Air Waybill Fee)。第三个字母是 C 或 A,分别表示费用应支付给承运人(Carrier)或货运代理人(Agent)。

24. 航空运费(Weight Charge)。填写 22H 或 22L 中的航空运费总额,可以预付或者到付,预付填在 24A 中,到付填在 24B 中,只能以某一种方式填写,与 14 栏的支付方式对应。

25. 声明价值附加费(Valuation Charge)。如果托运人向承运人声明运输货物价值的话,填写按规定收取的声明价值附加费,可以预付或者到付,预付填在 25A 中,到付填在 25B 中,只能以某一种方式填写,与 14 栏的支付方式对应。

此栏依据此公式填写:(声明价值 - 实际毛重 × 最高赔偿额) × 0.5%。

由上式计得声明价值的附加费金额,此项费用与 22H 或 22L 中货物运费一起必须全部预付或全部到付。即运费填在 24A,那么这项费用就要填在 25A 中,如果运费填在 24B,那么这项费用就要填在 25B 中。

26. 税款(Tax)。填写按规定收取的税款额,可以预付或者到付,预付填在 26A 中,到付填在 26B 中,只能以某一种方式填写,并且必须同 24A 和 25A 或 24B 和 25B 使用同样的支付方式,即同时全部预付或者同时到付,与 14 栏的支付方式对应。

27. 支付给承运人代理的其他费用总额(Total Other Charges Due Agent)。填写付给承运人代理的其他费用总额,根据 23 栏中的相关项目(费用代码第三个字母为 A)汇总填写,可以预付或者到付,预付填在 27A 中,到付填在 27B 中,只能以某一种方式填写,与 15 栏的支付方式对应。

28. 支付给承运人的其他费用总额(Total Other Charges Due Carrier)。填写付给承运人的其他费用总额,根据 23 栏中的相关项目(费用代码第三个字母为 C)汇总填写,可以预付或者到付,预付填在 28A 中,到付填在 28B 中,只能以某一种方式填写。并且要与 27 中的支付方式一致。

29. 无名称阴影栏。本栏一般不需要填写,除非承运人需要。

30. 费用金额总计(Total)。此栏汇总 24、25、26、27、28、29(如有)这几个栏目中的金额;24A、25A、26A、27A、28A、29A 的金额汇总填入 30A 中,为预付总计金额;24B、25B、26B、27B、28B、29B

的金额汇总填入 30B 中,为到付总计金额。

31. 托运人或其代理人签字盖章栏(Signature of Shipper or his Agent)。由托运人或其代理人签字、盖章。

32. 承运人证明栏(Carrier's Execution Box)。

(32A)填开日期[Executed on (date)]:填写空运单的填开日期,年月日按日、月、年的顺序打印(月份可用缩写),如 15NOV2009。信用证结算方式下,一般此日期即为货物的发运日期,除非空运单中另有航班日期的具体批注(非 19 栏内容)。

(32B)填开地点[at(place)]:填写货运单的填开地点,为机场或城市的全称或缩写。

(32C)制单承运人或其代理人签字盖章(Signature of Issuing Carrier or Its Agent):由填制空运单的承运人或其代理人在此处签字、盖章。

33. 货币兑换及目的地机场收费纪录(For Carrier's Use only at Destination)。仅限在目的站由承运人填写。

(33A)货币兑换比价(Currency Conversion Rate):填写目的站国家货币代码,后面是兑换比率。

(33B)用目的站国家货币付费(CC, Charges in Destination Currency):将 30B 中所列到付总金额,使用 33A 的货币兑换比率折算成目的站国家货币的金额,填在本栏内。

(33C)在目的站的费用(Charges at Destination):最后承运人将目的站发生的费用金额包括利息(自然增长的)等填在本栏。

(33D)到付费用总额(Total Collect Charges):填写 33B 和 33C 的合计金额。

34. 选择性货运信息(Optional Shipping Information)

(34A)证明编号(Reference Number),用于打印托运人、代理人和承运人均认可的某些证明文件的编号。

(34B)无名栏目,用于打印某些承运人同意的事项。

(34C)无名栏目,用途同(34B)。

以上所有内容不一定要全部填入空运单,IATA 也并未反对在运单中写入其他所需的内容。但这种标准化的单证对航空货运经营人提高工作效率,促进航空货运业向电子商务的方向发展有着积极的意义。

(五)航空运单使用的注意事项

1. 空运单不可转让。

2. 一份空运单可用于不同种类货物的运输。

3. 一份空运单可用于全程运输。

4. 一份空运单只能用于一个托运人。

5. 航空运单由航空公司注册印刷。

6. 托运人对填写的货物说明或声明的正确性负责。

7. 空运单的法律有效期为两年。

8. 更正处必须有承运人或其代理人的证实或小签。

9. 全套正本。一套空运单有三份正本,但托运人只取得其中的一份,即标明"Original for Shipper"联,信用证如果要求提交全套(Full Set)正本空运单,受益人仅须提交"Original for Ship-

per"联即已满足信用证要求,无须也无法提交全套正本空运单(详见《ISBP745》第 H12 段)。

二、铁路运输单据

铁路运输是国际贸易运输中仅次于海运的一种运输方式,在我国通过铁路运输的国际贸易货物主要是对独联体(苏联国家)、东欧、蒙古、朝鲜、越南等国家或地区的国际铁路货物联运以及对香港、澳门特别行政区的铁路货物运输,铁路运单分别使用国际铁路货物联运运单和承运货物收据。因广九铁路已于 2010 年 6 月 16 日起正式停办跨境货运业务,下面仅对我国使用的国际货协铁路运单的缮制进行介绍。

铁路运单(Railway Bill)是参加《国际货协》各成员国之间办理铁路联运所使用的运输单据。它是承运人向托运人出具的货物收据;是一国铁路与另一国铁路办理货物交接、转运的有效凭证。但它不是物权凭证,不能背书转让,也不能凭以提货。

(一)铁路运单的份数

运单由五联组成。

第一联:运单正本,随货物由路局送交收货人。

第二联:运行报单,由铁路发站交给到达站,是各铁路办理交接货物的依据。

第三联:运单副本,由铁路签字盖章后交给发货人凭以向银行结汇的运输单据。

第四联:货物交付单,由铁路交给到达站。

第五联:货物到达通知单,从始发站随同货物附送至终点站并交给收货人,是铁路同货主之间交接货物、核收运杂费用和处理索赔与理赔的依据。

根据《UCP600》第 24 条的规定,注明"第二联"(Duplicate)的铁路运输单据将被作为正本接受。无论是否注明正本字样,铁路运单都被作为正本接受。如运输单据上未注明出具的正本数量,提交的份数即视为全套正本。

(二)铁路运单的内容与缮制

国际铁路货物联运所使用的运单是铁路与货主间缔结的运输契约的证明,其正反面共 98 个栏目(见附表 1 - 10、附表 1 - 11),正面下面画粗线的为运送本批货物所需的各栏,由发货人填写。但第 15、27、30 ~ 45、48 栏视由何人确定货物重量、办理货物装车或车辆施封确定应由发货人或铁路填写;第 26 栏由海关记载。

运单中记载的事项,应严格按照为其规定的各栏和各行范围填写,但第 9 ~ 11 栏的"一般说明"中规定的情况除外。

国际货协运单由《国际货协》参加国铁路统一制定使用,填写时使用发运国文字和国际货协工作语文(现工作语文是中文、俄文)。中朝、中越铁路间运送的货物,可仅用本国文字填写,同其他《国际货协》参加路间运送时,则须附俄文译文。但我国经满洲里、绥芬河发到独联体的货物,可只用中文填写,不附译文。如在信用证方式下要求所有单据须用英文出具,运单各栏应还要用英文填写(见表 10 - 4、表 10 - 5)。

下面仅就运单正面须发货人填写的内容做一简单说明,背面内容的填写说明可参阅本书参考文献中相关文献或其他运输类的教材或资料。

1. 发货人,通信地址。填写发货人名称及其通信地址。发货人只能是一个自然人或法人。填写发货人名称时可为发货人姓名或发货人单位完整名称。由中、朝、越发货时,准许填写这些国家规定的发货人及其通信地址的代号。向发货人返还货物或空容器时,要引用原批货物运单上的收货代号填写。数字编码栏由发送铁路按发送路的规定填写(我国铁路暂不用)。

2. 合同号码。发货人应在该栏内填写出口单位和进口单位签订的买卖合同号码。如买卖合同有两个,则该栏内填写出口单位合同号码,进口单位合同号码可填写在第6栏内。

3. 发站。填写运价规程中所载的发站全称。由朝鲜运送货物时,还应注明发站的数字代号(如平壤1-030)。如系专用线或专用铁道装车应在发站后以括号注明专用线或专用铁道名称。向发货人返还货物中空容器时,应以原运单中的原到站为发站。

4. 发货人的特别声明。发货人可在本栏中填写自己的声明,例如:

(1)修改运单(不超过一栏或相关的两栏)时,注明所做的修改并签字或加盖戳记证明。

(2)运送家庭用品而不声明价格时,记载"不声明价格"亲笔签字证明。

(3)在过境路上绕路运送超限货物时,注明这一绕行的经路。

(4)取得随旅客列车运送货物的同意后,注明"货物在______铁路随旅客列车运送"。

(5)货物的运送方式(加冷、通风、加温)、车种(指冷藏、棚车)或使用吨位集装箱(指20英尺、30英尺、40英尺)装载,均由发货人确定并注明;如未注明,即认为没有必要加冷、通风、加温。

(6)运送不需要照料或照管或遵守保温制度(指加冷、通风、加温)的易腐货物时,记载"运送全程都不需要照料、照管或遵守保温制度"。如未注明,亦认为不需要照料、照管或遵守保温制度。

(7)用棚车运送易腐货物而须通过车窗或车门连续通风时,注明这种运送方法。

(8)如在运单上未填附出口许可证(国家规定的特定商品),则应注明出口许可证的号码、签发日期、有效期和该证所在的出口国境站哪一单位。

(9)记载对货物在运送和交付发生阻碍问题意见。

(10)记载授权押运人的事项。

5. 收货人,通信地址。填写收货人名称及其通信地址。收货人只能是一个自然人或法人。填写收货人名称时,可为收货人姓名或收货单位完整名称。必要时,发货人可指定在收货人的专用线或专用铁路交货。往中、朝、越发货时,准许填写这些国家规定的收货人及其通信地址的代号。

下述事项可在本栏做相应记载:

(1)根据发站电报或收货人及要求申请变更收货人时,运输合同变更处理站(截留货物的车站或国境站)应将原收货人及通信地址划销,并记载新收货人。

(2)从《国际货协》参加路向未参加路发货,经阿塞拜疆铁路朱耳法站往伊朗发货时,记载"收转代理人"。经土库曼斯坦铁路阿什哈巴德站往伊朗发货时,记载"收转代理人"。经乌兹别克斯坦铁路捷尔梅兹站往阿富汗发货时,记载"收转代理人"。

(3)从《国际货协》参加路通过其过境路港口发货时,记载"收转代理人"。

数字编码栏按到达铁路路规定由到站填写(我国铁路暂不用)。

6. 对铁路无约束力的记载。发货人可以在本栏填写有关本批货物的记载,供收货人参考,铁路对此不承担任何义务和责任。如"属于________合同项下""按照第________号发货单(或运输单,或订货单)""继续发往______""运送用具(或空容器)应予以返还"。如信用证方式下要求在运单上注明信用证号、开证日期、开证行名称等信息,也可在此栏记载。

发货人还可在本栏右上角处填写进口单位合同号码。如本栏篇幅不够,发货人也可以在运单第5张背面第94和第95两栏的右侧空白处做上述记载。

7. 通过的国境站。记载货物应通过的发送国和过境国的出口国境站。如有可能从一个出口国境站通过邻国的几个进口国境站办理货物运送，则还应注明运送所要通过的进口国境站。例如，经由乌克兰出口国境站乔普发货时，还应注明匈牙利进口国境站扎洪或捷克进口国境站切尔纳。根据发货单注明的通过国境站确定经路。

发现误送的国境站，可在接收路同意下更改本栏的经路，并加盖本站日期戳证明。

8. 到达站和到站。在斜线之前，应注明到达路的简称，在斜线之后，应用印刷体字母（中文用正楷粗体字）注明运价规程中所载的到站全称。运往朝鲜的货物，还应注明到站的数字代号（如咸兴为3－521）。

9. 记号、标记、号码。填写每件货物上的记号、标记、号码。

10. 包装种类。注明货物的包装种类（如"木箱、纸箱、铁桶"等）；使用集装箱运送货物时，注明"集装箱"字样，并在下面用括号注明装入集装箱内货物的包装种类。

如货物运送时不需要容器或包装，并在托运时未加容器和包装，则应记载"无包装"。

11. 货物名称。货物名称应符合《国际货协》第7条第8项的规定，包括："危险货物须按《国际货协》附件第2号的规定；过境货物须按《统一货价》品名表的规定；其他货物或按运送该批货物适用的发送路、到达路或直通路运价规程品名表的规定。或按贸易上通用的名称填写。"

第9～11栏的一般说明：在第9～11栏内填写事项时，可不受各栏间竖线的严格限制。但是，有关货物事项的填写顺序，应严格符合条例各项的排列顺序。填写全部事项时，如篇幅不足，应添附篇幅相当于运单的补充清单，并在有关栏内记载"记载事项见补充清单"。

12. 件数。注明一批货物的数量，使用集装箱运送货物时，注明集装箱数，并在下面括号注明装入所有集装箱内的货物总件数。运送货捆货物时用分数注明：货捆数目（分子），装入货捆中的货件总数（分母）。如5/30。如用敞车类货车运送不盖篷布而未加封的货物，当总件数超过100件时，则注明"堆装"字样，不注货物件数。运送中型无包装制品时，亦注明"堆装"字样，不注件数。如使用运送用具办理运送，则在运送用具名称同一行上，根据运单第11栏的填写内容注明该运送用具的数量。

13. 发货人确定的重量（公斤）。注明货物的总重。用集装箱和托盘或使用其他运送用具运送货物时，注明货物重量，集装箱、托盘或其他运送用具的自重和总重。对于大吨位集装箱，应分别记载每箱的货物重量、集装箱自重和总重。运送空集装箱时，记载集装箱自重。

14. 共计件数（大写）。用大写填写第12栏（件数）中所记载的件数，即货物件数或记载"堆装"字样，而发送集装箱货物时，注明第12栏括号中记载的装入集装箱内的货物总件数。

15. 共计重量（大写）。由发货人用大写填写第13栏［发货人确定的重量（公斤）］中所记载的总重量。

16. 发货人签字。发货人应签字证明列入运单中的所有事项正确无误。发货人的签字可用印刷的方法或加盖戳记办理。

17. 互换托盘。本栏的记载事项，仅与互换托盘有关。注明托盘互换办法，并分别注明平式托盘和箱式托盘的数量。所有其他托盘均为运送用具，与这些托盘有关事项载入第18、第19两栏。

18. 种类、类型。在发送集装箱货物时，应注明：①集装箱种类（指小吨位、中吨位、大吨位）；②集装箱类型，指小吨位和中吨位集装箱以容积（立方米表示）划分类型，分别为3立方米以下各型及15立方米以下各型；大吨位集装箱以长度（英尺表示）划分类型，包括20英尺（6058毫米）、30英尺（9125毫米）、40英尺（12192毫米）。

例如：种类—大吨位，类型—20英尺。使用运送用具时，应注明该项用具的种类（例如：篷布、粮谷挡板、车门拴栏、钢丝绳、炉子、铁制拴马棒）。填写事项时，如篇幅不足，应添附篇幅相当于运单的补充清单，并注明“记载事项见补充清单”。

19. 所属者及号码。运送集装箱时，应注明集装箱所属记号和号码。不属铁路的集装箱，应在号码之后注明大写拉丁字母“P”。使用运送用具时，应注明运送用具可能有的所属的记号和号码。不属铁路的运送用具，应注明字母“P”。填写事项时，如篇幅不足，应添附篇幅相当于运单的补充清单，并注明“记载事项见补充清单”。

20. 发货人负担下列过境铁路的费用：

注明根据《国际货协》第15条由发货人负担过境路费用的过境路简称。如发货人不负担任一过境路的费用，则发货人应记载“无”字样；如未记载“无”字样，也认为过境运送费用已转由收货人支付。

例如：中铁和捷铁联运

发货人负担蒙铁和俄铁的费用

			3	1	2	0

在数字编码栏内按照货物运送的先后顺序，由铁路承运人填写发货人所指出的过境路的编码，各铁路编码见《国际货协》，上栏中31为蒙古铁路，20为俄罗斯铁路。

21. 办理种别。办理种别分为：整车、零担、大吨位集装箱。不需要者划销。

22. 由何方装车。可由发货人或铁路装车。不需要者划销；无划销记载时，即认为由发货人装车。

23. 发货人添附的文件。注明发货人在运单上添附的所有文件（如出口货物明细单、出口货物报关单、出口许可证、品质证明书、检验检疫证书和其他货物出口所必需的文件）。如运单上未添附出口货物明细单、出口货物报关单、出口许可证（国家规定的特定商品），发货人在本栏注明无须添附各种文件。如运单上附有补充清单，记载添附补充清单的张数。

24. 货物的声明价格（瑞士法郎）。用大写注明以瑞士法郎表示的货物价格。

25. 批号（检查标签）。本栏由铁路承运人填写。

在本栏上半部注明发送路和发站的数字编码。在本栏下半部按发送路现行的国内规定填写批号。

在采用检查标签时，则必须在第2联（运行报单）和第一份补充运行报单（存根）的第25栏内，各贴附一份检查标签。检查标签应符合国际货协的规定。

中国铁路不采用检查标签，而将运送本批货物的带号码补充运行报单的号码填入运单和不带号码的补充运行报单的本栏下半部，上半部不填。

26. 海关记载。本栏供海关记载之用。

27. 车辆。注明车种、车号和所属路简称。如车辆上无车种标记，则按发送路现行的国内规章填写车种。如车辆上有12数码，则不填写上述事项，而应填写其全部数码。

28. 标记载重。填写车辆上记载的载重量。如使用标有“ABC”标记的车辆，则填写字母“C”及其下面所注的最大重量，以此作为载重量。

29. 轴数。填写所使用的车辆的轴数。

30. 自重。填写车辆上记载的自重。当用过磅的方法确定空车重量时，用分数注明：车辆上记载的自重（分子），过磅确定的自重（分母）。

第27～30栏的一般说明：

这些栏用于记载使用车辆的事项，只在运送整车货物时填写。

关于车辆的事项视由何方装车而确定由发货人或发站填写。当在国境站将整车货物换装到另一种轨距的车辆或途中换装时，换装站应将原车辆记载事项划销，但原字迹须能辨认，并应在下面记载换装后每一车辆的事项。

多车换装为一车时，换装国境站应注明“（17）装入两（或三）批整车货物”。

填写货物换装后车辆事项时，如篇幅不足，换装站应编制必要数量的补充清单（运单1、2、3、4、5各张以及每份补充运行报单各需一份），并将其添附在运单和各份补充运行报单上。第27～30各栏的最后一行应注明“续见补充清单”。为押运人提供单独车辆时，还必须记载有关该车辆的相应事项，并在下面注明“押运人用的车辆”。

运送有押运人押运的成组车辆时，发站应在与该车辆有关的每份运单内记载“（15）由____辆车组成的车组有押运人押运”。

31. 换装后的货物重量。货物换装运送时，应注明换装后铁路确定的重量。将货物从一辆车换装数辆车时，换装后每辆车的货物重量应分别记载。

32. 铁路确定的重量（公斤）。注明铁路确定的货物重量。

33～44. 数字编码栏。各栏内供铁路记载事项之用。各铁路只能在其留存的运单各联上或补充运行报单上记载数字编码（我国铁路暂不用）。参加运送的铁路，可商定共同使用上述各栏的方法。

45. 封印个数和记号。关于封印个数和记号，视由何方施封而确定由发站或发货人填写。填写车辆或集装箱上施加的封印个数和所有记号［车站名称、封印号码或施封年月日、铁路局简称或钳子号码（发货人封车时为发货人简称）］。发货委托铁路代封时，发货人应注明“委托铁路施封”。

46. 发站日期戳。在货物承运后，发站在运单的所有各联和补充运行报单上加盖发站日期戳，作为签订运输合同的凭证。如承运的货物在发送前需预先保管，则在发站日期戳下记载____年____月____日签字证明。

47. 到站日期戳。货物到达后，到站在运单的1、2、4、5联上加盖到站日期戳。

48. 确定重量方法。注明确定货物重量的方法，如“用轨道衡”、“用1/10的衡器、用1/100的衡器”（1/10的衡器指的是砝码与货物重量为1∶10的衡器，1/100的衡器指的是砝码与货物重量为1∶100的衡器）、“按标准重量”、“按货件上标记的重量”、“丈量法”。

如由发货人确定重量，则发货人还应在本栏内注明关于确定货物重量的方法。

49. 过磅站戳记、签字。

在第32栏中记载的重量用过磅站戳刻司磅简称，例如，发送一批从中国到达独联体的货物，记载“中铁—独联体”。

表 10－4 国际铁路联运单实例(正面)

运单副本— Дубликат накладной
(给发货人)— (для отправителя)

批号— Отправка №
25 (检查标签— контрольная этикетка)
0992879

运输号码

2 合同号码— Договор №

发送路简称 (Сокращенное наименование дороги отправления)

中铁 КЖД

3

1 发货人，通信地址— Отправитель, почтовый адрес

SHANGHAI VIPEAK HEAVY INDUSTRY MACHINERY CO., LTD'
XINJIANQIAO STREET, SHANGHAI CITY, CHINA.
达飞物流(中国)有限公司郑州分公司

3 发站 Станция отправления
zhengzhoudong /郑州东

4 发货人的特别声明— Особые заявления отправителя
委托阿拉山口中欧国际货运代理有限公司转关 (0909-699230
Оплата по КЗХ через Ренус Логистик код 2732320/RL5912
Оплата по УЗБ "ПСЛ Консалт"код 2911127 / РЛ /5765

5 收货人，通信地址— Получатель, почтовый адрес
乌兹别克斯坦 乌兹别克斯坦"MHJU"公司
Фермерское хозяйство "МХЖУ"
Республика Узбекистан, Кашкадарьинская область, город Китаб, улица Буюк Ипак Йули, дом 79.
FARM OF 'MHJU' 79-HOUSE, BUYUK IPAK YULI STREET, KITAB CITY, THE REPUBLIC OF UZBEKISTAN.

26 海关 Таможенное декларирование по Республике Казахстан осуществляет ТОО ?DIV-Service? (ДИВ-Сервис) Договор №0000285/2009/0008 от 20.03.2009.

6 对铁路无约束效力的记载— Отметки, необязательные для железной дороги

27 车辆— Вагон / 28 标记载重(吨) Подъемная сила (т) / 29 轴数— Оси
30 自重— Масса тары / 31 换装后的货物重量— Масса груза после перегрузки

27	28	29	30	31

7 通过的国境站— Пограничные станции перехода
Alashankou / Dostyk 阿拉山口 / 多斯特克
ДОСТЫК ЭКСП- САРЫ-АГАЧ ЭКСП

8 到达路和到站— Дорога и станция назначения
乌铁/卡尔希(733104)
KARSHI ST., KARSHI CITY, UZBEKISTAN

国际货协—运单 慢运
СМГС-Накладная малой скорости

9 记号、标记、号码 Знаки, марки, номера	10 包装种类 Род упаковки	11 货物名称 Наименование груза	50 附件第2号	12 件数 Число мест	13 发货人确定的重量(公斤)— Масса (в кг) определен отправителем	32 铁路确定的重量(公斤)— Масса (в кг) определена железной дорогой
HDCU7033728 "P"	1X40HQ	HGM80 三环中速微粉磨 / 提升机 HS CODE: 84742010 / 84741000 TECHNOLOGICAL EQUIPMENT THREE-RINGS MEDIUM SPEED MICRO-POWDER MILL HGM80 (INCLUDING MAINFRAME, AIR BLOWER, CLASSIFIER, MOTOR, PIPE), ELEVATOR, ELECTRONIC CONTROL CABINET, VIBRATING FEEDER, HAMMER CRUSHER, DUST CATCHER, SCREEN 3DZSF1025, TRANSPORT (3X40INCH CONTAINER), INSTALLATION, WORKER TRAINING ACCORDING TO THE SUPPLEMENT NO.1 TO THE CONTRACT NO. VIPEAK2010515 DD 15. 05. 2010.DELIVERY TERMS: CIP - KARSHI ST., KARSHI CITY, REPUBLIC OF UZBEKISTAN (INCOTERMS-2000). 'FREIGHT PREPAID' "Контейнер в распоряжении ?Макс Интермода л Системс? (Антверпен)." 货物保价：人民币壹万元整		1	14400KGS + 3860KGS 18260KGS	

14 共计件数(大写)— Итого мест прописью
壹个肆拾英尺集装箱

15 共计重量(大写)— Итого масса прописью
壹万捌仟贰佰陆拾公斤整

16 发货人签字— Подпись отправителя

17 互换托盘— Обменные поддоны
数量— Количество

集装箱/运送用具— Контейнер/ Перевозочные средства
18 种类— Вид 类型— Категория
19 所属者及号码 Владелец и №
HDCU7033728 "P"

20 发货人负担下列过境铁路的费用— Отправителем приняты платежи за следующие транзитные дороги
Оплата по КЗХ через Ренус Логистик код2732320/RL5912
Оплата по УЗБ "ПСЛ Консалт"код 2911127 / РЛ /5765

21 办理种别— Род отправки
整车 повагонная / 零担 мелкая / 大吨位集装箱 Крупнотоннажные Контейнеры
不需要的划消— Ненужное зачеркнуть

22 由何方装车 Погружено
发货人 отправителем / 铁路 железной дорогой

24 货物的声明价格 Объявленная ценность груза
瑞士法郎 Шв. фр.

23 发货人添附的文件— Документы, приложенные отправителем
关 封(自寄) 一套
箱 单 两份
发 票 两份

郑州铁路局 2011. 4.22 郑州东站 (30)

45 封印 Пломбы

个数 Количество	记号— Знаки
1	3236284
1	C 04023 (海关)

33 34 35 36 37 38 39 40 41 42 43 44

46 发站日期戳— Календарный штемпель станции отправления	47 到站日期戳— Календарный штемпель станции назначения	48 确定重量方法 Способ определения массы	49 过磅站戳记，签字— Штемпель станции взвешивания, подпись
郑州铁路局 2011. 4.22 郑州东站 (30)			

表 10－5　国际铁路联运单实例（背面）

53 联运— Сообщение	60 类项号码 № позиции	61 等级 Класс	62 费率 Ставка	63 计费重量（公斤）Расчетная масса (кг)	68 向发货人计算的费用 Расчеты с отправителем		69 向收货人计算的费用 Расчеты с получателем	
中铁—多铁					70 款额 瑞士法郎 — Сумма в Шв. фр.	71 款额单位 Сумма в	72 款额 瑞士法郎 — Сумма в Шв. фр.	73 款额单位 Сумма в
54 运费 Провозная плата 自 от 郑州东 至 до 阿拉山口；杂费 Дополнительные сборы					74 / 78	75 / 79	76 / 80	
64 / 65 / 66 km 公里 / 67 运价 Тариф				共计 Итого	82	83	84	85
55 运费 Провозная плата 自 от 至 до；杂费 Дополнительные сборы	60	61	62	63	74 / 78		76 / 80	
64 / 65 / 66 km 公里 / 67 运价 Тариф				共计 Итого	82	83	84	85
56 运费 Провозная плата 自 от 至 до；杂费 Дополнительные сборы	60	61	62	63	74 / 78		76 / 80	
64 / 65 / 66 km 公里 / 67 运价 Тариф				共计 Итого	82	83	84	85
57 运费 Провозная плата 自 от 至 до；杂费 Дополнительные сборы	60	61	62	63	74 / 78		76 / 80	
64 / 65 / 66 km 公里 / 67 运价 Тариф				共计 Итого	82	83	84	85
58 运费 Провозная плата 自 от 至 до；杂费 Дополнительные сборы	60	61	62	63	74 / 78		76 / 80	
64 / 65 / 66 km 公里 / 67 运价 Тариф				共计 Итого	82	83	84	85
59 运费 Провозная плата 自 от 至 до；杂费 Дополнительные сборы	60	61	62	63	74 / 78		76 / 80	77 / 81
64 / 65 / 66 km 公里 / 67 运价 Тариф				共计 Итого	82	83	84	85
90 兑换率— Курс пересчёта；发送路— дороги отправления；到达路— дороги назначения				总计 Всего	86	87	88	89

91 有关计费记载— Отметки о расчётах платежей：中铁运费已缴 郑州东站 (30)

87 应向发货人核收的总额（大写）— Всего взыскать с отправителя (прописью)　签字— Подпись

89 应向收货人核收的总额（大写）— Всего взыскать с получателя (прописью)　签字— Подпись

92 应向发货人补收的费用— Дополнительно взыскать с отправителя за

根据第20栏的说明,在数字编码栏中填写发送路和到达路的编码。

50.附件2。根据《国际货协》附件第2号托运危险货物时,必须在方框内画对角线。

如果该栏中方框和“附件第2号”字样为黑色,则发货人在根据《国际货协》附件第2号托运至中华人民共和国、俄罗斯联邦及相反和过境这些国家的危险货物时,除在运单货物名称下划一横线外,同时还应在运单第一联货物名称下画一红线。

思考与练习

一、思考题

1.海运提单的作用与种类有哪些?

2.哪种运输单据属于货物所有权的凭证?

3.提单中商品名称一栏可否填写实际装运货物的统称?

4.在信用证结算方式下,银行可否接受签发日期早于信用证开证日期的提单?

5.在信用证未做另外规定的情况下,某公司提交了以受益人以外的第三者为发货人的提单,银行能否拒绝该提单?

6.若信用证未规定提单的被通知人,缮制提单时应如何处理?

7.信用证规定装运港为“Chinese Port”(中国港口),受益人在缮制提单时,提单装运港一栏应如何填制?

8.简述提单背书的形式与方法。

9.提单应如何签署才能符合《UCP600》的规定?

10.如何在收妥备运提单上加注“已装船批注”,使之成为已装船提单?

11.指示抬头的提单有几种写法?其中哪种写法需要发货人背书?

12.根据《UCP600》的解释,信用证如要求多份提单时,受益人能否只提交一份正本,其余为副本?

13.何谓不清洁提单?构成不清洁提单的批注有哪些?

14.凭以向船代换取正本提单的是哪种托运单据?

二、实操题

根据下列信用证的相关内容及补充材料缮制海运提单。

(一)信用证相关资料摘录

SEQUENCE OF TOTAL	*27	1/1
FORM OF DOC. CREDIT	*40A	IRREVOCABLE
DOC. CREDIT NUMBER	*20	JB2FOSU090720001
DATE OF ISSUE	31C	140313
APPLICABLE RULES	*40E	UCP LATEST REVISION
DATE/PLACE EXP.	*31D	DATE 090430 PLACE IN CHINA .

APPLICANT	*50	M/S PODDAR TYRES LTD PODDAR NAGAR ROAD, JUGIANA, LUDHIANA (PB) - 141420
BENEFICIARY	*59	ZHANGJIAGANG CITY HONGCHENG CHEMICAL FIBER CO. LTD. NO. 10, ZHENXING ROAD ZHANGJIAGANG CITY JIANGSU PROVINCE CHINA
CURRENCY CODE, AMOUNT	*32B	USD AMOUNT 25 000,00
PERCENTAGE CREDIT AMOUNT TOLERANCE	39A	10/10
AVAILABLE WITH…BY…	*41D	ANY BANK BY NEGOTIATION
DRAFTS AT…	42C	AT SIGHT
DRAWEE	42A	CNRBINBBIDL CANARA BANK BHARAT NAGAR CHOWK BRANCH LUDHIANA IN (INDIA)
PARTIAL SHIPMENTS	43P	NOT ALLOWED
TRANSSHIPMENT	43T	ALLOWED
PORT OF LOADING/AIRPORT OF DEPARTURE	44E	ANY CHINESE PORT
PORT OF DISCHARGE/AIRPORT OF DESTINATION	44F	NHAVA SHEVA, INDIA
LATEST DATE OF SHIPMENT	44C	140415
DESCRIPTION OF GOODS AND/OR SERVICES	45A	10 MT NYLON 6 DIPPED TYPE CORD FABRIC 840-D/1 20 FPR × 119 CM WIDTH × 2200 MTRS
DOCUMENTS REQUIRED	46A	+ FULL SET (3 ORIGINAL AND 3 NON-NEGOTIABLE) OF CLEAN ON BOARD BILL OF LADING SHOWING FREGHT PREPAID MADE OUT TO THE ORDER OF CANARA BANK BHARAT NAGAR CHOWK, LUDHIANA AND NOTIFY OPENERS AND EVIDENCING NAME AND ADDRESS OF OPENERS AND OURSELVES AND LC NUMBER.
ADDITIONAL CONDITIONS	47A	+ ONLY MASTER B/L OF THE SHIPPING LINE IS ACCEPTABLE. HOUSE B/L IS NOT ACCEPTABLE IN ANY CASE. + ALL DOCUMENTS MUST BEAR LC NO. AND DATE.

(二)补充资料

1. B/L NO.　MGSD-14226
2. VESSEL NAME:ROSE KING EXPRESS V. KY-118
3. B/L ISSUED BY:STY SHIPPING COMPANY, 郭昕,作为船公司的代理
4. PACKEN IN 100 ROLLS
5. G. W. :10 100 KGS　N. W. :10 000 KGS
6. SHIPPING MARK:N/M
7. ON BOARD DATE:2014 - 04 - 01

空白提单

1. Shipper Insert Name, Address and Phone	B/L No. 中远集装箱运输有限公司 COSCO CONTAINER LINES TLX:33057 COSCO CN FAX: +86(21) 6545 8984
2. Consignee Insert Name, Address and Phone	**ORIGINAL** Port-to-Port or Combined Transport **BILL OF LADING**
3. Notify Party Insert Name, Address and Phone (It is agreed that no responsibility shall attach to the carrier or his agents for failure to natify)	RECEIVED in external apparent good order and condition except as otherwise noted. The total number of packages or unites stuffed in the container. The description of the goods and the weights shown in this Bill of Lading are furnished by the merchants, and which the carrier has no reasonable means of checking and is not a part of this Bill of Lading contract. The carrier has Issued the number of Bills of Lading stated below, all of this tenor and date, one of the original Bills of Lading must be surrendered and endorsed or signed against the delivery of the shipment and whereupon any other original Bills of Lading shall be void. The merchants agree to be bound by the terms And conditions of this Bill of Lading as if each had personally signed this Bill of Lading. SEE clause 4 on the back of this Bill of Lading (Terms continued on the back hereof, please read carefully). * Applicable only when document used as a Combined Transport Bill of Lading.

4. Combined Transport * Pre-carriage by	5. Combined Transport * Place of Receipt	
6. Ocean Vessel Voy. No.	7. Port of Loading	
8. Port of Discharge	9. Combined Transport * Place of Delivery	

Marks & Nos. Container/Seal No.	No. of Containers or Packages	Description of Goods (If Dangerous Goods, See Clause 20)	Gross Weight Kgs	Measurement
		Description of Contents for Shipper's Use Only (Not part of This B/L Contract)		

10. Total Number of containers and/or packages (in words)
Subject to Clause 7 Limitation

11. Freight & Charges Declared Value Charge	Revenue Tons	Rate	Per	Prepaid	Collect

Ex. Rate:	Prepaid at	Payable at	Place and date of issue
	Total Prepaid	No. of Original B(s)/L	Signed for the Carrier, COSCO CONTAINER LINES

LADEN ON BOARD THE VESSEL

DATE BY

第十一章 其他结汇单据

【学习目标】 了解船公司证明、受益人证明、装运通知等单据的含义与作用；熟悉船公司证明、受益人证明、装运通知等单据的格式与主要内容；根据信用证的有关条款，学会缮制船公司证明、受益人证明、装运通知等单据。

第一节 船公司证明

在国际贸易业务中，有时进口商会要求出口商提供船公司证明作为结汇单据之一。为满足进口商的要求，出口商在交单兑用时，往往还须按信用证要求提交船公司的有关证明。船公司证明(Shipping company's certificate)是船公司应托运人的要求出具的不同认定内容的书面证明。船公司证明通常由船方用英文制作，具体内容应以信用证的要求为准，所有船公司证明都必须签署。比较常见的船公司证明有船龄证明、船籍证明、航程证明等。

一、船公司证明的种类

(一)船龄证明(Certificate of Vessel's Age)

船龄证明是一种船公司出具的说明载货船舶船龄的证明文件。一般载货船舶的船龄要求在15年之内，如在15年以上则为超龄船只。有些国家或地区来证规定装载货物的船舶的船龄不得超过15年，受益人则必须要求船代或船公司出具载货船只的船龄证明书，这样的要求主要目的在于禁止使用老龄船，保证货物在运输途中的安全。

(二)船籍证明(Certificate of Registry)

船籍证明是用于证明载货船舶所属国籍的证明文件。在实务中，有时买方国家出于政治原因，在信用证中要求禁止卖方使用某些国家的船只运载。

(三)航程证明(Certificate of Itinerary)

航程证明主要用于说明航程中载货船舶停靠港口的证明文件。有时买方在信用证中对载货船舶的航行路线、停靠港口予以限定。例如一些阿拉伯国家开来的信用证中，要求载货的船只不得在以色列的任何港口停靠。

二、船公司证明的内容与缮制

船公司证明没有固定的格式，出单人可以根据证明的具体内容，自己设计合适的格式。其主要内容有：

1. 单据名称。制作船公司证明要有具体单据名称，应以信用证规定为准。

2. 参考信息。一般包括船名、航次、提单号、信用证号、发票号、开航日期等。

3. 日期。指船公司证明的出单时间,一般与提单装船日同一天。

4. 抬头人(To)。一般笼统地填写“致有关方”(To whom it may concern)。

5. 证明的内容。结合实际情况,并根据信用证的具体要求填写证明的内容。

6. 签署。所有船公司证明都必须签署,应与提单签署人一致或都是属于同一承运人的代理。

三、缮制船公司证明应注意的问题

1. 船公司证明的种类很多,出具何种船公司证明应根据信用证与合同的规定,要求船公司出具,并确实按证明书中所述行驶、操作载货船舶。

2. 船公司证明的内容不能照抄信用证条款内容,应具体并在人称、时态等方面做相应的变化。

3. 船公司证明的签发时间须在所要证明的事件发生之后,一般在装船完毕后,与提单签发日期相同。

4. 船公司证明属于证明的性质,因此都必须签署。

四、信用证关于船公司证明条款的说明与举例

信用证关于船公司证明条款的表述不尽相同,通常表述为:“A certificate from the shipping company or their agent stating that the goods are shipped on container vessels and covered by the institution classification clause.”(由船公司或其代理签发船公司证明,证明货物用集装箱船运载且船舶符合协会船级条款)。

以下是关于信用证的船公司证明条款的举例与操作。

1. 根据上述信用证单据条款的规定,缮制的船公司证明见表 11－1。

表 11－1　船公司证明样单

CERTIFICATE VESSEL'S NAME AND VOYAGE NO. HANGFENGHAO V502 DATE: Oct. 12, 2014 B/L NO.: SDY0096　　SHIPPED DATE: OCT 12, 2014　　L/C NO. BKJ364135 TO: WHOM IT MAY CONCERN THIS IS TO CERTIFY THAT THE GOODS UNDER THE ABOVE B/L HAS BEEN SHIPPED ON CONTAINER VESSELS AND COVERED BY THE INSTITUTION CLASSIFICATION CLAUSE. ×××SHIPPING COMPANY ×××SIGNATURE (船公司/船公司代理签章)

2. 信用证要求:“Certificate to evidence the ship is not over 15 years old.”(证明船龄不超过 15 年)。

操作:根据上述信用证单据条款的要求,该信用证要求提供船龄证明作为结汇单据之一,因此,受益人应要求船公司签发船龄证明,其缮制实例见表 11－2。

表 11 -2　船公司证明样单

CERTIFICATE

VESSEL'S NAME AND VOYAGE NO. : ××× DATE:20 ××-××-××
B/L NO. : ×××
SHIPPED DATE. :20 ××-××-××
L/C NO. : ×××
TO:WHOM IT MAY CONCERN
WE HEREBY CERTIFY THAT THE ABOVE METIONED VESSEL BUILED IN YYYY-MM-DD ,IS NOT OVER 15 YEARS OLD.

×××SHIPPING COMPANY
×××SIGNATURE
(船公司签章)

3. 信用证要求:"Shipment must not effected on ××× vessel. "(不可以用×××船装运)。

操作:受益人必须要求船公司出具船籍证明,以满足信用证的条款。其缮制实例见表 11 -3(实务中表中横线处写载运船舶所挂的船籍国国旗)。

表 11 -3　船籍证明样单

CERTIFICATE OF REGISTRY

VESSEL'S NAME AND VOYAGE NO. : ××× DATE:20 ××-××-××
B/L NO. : ×××
SHIPPED DATE. :20 ××-××-××
L/C NO. : ×××
TO:WHOM IT MAY CONCERN
THIS IS TO CERTIFY THAT ABOVE METIONED VESSEL IS FLYING ________ (COUNTRY) FLAG.

×××SHIPPING COMPANY
×××SIGNATURE
(船公司签章)

4. 信用证规定:"Itinerary certificate:the vessel must not call at any Israeli ports. "(航程证明:船只不得在以色列的任何港口停靠)。

操作:根据上述信用证条款的要求,受益人应提供航程证明作为结汇单据之一,因此,受益人须提交符合信用证要求的航程证明,其缮制实例见表 11 -4。

表 11－4　航程证明样单

ITINERARY　CERTIFICATE

VESSEL'S NAME AND VOYAGE NO.：×××　　　　DATE：20××-××-××
B/L NO.：×××
L/C NO.：×××
SHIPPED DATE.：20××-××-××
TO：WHOM IT MAY CONCERN
THIS IS TO CERTIFY THAT THE VESSEL WILL NOT CALL AT ANY ISRAELI PORTS DURING THIS PRESENT VOYAGE.

×××SHIPPING COMPANY
×××SIGNATURE
（船公司签章）

第二节　受益人证明

受益人证明（Beneficiary's Certificate/Beneficiary's Statement/Beneficiary's Declaration），是由受益人按合同与信用证的要求出具的证明其已履行了某义务、完成了某工作或行为的证明文件。

一、受益人证明的内容与缮制

受益人证明一般无固定格式，内容多种多样，常见的受益人证明有寄单证明、寄样证明及包装证明等，通常以英文制作。受益人证明的基本内容包括：

1. 出口公司名称。表明受益人证明的证明人名称。

2. 单据名称。具体单据名称应以信用证规定为准。单据的名称因所证明事项不同而略异，可能是寄单证明、寄样证明、包装和标签情况、电抄形式的装运通知、证明商品业已检验等。

3. 参考号。受益人证明上通常会显示发票号、合同号或信用证号，使之与其他单据对应，构成全套的结汇单据。

4. 受益人证明的内容应严格与信用证规定相符，并在人称、时态等方面做相应的变化。如受益人证明常以"WE HEREBY CERTIFY THAT"（我们在此证明）开头，证明的内容一般为现在完成时时态。

5. 受益人证明由受益人（证明人）出具并签字。

6. 受益人证明的出单时间不能早于信用证规定的所属证明事件的发生时间，也不能晚于信用证规定的交单时间。

受益人证明样例见表 11－5。

二、信用证关于受益人证明条款的说明与举例

信用证关于受益人证明条款的表述不尽相同，以下就信用证中的受益人证明条款内容进行

表 11－5　受益人证明样例（以第三章信用证样例为例）

CHANGZHOU BAOYAO PHARMACEUTICALS CO. LTD MEILONGBA SOUTHERN SURRBS CHANGZHOU JIANGSU, 213004 CHINA CERTIFICATE TO：APOTEX INC.　　　　DATE：MAR. 23，2009 150 SIGNET DRIVE, TORONTO, ONTARIO, M9L 1T9 CANADA RE：L/C NO.：BMT0629292IM　　　INV. NO.：CH09010 WE HEREBY CERTIFY THAT CERTIFICATE OF ANALYSIS FOR EACH LOT HAS BEEN INCLUDED WITH SHIPMENT AND A COPY OF CERTIFICATE OF ANALYSIS HAS BEEN FAXED TO 4164013837 ATTN MICHELLE BOWEN. CHANGZHOU BAOYAO PHARMACEUTICALS CO. LTD ×××（SIGNATURE）

举例说明。

1. 信用证规定："Beneficiary's certificate certifying that the above mentioned documents have been faxed to applicant after shipment, fax copy with transmission report is required."（受益人证明书，证实上述提到的单据装运后已经传真给开证申请人，须提交一份传真副本及传真报告）。

操作：

（1）根据上述信用证受益人证明条款的规定，受益人出具的证明见表 11－6。

表 11－6　受益人证明样单（传真单据证明）

BENEFICIARY'S CERTIFICATE TO：WHOM IT MAY CONCERN　　　　DATE：20××-××-×× RE：L/C NO.：××× INV. NO.：××× B/L NO.：×××　　B/L DATE：20××-××-×× WE HEREBY CERTIFY THAT THE MENTIONED DOCUMENTS（INCLUDING ×××, ××××, ×××, ×××）HAVE BEEN FAXED TO ×××（APPLICANT'S NAME，开证申请人的具体名称）ON YYYY－MM－DD（传真的日期，在提单日后）. ×××COMPANY ×××（SIGNATURE） （受益人签章）

（2）交单时还要把传真过的文件复印一份注明"fax copy"连同传真机传真完成后打印出来的工作报告一起提交，传真报告的式样可参见第十四章第一节"操作训练七"所附资料。

2. 信用证规定："Copy of letter from beneficiary to our applicant evidencing a non-negotiable bill of lading together with copy of other documents were sent directly to them within one days from shipment date."（受益人发给开证申请人的证明信副本，证明一份不可转让的提单和其他单据已经在装船后的第一天一起直接寄给了开证申请人）。

操作:根据上述信用证受益人证明条款的规定,受益人出具的证明见表 11 -7。

表 11 -7　受益人证明样单(寄单据证明)

CERTIFICATE

TO:WHOM IT MAY CONCERN　　　　DATE:20 ××-××-××
RE:L/C NO.:×××
INV. NO.:×××
B/L NO.:×××　　B/L DATE:20 ××-××-××
WE HEREBY CERTIFY THAT A NON-NEGOTIABLE BILL OF LADING TOGETHER WITH COPY OF OTHER DOCUMENTS HAVE BEEN SENT DIRECTLY TO ×××(APPLICANT'S NAME,开证申请人的具体名称)ON YYYY-MM-DD(寄单的日期,须在提单日后一天内)。

×××COMPANY
×××(SIGNATURE)
(受益人签章)

3. 信用证规定:"A certificate from the beneficiary stating that they have advised the applicant by fax the date of shipment, number of packages, name of commodity, total net and gross weight, name of vessel and number of voyage after shipment effected."(受益人证明书,证明受益人已经在装船后用传真通知开证申请人有关装运日期、箱数、货物名称,总毛、净重及船名和航次)。

操作:根据上述信用证受益人证明条款的规定,受益人出具的证明见表 11 -8。

表 11 -8　受益人证明样单(装运通知证明)

CERTIFICATE

TO:WHOM IT MAY CONCERN　　　　DATE:20 ××-××-××
RE:L/C NO.:×××　　INV. NO.:×××
B/L NO.:×××　　B/L DATE:20 ××-××-××
WE HEREBY CERTIFY THAT WE HAVE ADVISED THE APPLICANT BY FAX THE FOLLOWING INFORMATION ON YYYY-MM-DD(寄单的日期在提单日或之后):
DATE OF SHIPMENT:(写装船日)
NUMBER OF PACKAGES:(填货物外包装件数)
NAME OF COMMODITY:(写商品名称)
TOTAL NET AND GROSS WEIGHT:N. W.:×××　G. W.:×××
NAME OF VESSEL AND NUMBER OF VOYAGE:(写船名航次)

×××COMPANY
×××(SIGNATURE)
(受益人签章)

除了上述提及的证明单据外,有时候根据买方来证的要求,卖方还可能需按要求出具其他相关证明文件,如寄样证明、费用证明、借记通知单、木质包装声明、非木质包装声明等。这些证明的制作与上述证明基本相同,这里不再叙述。

第三节 装运通知

装运通知在海运方式下也叫装船通知(Shipping advice/shipping statement/shipping declaration),一般指出口商在货物装船后发给进口方或其指定人关于货物详细装运情况的通知文件。出口商向进口商发出装运通知,以使进口商做好筹措资金付款和办理进口报关、接货的准备;在以 FOB、FCA、CFR、CPT 等价格条件成交时,装船通知还便于进口商向进口国保险公司办理货物运输保险手续。在进口方派船接货的交易条件下,进口商为了使船、货衔接得当,也会向出口方发出有关通知(Shipping instructions)。有的信用证要求受益人须提交装运通知或电抄本作为兑用货款的单据之一。

一、装运通知的内容及缮制

出口装船通知应按合同或信用证规定的时间发出,内容要符合信用证的规定,通知以英文制作,无统一格式,一般只提供一份。

1. 出口公司名称。表明发出装运通知的托运人(出口方)。

2. 单据名称。具体单据名称如信用证有要求,从其规定。

3. 通知对象,也称为抬头。应按信用证规定,可以是开证申请人、申请人的指定人或保险公司等。在信用证没有明确规定时也可以用统称,如"To whom it may concern"。

4. 制单时间和发出日期。出单日期应符合信用证规定的时间。常见的有以小时为准(WITHIN 24/48 HOURS)和以天为准(WITHIN 2 DAYS AFTER SHIPMENT DATE)两种情形,信用证没有规定时应在装船后立即发出,如信用证规定"Immediately after shipment"(装船后立即通知),应在装运后 1 ~ 2 天发出装船通知。

5. 通知内容。主要包括所发运货物的合同号或信用证号、品名、数量、金额、运输工具名称、开航日期、启运地和目的地、提运单号码、运输标志等,并且相同内容与其他相关单据要保持一致,如信用证提出具体项目要求,应严格按规定出单。此外通知中还可能出现包装说明、ETD(船舶预计离港时间)、ETA(船舶预计抵港时间)、ETC(预计开始装船时间)等内容。

6. 签署。装船通知一般可以不签署,但如信用证要求"Certified copy of shipping advice",则受益人应签署。

二、信用证关于装运通知条款的说明与举例

信用证对装运通知条款的表述不尽相同,以下就信用证中的装运通知条款内容进行说明并举例。

1. 信用证规定:"Shipment advice sent to applicant within 48 hours after shipment indicating contract No. , L/C No. , goods name, quantity, invoice value, vessel's name, B/L No., loading port, shipping date and ETA."(在装运后 48 小时内向开证申请人发出装运通知,内容涵盖合同号、信用证号、商品名称、数量、发票金额、船名、提单号、装货港口、装运日期和预计到达时间)。

操作:根据上述信用证装船通知条款的规定,依第三章信用证样例的具体内容,受益人出具的装船通知见表 11 -9。

表 11－9　装船通知样例(以第三章信用证样例为例)

CHANGZHOU BAOYAO PHARMACEUTICALS CO. LTD
MEILONGBA SOUTHERN SURRBSCHANGZHOU JIANGSU, 213004 CHINA
SHIPMENT ADVICE

TO: APOTEX INC.
150 SIGNET DRIVE　TORONTO, ONTARIO M9L 1T9 CA
DATE: MAR. 23, 2009

RE: CONTRACT NO.: CHBY09316
L/C NO.: BMT0629292IM　INV. NO.: CH09010
WE HEREBY ADVICE YOU THAT THE FOLLOWING MENTIONED GOODS HAVE BEEN SHIPPED FROM NINGBO, CHINA TO TORONTO, CANADA.
1. COMMODITY: CHLORDIAZEPOXIDE HCL USP
2. QUANTITY: 50 CARTONS
3. INVOICE VALUE: USD 28920.00
4. VESSEL'S NAME: HENGLHE VOY. 121
5. B/L NO.: 09CO-BHY0709
6. LOADING PORT: NINGBO, CHINA
7. PORT OR DISCHARGE: TORONTO
8. SHIPPED DATE: MAR. 22, 2009
9. ETA: APR. 15, 2009
10. SHIPPING MARKS: APOTEX
4500189719
TORONTO
CTN NO. 1-50

CHANGZHOU BAOYAO PHARMACEUTICALS CO. LTD
张珍

2. 信用证规定:"Shipment advice with full details including shipping marks, carton numbers, vessel's name, Bill of Lading number, value and quantity of goods must be sent on the date of shipment to us."[装船通知包括运输标记、箱数、船名、提单号码、货物的价值和数量等详细情况须在装运日发送给我行(开证行)]。

操作:根据上述信用证装船通知条款的规定,受益人出具的装船通知见表 11－10。

3. 信用证规定:"Beneficiary's certified copy of fax sent to applicant within 24 hours after shipment indicating contract number, L/C number, goods name, quantity, invoice value, vessel's name, package/container number, loading port, shipped date and ETA."(受益人传真副本在开航后 24 小时内发出,通知开证申请人关于合同号码、信用证号码、货名、数量、发票价值、船名、箱数、集装箱号码、装运港、装船日期及预期到达时间)。

操作:根据上述信用证装船通知条款的规定,受益人出具的装船通知见表 11－11。

表 11－10 装船通知样单

SHIPMENT ADVICE

TO:BANK OF CEYLON, PETTAH(开证行的具体名称) DATE:OCT. 30,2014 RE:L/C NO. PTPSIL2014/090908

INV. NO. 2014HK-010

WE'D LIKE TO ADVISE YOU THAT THE FOLLOWING MENTIONED GOODS HAVE BEEN SHIPPED OUT, FULL DETAILS ARE SHOWN AS FOLLOWS:

1. COMMODITY :POLYSTER SCHOOL BAG
2. QUANTITY:20 000PCS
3. CARTON NUMBERS:400 CARTONS
4. INVOICE VALUE:USD 32,000.00
5. VESSEL'S NAME:NEDLLOYD EURORA V.5888
6. B/L NO. :14SS015
7. PORT OF LOADING: ×××(符合信用证规定的装运港)
8. PORT OF DISCHARGE:PULMODDAI
9. SHIPPED DATE:OCT. 30,2014
10. ETA:NOV. 21,2014
11. SHIPPING MARKS:B. M. T
    2014HK-010
    PULMODDAI
    C/NOS. 1－400

ABC CO. ,LTD

×××SIGNATURE

表 11－11 装船通知样单

CERTIFIED COPY OF FAX

TO:S. S. CO. , LTD(开证申请人的具体名称) DATE:NOV. 15, 2014

RE:. L/C NO. 5443RR345 CONTRACT NO. 9283VRFJ

WE'D LIKE TO ADVISE YOU THAT THE FOLLOWING MENTIONED GOODS HAVE BEEN SHIPPED OUT, FULL DETAILS ARE SHOWN AS FOLLOWS:

1. COMMODITY:LADY DRESS
2. QUANTITY:20000PCS
3. INVOICE VALUE:USD80 000.00
4. VESSEL'S NAME:LONGJING V01
5. PACKAGE/CONTAINER NUMBERS: 400CARTONS
6. B/L NO. :BU4525
7. LOADING PORT:HAIKOU
8. PORT OF DISCHARGE: ×××(符合信用证规定的实际目的港)
9. SHIPPED DATE:NOV. 15,2014
10. ETA:DEC. 1, 2014
11. CONTAINER/SEAL NO. :HJCU1106200/HJ6545

WE HEREBY CERTIFY THAT THIS FAX COPY IS TURE AND CORRECT

×××COMPANY

SIGNATURE(受益人签章)

思考与练习

一、思考题

1. 信用证中比较常见的船公司证明有哪些？

2. 缮制船公司证明应注意的问题有哪些？

3. 何为受益人证明？

4. 装运通知的含义及其作用是什么？

5. 如何缮制装运通知？

二、实操题

请你以单证员的身份根据所提供的资料，缮制相关单据。

（一）信用证相关资料

SHIPMENT ADVICE MUST BE SENT TO APPLICANT WHITIN 48 HOURS WITH DETAIL OF SHIPMENT INCLUDING S/C NUMBER, L/C NUMBER, NAME OF COMMODITY, QUANTITY, VALUE, VESSEL'S NAME, LOADING PORT, SHIPPING DATE, B/L NUMBER AND ETA.

（二）补充资料

1. Beneficiary's name and address: HAINAN TIANYI IMPORT & EXPORT CORPORATION, NO. 34 NAHAI ROAD, HAIKOU, HAINAN, CHINA

2. Applicant's name and address: SUNNING TRADING CORPORATION, 8TH FLOOR, ADELAIDE HOUSE, LONDON BRIDGE, LONDON, EC4R4

3. L/C NO.: 09YAL/3113

4. S/C NO.: HK-LD-897

5. DESCRIPTION OF GOODS: 5 000 M/T CHINESE HEMPSEED, USD380.00 PER M/T CIF LONDON, PACKING: 50M/T PER BALE

6. VESSEL NAME: YEXIANG PRINCESS V.083

7. PORT OF LOADING: HAIKOU

8. B/L DATE: SEP. 20, 2014

9. B/L NO.: YPR2014092011

10. ETA: 预估一个合理日期(实务中可查船期表)

海南天一进出口公司

HAINAN TIANYI IMPORT & EXPORT CORPORATION

NO. 34 NAHAI ROAD, HAIKOU, HAINAN, CHINA

TEL: 0898 - 67331504 0898 - 64715787 FAX: 88961196

SHIPPING ADVICE

TO: **ISSUE DATE:**____________

L/C NO.:____________

S/C NO.:____________

Dear Sir or Madam:

We are Please to Advice you that the following mentioned goods has been shipped out, Full details were shown as follows:

Invoice Number:

Bill of loading Number:

Ocean Vessel:

Port of Loading:

Date of shipment:

Port of Destination:

Estimated date of arrival:

Containers/Seals Number:

Description of goods:

Shipping Marks:

Quantity:

Gross Weight:

Net Weight:

Total Value:

Thank you for your patronage. We look forward to the pleasure of receiving your valuable repeat orders.

Sincerely yours'

第十二章 汇 票

【学习目标】 了解汇票的含义与作用；熟悉汇票的格式与主要内容；根据信用证的有关条款，学会缮制即期、远期、假远期汇票的方法并能处理制单中常见的问题。

第一节 汇票概述

一、汇票的定义

汇票(Bill of exchange，简称 Bill 或 Draft)在《中华人民共和国票据法》第二章第 19 条中的定义是：汇票是出票人签发的，委托付款人在见票时或者在指定日期无条件支付确定的金额给收款人或者持票人的票据。按照各国广泛引用或参照的《英国票据法》对汇票的定义是：汇票是由一人向另一人签发的，要求即期或定期或在可以确定的将来的时间，对某人或其指定人或持票人支付一定金额的无条件书面支付命令。

作为可以支取信用证金额的凭证，汇票在本质上是一种票据，而不是单据。但它作为信用证交易单证的组成部分，因此汇票的所载内容也必须符合信用证条款及《UCP600》的相关规定。

二、汇票的当事人

根据汇票的定义，汇票的基本当事人通常有三个：出票人、受票人和受款人。

1. 出票人(Drawer)，即汇票的签发人。在进出口业务中，信用证和托收结算方式下，汇票出票人通常是出口商(受益人)。

2. 受票人(Drawee)，即汇票的付款人。在实务中，通常是进口商或其指定的银行。在信用证结算方式下，若信用证没有指定付款人，根据《UCP600》规定，开证行即是付款人。

3. 受款人(Payee)，即汇票的收款人，也称汇票的抬头人。在实务中，若信用证没有特别指定，受款人通常是受益人、议付行或指定银行。

除以上三个基本当事人外，汇票在使用中还可能出现背书人(Endorser)、承兑人(Acceptor)、持票人(Holder)等非基本当事人。

三、汇票的种类

常见的汇票种类有：

1. 按是否随附货运单据，可分为：

(1)光票(Clean bill)。即指不随附货运单据的汇票，仅凭汇票办理结算。

(2)跟单汇票(Documentary bill)。即指附带货运单据的汇票，以承兑或付款作为交付单据的条件。这种汇票除了有当事人的信用外,还有货物的保证。

2. 按付款时间,可分为:

(1)即期汇票(Sight bill 或 Demand draft)。即指在提示或见票时立即付款的汇票。

(2)远期汇票(Time bill 或 Usance bill)。即指在将来确定时间或特定日期付款的汇票。

3. 按出票人不同,可分为:

(1)商业汇票(Trade bill 或 Commercial bill)。即指出票人是企业或个人,付款人可以是企业或个人,也可以是银行。

(2)银行汇票(Banker's bill)。即指汇票的出票人和付款人都是银行。

4. 按承兑人的不同,可分为:

(1)商业承兑汇票(Trader's acceptance bill)。即指汇票的出票人和付款人均为企业或个人,并经付款人承兑后的远期汇票。

(2)银行承兑汇票(Banker's acceptance bill)。即指由银行承兑的远期汇票。

以上是按单一属性给汇票进行分类,实务中使用的汇票通常会同时具备多个属性。在信用证业务中,通常使用的是跟随单据的国外商业汇票。

第二节 汇票的内容与缮制

一、汇票的内容与缮制

(一)汇票的内容

各国票据法对汇票内容的规定不尽相同,但基本内容包括:①表明"汇票"的字样; ②无条件支付命令;③确定的金额;④付款期限;⑤受票人即付款人名称;⑥收款人名称即汇票的抬头;⑦出票日期;⑧出票地点;⑨出票人签章。

汇票除以上内容外,还有汇票的出票依据条款、利息条款、付一不付二(付二不付一)条款、汇票编号等内容。

(二)汇票的缮制

汇票是国际贸易中使用频率最高的支付工具,以英文填写做成正本一式两份,使用"付一不付二"与"付二不付一" 原则。汇票没有统一的格式,但内容大体一致,其缮制方法如下:

1. 票据名称。应载明"汇票"字样。

2. 出票依据(Drawn under)。表明制作该份汇票的根据。信用证项下的汇票必须有出票条款,应按信用证的规定填写。如信用证未做规定,一般填写开证行名称、开证日期、信用证号三项内容。汇票的"drawn under"项下填开证行名称;"date"一栏填开证日期;"L/ C No. "填信用证号。托收结算方式下,可填写"S/C No. "(合同号码)、"Inv. No. "(发票号码)、"B/L No. "(提单号码)或合同中的货物名称等。

应注意的是,已转让信用证项下汇票的出票条款内容依然填写开证行的名称、原信用证的号码及原证的开证日期,不可填写转让行的名称、转让号码及转让日期。

3. 汇票号码(No.)。汇票号码由出票人自行填写,为方便查阅核对,多数公司通常使用与发票号码相同的号码。

4.出票地点和出票日期(Place and date)。出票地点一般在出口方所在地,若已印就,无须填写。出票日期一般填交单日。日期最好月份用英文,不应全用阿拉伯数字,以免出现各国表述习惯不一样带来的日期与月份理解的混淆,如 AUG. 25, 2014。应注意,出票日期不能早于跟单单据的签发日期,例如发票的制单日或运输单据的签发日;信用证项下,出票日期同时不得迟于信用证或《UCP600》规定的交单期,且无论如何不得迟于信用证的截止日。

表 12-1 汇票样例(以第三章信用证样例为例)

BILL OF EXCHANGE(1)

凭(2)
Drawn Under **BANK OF MONTEREAL, TORONTO ON M5T 1T4 CANADA** 不可撤销信用证 Irrevocable L/C No. **BMT0629292IM(2)**

日期 Date **DEC. 28, 2008(2)** 支取 Payable With interest 按息付款 @ ___ % ________

号码 No. **CH09010(3)** 汇票金额(6) Exchange for **USD 28,920.00** 常州 **Changzhou** **24th March. 2009(4)**

见票 at * * * * * (5) 日后(本汇票之副本未付) sight of this FIRST of Exchange (Second of Exchange Being unpaid)

付交
Pay to the order of(7) **BANK OF CHINA CHANGZHOU BRANCH**

金额(6)
the sum of **SAY U.S. DOLLARS TWENTY EIGHT THOUSAND NINE HUNDRED AND TWENTY ONLY.**

此致
To **BANK OF MONTREAL, THE TORONTO**
(8) **(INTERNATIONAL BRANCH)**

CHANGZHOU BAOYAO
PHARMACEUTICALS CO. LTD (9)
张珍

5.付款期限(Tenor)。付款期限"At sight"一栏是汇票的重要项目。信用证结算方式下,汇票付款期限分为即期或远期(包括假远期)两种。在 SWIFT 信用证报文中,应根据"42C Drafts at"(汇票付款日期)项目的要求填写。

(1)如 42C 项目为"SIGHT",表示即期付款;应在 At 和 sight 之间打上"×××"或"***"或"---"等符号,注意此处不得留空。若汇票上未记载付款日期,则视作见票即付。

(2)如 42C 项目为"××days after sight",表示见票后××天付款;应制成"At ×× days after sight"。

(3)如 42C 项目为"××days after date",表示信用证开证日后××天付款;应制成"At ××days after L/C date",并将印就的"Sight"字样划掉。如需表示出票日后××天付款,信用证的 42C 项目应为"××days after draft date",汇票缮制时写成"At ××days after date"。

(4)如 42C 项目为"××days after B/L date",表示提单日后××天付款;应制成"At ××days after B/L date",并将印就的"Sight"字样划掉,并在汇票空白处注明提单的具体日期。

如果不是见票即付或见票后定期付款,则汇票必须能够从其自身内容确定到期日。以某个事件发生后若干天计算的汇票期限是信用证中常见的汇票期限条款,这种条款的汇款期限缮制方法 ISBP745 给出了 5 种,本例的处理方法是其中的一种,其余 4 种方法可参考本书附录三的第 B2 段 b 部分的内容。

(5)特殊汇票的票期处理:

a. 假远期信用证汇票。如信用证规定:"Drafts at 90 days after sight for full invoice value drawn on us. usance draft drawn under this L/C should be negotiated on a sight basis and acceptable commission and discount charges are for the account of applicant."(以我行为汇票受票人,汇票金额为发票金额,汇票期限为见票后 90 天付。本信用证项下的远期汇票可按即期议付,贴现费及承兑费由买方承担)。该信用证为假远期信用证,应制成"At 90 days after sight",然后在汇票空白处打上"draft negotiated on a sight basis and acceptable commission and discount charges are for the account of ××Co.(开证申请人公司名)"。

b. 定期付款汇票。在此栏填写将来具体的付款到期日。如"At Sep. 15,2012 Fixed",并将印就的"Sight"字样划掉。

c. 托收汇票。在汇票中的 At 之前打上 D/P 或 D/A,余下内容按合同的付款期限填写,处理方法与 L/C 条件下的要求相同。

6. 金额(Amount)。汇票应有确定的票面金额。汇票的金额必须肯定,所谓"肯定",就是不能有"大约"、"800 元或 1 000 元"、"在 800 元至 1 000 元之间"等字样。汇票金额要用文字大写和数字小写分别表明。小写金额由支付货币英文名称缩写和阿拉伯数字组成(小数点后要保留两位小数)。如 1 000.68 美元,在汇票的"Exchange for"后写为:USD1 000.68。大写金额通常有如下表示方法:①Say U. S. dollars one thousand point six eight;②Say U. S dollars one thousand cents sixty eight;③Say U. S. dollars one thousand and 68/100 only。

汇票的金额和币制必须准确无误,缮制汇票应注意:

(1)小写金额中的货币英文名称缩写由三个大写英文字母组成。

小写金额小数点后保留两位小数,若为整数,则补零。SWIFT 信用证报文中的小写金额把数字的分节号与小数点反着使用(欧洲习惯),如"USD45.683,00",缮制汇票时,可按东方习惯的数字表达方式填写,并未违背信用证的规定。

(2)在大写货币金额前用"Say"开头,在数字后加"Only"结尾。大写金额中货币使用货币的全称,如"U. S. Dollars"(美元)、"EUROS"(欧元)、"H. K. Dollars"(港元)等。

(3)如信用证无特别规定,其金额应不超过信用证金额。

(4)如信用证规定汇票金额为发票金额的百分之几,如 95%,则汇票金额应按发票金额的 95% 开立,差额 5% 一般为应扣佣金或者已在证外支付。

(6)汇票上的金额大小写必须一致。汇票金额不得涂改,不允许加盖校正章。

7. 受款人(Payee)。受款人也叫汇票的抬头人,是出票人指定的接受票款的人。汇票的抬头人通常有三种写法:

(1)限制性抬头。即在收款人一栏填写"pay ××× Co. only" 或"pay ××× Co. not transferable"。这种汇票只能将票款付给抬头人,不能进行背书转让他人。

(2)持票人或来人抬头。即在收款人一栏填写"pay to bearer"(付持票人)。这种汇票不需背书即可转让。

我国《票据法》规定,收款人名称是汇票必须记载的事项,否则无效。即我国的汇票不能做成持票人或来人抬头的汇票。

(3)指示性抬头。即在收款人一栏填写"pay to the order of ×××"(付某人的指定人)或"pay

to ×××or order"(付给某人或其指定人)。这种抬头的汇票受款人可以背书将受款权转让他人。

我国出口业务中汇票受款人通常使用"pay to the order of ×××"的写法。信用证项下汇票的受款人,如信用证无规定,多以议付行为受款人,也可是受益人。

8. 受票人/付款人(Drawee/ Payer)。受票人填在左下方(To 之后)。当L/C要求开立汇票而又未明确付款人时,以开证行为付款人,当L/C要求"Drawn on us"时也填写开证行,当L/C具体指定了付款人时应从其规定,汇票必须以指定的银行或开证行作为付款人。托收汇票填写进口商名称、地址。

9. 出/开票人签章(Issuer/Drawer)。汇票必须有出票人的签章。一般位于汇票的右下方。通常缮打出口企业(受益人)全称并由负责人签字盖章。

二、信用证关于汇票条款的说明与举例

信用证对汇票条款的表述不尽相同,通常表述为"41D :Available With :ANY BANK ON COUNTRY OF BENEFICIARY BY NEGOTIATION,42C :Drafts: at SIGHT,42D:Drawee :ON US"(41D :信用证兑用银行与兑用方式:在受益人国家的任意银行议付。42C:汇票期限:即期。42D:汇票付款人:开证行)。

以下就信用证中的汇票条款内容进行举例说明。

(一)关于汇票的份数

国际贸易货款结算中使用的商业汇票通常需开具一式两份。寄单时分次寄送,以防遗失。如信用证规定"Drafts in duplicate at sight drawn on us"(以开证行为付款人的即期汇票一式两份)。汇票若其中一份付讫,另外一份即自动失效。因此,汇票中常注明"This FIRST of exchange(Second of exchange being unpaid)Pay to…"(付一不付二)或"This SECOND of exchange(First of exchange being unpaid)Pay to…"(付二不付一)字样,即汇票的作废条款,目的是防止重复承兑或付款。应注意,汇票中的"In duplicate"不是正副本关系,而是正本一式两联。

(二)关于汇票的背书及签署

汇票的收款人为指示性抬头时,这种汇票可以经背书后转让。转让时按要求背书,背书方式有空白背书和记名背书两种。

收款人一栏填写"pay ABC Co. LTD or order" 或"pay to the order of ABC Co LTD"时,该汇票由ABC CO. LTD在汇票背面签章,并注明背书时间。空白背书时,无须注明被背书人名称;记名背书时,还需加上受让人名称。

(三)关于即期汇票条款举例

信用证规定:"Credit available with any bank on country of beneficiary by negotiation, against presentation of beneficiary's drafts at sight drawn on Standard Chartered Bank, London Branch."(凭卖方出具以渣打银行伦敦分行为付款人的即期汇票在受益人国家的任何银行议付)。

操作:根据上述信用证汇票条款的规定,该信用证为自由议付信用证,并要求开具即期汇票。其汇票填写样例见表12-2。

表 12 - 2　即期汇票样例

BILL OF EXCHANGE

凭　不可撤销信用证　号
Drawn Under STANDARD CHARTERED BANK ,LONDON BRANCH Irrevocable L/C NO. LOD88095
日期　按　息　付款
Date **2008 - 09 - 01**　Payable　With interest @　%　per
号码　汇票金额　地点　时间
No. **08HK455**　Exchange for USD 32040.00　**HAIKOU, CHINA 20th OCT. 2008**
见票　日后(本汇票之副本未付)付交　或其指定人
At * * * * * sight of this FIRST of Exchange (Second of Exchange Being unpaid) Pay to the order of BANK OF CHINA, HAINAN BRANCH
金额
the sum of　SAY U. S. DOLLARS THIRTY - TWO THOUSAND AND FORTY ONLY.
致
To: **STANDARD CHARTERED BANK ,LONDON BRANCH**

HAINAN TIANMAO TRADE CORP.
陈莉(SIGNATURE)

(四)关于远期汇票条款举例

信用证规定:"The beneficiary's drafts at 30 days after sight for full invoice value drawn on us." (受益人汇票,开证行见票后30天付款,金额为全额发票金额)。

操作:根据上述信用证汇票条款的规定,该信用证为远期信用证。因此,该汇票的填写样例见表12 - 3。

表 12 - 3　远期汇票样例

BILL OF EXCHANGE

Drawn Under **UNITED MALAYAN BANKING CORP. BHD**　Irrevocable L/C NO. **3654DYN36**

Date **OCT. 26, 2009**　Payable With interest @ ______ per ______

No. **GK1 - 7**　Exchange for **USD18,000.00**　Haikou **2009 - 11 - 25**

At **30 DAYS AFTER** sight of this FIRST of Exchange (Second of Exchange Being unpaid)
Pay to the order of BANK OF CHINA, HAINAN BRANCH

the sum of **SAY U. S. DOLLARS EIGHTEEN THOUSAND ONLY**

To: **UNITED MALAYAN BANKING CORP. BHD**

HAINAN FOREIGN TRADE IMPORT AND EXPORT CORP.
×××
(SIGNATURE)

(五)关于假远期汇票条款举例

信用证规定:"The beneficiary's drafts at 60 days after sight for full invoice value drawn on us. usance draft drawn under this L/C should be negotiated on sight basis and acceptable commission and discount charges are for the account of applicant."(以我行为汇票受票人,汇票金额为发票金额,汇票期限为见票后60天付。本信用证项下的远期汇票可按即期议付,贴现费及承兑费由开证申请人承担)。

操作:根据上述信用证汇票条款的规定,该信用证为假远期信用证。因此,该汇票的填写样例见表12-4。应注意假远期信用证的汇票付款期限填写方法。如上所述,假远期L/C的汇票制作与真远期基本一样,但通常注明"Negotiable on sight basis"字样。

表12-4 假远期汇票样例

BILL OF EXCHANGE

Drawn Under **BNP PARIBAS DUBAI DUBAI,UNITED ARAB EMIRATES** Irrevocable L/C NO. **23077LCD0800977**

Date **MAY 26,2009** Payable With interest @ ________ per ________

No. **08XD08002** Exchange for USD9,500.00 Haikou **2009-06-30**

At **60 DAYS AFTER** sight of this FIRST of Exchange (Second of Exchange Being unpaid)

Pay to the order of BANK OF CHINA,HAINAN BRANCH

the sum of **SAY U.S. DOLLARS NINE THOUSAND FIVE HUNDRED ONLY**

To: **BNP PARIBAS DUBAI DUBAI,UNITED ARAB EMIRATES**

Draft negotiated on sight basis and acceptable commission and discount charges are for the account of ABC Co.

HAINAN FOREIGN TRADE IMPORT AND EXPORT CORP.

×××

(SIGNATURE)

三、关于远期汇票到期日的计算

1. 计算远期汇票的到期日的规则是算尾不算头。即无论汇票付款期限是"after sight""after date of sight"或"from date of B/L",其中的"after"或"from",均应从出票后、见票后、提单日后的次日起计算,不包括提及的日期在内(详见《UCP600》第3条)。

2. 以月为单位计算汇票到期日时,一律以相应月份的同一天为到期日;若当月无对应日期,则以该月最后一天代替。一张商业汇票见票日为1月31日,见票后1个月和3个月付款的到期日分别为Feb. 28/29及Apr. 30。

3. 若汇票到期日适逢周末或节假日,则顺延至下一个银行营业日付款。

4. 在以提单日计算票期时,若一份提单上有多个装船批注,则使用最早的装船批注日期计算汇票到期日;而如凭几套提单出具一张汇票兑用时,则最晚的提单日将被用来计算汇票到期日。

思考与练习

一、思考题

1. 信用证结算方式属于银行信用的性质,其使用的汇票是银行汇票还是商业汇票?
2. 简述汇票抬头的写法。
3. 请比较商业汇票和银行汇票的区别。
4. 按《中华人民共和国票据法》规定,有效汇票必须记载哪些事项?
5. 常见的计算远期汇票的起始时间的方法有哪些?
6. 缮制假远期信用证的汇票付款期限如何填写?需注意什么问题?
7. 指示抬头的汇票能否进行背书转让?

二、实操题

根据下列信用证的相关内容缮制汇票。

(一)信用证相关资料

ISSUING BANK:DEUTSCHE BANK (ASIA) HONGKONG

L/C NO. AND DATE:AQ7975 -95988, NOV. 20, 2014

AMOUNT:USD34,335.00

APPLICANT:ABC (H. K) LTD.

RM. 1888, SHUNTAK CENTRE, 06 CONNAUGHT ROAD, CENTRAL, HONGKONG

BENEFICIARY:TIANYI IMP. & EXP. CORP.

NO. 34, HEPING ROAD, GUANGZHOU GUANGDONG CHINA.

WE OPENED IRREVOCABLE DOCUMENTARY CREDIT AVAILABLE BY NEGOTIATION AGAINST PRESENTATION OF THE DOCUMENTS DETAILED HEREIN AND OF BENEFICIARY'S DRAFTS IN DUPLICATE AT 90 DAYS AFTER SIGHT DRAWN ON OUR BANK.

INV. NO.:GUSBR 0632

DATE OF NEGOTIATION:DEC. 18, 2014

（二）空白汇票

BILL OF EXCHANGE

凭 不可撤销信用证 号
Drawn Under ______________________ Irrevocable L/C NO.

日期 按 息 付款
Date ____________ Payable With interest @ % per

号码 汇票金额 地点 时间
No. ________ Exchange for ------------

见票 日后（本汇票之副本未付）交付 或其指定人
At ________ sight of this FIRST of Exchange（Second of Exchange Being unpaid） Pay to the order of

金额
the sum of

致
To：______________________

（SIGNATURE）
出票人签章

第十三章　单据审核

【学习目标】　掌握信用证项下审单的要则；熟悉《UCP600》对单据的要求及《ISBP745》规定的审单标准；了解并识别结汇单据中常见的差错；掌握对不符点单据的审核技巧及处理办法。

第一节　单据审核技巧

一、单据审核要则

“单证相符”是安全收汇的前提和基础，同时作为审单的原则，它要求单据与信用证条款、《UCP600》和《ISBP745》相关条款要求一致。因此，信用证项下审单的要则是：

（一）按信用证规定的条件、条款审单

按信用证规定的条件、条款逐条对照，以确定单据是否满足信用证的要求。当信用证的规定与《UCP600》有抵触时，则应遵循信用证优先的原则。如信用证规定的货物名称为统称，但是有的单据因某种特殊作用，如清关报税需在原产地证上显示具体货名与商品编码（H. S）相对应，可做这样处理，在单据的货名栏目内，填写信用证的货名统称，再在括号内加注具体货名。

（二）按《UCP600》的规定审单

《UCP600》所体现出来的国际标准银行惯例是各国银行处理结算业务必须遵循的基本准则。我们必须按《UCP600》的要求，合理谨慎地审核信用证要求的单据，以确定其在表面上是否与信用证条款相符。如信用证规定了受益人开具汇票，但未明确规定汇票的受票人（Drawee），按照《UCP600》第 6 条 c 款规定，不得开立包含有以申请人为汇票付款人条款的信用证，也就是说，信用证项下汇票付款人均为开证行或其指定银行，包括偿付行、付款行、承兑行、保兑行，因此，在缮制汇票付款人一栏时，应填写信用证规定的银行名称。

（三）按《ISBP》的规定审单

有时信用证提及《UCP600》未规定的内容，审单时就要对照《ISBP745》的规定，以确定单据是否满足其规定。如 G. S. P FORM A 的“收货人”一栏，应填写最终买主，信用证对此未做明确规定，而要求提单的“收货人”做成“凭指示”“凭托运人指示”或“凭开证行指示”抬头，根据《ISBP745》的规定，则原产地证的收货人应显示信用证的申请人，除非信用证明确指名另外一人作为产地证的收货人。

二、单据审核方法

(一)对单套单据的审单方法

1. 纵横审单法。

(1)纵向审单。就是以信用证为标准与出口单据的发票自上而下、逐字逐句地进行核对,再将其他单据与信用证的有关条款核对,做到"单证相符"。

(2)横向审单。在纵向审单的基础上,以发票为中心与其他单据进行核对,使单据之间的相关内容一致,做到"单单相符"。

2. 先数字后文字审单法。在单据的数量比较集中时,可先将各种单据的所有数字,如单价、总值、数量、毛净重、尺码、包装件数等数据进行全面的复核,然后再采用纵横审单法对其他内容进行审核。

(二)对多套单据(集中)的审单方法

1. 按装运日期审单法。对出口业务量大、批次又多的企业,为保证及时收汇,可以按货物装运日期的先后次序进行审单,以便在离装运日最短的时间内交单。

2. 分地区客户审单法。不同的国家或地区,不同的进口商对出口单证的要求各异,但同一国家、地区或同一客户对出口单据的要求则基本相同,将相同特点的单据集中审核,便于提高效率和质量。业务量较大的单位,可以采用分地区分客户审单的工作方法。

三、审单中对单证有关问题的掌握

(一)对单据出单人的要求

如果信用证对单据的出单人不明确,银行接受非受益人出具的单据。根据《UCP600》第3条的规定,信用证如果要求用"第一流的"(first class)、"闻名"(well-known)、"合格"(qualified)、"独立"(independent)、"正式"(official)、"有资格"(competent)、"当地"(local)等不易确定的词语描述单据出单人的身份时,银行在审单时掌握两条原则:①该单据由除受益人以外的任何人出具;②单据表面符合信用证条款要求。也就是说,在上述情况下,受益人自己没有权利出具这类单据。

(二)对各种单据签署的要求

《UCP600》第3条明确规定了信用证项下的单据可以通过手签(handwriting)、摹样印制(facsimile signature)、盖章(stamp)、穿孔签字(perforated signature)、符号(symbol)或其他任何机械(any other mechanical)或电子证实(electronic method of authentication)七种方法签署。因此,对信用证项下各种单据的签署应掌握:

1. 如信用证要求单据履行法律认可(legalized)、签证证明(visa)、公证(notarize)、证实(certify/authenticate/validate/verify)、确认(confirm)等类似手续,只要签字、符号、盖章或签章表明均可。但应注意上述词语的区别:①法律认可(legalized)指有关单证由进口国驻出口国大使馆、领事馆或相关协会认证签署;②签证证明(visa)则必须由官方认证签署;③公证(notarize)指由公证机构进行认证签署;④证实(certify/authenticate/validate/verify)、确认(confirm)指可由官方或非官方机构出证签署。

2. 当信用证明确规定某单据用手签方式时，须手签。如信用证规定"Commercial invoice to be signed by handwriting"（商业发票须手签），受益人在缮制发票时，一定要加手签，此时用盖图章的方式代替不了手签。

3. 信用证要求签字的正本单据，其签字不能用影印复印，即影印件正本单据的签字不能与文件一起影印。如信用证规定"Signed packing list in duplicate"（签署的装箱单一式两份），制单时，两份装箱单必须由制单员手签，而不得只手签一份，然后再将其连同手签一起复印。

4. 根据《ISBP745》规定，即使信用证没有要求，汇票、运输单据、保险单、证明（certificate）、声明（declaration）等单据一定要签署。另外，运输单据和保险单除了签署外，还要同时注明签署人的身份，如"作为承运人"（as carrier）、"作为承运人的代理"（as agent for the carrier）、"作为保险人"（as insurer）、"作为保险人的代理"（as agent for the insurer）等。

5. 关于提单、保险单以及汇票的背书签署。由于单据和票据的背书构成一种转让行为，代表某种权利的让渡，其手签的重要性和必要性不言而喻，故使用复写签署是不符合背书原则的。

（三）对正本单据和副本单据的要求

《UCP600》第 17 条及《ISBP745》第 A27 ~ A31 段对正本单据和副本单据作了如下解释：

1. 只要签发人专门在单据上签字盖章，就可以作为正本单据，不一定要注明"正本"（original）。但是有的信用证特别要求正本单据上必须印就或加注"original"（正本）字样，受益人或单据签发人必须予以满足。

2. 单据的多份正本可用"Original"（正本）、"Duplicate"（第二份）、"Triplicate"（第三份）、"First Original"（第一正本）、"Second Original"（第二正本）等标明，上述标注均不否认单据为"正本"。因此，在实务中需注意，"Duplicate"通常是被当作"复本"、"重本"或"in duplicate"（一式两份）来理解的。

3. 正本单据可以当作副本使用，反之则不然。

4. 副本单据签字盖章了也不算"不符点"。

5. 信用证如表述"in duplicate"（一式两份）、"in two copies"（两套）、"in two fold"（两份）等词语要求多份单据，则应至少提交一份正本，其余的可用副本来满足，但单据自身注明签发正本份数的除外。这些除外的单据如提单、保险单等特别在单据上标明了签发人出具的正本单据份数，则签署的正本数量应悉数提交（除非信用证对正本单据另有用途规定），不足的再用副本补足。

（四）对各种结汇单证出单日期的掌握

受益人提交的各种出口结汇单证除了在内容、份数、签署人和缮制方法上要做到"单证相符""单单相符"外，还应注意各种单证签发日期必须保证合理，符合逻辑，符合有关的国际惯例。通常对各种单证出单的时间顺序应掌握：

1. 发票的签发日期应掌握在全套单据的签发日期之首。发票日期可早于信用证的开证日期，但不得迟于信用证的截止日。

2. 装箱单据的签发日期应不早于发票日期，但必须在提单日之前。

3. 检验证书的检验日期不应迟于提单日期，也不可过早于提单日期。

4. 原产地证的签发日期应不早于发票日期，但不可迟于提单日。

5. 保险单的签发日期应不晚于提单日期，除非保单注明保险责任生效时间从装船日开始。

6. 提单的装船日期不应迟于信用证规定的装运日期，也不可早于信用证规定的装运日期。

7. 受益人证明的签发日期应不早于其证明的事件发生的时间。

8. 船公司证明、运费收据的签发日期应不迟于提单日。

9. 船长证明的签发日期应不早于提单日。

10. 装船通知的签发日期应不早于提单日（在交单期内均可，但注明发送通知的日期应满足信用证的期限要求）。

11. 汇票的签发日期应是一套单据中最晚的日期，为取得提单后的实际交单兑用日。

四、审单中常见的问题

（一）汇票

1. 汇票大小写金额不一致，大写金额不准确，大写金额后漏填“ONLY”一词。

2. 汇票付款人的名称、地址不符或缮制有错。

3. 汇票的货币名称、金额与发票或信用证要求的不一致。

4. 汇票的付款期限与信用证规定不符。

5. 出票人漏签署。

6. 缮制好的汇票上有涂改和加盖校对章。

（二）发票

1. 发票名称与信用证规定不一致。如信用证规定“Invoice”或“Commercial Invoice”等，而单据用“Proforma Invoice”名称，致使单证不符。

2. 发票的货币名称与信用证的规定不符。

3. 发票的货物描述与信用证规定的货名相抵触或描述漏项。

4. 发票的唛头漏打或机械照抄信用证的描述。如将信用证规定唛头的批件数“No. 1 – up”机械照搬到发票上。

5. 发票的数量超量、短量或照搬信用证规定的“约”量，即在数量前还有类似“about”“approximately”字样。

6. 发票的单价不完整。如漏贸易术语、漏贸易术语的变形或漏计价单位等。

7. 信用证要求发票或其他单据需签章或手签，而制单时漏签章或漏手签。

8. 由于出口公司更名，制单时沿用印有旧名称的发票，而在签署时采用信用证规定的新名称，造成发票显示受益人的印刷名称与信用证不一致。

（三）提单

1. 提单抬头与信用证规定不一致。

2. 提单正本份数与信用证要求不符。

3. 提单上未指明运费是否付讫。

4. 装货港或卸货港与信用证规定不符。

5. 提单的背书使用复写签署而非手签。

6. 包装件数大小写不一致或大写不准确。

7. 包装数量与发票或装箱单上的包装数量不符。

8. 提单签发人与信用证规定不符。
9. 提单签字漏加注签署人的身份。
10. 提单已装船批注不完整或没有已装运批注。
11. 提单日期超过信用证规定的装运期。
12. 提单漏背书或错背书。
13. 提单没有注明承运人名称。

(四)保险单据

1. 保险单的种类与信用证规定不符。
2. 投保险别与信用证规定不符。
3. 保险金额的币制与信用证规定的币制不一致。
4. 保险单的抬头打错。
5. 漏加注赔付地点或赔付币制。
6. 保险单的签发日期迟于提单日期而没注明保险责任的生效时间从装船日开始。
7. 保险单漏背书或错背书。
8. 保险条款与信用证规定不符。

(五)产地证

1. 产地证的签发机构与信用证规定不符。
2. 产地证的收货人误填成中间商的名称及国别或地区。
3. 产地证的货物描述过于笼统,致使海关编码(HS Code)中无法找到对应的编码。
4. 产地证相关栏目中的发票日期、申请日期、签发日期、装运日期不符合逻辑关系。
5. 产地证货物描述栏漏打结束符号“ * * * * ”。
6. 原产地标准引用不准确。
7. 产地证的出口商声明栏中出口商的盖章与签字重叠。

(六)其他单据和单据的综合性等常见的错漏

1. 单据之间的品名、唛头、毛净重等不一致。
2. 应签章的单据漏签字或盖章。
3. 应由受益人背书的单据漏背书。
4. 逾期装运。
5. 逾期交单。
6. 单据不齐或份数不足。
7. 没有修改证实章或小签。
8. 签证不合格。
9. 单据涂改处过多而使单据失真。
10. 单据之间的重量或数量不一致。

第二节　单证不符的修改及处理方法

从事国际贸易的业务员和单证员必须熟悉《UCP600》及《ISBP745》惯例条款,仔细谨慎地审核国外来证,发现信用证条款与惯例规定及或合同条款不符且又无法接受,应及时跟进口商洽商修改,对出口单证可能发生的不符点进行有效的防范。货物装运后,将各种结汇单证汇集起来进行综合审单,发现不符点应予以及时修正或重新缮制,倘若向银行交单后发现单据不符点,应立即采取补救措施。

一、单证不符的修改方法

现对出口单证常见不符点的修改及处理方法举例如下:

(一)商业发票与装箱单

1. 信用证规定:"Commercial invoice showing FOB maximum USD26 000.00 and freight maximum USD2 370.00."(商业发票显示 FOB 价格条件最高金额 26 000.00 美元及运费最高 2 370.00 美元)。出口企业出货时,金额未用完,缮制发票时制成"FOB maximum USD 25 640.00 and freight maximum USD2 370.00"。这种缮制方法不正确,应改为"Total invoice amount contain FOB value USD25 640.00 and freight charge USD2 370.00"。

2. 信用证规定贸易术语为"CIF Liner Terms"。缮制发票时只填"CIF",漏打贸易术语的变形"Liner Terms",使贸易术语不完整,造成单证不符。因此,发票的单价栏应按信用证要求打上"CIF Liner Terms",但提单上允许只加注"Liner Terms"。

3. 信用证规定:"Signed commercial invoice in 4 copies."出口公司在缮制发票时,仅第一联手签,其余三联为复写签字,交单后遭到开证行异议,理由是:"3/4 Invoice not manually signed."(四份中的三份发票没有手签)。严格地讲,用复写签字代替手签也视成单证不符,因此,应立即补手签。

4. 信用证规定:"Manually signed commercial invoices in duplicate..."(手签的商业发票一式两份)。出口公司在缮制发票时,仅用盖章的形式来签署,这也视为单证不符。补救的方法是在发票上加补制单员的手签。

5. 信用证规定:"Applicant:Merita bank Ltd., Finland A/C ABCD Co., Ltd. Finland."(开证申请人:芬兰 Merita 银行,账户名为芬兰 ABCD 公司)。出口公司缮制发票时把发票的抬头写成"To:Merita bank Ltd., Finland",即把开证行作为发票的抬头,这是不正确的,应改为"To:ABCD Co., Ltd. Finland",即将开证行的客户 ABCD 公司作为发票的抬头。

6. 信用证对贸易术语的描述为"CIF Penang INCOTERMS 2010"(CIF 目的港槟城 适用于国际贸易术语解释通则 INCOTERMS 2010 版本)。出口公司缮制发票时,将贸易术语写成"CIF Penang INCOTERMS",漏写惯例的版本,也构成不符点,需要将惯例的版本年份"2010"补上。

7. 信用证规定:"Commercial invoice in 5 folds certifying that the country of origin is China."(商业发票五份并证明货物原产地国别为中国)。在缮制商业发票时,出票人只打上出口公司的名称而未加签署,这是不正确的,根据《UCP600》第 18 条第 iv 款规定"商业发票无须签字",当信用证未要求签署,但是要求加注证明文句时,发票应加注签署,因此,本例的发票应补加出口公司的签署。

8. 我国某进出口公司向香港一公司出口一批货物,来证中规定唛头为三角形中一个"東"字,出口公司缮制唛头时使用了"东"字,结果开证行拒付,理由是唛头属于货物包装上的标志,原则上必须和指定的符号相同,不得随意更改,后经开证行联系开证申请人,申请人同意放弃不符点接受单据，但出口商收汇延迟了一个月。

9. 信用证规定受益人为"HAINAN TIANMAO TRADE CO.，LTD. No. 167 GuoMao Road，Haikou，Hainan，P. R. of China."。出口公司的单证员误将缩写语"CO."理解为"CORP."，在缮制的商业发票及其他单据上显示受益人的名称为"HAINAN TIANMAO TRADE CORP.，LTD. No. 167 GuoMao Road，Haikou，Hainan，P. R. of China."。单据寄到国外，开证行提出不符点。根据《ISBP745》一般原则中关于缩写语的解释，用"Co."（公司）的缩写语代替"Company"（公司），或用全称代替缩略语，不导致单据不符；但将"Co."写成"CORP."（CORPORATION，有限公司），则不可以，因为不同的单词其内涵与外延都可能不一样。

（二）提单及其他运输单据

1. 信用证规定集装箱提单（Container B/L）。银行审单时提出："B/L does not evidencing shipment in container."（提单未证实集装箱装运）。集装箱提单有两种表示方式：一是专业集装箱提单格式；二是在普通提单上加注集装箱批注，即在提单上注明"Shipment in container"字样及具体集装箱号码与铅封号，使之成为集装箱提单。本例的补救办法可在该普通提单上加注"Shipment in container"字样及具体集装箱号码与铅封号，证实集装箱装运。

2. 信用证规定目的港为"Shipment from China to Kobe/Osaka"。出口公司在缮制提单时按信用证规定照抄，银行指出为不符点。关于选择港，如信用证规定"Shipment from China to Option Kobe/Osaka"时，属于买方选择目的港，制单时将买方选择的港口全部照打。段首信用证的规定属于卖方选港，制单时，就必须指明目的港，即在提单上只打上其中的一个实际到达的港口，而不得照搬信用证的所有选择港。装运港也要具体而不能照抄"China"。

3. 在缮制海运提单等运输单据需要更正时，其更正方法是：在更正处盖上更正章后，再由签发人或其代理人简签或签字才完整。

4. 信用证规定："200M/T of groundnut kernels from Dalian to London before April 1st 2014..."，最迟装运日不包括所述的日期在内，即必须掌握在 3 月 31 日以前，包括 3 月 31 日装运。如提供装运日期为 4 月 1 日的提单，就是单证不符。

5. 信用证规定："Loading port：Guangzhou"（装运港：广州）。出口公司缮制提单时，将装运港打成"Huangpu"（黄埔），造成单证不符。应注意，这里的广州是指广州港而非广州市，当然不能以黄埔港代替。

6. 缮制提单的运输标志应与信用证的规定和发票缮制完全一致。但有的制单员贪图省事，在提单的相关栏目不具体标注唛头，只打上"As per invoice No. ×××"（依照第×××号发票）。这种做法不正确，应将发票中的实际唛头填入提单的相应栏目中。

7. 提单上的名称为："Eagle Line Economic Development Corp."，提单出单人表明的身份为"As agent for Cheng Lie Navigation（H. K.）CO.，Ltd"。提单出单人的身份写法不正确，应改为：

"Cheng Lie Navigation（H. K.）Co.，Ltd（公司印章）

×××（公司法人代表签字盖章）

As agent for and on behalf of carrier Eagle Line Economic Development Corp."

8. 信用证规定："Shipment from Shanghai to Aarhus"（自上海运至奥尔胡斯）。出口公司制单员误将丹麦的港市"Aarhus"填写为陆地城市，将提单错误制成：

Port of Loading：Shanghai

Port of Discharge:(空白)

Final Destination:Aarhus

正确的缮制方法是:

Port of Loading:Shanghai

Port of Discharge:Aarhus

Final Destination:(空白)

9. 信用证规定:"Shipment from Xiamen to Penang/Butterworth"(自厦门运至槟城的 Butterworth 码头卸货)。出口公司将卸货码头理解为选择港,将提单制成:

Port of Loading:Xiamen

Port of Discharge:Penang

这种填法不正确。目的港槟城有三种表示方法:"Penang""Penang/Butterwoth""Penang/Georgetown"。后面两者都是槟城港中的一个具体卸货码头。有的信用证在规定某卸货港的同时又规定具体的卸货码头,受益人如接受该信用证后,缮制提单时,卸货港栏目就要按信用证规定照填入"Penang/Butterwoth"或"Penang/Georgetown",因此本例提单相关栏目正确的写法应为:

Port of Loading:Xiamen

Port of Discharge:Penang/Butterworth

10. 信用证规定品名为"BS002 Inder outdoor shoe, BS003 Inder outdoor boot"。出口公司在缮制提单时将品名中的"boot"打成"shoe",然后交单,采取补救的做法是,可将品名中的"shoe"用括号括起来并在后面补打上"boot",即"BS003 Inder outdoor (shoe)boot"。开证行对此未提出异议。

(三)原产地证书

1. 信用证规定:"Certificate of origin issued by Chamber of Commerce in two originals."(由商会出具的原产地证书正本两份)。在我国,贸促会或出入境检验检疫局签发的一般原产地证书只能是正本一份、副本三份。由于国外的一些客户不了解我国原产地证书的签发情况,所以在审证时,应尽早修改信用证,以免出货后无法满足信用证条款,而造成单证不符,影响安全收汇。

2. 信用证规定:除汇票、发票、传真副本、受益人证明外,所有单据均不能注明订单号、信用证号、金额、单价、价格条款、发票号、合同号及日期、开证行名称及地址、客户名称及地址。由于原产地证书需注明发票号及日期方能取得签证机构的签字盖章,所以要尽早通知客户修改信用证。

3. 信用证规定提单的收货人做成凭指示(To order)抬头,并要求提交 G. S. P. FORM A(普惠制原产地证书),但未规定产地证的收货人(Consignee),在缮制原产地证书时,原产地证的收货人应显示信用证的申请人,除非信用证明确指名另外一人作为产地证的收货人。

4. 信用证的单据条款规定:"Certificate of origin issued by the Chamber of Commerce in China."(由中国商会出具原产地证明)。出口公司应向本地贸促会(CCPIT)申请签发原产地证,即原产地证的出具人应为中国贸易促进委员会(China of Council for Promotion of International Trade)。又如信用证规定:"Generalized System of Preferences Country of Origin (Form A) issued by authorized organization in China."(由中国官方机构出具普惠制原产地证"格式 A"),则普惠制原产地证应由出入境检验检疫局(CIQ)签发。

5. 信用证规定:"Description of goods:Lady's shirt "(货物描述:女式衬衣)。出口公司在缮制原产地证时,使用货物的统称,将品名打成"Garments"(服装),根据我国产地证出证认证的有关规定,产地证上的商品名称必须具体填写,其详细程度应以能对商品进行准确的章目与子目归类为宜,即能查到商品编码(HS CODE)的前6位,不能笼统填写诸如“Garments”(服装)、“Toys”(玩具)等,因为不同布料或不同类型的服装的商品编码完全不同。因此,在缮制产地证时,不可使用货物的统称,应按信用证规定的品名填制。

(四)保险单据

1. 信用证规定:“Insurance policy issued to order and endorsed in blank...”(保险单做成凭指示抬头,空白背书……)。出口公司在缮制保险单时,将抬头写成“To order”,这种处理与国际标准银行实务不符。应将保险单的抬头写成“ABCD COMPANY”(受益人名称),同时由出口公司(受益人)在保险单背面进行空白背书。

2. 信用证规定:“Insurance policy in negotiable form endorsed in blank covering all risks ...”(保险单做成可转让形式,空白背书,承保一切险……)。信用证对被保险人未做规定。出口公司制单时,将被保险人做成受益人,但保险单背面漏受益人的背书。根据《ISBP745》第K21段,如果信用证对保单受益人未做规定,则标明赔偿付给托运人和受益人指定的人的保险单据必须经过背书才可接受。因为不经过背书,托运人或受益人不得将其保险索赔的权益转让给他人。本保险单受益人应在其背面补上签字并加盖公司印章。

(五)其他单据

1. 信用证规定所有单据均注明出口国别为“R. O. C.”(“中华民国”)。我方不能接受,须洽客户修改为“CHINA”。制单时,才能在单据的相应栏目打上出口国别为“CHINA”。

2. 信用证规定:“Partial shipments are allowed in two sets, 460MTs to London, 380MTs to Liverpool...”(允许分批装运,460公吨至伦敦,380公吨至利物浦)。出口公司将460公吨分两批装至伦敦。单据寄到国外,遭到开证行的拒付,理由是信用证只允许分两批装运,每批之中不能再分批。这是由于对信用证分批条款理解不透,造成实际装船错误,同时导致单据内容与信用证规定不符。

3. 信用证规定装箱单用中性纸缮制,即无抬头单据。出口公司用白纸缮制装箱单,但加注了客户名称以及出单人的签字,造成单证不符。准确做法是删去加注的客户名称和出单人签字并重新缮制。

4. 信用证规定:“Packing list in 3copies issued by the beneficiary certifying that the package is seaworthy and the manufacturer has provide packing details sheet inside each carton.”(受益人出具的装箱单一式三份证明包装适合海运及每个纸箱内有制造商提供的装箱清单)。受益人在装箱单上做了上述声明,但漏签署。尽管根据《UCP600》,装箱单并未要求必须由出具人签署,但是根据《ISBP745》第A3、A5段规定,单据中如有声明或证明性文句,应当适当签署。该装箱单注明有受益人证明性文句,所以应由受益人在装箱单上补签字。

5. 信用证规定:“Weight notes in triplicate.”(重量单一式三份)。交单后,开证行声称重量单漏签字盖章。重量单是装箱单的一种,除非信用证另有规定,装箱单无须签字,所以不需要改证。但在实务中,正本单据习惯上签字盖章较妥当。应注意的是,如信用证规定“Signed packing list in duplicate...”(签署的装箱单一式两份),制单时,两份装箱单必须签署,且不能以影印的盖章代替签署。

(六)汇票

1. 信用证规定:"Drafts at 90 days after sight for full invoice value drawn on us. Usance draft drawn under this L/C should be negotiated on a sight basis and acceptable commission and discount charges are for the account of applicant."(以我行为汇票受票人,汇票金额为发票金额,汇票期限为见票后90天付。本信用证项下的远期汇票可按即期议付,贴现费及承兑费由开证申请人承担)。这属于假远期信用证,出口公司把汇票的期限填写成"At sight",这是不正确的,正确的写法应为"At 90 days after sight",然后在汇票的空白处打上"This usance draft negotiated on sight basis and acceptable commission and discount charges are for the account of ××× Co.(开证申请人公司名称)"。假远期信用证项下,汇票的付款期限仍要按信用证规定做成远期,由开证行或付款行在付款时对汇票进行贴现,即期付款给受益人,承兑费及贴现费均由开证申请人承担。

2. 信用证规定:"FM:CDE Bank

TO:Bank of China, Hainan Branch

We have transferred L/C No. 1234 dated 090515 issued by ABC Bank, under our Ref. Tran-1234 …"(转让行:CDE银行,通知行:中国银行海南分行,兹转让由ABC银行2009年5月15日开立证号为1234的信用证,转让号码为Tran-1234…)。出口公司将汇票的出票条款写成:

Drawn under CDE Bank L/C No. Tran-1234 Dated May 15th 2009

这种写法不准确。信用证项下汇票的出票条款通常包括:开证行、开证日期、信用证号码三项内容。当信用证是转让信用证或是由另外一家银行转递时,信用证上可能会出现几家银行的名称和几个号码,这时须注意,汇票出票条款中的银行名称应为开证行名称;所注的号码应为开证行开立信用证的号码。该证为转让信用证,"Tran-1234"是转让行CDE银行的转让号,"1234"才是开证行ABC银行开立的信用证号码。

3. 信用证规定:"FM:Smart Bank, Nigeria(开证行名称)

TO:Bao Sheng Bank, Hongkong(通知行名称)

…

Please add your confirmation on this L/C…"(请对本证加具保兑)

通知行对信用证做出保兑承诺"We have added our confirmation on following L/C and we hereby undertake to honor beneficiary's draft duly drawn on us…"[对以下信用证兹加具保兑。汇票的付款人做成我行(保兑行),我行保证按时对受益人开出的汇票给予承付]。出口公司缮制汇票时,将汇票的付款人写成"To:Smart Bank, Nigeria"(开证行),这是不正确的。从以上信用证条款可以判断出保兑行(Bao Sheng Bank, Hongkong)已对信用证加具保兑,并声称其承担付款的条款之一是汇票的付款人必须做成保兑行。所以应将汇票的付款人改为"To: Bao Sheng Bank, Hongkong"。

二、单证不符的处理办法

所谓信用证项下的单据不符点(discrepancy),是指受益人向银行提交的单据中包含有不符合信用证规定的内容,致使单证不符、单单不符或单据本身内容不完整。不符点一般存在"实质性不符点"和"非实质性不符点"两种。实质性不符点一般指在制单前已形成不符点,如实际货物的规格、数量、包装等与信用证规定不符,或信用证过期、逾期装运、超出信用证的金额等。非实质性不符点一般指在制单过程中人为造成的单证、单据之间内容上的不符点。另外还有一种不符点是由信用证中的"软条款"造成的。

在实际业务中,由于主客观原因导致受益人不能相符交单的情况时有发生,一旦不能相符交单,受益人就失去了信用证保证付款的作用,开证行就可以免除付款的责任,出口商将面临如商品降价、利息损失、滞港费的产生、其他费用的增加、货物被迫转售或被进口国海关拍卖等极大的风险。因此,对于实质性不符点与对受益人构成潜在风险的信用证中的"软条款",出口商必须在出运前要求进口商修改信用证有关条款,从根本上消除不符点。对单证中的非实质性不符点,可根据实际情况采取下列处理办法。

(一)修改单证

作为信用证的受益人,发货时间应尽量提前,以便交单后如有不符点时,受益人有时间修改单证;一旦装船,尽快交单,以保证如交单不符能在兑用期内重新制单,做到相符交单,确保安全收汇。

(二)凭保兑用

出口公司若限于时间,如货物已装船或虽未装船但须赶船期,对所出现的不符点已无法在信用证截止日前和交单期限内更改时,在征得开证申请人同意的前提下,由出口公司(受益人)向银行出具保函(Letter of indemnity),说明不符点内容,凭担保书要求银行做保留议付货款(Negotiation under reserve),如日后遭到开证行拒付,均由出口公司承担一切后果。如果银行同意就议付单据,并向开证行表明。议付行一般采用"表提"或"电提"的办法征求开证行意见。

1. 表提。表提是指议付行把不符点列在寄单面函(Covering Schedule)上,征求开证行意见,由开证行接洽申请人是否同意付款。接到肯定答复后议付行即行议付,如申请人不予接受,开证行退单,议付行照样退单给受益人。议付行在面函上注明:

Discrepancies:

(1) ××××××××(不符点内容);

(2) ××××××××(不符点内容)。

Please contact your customers for their acceptance (请联系客户接受以上不符点)。

2. 电提。电提是指议付行暂不向开证行寄单,而是用电传、传真或SWIFT通知开证行单据不符点,如开证行同意付款,再行议付并寄单,若不同意,单据还控制在出口商手中,可另行处理,如将货物转售或将货物中途卸下等。对于单证不符点,受益人通常采取电提方式。

(三)证下托收

证下托收是指单据有严重不符点,或信用证有效期已过,已无法利用手上的信用证 ,此时货物已经出运,而议付行对不符单据不办理议付或电提开证行,开证行不同意接受单据,那么,受益人就只能改做托收的结算方式,委托银行寄单收汇,作为区别,称为"证下托收",而一般的托收,则称为"无证托收"。应注意的是,一经改为信用证项下托收即失去信用证的银行信用保证,加大了经营风险,只有在万不得已的情况下才能改为信用证项下的托收。

单据经开证行审核被提出不符点,且系受益人责任时,受益人不仅要抓紧时间与进口商联系,在商榷处理办法的同时,还需密切关注货物下落,做必要的准备,采取补救措施,或是降价另寻买主,或是退单退货,以防造成更大的经济损失。

思考与练习

一、思考题

1. 简述信用证单据审核的要则。
2.《UCP600》对单据出单人的要求有哪些?
3. 简述《UCP600》与《ISBP745》对各种单据签署的要求。
4. 如何掌握《UCP600》与《ISBP745》对正本和副本单据的要求?
5. 何谓"电提"? 何谓"表提"?
6. 请指出出口单证中常见的不符点有哪些?

二、实操题

信用证的有关条款如下:

31C:141013

31D:141210　IN THE COUNTRY OF BENEFICIARY

44C:141125

48: WITHIN 15 DAYS AFTER THE DATE OF SHIPMENT BUT WITHIN THE VALIDITY OF THE CREDIT.

假设按上述信用证货物于2014年11月15日装船,11月10日缮制发票,请以"单证员"的身份,根据上述资料填写下列单据的出单日期。

单据名称(或栏目)	日　期
发票	
装箱单	
保险单	
FORM A 的第3栏(运输路线与方式)	
FORM A 的第10栏(发票号码及日期)	
FORM A 的第12栏(出口商声明)	
FORM A 的第11栏(检验检疫局签发日期)	
商品检验证书	
船籍证明	
船长收据	
运费收据	
提单	
电抄	
受益人寄单证明	
汇票	

三、审单实训

上海海外进出口公司收到经通知行通知的证号为 SEB/30275 的不可撤销的、可转让的信用证,经审核无误,该公司即按信用证的要求装船,备齐全套出口结汇单据,向银行交单议付。请你以议付行的身份对全套单据进行审核,找出不符点,并通知受益人。

(一)信用证

ADVICE OF A THIRD BANK'S DOCUMENTARY CREDIT

Logical terminal 1068
Func SWPR3
Umr 09435888

M SGACK DWS765I AUTH OK, KEY B 102012029FA93E8, BKCHCNBJ NOSCHKHH RECORD
BASIC HEADER F 01 BKCHCNBJA300 0607 130878
APPLICATION HEADER 0 710 1202 080308 NOSCHKHHAXXX 6526 649805 080308 1202 N
BANK OF NOVA SCOTIA, THE
HONGKONG
ADVISING BANK: BANK OF CHINA, SHANGHAI BRANCH, ZHONGSHAN DONG 1 LU 23, SHANGHAI CHINA
USER HEADER SERVICE CODE 103:
BANK. PRIORITY 113:
MSG USER REF. 108:
INFO. FROM CI 115:
FORM OF DOC. CREDIT 40B: IRREVOCABLE TRANSFERABLE WITHOUT OUR CONFIRMATION
SENDER'S REF. *20: LCADV - SEB/30275
DOC. CREDIT NUMBER 21: SEB/30275
DATE OF ISSUE 31C: 080308
APPLICABLE RULES *40E: UCP LATEST VESION
EXPIRTY *31D: DATE 080326 PLACE HONGKONG
ISSUING BANK 52D: SEB HONGKONG TRADE SERVICES LTD.
L/C PROCESSING CENTRE
25/F UNITED CENTRE
95 QUEENSWAY, HONGKONG
APPLICANT *50: AHLENS FAR EAST LIMITED
SUITES 908 - 9, TOWER 1, CHINA HK
CITY, 33 CANTON ROAD, T. S. T., KLN.
HONGKONG
BENEFICIARY *59: SHANGHAI OVERSEAS IMPORT AND EXPORT CO.
LTD. 20TH/FL, 2000 AHONGSHAN
ROAD(N), SHANGHAI 200063, CHINA
AMOUNT 32B: USD23,200.00 (U. S. DOLLARS TWENTY THREE THOUSAND TWO HUNDRED ONLY)
AVAILABLE WITH/BY *41D: ANY BANK BY NEGOTIATION
DRAFTS AT 42C: DRAFTS AT SIGHT FOR 100 PCT OF INVOICE VALUE

DRAWEE 42D: L/C ISSUING BANK

PARTIAL SHIPMENTS 43P: PERMITTED

TRANSSHIPMENT 43T: PERMITTED

PORT OF LOADING/AIRPORT OF DEPARTURE 44E:
SHANGHAI

PORT OF DISCHARGE/AIRPORT OF DESTINATION 44F:
ICD PATPARGANJ, NEW DELHI VIA MUMBAI OR NAVA SHEVA PORT

DESCRIPT. OF GOODS 45A:
600D POLYESTER TROLLEY CASE
ORDER NO. 1436249-163 1444801-163
LATEST SHIPMENT DATE: MARCH 16, 2008
SHIPPING TERMS FOB SHANGHAI
SALE'S TERMS, AS PER INCOTERMS 2000

DOCUMENTS REQUIRED 46A:

1. SIGNED COMMERCIAL INVOICE IN SIX COPIES MARKED L/C NO. AND DATE.
2. NEUTRAL PACKING LIST IN FOUR COPIES INDICATE TOTAL G. W., TOTAL N. W., TOTAL CBM. AND SIZE BREAKDOWN PER COLOR/SIZE AND EACH COLOUR TO BE PACKED SEPARATELY.
3. FULL SET OF CLEAN ON BOARD PLUS TWO SHIPPED ON BOARD N/N COPIES OF BILL OF LADING CONSIGNED TO M. B. OPTICAL INDUSTRIES, 458 - 466, SHAMBHUNATH COMPOUND, GALI NO. 8 FRIENDS COLONY, G. T. ROAD, SHAHDARA, DELHI 110 032 (INDIA). NOTIFY THE SAME AS CONSIGNEE. MARKED "FREIGHT PAYABLE AT DESTINATION".
4. BENEFICIARY CERTIFICATE CERTIFYING THAT ONE COMPLETE SET COPY OF SHIPPING DOCUMENT HAS BEEN SENT TO LC APPLICANT WITH ATTN TO: SHIPPING DEPT. WITHIN 7 DAYS AFTER SHIPMENT.

ADDITIONAL CONDITION 47A:

+5PCT MORE OR LESS BOTH IN AMOUNT AND QUANTITY PER EACH ORDER IS ACCEPTABLE.

+THIS L/C IS TRANSFERABLE. THE ADVISING BANK IS NOMINATED TO BE TRANSFERRING BANK. UPON TRANSFER, TRANSFERRING BANK MUST NOTIFY OPENING BANK BY TESTED TELEX/SWIFT.

+SHIPMENT MUST NOT BE EFFECTED EARLIER THAN L/C DATE.

+ALL DOCUMENTS MUST BE MADE OUT IN ENGLISH VERSION.

+ALL BANKING CHARGES OUTSIDE HONG KONG AND ISSUING BANK'S CABLE COSTS FOR REIMBURSEMENT ARE FOR BENEFICIARY'S ACCOUNT.

+PARTIAL SHIPMENT IS ALLOWED IN COMPLETE ORDER.

+A DISCREPANCY HANDLING FEE OF USD50.00 (OR EQUIVALENT) WILL BE LEVIED FOR EACH SET OF DOCUMENTS PRESENTED NOT IN FULL COMPLIANCE WITH THE TERMS AND CONDITIONS OF THE CREDIT. THIS FEE IS FOR THE ACCOUNT OF THE BENEFICIARY AND WILL BE DEDUCTED FROM THE PROCEEDS WHEN PAYMENT IS EFFECTED.

+THIS L/C IS CONFIRMED BY SKANDINAVISKA ENSKILDA BANKEN (SEB BANK SINGAPORE BRANCH, NOT WITHSTANDING THAT THIS CREDIT IS CONFIRMED BY SEB SINGAPORE, ALL DOCUMENTS MUST BE PRESENTED TO SEB HONG KONG TRADE SERVICES LTD., 25/F, UNITED CENTRE, 95 QUEENSWAY, HONG KONG IN ONE LOT VIA COURIER SERVICES.

PRESENTATION PERIOD 48:

DOCUMENTS MUST BE PRESENTED WITHIN 10 DAYS BUT WITHIN VALIDITY OF THE CREDIT.

CONFIRMATION INSTRUCTIONS *49: WITHOUT

INSTRUCTIONS 78:

PRESENTING BANK IS REQUIRED TO INDICATE THE NUMBER AND DATE OF AMENDMENT (IF ANY) PRESENTED/ACCEPTED ON THE COVERING SCHEDULE. THE AMT OF EACH DRAWING/TRANSFER MUST BE ENDORSED BY THE PRESENTING/TRANSFERRING BANK AT THE REVERSE OF THIS CREDIT. IN CASE OF TELEX COMMUNICATION, SUCH SHOULD BE SENT TO SWIFT: NOSCHKHH OR TELEX NO. HX74224 WITH THE REQUEST TO RELAY MESSAGE TO SEB HONG KONG TRADE SERVICES LTD. UPON RECEIPT OF CONFORMED DOCUMENTS AT OUR COUNTER (SEB HONG KONG TRADE SERVICES LTD. HONGKONG), WE SHALL REIMBURSE YOU IN ACCORDANCE WITH YOUR INSTRUCTION.

（二）信用证项下的结汇单据

1. 提交的汇票

TWO ORIGINALS

DRAFT

DRAWN UNDER **BANK OF NOVA SCOTIA HONGKONG** L/C NO: **SEB/30275**

DATED **080308** PAYABLE WITH INTEREST @ - - - - - - - - - - - % PER ANNUM

NO: **2XC4059** EXCHANGE FOR **USD23,200.00 SHANGHAI, CHINA MAR. 16, 2008**

AT SIGHT OF THIS FIRST OF EXCHANGE (SECOND OF THE SAME

TENOR AND DATE UNPAID) PAY TO THE ORDER OF

THE SUM OF **U. S. DOLLARS TWENTY THREE THOUSAND TWO HUNDRED ONLY.**

TO: SEB HONG KONG TRADE SERVICES LTD.
L/C PROCESSING CENTRE 25/F
UNITED CENTRE 95 QUEENSWAY
HONG KONG

SHANGHAI OVERSEAS IMPORT
AND EXPORT CO., LTD.
SHANGHAI CHINA
陈恩光

2. 提交的商业发票

ONE ORIGINAL AND FIVE COPIES

SHANGHAI OVERSEAS IMPORT AND EXPORT CO. LTD.
20TH/FL, 2000 ZHONGSHAN
ROAD (N), SHANGHAI 200063, CHINA

COMMERCIAL INVOICE

DATE: MAR. 4, 2008
INVOICE NO. 2XC4059

TO: AHLENS FAR EAST LIMITED
SUITES 908 - 9, TOWER 1, CHINA HK CITY, 33 CANTON
ROAD, T. S. T., KLN., HONGKONG

L/C NO. LCADV - SEB/30275 DATE: MAR. 08. 2008

SHIPMENT FROM SHANGHAI TO ICD PATPARGANJ, NEW DELHI VIA NAVA SHEVA PORT

MARKS & NUMBERS	QUANTITY AND DESCRIPTIONS		AMOUNT
POLYESTER TROLLEY CASE	600D POLYESTER TROLLEY CASE		FOB SHANGHAI
ART. NO. 23381242	ITEM #R069		
C/NO. 1 - 500	SIZE: 46CM	COLOUR: RED	
	200PCS	USD 16.00/PC	USD3,200.00
	SIZE: 46/56/70CM	COLOUR: NAVY	
	200SETS	USD58.00/SET	USD 11,600.00
	SIZE: 56/70CM	COLOUR: BLACK	
	200SETS	USD42.00/SET	USD8,400.00
			USD23,200.00

SAY TOTAL US DOLLARS TWENTY THREE THOUSAND TWO HUNDRED ONLY

ORDER NO. 1436249-163 1444801-163

PACKED IN 500CARTONS
G. WT.: 6500KGS
N. WT.: 6000KGS
MEASUREMENT: 48.8CBM

SHANGHAI OVERSEAS IMPORT AND EXPORT CO. LTD. SHANGHAI CHINA
陈恩光

3. 提交的 Bill of Lading 正本

THREE ORIGINAL

<table>
<tr><td colspan="2">SHIPPER:
SHANGHAI OVERSEAS IMPORT AND EXPORT CO. LTD.
20TH/FL, 2000 ZHONGSHAN ROAD (N), SHANGHAI 200063, CHINA</td><td>B/L NO.</td></tr>
<tr><td colspan="2">CONSIGNED TO
M. B. OPTICAL INDUSTRIES, 458 - 466,
SHAMBHUNATH COMPOUND, GALI NO. 8
FRIENDS COLONY, G. T. ROAD, SHAHDARA,
DELHI 110 032 (INDIA)</td><td rowspan="5">SHANGHAI HAI HUA SHIPPING CO., LTD.
TELEX: 337396 HASCO CN.

BILL OF LADING

FOR COMBINED TRANSPORT, OR PORT TO PORT SHIPMENT OR THROUGH CARRIAGE</td></tr>
<tr><td colspan="2">NOTIFY PARTY
THE SAME AS CONSIGNEE</td></tr>
<tr><td>PRE. CARRIAGE By</td><td>PLACE OF RECEIPT</td></tr>
<tr><td>INTENQ. ZD OCEAN VESSEL
CMA CGM BALZAC V. V48W</td><td>PORT OF LOADING
SHANGHAI, CHINA</td></tr>
<tr><td>PORT OF DISCHARGE
ICD PATPARGANJ
NEW DELHI ~ VIA NAVA
SHEVA PORT</td><td>PLACE OF DELIVERY</td></tr>
</table>

MARKS AND NUMBERS	DESCRIPTION OF PACKAGES AND GOODS (PARTICULARS FURNISHED BY SHIPPER)	G. W. (KGS)	MEASUREMENT (CBM)
POLYESTER TROLLEY CASE ART. NO. 23381242 C/NO. 1 - 500 1X40'DRY/SEAU7899308 CONTAINERS	600D POLYESTER TROLLEY CASE 500 CARTONS SHIPPER'S LOAD, STOW AND COUNT SHIPMENT FROM SHANGHAI TO ICD PATPARGANJ NEW DELHI VIA NAVA SHEVA PORT FREIGHT PAYABLE AT DESTINATION TWO CARTONS BROKEN	6500KGS	48.800CBM

TOTAL NO. CONTAINERS OR PACKAGES (IN WORDS)	SAY FIVE HUNDRED CARTONS ONLY

<table>
<tr><td>FREIGHT & CHARGES</td><td>PREPAID</td><td>RATE</td><td>COLLECT</td><td rowspan="3">RECEIVED BY THE CARRIER THE GOODS AS SPECIFIED ABOVE IN APPEARENT GOOD ORDER AND CONDITION UNLESS OTHERWISE STATED, TO BE TRANSPORTED TO SUCH PLACE AS AGREED, AUTHORIZED OR PERMITTED HEREIN AND SUBJECT TO ALL THE TERMS AND CONDITIONS APPEARING ON THE FRONT AND REVERSE OF THIS BILL OF LADING TO WHICH THE MERCHANT AGREES BY ACCEPTING THE BILL OF LADING ANY LOCAL PRIVILEGES AND CUSTOMS NOTWITHSTANDING. THE PARTICULARS GIVEN ABOVE AS STATED BY THE SHIPPER AND THE WEIGHT, MEASURE, QUANTITY, CONDITION, CONTENTS AND VALUE OF THE GOODS ARE UNKNOWN TO THE CARRIER.
IN WITNESS WHEREOF ONE (1) ORIGINAL BILL OF LADING HAS BEEN SIGNED IF NOT OTHERWISE STATED ABOVE, THE SAME BEING ACCOMPLISHED THE OTHER(S), IF ANY, TO BE VOID. IF REQUIRED BY THE CARRIER ONE(1) ORIGINAL BILL OF LADING MUST BE SURRENDERED DULY ENDORSED IN EXCHANGE FOR THE GOODS OR DELIVERY ORDER
SIGNED BY
FOR CHINA SAILING INTERNATIONAL SHIPPING AGENCY LTD.
朱建华
AS AGENT FOR THE CARRIER:
SHANGHAI HAI HUA SHIPPING CO. LTD.</td></tr>
<tr><td colspan="2">SHIPPED ON BOARD DATE:
MAR. 5, 2008</td><td colspan="2">PLACE AND DATE OF ISSUE:
SHANGHAI MAR. 5, 2008</td></tr>
<tr><td colspan="2">FREIGHT PAYABLE AT
SHANGHAI</td><td colspan="2">NUMBER OF ORIGINAL B(S)/L
THREE</td></tr>
</table>

4. 提交的 Bill of Lading 副本

TWO COPIES

SHIPPER: SHANGHAI OVERSEAS IMPORT AND EXPORT CO. LTD. 20TH/FL, 2000 ZHONGSHAN ROAD(N), SHANGHAI 200063, CHINA	B/L NO. **SHANGHAI HAI HUA SHIPPING CO., LTD.** **TELEX: 337396 HASCO CN.**
CONSIGNED TO M. B. OPTICAL INDUSTRIES, 458 – 466, SHAMBHUNATH COMPOUND, GALI NO. 8 FRIENDS COLONY, G. T. ROAD, SHAHDARA, DELHI 110 032(INDIA)	**BILL OF LADING** NON – NEGOTIABLE
NOTIFY PARTY THE SAME AS CONSIGNEE	

PRE. CARRIAGE By	**PLACE OF RECEIPT**	FOR COMBINED TRANSPORT, OR PORT TO PORT SHIPMENT OR THROUGH CARRIAGE
INTENQ. ZD OCEAN VESSEL CMA CGM BALZAC V. V48W	**PORT OF LOADING** SHANGHAI, CHINA	
PORT OF DISCHARGE ICD PATPARGANJ NEW DELHI ~ VIA NAVA SHEVA PORT	**PLACE OF DELIVERY**	

MARKS AND NUMBERS	**DESCRIPTION OF PACKAGES AND GOODS(PARTICULARS FURNISHED BY SHIPPER)**	**G. W.** (KGS)	**MEASUREMENT** (CBM)
POLYESTER TROLLEY CASE ART. NO. 23381242 C/NO. 1 – 500 1X40'DRY/SEAU7899308 CONTAINERS	600D POLYESTER TROLLEY CASE 500 CARTONS SHIPPER'S LOAD, STOW AND COUNT SHIPMENT FROM SHANGHAI TO ICD PATPARGANJ NEW DELHI VIA NAVA SHEVA PORT FREIGHT PAYABLE AT DESTINATION TWO CARTONS BROKEN	6500KGS	48. 800CBM

TOTAL NO. CONTAINERS OR PACKAGES (IN WORDS)	SAY FIVE HUNDRED CARTONS ONLY

FREIGHT & CHARGES	**PREPAID**	**RATE**	**COLLECT**

RECEIVED BY THE CARRIER THE GOODS AS SPECIFIED ABOVE IN APPEARENT GOOD ORDER AND CONDITION UNLESS OTHERWISE STATED, TO BE TRANSPORTED TO SUCH PLACE AS AGREED, AUTHORIZED OR PERMITTED HEREIN AND SUBJECT TO ALL THE TERMS AND CONDITIONS APPEARING ON THE FRONT AND REVERSE OF THIS BILL OF LADING TO WHICH THE MERCHANT AGREES BY ACCEPTING THE BILL OF LADING ANY LOCAL PRIVILEGES AND CUSTOMS NOTWITHSTANDING. THE PARTICULARS GIVEN ABOVE AS STATED BY THE SHIPPER AND THE WEIGHT, MEASURE, QUANTITY, CONDITION, CONTENTS AND VALUE OF THE GOODS ARE UNKNOWN TO THE CARRIER.
IN WITNESS WHEREOF ONE (1) ORIGINAL BILL OF LADING HAS BEEN SIGNED IF NOT OTHERWISE STATED ABOVE, THE SAME BEING ACCOMPLISHED THE OTHER(S), IF ANY, TO BE VOID. IF REQUIRED BY THE CARRIER ONE(1) ORIGINAL BILL OF LADING MUST BE SURRENDERED DULY ENDORSED IN EXCHANGE FOR THE GOODS OR DELIVERY ORDER

SHIPPED ON BOARD DATE: MAR. 5, 2008	**PLACE AND DATE OF ISSUE:** SHANGHAI MAR. 5, 2008	**SIGNED BY** FOR CHINA SAILING INTERNATIONAL SHIPPING AGENCY LTD. AS AGENT FOR THE CARRIER: SHANGHAI HAI HUA SHIPPING CO. LTD.
FREIGHT PAYABLE AT SHANGHAI	**NUMBER OF ORIGINAL B(S)/L** THREE	

5. 提交的装箱单

ONE ORIGINAL AND THREE COPIES

SHANGHAI OVERSEAS IMPORT AND EXPORT CO. LTD.
20TH/FL, 2000 ZHONGSHAN ROAD (N), SHANGHAI 200063, CHINA

PACKING LIST

DATE: MAR. 4, 2008
INVOICE NO. 2XC4059

POLYESTER TROLLEY CASE	600D POLYESTER TROLLEY CASE		
ART. NO. 23381242	ITEM #R069		
C/NO. 1 - 500	SIZE: 46CM	COLOUR: RED	200PCS
	SIZE: 46/56/70CM	COLOUR: NAVY	200SETS
	SIZE: 56/70CM	COLOUR: BLACK	200SETS

ORDER NO. 1436249 - 163　　1444801 - 163

600PCS
PACKED IN 500CARTONS
G. WT.: 6500KGS
N. WT.: 6000KGS
MEASUREMENT: 48.8CBM

SHANGHAI OVERSEAS IMPORT AND EXPORT CO. LTD
SHANGHAI CHINA
陈恩光

6. 提交的受益人证明

ONE ORIGINAL

SHANGHAI OVERSEAS IMPORT AND EXPORT CO. LTD
20TU/FL, 2000 ZHONGSHAN ROAD (N), SHANGHAI 200063, CHINA

INVOICE NO. 2XC4059
DATE: MAR. 5, 2008

WE CERTIFY THAT ONE COMPLETE SET COPY OF SHIPPING DOCUMENT HAS BEEN SENT TO LC APPLICANT WITH ATTN TO: SHIPPING DEPT. WITHIN 7 DAYS AFTER SHIPMENT.

SHANGHAI OVERSEAS IMPORT AND EXPORT CO. LTD
SHANGHAI　CHINA
陈恩光

第十四章 综合训练

【学习目标】 通过第一节的七个操作训练，巩固学生对信用证的理解、审核及修改函的书写技能，使学生初步掌握信用证项下全套结汇单据的缮制技能。通过第二节的十二份实务信用证的分组综合实训，提高学生信用证项下全套结汇单据的实际操作能力，缩短课堂教学与岗位实际操作的距离。

第一节 信用证进阶

操作训练一 认识信用证

信用证条款节选

42C:AT SIGHT

42A:ASCMPKKAFT2

ASKARIBANK LIMITED

(CENTRAL FOREIGN TRADE UNIT)

46A:

1. MANUALLY SIGNED COMMERCIAL INVOICES IN OCTUPLICATE CERTIFYING MERCHANDISE TO BE OF CHINESE ORINGIN

2. PACKING LIST IN THREE COPIES

3. FULL SET OF CLEAN SHIPPED ON BOARD OCEAN BILLS OF LADING (COMPRISING NOT LESS THAN THREE ORIGINALS AND THREE NON NEGOTIABLE) DRAWN OR ENDORSED TO THE ORDER OF ASKARI BANK LIMITED CENTRALIZED FOREIGN TRADE UNIT, 5/B GULBERG MAIN JAIL ROAD LAHORE PAKISTAN SHOWING FREIGHT TO PAY AND MARKED NOTIFY OPENER AND US. FIRST AND SECOND ORIGINAL BILL OF LADING TO ACCOMPANY FIRST LOT OF DOCUMENTS

47A:

1. INSURANCE COVERED BY THE OPENERS ALL SHIPMENT UNDER THIS CREDIT MUST BE ADVISED BY THE BENEFICIARY WITHIN THREE WORKING DAYS OF SHIPMENT TO M/S. ASKARI GENERAL INSURANCE COMPANY LIMITED 4TH FLOOR, AWT PLAZA, THE MALL, RAWALPINDI, PAKISTAN FAX + + + + + + + + + + AND TO THE OPENER REFERRING TO COVER NOTE NO. + + + + + + + + + + + DATED + + + + + GIVING FULL DETAILS OF SHIPMENT(S) COPIES SUCH SHIPMENT ADVICES TO ACCOMPANY THE ORIGINAL DOCUMENTS

2. THIRD PARTY/CHARTER PARTY/BLANK BACK/SHORT FORM/HOUSE/STALE/ FORWARDER BILLS OF LADING NOT ACCEPTABLE

3. B/L PRIOR TO THE DATE OF THIS L/C NOT ACCEPTABLE

4. ALL DOCUMENTS MUST INDICATE THIS L/C NUMBER

5. INVOICES EXCEEDING THIS L/C AMOUNT NOT ACCEPTABLE

6. GOODS ARE SHIPPED/TRANSSHIPPED ON VESSELS/AIRCRAFTS, HONORING PAKISTANI LAWS AND REGULATIONS REGARDING VESSELS, FLAG, AIRPORTS, SEAPORTS AND A CERTIFICATE OR A NOTATION TO THIS EFFECT

MUST BE EVIDENCED ON THE TRANSPORT DOCUMENT(S)

7. GOODS ARE IMPORTABLE UNDER THE H. S. CODE NO. +++++++ ALL H. S CODE ITEM WISE MUST APPEAR ON INVOICES AND B/L

8. B/L TO SHOW THE NAME, ADDRESS AND TELEPHONE NUMBER OF CARRIERS VESSEL'S AGENT AT THE PORT OF DESTINATION

9. PACKING LIST AND INVOICE/CONSIGNMENT NOTE MUST BE ENCLOSED WITH THE CONSIGNMENTS OR IN CASE THE CONSIGNMENT IS PACKED IN THE SEALED CONTAINER, THE SAME SHOULD BE PLACED INSIDE THE CONTAINER. A CERTIFICATE TO THIS EFFECT, DULY SIGNED BY THE BENEFICIARY IS REQUIRED WITH THE SHIPPING DOCUMENTS

10. ALL PRESENTATIONS CONTAINING DISCREPANCIES WILL ATTRACT A DISCREPANCY FEE OF USD 12 PER DISCREPANCY

11. FTA CERTIFICATE SHOULD ACCOMPANY THE ORIGINAL SHIPPING DOUCUMENTS

12. PRE - SHIPMENT INSPECTION SHOULD BE CARRIED OUT BY ANY ONE OF THE FOLLOWING OR BOTH OF THEM. SHIPMENT MUST BE AFFECTED AFTER FINAL INSPECTION:

A) MR. SOHAL YOUSAF PASSPORT NO. + + + + +

B) MR. SHABBIR HASSAN PASSPORT NO. + + + + +

CERTIFICATE ISSUED BY BENEFICIARY AND COUNTER SIGNED BY ANY ONE OF ABOVE MUST ACCOMPANY THE SHIPPING DOCUMENTS

13. THIS CREDIT IS SUBJECT TO THE UNIFORM RULES FOR CUSTOMS AND PRACTICE FOR DOCUMENTARY CREDITS(2007 REVISION) I. C. C PUBLICATION NO. 600

问题:

1. 就这些已知信息,你能确定本信用证的开证行是哪家吗?请说出你的理由。

2. 根据本信用证的提单要求,收货人一栏应该如何填写才是符合信用证要求的?

3. 本证有哪些条款是对受益人不利的?

4. 全文翻译上述信用证条款,并正确列出交单一览表。

交单一览表

名称 份数 对象												
信用证对应条款												
交银行	正本											
	副本											
交客户	正本											
	副本											
备 注												

操作训练二　认识信用证

信用证条款节选

DOCUMENTS REQUIRED　　46 A

1. SIGNED COMMERCIAL INVOICE IN 3 FOLD.

2. FULL SET OF CLEAN ON BOARD ORIGINAL MARINE BILL OF LADING, MADE OUT TO ORDER OF SHIPPER AND BLANK ENDORSED, MARKED FREIGHT PREPAID AND NOTIFY ANGLO OVERSEAS TRANSPORT CO LTD, 609 LONDON ROAD WEST THURROCK ESSEX RM20 3BJ UNITED KINGDOM.

3. CERTIFICATE OF P. R. CHINA ORIGIN AS PER GSP FORM A. ISSUED AND MANUALLY SIGNED BY AN AUTHORITY ALSO MANUALLY SIGNED BY EXPORTER, BEARING A REFERENCE NUMBER AND SHOWING UNITED KINGDOM AS IMPORTING COUNTRY.

4. PACKING LIST, 3 – FOLD.

5. INSURANCE CERTIFICATE OR POLICY IN DUPLICATE, FOR THE INVOICE VALUE PLUS 10 PERCENT, BLANK ENDORSED, COVERING ALL RISKS AND WAR RISKS AS PER O. M. C. C. OF P. I. C. C. CLAUSES DD. 2009,01,01 FROM SELLER'S WAREHOUSE TO BUYER'S WAREHOUSE. CLAIMS PAYABLE IN U. K., STATING A CLAIM SETTLING AGENT IN U. K., IN SAME CURRENCY OF THE DRAFTS.

6. BENNEFICIARY'S CERTIFICATE CERTIFYING THAT ONE SET OF NON – NEGOTIABLE DOCUMENTS HAVE BEEN FAXED WITHIN 7 DAYS OF BILL OF LADING DATE, DIRECT TO ABC CORP. LTD., WALTHAM ABBEY EN91AH UNITED KINGDOM. FAX NO.:44 – 1234 – 567890.

7. BENEFICIARY'S SHIPPING ADVICE, INDICATING THAT FULL SHIPMENT DETAILS INCLUDING INVOICE NO., B/L NO., VESSEL NAME, PORT OF LOADING, PORT OF DESTINATION, DATE OF SHIPMENT, ESTIMATED TIME OF ARRIVAL, CONTAINER NO., SEAL NO., DESCRIPTION OF GOODS, QUANTITY, GROSS WEIGHT, NET WEIGHT, TOTAL VALUE HAVE BEEN FAXED WITHIN 2 DAYS AFTER SHIPMENT DATE TO APPLICATN FAX NO.:44 – 1234 – 567890.

8. CERTIFICATE FROM THE VESSEL'S MASTER/CARRIERS/OWNERS OR THEIR AGENTS CERTIFYING THAT THE VESSEL IS NOT OVER 15 YEARS OF AGE.

ADDITIONAL COND.　　47 A

1. ALL DOCUMENTS MUST MENTION THIS DC NUMBER, DATE AND THE NAME OF ISSUING BANK.
2. PLUS OR MINUS 5 PERCENT IN AMOUNT AND QUANTITY ACCEPTABLE.
3. SHIPPING MARK:ABC/FELIXSTOWE/NO. 1 – UP.
4. UPON RECEIPT OF DOCUMENTS STRICTLY COMPLYING WITH CREDIT TERM, WE SHALL REMIT FUNDS.

DETAIL OF CHARGES	71B	ALL BANKING CHARGES OUTSIDE U. K. ARE FOR ACCOUNT OF BENEFICIARY.
PRESENTATION PERIOD	48	DOCUMENTS MUST BE PRESENTED WITHIN 15 DAYS AFTER THE DATE OF SHIPMENT.
CONFIRMATION	*49	WITHOUT
SEND. TO REC. INFO.	72	PLEASE SEND DOCUMENTS TO US IN ONE LOT (OBERBANK, UNTERE KONAULAENDE 28, A – 2040 LINZ).

上面的内容是一份信用证的部分条款,就这些内容回答下面的问题:

1. 本证的开证行是哪家银行?在哪个国家?请写出它的 SWIFT CODE。
2. 本证的进口商在哪个国家?
3. 本证项下货物的卸货港是哪个港口?在哪个国家?
4. 本证项下的货物是以什么样的价格术语成交的?
5. 翻译上述条款。

6. 就上述条款正确做出交单一览表(表附后)。

交单一览表

名称 份数 对象												
信用证对应条款												
交银行	正本											
	副本											
交客户	正本											
	副本											
备　注												

操作训练三　认识信用证

一、加拿大 SWIFT 信用证样例

07AUG26 12:0947　　　　　　　　　　　　　　　　LOGICAL TERMIAL PA45

MT S700　　　　ISSUE OF A DOCUMENTARY CREDIT　　　　PAGE 00001

FUNC MSG700

UMR 06881051

MSGACK DWS765I AUTH OK, KEY B198081689580FC5, BKCHCNBJ CIBCCATT RECORO

Basic Header		F 01 BKCHCNBJASH102514
Application Header		O 700 2236 070825CIBCCATTAXXX 146251 54990 070826 1037 N * CANADIAN INPERIAL BANK OF COMMERCE * TORONTO
User Header		SERVICE CODE 103: BANK. PRIORITY 113: MSG USER REF. 108: INFO. FROM CI 115:
Sequence of Total	*27	1/1
Form of Doc. Credit	*40A	IRREVOCABLE
Doc. Credit Number	*20	LC-764112
Date of Issue	31C	070825
Applicable Rules	*40E	UCP LATEST VERSION
Date/Place Exp.	*31D	071005 PLACE:THE PEOPLE'S REP. OF CHINA
Applicant	*50	TOMSCN TEXTILES INC. 3384 VINCENT ST DOWNSVIEW. ONTARIO M3J. 2J4 CANADA
Beneficiary	*59	SHANGHAI GOODHOME TEXTILES IMP. & EXP. CORP. 127 ZHONGSHAN RD. E. 1 SHANGHAI P. R. OF CHINA

Currency Code, Amount	*32B	USD AMOUNT:36.960,00
Percentage Credit Amount Tolerance	39A	05/05
Available With...By...	*41D	ANY BANK IN CHINA NEGOTIATION
Drafts at...	42C	30DAYS AFTER SIGHT
Drawee	42D	CIBE—TORONTO TRADE FINANCE CENTRE. TORONTO
Partial Shipments	43P	PERMITTED
Transshipment	43T	PERMITTED
Port of Loading/Airport of Departure	44E	CHINA PORT
Port of Discharge/Airport of Destination	44F	TORONTO
Latest Date of Shipment	44C	070920
Description of Goods and/or Services	45A	MERCHANDISE AS PER S/C NO.23CA1006 CIF TORONTO
Documents Required	46A	+COMMERCIAL INVOICE IN QUADRUPLICATE +CERTIFICATE OF ORIGIN +CERTIFICATE OF ORIGIN GSP FORM A +FULL SET CLEAN ON BOARD BILLS OF LADING MADE OUT TO OUR ORDER MARKED"FREIGHT PREPAID TO TORONTO" NOTIFY APPLICANT(SHOWING FULL NAME AND ADDRESS) AND INDICATING FREIGHT CHARGED. +NEGOTIABLE INSURANCE POLICY OR CERTIFICATE ISSUED BY THE PEOPLE'S INSURANCE(PROPERTY) COMPANY OF CHINA INCORPORATING THEIR OCEAN MARINE CARGO CLAUSES (ALL RISKS) AND WAR RISKS FOR 110 PERCENT OF CIF INVOICE VALUE, WITH CLAIMS PAYABLE IN CANADA INDICATING INSURANCE CHARGES. +DETAILED PACKING LIST IN TRIPLICATE +CANADA CUSTOMS INVOICE +EXPORT LICENSE +COPY OF INSURANCE CHARGES RECEIPT +COPY OF FREIGHT CHARGES RECEIPT
Additional Conditions	47A	+THE NUMBER AND THE DATE OF THIS CREDIT AND THE NAME OF OUR BANK MUST BE QUOTED ON ALL DOCUMENTS REQUIRED +A SET OF NON-NEGOTIABLE OF SHIPPING DOCUMENTS MUST BE SENT DIRECTLY TO APPLICANT WITHIN 5 DAYS AFTER SHIPMENT. BENEFICIARY'S CERTIFICATE TO THIS EFFECT AND THE COURIER RECEIPT SHOULD ACCOMPANY WITH ORIGINAL SHIPPING DOCUMENTS. +AN ADDITIONAL FEE OF USD50.00 EQUIVALENT WILL BE DEDUCTED FROM THE PROCEEDS PAID UNDER ANY DRAWING WHERE DOCUMENTS PRESENTED ARE FOUND NOT TO BE IN STRICT CONFORMITY WITH THE TERMS OF THIS CREDIT.
Charges	71B	ALL BANKING CHARGES OUTSIDE CANADA INCLUDING ADVISING COMMISSION ARE FOR ACCOUNT OF BENIFICIARY AND MUST BE CLAIMED AT THE TIME OF ADVISING.

Period for Presentation	48	NOT LATER THAN 15 DAYS AFTER THE DATE OF ISSUANCE OF THE SHIPPING DOCUMENTS BUT WITHIN THE VALIDITY OF THE CREDIT.
Confirmation Instructions	*49	WITHOUT
Instructions to the Paying/Accepting/ Negotiating Bank	78	UPON OUR RECEIPT OF DOCUMENTS ON ORDER WE WILL REMIT IN ACCORDANCE WITH NEGOTIATING BANK'S INSTRUTIONS AT MATURITY.

二、补充资料

（一）销售确认书

SHANGHAI GOODHOME TEXTILES IMP. & EXP. CORP.

127 ZHONGSHAN RD. E. 1

SHANGHAI R. P. OF CHINA

SALES CONFIRMATION

TO:MESSRS TOMSON TEXTILES INC.
3384 VINCENT ST.
DOWNSVIEW, ONTARIO
M3J, 2J4, CANADA

NO. 23CA1006
DATE:20070806

ARTICLE NO. COMMODITY & SPECIFICATION QUANTITY UNIT PRICE AMOUNT

ART. NO. TRUERAN DYED JEAN
77111 POLYESTES 65%, COTTON 35%
20×20, 94×60, 112/114cm,
40M AND UP ALLOWING 15% 27.432M
AND UP IN IRREGULAR CUTS

MAKES UP: FULL WIDTH ROLLER ON TEBES
OF 1.5 INCHES IN DIAMETER
PACKING: IN SEAWORTHY CARTONS

CIF TORONTO

COL.	M.	USD/M	USD
RED	4,000	1.56	6,240.00
SILVER	3,000	1.32	3,960.00
FIESTA	4,000	1.56	6,240.00
DKNAVY	3,000	1.62	4,860.00
WINE	2,200	1.62	3,564.00
ELEPHANT	3,000	1.44	4,320.00
BLACK	4,800	1.62	7,776.00
TOTAL:	24,000	36,960.00	

SHIPMENT: BEF. SEP. 20TH 2007
WITH PARTIAL SHIPMENT & TRANSHIPMENT TO BE ALLOWED.

DESTINTION:TORONTO

PAYMENT:BY 100% IRREVOCABLE L/C AVAILABLE BY DRAFT AT 30 DAYS SIGHT,TO BE OPENED IN SELLERS FAVOUR 15 DAYS BEFORE THE MONTH OF SHIPMENT,L/C TO REMAIN VALID IN CHINA FOR A PERIOD OF 15 DAYS AFTER THE LAST SHIPMENT DATE.

(二)提货单

上海好家纺织品进出口公司
外销出仓通知单(代提货单)

合约:23CA1006

发货仓库:永新　　2007年9月4日　　发票号码:D2C4193

原进仓单号码	货号	货名及规格	件号	毛重/净重(Kg)	件数	数量	尺码
848607	TO204-75 77111	20×20,94×60, 114cm×40m 以上		@125/117		@400M	@117×14×25cm
		RED	1-10		10	4,000M	
		SILVER	11-17		7	2,800M	
染色棉涤斜纹布		FIESTA	18-27		10	4,000M	
		DKNAVY	28-34		7	2,800M	
		WINE	35-39		5	2,000M	
TOMSON		ELEPHANT	40-46		7	2,800M	
23CA1006		BLACK	47-58		12	4,800 M	
TORONTO NO.1-60		SILVER DKNAVY	59		1	200 M 200 M	
		WINE ELEPHANT	60		1	200 M 200 M	
					合计:60纸箱	24,000M	

开单员:

SUPPLEMENT:

1. VESSEL'S NAME:MILD VICTORY V.864
2. OCEAN FREIGHT:USD1532.52
3. H.S. CODE:5513.3910
4. INSURANCE AGENT:

    TOPLIS HARDING CANADA INC.
    1234 ISLINGTO AVENUE
    SUITE 840,TORONTO ONTARRIO
    M8X,IY9,CANADA

5. INSURANCE CHARGES:USD215.48
6. QUOTA YEAR:2007
7. CATEGORY PACKING:24A
8. EXPORT PACKING:USD259.20
9. EXPORT LICENCE LINE 11:"M"
10. B/L NO. COSCO-415
11. SHIPMENT DATE 2007-09-08

三、操作要求

1. 对本信用证进行全文翻译并正确列出交单一览表(附后)。

2. 根据上述的补充资料，缮制本证项下要求的全套单据。

交单一览表

名称／份数／对象												
信用证对应条款												
交银行	正本											
	副本											
交客户	正本											
	副本											
备注												

操作训练四　审核信用证

2008 年 1 月 10 日粤海轻工业品进出口公司与迪拜某一进口商签订了一笔销售合同，由汇丰银行迪拜分行开出信用证并通过汇丰银行上海分行通知受益人。你作为该进出口公司的单证员，请对照合同审核该信用证，找出信用证条款与合同条款的不符点或难以接受之处，草拟一份修改函交与主管该笔业务的业务员。

（一）售货合同

粤海轻工业品进出口公司

YUEHAI LIGHT INDUSTRIAL PRODUCTS IMPORT AND EXPORT CORP.

173 CHUJIANG ROAD, HANGZHOU, CHINA

销售合同

SALE CONTRACT

To:
ROSE INTERNATIONAL TRADE CO.
P. O. BOX 8054, DUBAI,
U. A. E.

Contract No.: ZH008005
Date: 10 JAN., 2011

This sales contract is made between the sellers and buyers whereby the seller agree to sell and the buyers agree to buy the under-mentioned goods according to the terms and conditions stipulated below:

Description of Goods	Quantity	Unit Price	Amount
FLOWER BRAND PLAYING CARD ART. NO. 778 - 07	1000 GROSS	CIF DUBAI @ USD15.50/ GROSS	USD 15,500.00
TOTAL:	1000 GROSS		USD15,500.00

5% MORE OR LESS AMOUNT AND QUANTITY ARE ALLOWED.

Total amount in words SAY U. S. DOLLARS FIFTEEN THOUSAND FIVE HUNSRED ONLY.

Packing One plastic bag per dozen, one gross in an inner box, four grosses in an export carton.

Delivery Sea freight FORM Shanghai to Dubai allowing partial shipments and transshipment

Shipping Mark ABD/ZH008005/DUBAI/NO. 1 - UP

Time of Shipment Within 60 days of receipt of credit and not late than the month of MAR. , 2011

Terms of Payment By 100 % irrevocable sight letter of credit opened by the buyer to reach the seller not late than fifth Feb. , 2011 and to remain valid for negotiation in China until the 15th days after the foresaid time of the shipment. The L/C must mention this contract number. All banking charges outside U. A. E. are for A/C of the sellers.

Insurance To be effected by the sellers for 110 pct of the invoice value covering all risks and war risk only as per China Insurance Clauses date 09/18/2009.

The Seller	**The Buyer**
YUEHAI LIGHT INDUSTRIAL PRODUCTS IMPORT AND EXPORT CORP.	ROSE INTERNATIONAL TRADE CO.
唐克	***Mohanmode***
签署	Signature

（二）信用证

2011FEB02 10:00:15　　　　LOGICAL TERMINAL XZCE

MT S700　　ISSUE OF A DOCUMENTARY CREDIT　　PAGE 00001

FUNC MSG700

MSGACK EWS6674 AUTH OK, KEY R08691322,BKCHCNBJ SCBLAEAD * * RECORD

BASIC HEADER		F 01 BKCHCNBJA95E 1340 759092
APPLICATION HEADER		O 700 1120 110202SCBLAEAD 3612 719680 110202 1218 N
		* STANDARD CHARTERED BANK, DUBAI
USER HEADER		SERVICE CODE 103:
		BANK. PRIORITY 113:
		MSG USER REF. 108:
		INFO. FROM CI 115:
SEQUENCE OF TOTAL	*27	1/1
FORM OF DOC. CREDIT	*40A	IRREVOCABLE
DOC. CREDIT NUMBER	*20	DBS 268330
DATE OF ISSUE	31C	110202
APPLICABLE RULES	*40E	UCP LATEST REVISION
DATE/PLACE EXP.	*31D	DATE 110402 PLACE IN U. A. E.
APPLICANT	*50	ROSE INTERNATIONAL TRADE CO. , P. O. BOX 8045, DUBAI, U. A. E.
BENEFICIARY	*59	YUEHAI LIGHT INDUSTRIAL PRODUCTS IMPORT AND EXPPORT CO. , 173 CHUJIANG ROAD, HANGZHOU, CHINA
CURRENCY CODE, AMOUNT	*32B	USD AMOUNT 15050,00
PERCENTAGE CREDIT AMOUNT TOLERANCE	39A	05/05
AVAILABLE WITH …BY…	*41D	ANY BANK BY NEGOTIATION
DRAFTS AT …	42C	45 DAYS SIGHT
DRAWEE	42D	ON US

PARTIAL SHIPMENTS	43P	NOT ALLOWED
TRANSSHIPMENT	43T	NOT ALLOWED
PORT OF LOADING/AIRPORT OF DEPARTURE	44E	SHANGHAI
PORT OF DISCHARGE/AIRPORT OF DESTINATION	44F	DUBAI
SHIPMENT PERIOD	44D	110402
DESCRIPTION OF GOODS AND/OR SERVICES	45A	FLOWER BRAND PLAYING CARD ART. NO. 778 -07, 1000 GROSS, USD15.20 PER GROSS AS PER S/C NO. ZH008050 CFR DUBAI
DOCUMENTS REQUIRED	46A	

* SIGNED COMMERCIAL INVOICE IN THREE COPIES SHOWING S/C NO. ZH008005

* FULL SET OF ORIGINAL CLEAN ON BOARD MARINE BILL OF LADING MADE OUT TO ORDER, BLANK ENDORSED, MARKED FREIGHT PREPAID, NOTIFY ABDULLAH SALEM AND CO., P. O. BOX 4372, DUBAI, U. A. E. TEL:2 -284321.

* SHIPPING COMPANY'S CERTIFICATE CERTIFYING THAT THE CARRYING VESSEL DOES NOT CALL AT ANY ISRAELI PORT NOR ISRAELI NATIONALITY DURING HIS VOYAGE TO DUBAI U. A. E.

* PACKING LIST IN THREE COPIES.

* G. S. P. CERTIFICATE OF ORIGIN FORM A ISSUED BY CHAMBER OF COMMERCE SHOWING B/L NOTIFY PARTY AS CONSIGNEE

* INSURANCE WILL BE COVERED BY THE APPLICANTS

* BENEFICIARY CERTIFICATE CERTIFYING THAT COPIES OF INVICE, BILL OF LADING AND PACKING LIST HAVE BEEN FAXED TO APPLICANT ON FAX NO. 02 -384364 WITHIN 3 DAYS OF BILL OF LADING DATE. THE RELEVANT FAX REPORT WILL BE PRESENTED FOR NEGOTIATION.

ADDITIONAL CONDITIONS	47A	+ A DISCREPANCY HANDLING FEE OF USD60.00 SHOULD BE DEDUCTED AND INDICATED ON THE BILL SCHEDULE FOR EACH PRESENTATION OF DISCREPANT DOCUMENTS UNDER THIS CREDIT. + 2 PCT OF INVOICE VALUE WILL BE REMITTED TO M/S. ABDULLAH SALEM AND CO. AS AGENTS COMMISSION AT THE TIME OF NEGOTIATION BY US.
CHARGES	71B	ALL BANK CHARGES ARE FOR THE ACCOUNT OF BENEFICIARY.
PERIOD FOR PRESENTATION	48	WHTHIN 5 DAYS AFTER THE DATE OF B/L BUT WITHIN THE VALIDITY OF THIS CREDIT.
CONFIRMATION INSTRUCTIONS	*49	WITHOUT
INSTRUCTIONS TO THE PAYING/ACCEPTING/NEGOTIATING BANK	78	ON RECEIPT OF DOCUMENTS CONFIRMING TO THE TERMS OF THIS DOCUMENTARY CREDIT, WE UNDERTATE REIMBURSE TO YOU ON DUE DATE IN THE CURRENCY OF THE CREDIT IN ACCORDANCE WITH YOUR INSTRUCTIONS, WHICH SHOULD INCLUDE YOUR UID NUMBER AND THE ABA CODE OF THE RECEIVING BANK.

（三）改证函

YUEHAI LIGHT INDUSTRIAL PRODUCTS IMPORT AND EXPORT CORP.
173 CHUJIANG ROAD, HANGZHOU, CHINA

Date:

Dear sir.

We are pleased to receive your L/C No. dated against S/C No. . However, we are

Sorry to find it contains some discrepancies. Please amend the credit as follows:

1.
2.
3.
4.
5.
6.
7.
8.
⋮

Please see to it that the L/C amendment soon so that we may effect shipment within the contracted delivery time.

Thanks for your kind cooperation!

Yours

(Signature)

操作训练五　缮制信用证单据

假设你是粤海轻工业品进出口公司的单证员，请根据操作训练四的信用证、操作训练五的信用证修改通知书及补充材料，缮制全套出口结汇单据。

（一）信用证修改通知书

2011FEB20 08:30:05　　LOGICAL TERMINAL E115
MT S707　　AMENDMENT TO A DOCUMENTARY CREDIT　　PAGE 00001
FUNC ESYKKPEC

MSGACK DWS7651 AUTH OK, KEY DDIGRST, BKCHCNBJ SCBLAEAD RECORD

Basic Header		F 01 BKCHCNBJA95E 1800 842206
Application Header		O 707 0824 110220 SCBLAEADAXXX 7598 369729 110220 0824 N * STANDARD CHARTERED BANK * STANDARD CHARTERED BANK BLDG. AL MANKHOOL ROAD * DUBAI
User Header		SERVICE CODE 103: BANK. PRIORITY 113: MSG USER REF. 108: INFO. FROM CI 115:
Sender's Reference	20 :	DBS 268330
Receiver's Reference	21 :	NONREF
Date of Issue	31C:	110202
Date of Amendment	30:	110220
Number of Amendment	26E:	01
Beneficiary (before this amendment)	59 :	YUEHAI LIGHT INDUSTRIAL PRODUCTS IMPORT AND EXPPORT CO., 173 CHUJIANG ROAD, HANGZHOU, CHINA
New Date of Expiry	31E:	110415
New Documentary Credit Amount after Amendment	34B:	USD15500,00
Narrative	79 :	1. THE L/C EXPIRY PLACE SHOULD BE "CHINA", NOT "U. A. E". 2. THE CORRECT ADDRESS OF APPLICANT IS "P. O. BOX 8054, DUBAI, U. A. E". 3. THE CORRECT NAME OF BENEFICIARY IS "YUEHAI LIGHT INDUSTRIAL PRODUCTS IMPORT AND EXPPORT CORP". 4. FIELD 42C SHOULD BE "AT SIGHT" INSTEAD OF "AT 45 DAYS SIGHT". 5. PARTIAL SHIPMENT AND TRANSSHIPMENT SHOULD BE "ALLOWED" INSTEAD OF "NOT ALLOWED". 6. FIELD "44D SHIPMENT PERIOD 110402" SHOULD BE CHANGED TO "44C LATEST DATE OF SHIPMENT 110331". 7. THE CORRECT S/C NO. IN FIELD 45A IS ZH008005, NOT ZH008050. 8. TRADE TERMS IN FIELD 45A SHOULD BE CIF, NOT CFR.

9. UNIT PRICE IN FIELD 45A SHOULD BE USD15. 50/GROSS, NOT USD15.20/GROSS.
10. ADD "5% MORE OR LESS AMOUNT AND QUANTITY ARE ALLOWED" IN FIELD 45A.
11. CERTIFICATE OF ORIGIN IN FIELD 46A SHOULD BE "CERTIFICATE OF ORIGIN OF CHINA" INSTEAD OF "G. S. P. CERTIFICATE OF ORIGIN FORM A".
12. DELETE EXISTING CLAUSE OF INSURANCE IN FIELD 46A AND ADD "FULL SET OF INSURANCE POLICY COVERING ALL RISKS AND WAR RISK AS PER CHINA INSURANCE CLAUSES DATED 01/01/2009 FOR 110 PCT OF THE INVOICE VALUE".
13. DELETE THE 2ND CLAUSE IN FIELD 47A.
14. IN FIELD 71B, INSERT "OUTSIDE DUBAI" BETWEEN THE WORLD "CHARGES" AND "ARE".
15. UNDER FIELD 48, "5 DAYS" SHOULD BE READ AS "15 DAYS".
ALL OTHER TERMS AND CONDITIONS REMAIN UNCHANGED.

（二）补充资料

1. INVOICE NO.:ZH08003
2. INVOICE DATE:12 MAR.,2011
3. G. W.:30KGS/CTN　N. W.:28 KGS/CTN
4. MEASUREMENT:50×30×38CM
5. PACKING:IN CARTON, 4 GROSS/CTN, 1 INNERBOX/GROSS
6. VESSEL'S NAME:HENGYU V.24W
7. B/L DATE:18 MAR. 2011
8. B/L NO.:ODW275569
9. SHIPPING COMPANY:TIAN YI SHIPPING COMPANY AS AGENT FOR THE CARRIER COSCO 郑明
10. H. S. CODE:9504.4000
11. ORIGIN NO.:C113211456780055
12. POLICY NO.:11BX0745

（三）信用证项下制单所需的各种单据

见附录一中所附的空白单据，请复印使用。

操作训练六　缮制信用证单据

请以国际贸易单证员的身份根据以下信用证与相关资料，缮制全套出口结汇单据。

（一）信用证

SEQUENCE OF TOTAL	27	1/1
FORM OF DOC. CREDIT	40A	IRREVOCABLE
DOC. CREDIT NUMBER	20	6744BDY140899
DATE OF ISSUE	31C	090521
APPLICABLE RULES	40E	UCP LATEST VESION
DATE AND PLACE	31D	. 090715 IN SPAIN
APPLICANT	50	ABC INTERNATIONAL CO., LTD. P. O. BOX 17908 BARCELONA SPAIN

BENEFICIARY	59	GUANGZHOU LIGHT INDUSTRIAL PRODUCTS I/E TRADING CO. N. 5 ZHU JIANG RD., GUANG ZHOU CITY, CHINA
AMOUNT	32B	USD 118.750,00
MAX CREDIT AMOUNT	39B	NOT EXCEEDING
AVAIBLE WITH/BY	41D	OURSELVES BY PAYMENT
PARTIAL SHIPMENT	43P	ALLOWED
TRANSSHIPMENTS	43T	ALLOWED
PORT OF LOADING/AIRPORT OF DEPARTURE	44E	GUANGZHOU PORT, CHINA
PORT OF DISCHARGE/AIRPORT OF DESTINATION	44F	BARCELONA, SPAIN
LATEST DATE OF SHIPMENT	44C	090625
DESCRIPT. OF GOODS	45A	

+ 7500 LADIES BAGS AS PER SAMPLES RECEIVED
  4000PCS, REF. 1235 -6, UNIT PRICE USD 15.50
  2000PCS, REF. 1235 -7, UNIT PRICE USD 16.00
  1500PCS, REF. 1235 -8, UNIT PRICE USD 16.50
+ EACH HAND BAG SHOULD BE PACKED INTO AN INDIVIDUAL PLASTIC BAG AND PACKED INSIDE AN INDIVIDUAL WOVEN BAG WITH PIECES OF CARTDBOARD IN BOTH SIDES.
+ THESE HANDBAGS WITH PAPER INSIDE FOR SEA SHIPMENT
+ CIF BARCELONA SPAIN

DOCUMENTS REQUIRED 46A

1. SIGNED COMMERCIAL INVOICE IN TRIPLICATE.
2. SIGNED PACKING LIST IN DUPLICATE.
3. FULL SET CLEAN ON BOARD BILL (S) OF LADING MADE OUT TO ORDER ENDOSRSED IN BLANK MARKED "FREIGHT PREPAID" AND NOTIFY APPLICANT.
4. CERTIFICATE OF ORIGIN GSP FORM A ISSUED BY COMPETENT AUTHRITY.
5. INSURANCE POLICY OR CERTIFICATE BLANK ENDORSED IF APPLICABLE COVERING RISKS AS PER INSTITUTE CAEGO CLAUSES A WAR AND STRIKES AS PER INSTITUTE CLAUSES UP TO BARCELONA PAYABLE IN BARCELONA.
6. QUALITY CONTROL CERTIFICATE ISSUED AND SIGNED BY THE BENEFICIARY, STATING THAT THE GOODS IS EXACTLY EQUAL TO THE SAMPLES RECEIVED BY THE BUYER.
7. COPY OF ALL DOCUMENTS MUST BE SENT BY FAX TO THE APPLICANT WITHIN 2 DAYS AFTER SHIPMENT, COPY OF SUCH FAX IS TO BE ATTACHED WITH THE DOCUMENTS.
8. COMMERCIAL INVOICE, PACKING LIST MUST BE SENT TO THE APPLICANT'S FORWORDER MAXIMUM 5 DAYS BEFORE SHIPMENT. COPY OF IT MUST BE ATTACHED WITH THE DOCUMENTS.

ADDITIONAL CONDITIONS. 47A

+ ALL DOCUMENTS MUST BE PRESENTED WRITTEN IN ENGLISH OR SPANISH LANGUAGE.
+ INVOICE, PACKING LIST AND OTHER BENEFICIARY'S DOCS MUST BE MAKE WITH LETTER-HEAD INCLUDING ALL BENEFICIARY'S DOCS.
+ IN CASE OF PRESENTATION OF DISCREPANT DOCS A DISCREPANCY FEE OF USD 60. PER SET OF DOCS SHALL BE LEVIED.

DETAILS OF CHARGES 71B

ALL BANKING CHARGES OF THIS L/C INCLUDING REIMBURSMENT CHARGES, IF ANY, ARE FOR BENEFICIARY'S ACCOUNT.

PRESENTATION PERIOD 48

DOCUMENTS MUST BE PRESENTED WITHIN 15 DAYS AFTER SHIPMENT DATE AND WITHIN VALIDITY TERMS OF THIS DOCUMENTARY CREDIT.

CONFORMATION 49 WITHOUT

INSTRUCTIONS 78

BANCO SANTANDER S. A. HONG KONG HOLDS SPECIAL REIMBURSMENT INSTRUCTIONS. ALL DOCUMENTS DRAWN UNDER THIS LETTER OF CREDIT MUST BE PRESENTED TO US THROUGH THEM AT: RM 1501 ONE EXCHANGE SQUARE, 8 CONNAUGHT PLACE, CENTRAL, HONGKONG BY COURIER SERVICES.

ADVISE THROUGH 57D

BANK OF CHINA, GUANGZHOU BRANCH, N. 134 ZHUJIANG RD.

SENDER TO RECEIVER INFORMATION 72

PLEASE SEND US DOCUMENTS BY COURIER TO BANCO SANTANDER S. A. EDIFICIO MARPE 11, ISLA GRACIOSA 528700BARCELONA, SPAIN.

（二）补充资料

1. INVOICE NO. :09ZL06132
2. INVOICE DATE:15 JUNE,2009
3. PACKING :IN CARTON OF 20 PCS EACH, 1 ×20' FCL
4. CN:TCLU5949019, SN:106435
5. G. W. :20KGS/CTN N. W. :18 KGS/CTN
6. MEASUREMENT:40 ×20 ×28CM/CTN
7. VESSEL'S NAME:ZHUJIANG V. 39
8. B/L DATE:20 JUNE 2009
9. B/L NO. :SZP930D112
10. SHIPPING COMPANY: CHANGXIN SHIPPING COMPANY 黄忠
11. H. S. CODE:95044000
12. ORIGIN CRITERION:"P"
13. INSURANCE POLICY NO. :09GZ0249

（三）信用证项下制单所需的各种单据

见附录一中所附的空白单据，请复印使用。

操作训练七 信用证制单、审单综合操作

星都家具实业有限公司2008年5月30日收到通知行交来的信用证，经审核信用证的内容，该公司接受了该票信用证，并在货物装船前着手如下工作：

（1）对拟出运商品进行了品质检验，符合合同规定，缮制了检验证书，由于申请人公司的CHUA KIEN先生并没有到场检验，双方同意由星都公司把检验证书传真给阿联酋买方公司由CHUA KIEN先生在检验证书上会签后再回传受益人凭回传件交单。

（2）2008年7月26日星都家具实业有限公司签署了发票号码为08XD08002的商业发票，并于当天拿到商会做了商会认证，当天还向商会申请了产地证，后与其他备好的单据一并交单。

作为该公司的单证员，请按以下要求进行操作。

（1）请根据该票信用证的主要内容填写信用证分析表，作为缮制、审核和管理该票业务单证的依据。

（2）请根据该票信用证及补充资料，缮制信用证要求的出口结汇单据，上述（1）（2）已提及的单据及附后的传真报告除外。所需单据可从附录一中的空白单据模版复印使用。

（3）假设以上就是该公司单证员对本票信用证的单据处理情况，做完单据后向银行交单，请

以银行审单员的身份证审核本信用证项下的全套单据,指出其中的不符点。

资料一:信用证

2008MAY26 11:18:11		LOGICAL TERMINAL E102
MT S700	ISSUE OF A DOCUMENTARY CREDIT	PAGE 00001 FUNC MSG700 UMR 06881051

MSGACK DWS765I AUTH OK, KEY B198081689580FC5, ICBKCNBJ BNPAAEAD RECORO

BASIC HEADER		F 01 ICBKCNBJAQDO 0588 550628
APPLICATION HEADER		0 700 1057 080526 BNPAAEADA×××7277 977367 080526 1118 N * BNP PARIBAS DUBAI * DUBAI, UNITED ARAB EMIRATES
USER HEADER		SERVICE CODE 103: BANK. PRIORITY 113: MSG USER REF. 108: INFO. FROM CI 115:
SEQUENCE OF TOTAL	*27	1/1
FORM OF DOC. CREDIT	*40A	IRREVOCABLE
DOC. CREDIT NUMBER	*20	07785LCD0800977
DATE OF ISSUE	31C	080526
APPLICABLE RULES	*40E	UCP LATEST VERSION
DATE/PLACE EXP.	*31 D	080822 CHINA
APPLICANT	*50	NEW AL DHAI FURNITURE LLC P. O. BOX 30159 AJMAN U. A. E.
BENEFICIARY	*59	XINGDU FURNITURE INDUSRIES(QINGDAO) CO. LTD. DUCUN TOWN OF JIAOZHOU CITY, QINGDAO, SHANDONG PROVINCE CHINA POST CODE:266327
CURRENCY CODE, AMOUNT	*32 B	USD 49,300.00
MAXIMUM CREDIT AMOUNT	39B	NOT EXCEEDING
AVAILABLE WITH/BY	*41D	ANY BANK IN CHINA, BY NEGOTIATION
DRAFTS AT...	42C	SIGHT
DRAWEE	42D	DRAW ON US
PARTIAL SHIPMENTS	43P	ALLOWED
TRANSSHIPMENT	43T	ALLOWED
PORT OF LOADING/AIRPORT OF DEPARTURE	44E	QINGDAO, CHINA
PORT OF DISCHARGE/AIRPORT OF DESTINATION	44F	AJMAN
LATEST DATE OF SHIPMENT	44C	080807
DESCRIPTION OF GOODS AND/OR SERVICES	45A	FURNITURE ITEMS AS PER PROFORMA IVOICE NO. PHQ00001 DATE 22/05/2008, I. E

2008MAY26 11:18:11 LOGICAL TERMINAL E102

MT S700 ISSUE OF A DOCUMENTARY CREDIT PAGE 00002

FUNC MSG700

UMR 06881051

MSGACK DWS765I AUTH OK, KEY B198081689580FC5, ICBKCNBJ BNPAAEAD RECORO

ITEM	QTY	UNIT PRICE	AMOUNT
NAD A-229			
COMPUTER WORKSTATION	1,000SET	USD22.40/SET	USD22,400.00
NAD A-258			
COMPUTER WORKSTATION	1,000SET	USD26.90/SET	USD26,900.00
FOB QINGDAO			

DOCUMENTS REQUIRED 46 A

+ SIGNED COMMERCIAL INVOICE IN FIVE COPIES SHOWING THE NAME AND ADDRESS OF MANUFACTURER/PRODUCER, ORIGINAL OF WHICH MUST BE CERTIFIED BY THE CHAMBER OF COMMERCE AND LEGALIZED BY U. A. E. EMBASSY OR CONSULATE. INVOICE MUST SHOW HARMONIZED SYSTEM COMMODITY CODE NO. FOR MERCHANDISE DESCRIBED THEREIN.

A CERTIFICATE EVIDENCING THAT THE GOODS ARE NEITHER OF ISRAELI ORIGIN NOR DO THEY CONTAIN ANY ISRAELI MATERIALS IS REQUIRED SEPARATELY. THESE INVOICES SHOULD ALSO CONFIRM THAT 2 PERCENT SPARE PARTS OF EACH ITEAMS ARE SHIPPED WITH EACH CONTAINER.

+ FULL SET CLEAN ON BOARD OCEAN BILLS OF LADING PLUS TWO NON-NEGOTIABLE COPIES MADE OUT TO OUR ORDER, MARKED FREIGHT PAYABLE AT DESTINATION NOTIFY ACCOUNTEE AND US. INDICATING THE FULL NAME, ADDRESS AND TEL NO. OF THE CARRYING VESSEL'S AGENT IN SHARJAH/DUBAI, U. A. E. BILL(S) OF LADING MUST EVIDENCE CARRING VESSEL IS ALLOWED TO ENTER U. A. E. PORTS AS PER ITS RULES AND REGULATIONS. ALTERNATIVELY CARRIERS/AGENTS CERTIFICATE TO THIS EFFECT IS ACCEPTABLE AND MUST ACCOMPANY THE DOCUMENTS. SHORT FORM BILL(S) OF LADING NOT ACCEPTABLE. BILL OF LADING TO EVIDENCE CONTAINER NUMBER AND SEAL NUMBER IN CASE OF CONTAINER SHIPMENT.

+ PACKING LIST IN FIVE COPIES.

+ INSURANCE COVERED LOCALLY BY THE APPLICANT, SHIPMENT ADVICE MUST BE SENT TO M/S AL WATHBA NATIONAL INSURANCE CO P. S. C, P. O. BOX 4131, SHARJAH, U. A. E. ON FAX NO. 009716-529942 ON OR BEFORCE SHIPMENT DATE REFERRING TO OPEN POLICY NO. 60/400/40/2003/134 QUOTING VESSEL NAME, INVOICE VALUE, CREDIT NUMBER AND COPY OF SUCH TRANSMITTED FAX ALONGWITH FAX TRANSMISSION REPORT TO ACCOMPANY THE DOCUMENTS.

+ CERTIFICATE OF ORIGIN ISSUED OR CERTIFIED BY A CHAMBER OF COMMERCE STATING THE NAME OF THE GOODS ARE OF CHINA ORIGIN AND ORIGINAL TO BE LEGALIZED BY U. A. E. EMBASSY OR CONSULATE. CERTIFICATE OF ORIGIN MUST SHOW THE NAME AND ADDRESS OF MANUFACTURERS OF PRODUCERS.

2008MAY26 11:18:11 LOGICAL TERMINAL E102

MT S700 ISSUE OF A DOCUMENTARY CREDIT PAGE 00003

FUNC MSG700

UMR 06881051

MSGACK DWS765I AUTH OK, KEY B198081689580FC5, ICBKCNBJ BNPAAEAD RECORO

+INSPECTION IS TO BE EFFECTED BEFORE SHIPMENT AND RELEVANT CERTIFICATES/REPORTS ARE COUNTERSIGNED BY MR. CHUA KIEN.

ADDITIONAL CONDITION 47A

+ THE ORIGINAL INVOICE AND CERTIFICATE OF ORIGIN TO BE ATTESTED OR LEGALIZED BY U. A. E EMBASSY OR CONSULATE IN THE EXPORTING COUNTRY OR BENEFICIARY'S COUNTRY. IN THE EVENT OF SUMISSION OF DOCUMENTS WITHOUT LEGALIZATION OR ATTESTATION, WE SHALL DEDUCT FROM THE AMOUNT PAYABLE TO THE BENEFICIARY APPLICABLE FEES AS STIPULATED BY THE LOCAL AUTHORITIES IN U. A. E.

+PAYMENT UNDER RESERVE/GUARANTEE NOT ALLOWED.

+ALL DOCUMENTS MUST BE ISSUED IN ENGLISH LANGUAGE.

+ A DISCREPANCY FEE OF USD50.00 OR EQUIVALENT WILL BE CHARGED BY US ON EACH SET OF DOCUMENTS PRESENTED/RECEIVED WITH DISCREPANCY(IES) AND THIS AMOUNT WILL BE DEDUCTED FROM THE PROCEEDS UPON ACCEPTANCE OR WILL BE CLAIMED FROM THE PRESENTING BANK.

+SHIPPING MARKS TO APPEAR ON INVOICE, CERTIFICATE OF ORIGIN, PACKING LIST AND BILL OF LADING AS FOLLOWS:

NEW AL DHAI FURNITURE LLC TEL:06 -7349793

+5(FIVE) A4 SIZE PHOTOS OF EACH ITEM SHOULD BE PROVIDED ALONG WITH THE ORIGINAL DOCUMENTS.

+ EACH SET OF DOCUMENTS PRESENTED TO BANK FOR NEGOTIATION SHOULD NOT BE FOR MORE THAN FOUR CONTAINERS.

+HS CODE OF EACH ITEMS ARE REQUIRED.

+SHIPMENT TO BE EFFECTED THROUGH MAERSK LINE SHIPPING CO. ONLY AND B/L TO EVIDENCE THE SAME.

+SHIPPING AGENT'S ADDRESS IN UAE DUBAI OR SHARJAH ACCEPTABLE.

+DECLARATION OF THE BENEFICIARY THAT THE COPY OF INVOICE AND NON-NEGOTIABLE COPY OF B/L HAS BEEN SENT DIRECTLY TO THE OPENER BY COURIER AND THE EVIDENCE TO ATTACH WITH SHIPPING DOCUMENTS.

CHARGES 71B ALL BANKING CHARGES OUTSIDE DUBAI ARE FOR THE ACCOUNT OF BENEFICIARY. INCLUDING REIMBURSEMENT AND COMMISSION CHARGE.

PERIOD FOR PRESENTATION 48 DOCUMENTS TO BE PRESENTED WITHIN 15 DAYS FROM SHIPMENT DATE BUT WITHIN THE VALIDITY OF THE CREDIT.

CONFIRMAT INSTR *49 WITHOUT

2008MAY26 11:18:11 LOGICAL TERMINAL E102

MT S700 ISSUE OF A DOCUMENTARY CREDIT PAGE 00004

FUNC MSG700

UMR 06881051

MSGACK DWS765I AUTH OK, KEY B198081689580FC5, ICBKCNBJ BNPAAEAD RECORO

INST/PAYING/ACCPT/NEGOTIABLE BANK	78	+ AFTER RECEIPT OF FULL SET OF DOCUMENTS COMPLYING WITH THE TERMS AND CONDITIONS OF THE CREDIT WE SHALL REMIT PROCEEDS AS REQUESTED LESS OUR REIMBURSEMENT AND COMMUNICATION CHARGES. DOCUMENTS MUST BE SENT TO OUR ADDRESS: BNP PARIBAS, EMAAR BUILDING 1, FLOOR 7, BURJ DUBAI SQUARE. P. O. BOX. 7233, DUBAI, U. A. E TEL:009714 - 4248357 IN ONE LOT BY COURIER SERVICE CERTIFYING ALL TERMS AND CONDITIONS OF THE CREDIT COMPLIED WITH.

资料二:背景信息补充

1. B/L No.:COSU50304830
2. VESSEL'S NAME:HENGSHAN V. 24W
3. B/L DATE:2008 年 8 月 1 日
4. B/L ISSUED BY:SHANDONG DAHAI SHIPPING CO. LTD 和江作为中远集装箱运输公司的代理签发提单
5. CONTAINER NO.:CBHU1890662、CBHU4252661、CBHU2690801、CBHU2969186、CBHU6347534
6. SEAL NO.: 321078、456213、781245、367811、452323 5 × 40'HQ FCL,CY/CY
7. PORT OF LOADING:QINGDAO
8. SHIPMENT IN ONE SET
9. COMMERDITY:COMPUTER DESK
10. PACKING:IN ONE SET/CARTION, 408 CARTIONS IN A CONTAINER
11. G. W:30KGS/CTN N. W:28KGS/CTN
12. MEASUREMENT:120 × 50 × 25CMS/CARTION
13. ORIGIN NO.:C083625164590023
14. H. S. CODE:940310
15. ORIGIN ISSUED BY:林一凡
16. BENEFICIARY AUTHORIZED SIGNATURER:林芳玲
17. DATE OF PRESENTATION:20080804
18. NEGOTIATING BANK:BANK OF CHINA SHAN DONG BRANCH
19. 装船通知的传真报告

【 JOURNAL 】

AUG. 03 2008 14:10PM

JOB.	DATE	START TIME	IDENTIFICATION	MODE	PAGES	RESULT
200	2008/08/03	AUG. 03 14:10PM	+009716 - 529942	SND	01	0K

* CODE = FOR SERVICE CENTER USE ONLY

资料三:星都家具实业有限公司信用证分析表(空白)

收证日期:

信用证号码				合同号							订单号		
开证行							开证日期						
开证申请人							受益人						
货名							数量				价格条款与金额		
汇票付款人							汇票期限						
可否分批		可否转运					起运地				目的地		
装运期限		信用证有效期							信用证到期地点				
唛头							交单日						
单据名称	发票	装箱单	产地证	检验证书	提单	保险单	装运通知	受益人证明	汇票				
银行													
客户													
公共													
提单/运输单据	抬头人												
	通知人												
	注意事项												
保险	险别												
	加成率												
其他注意事项:													

第二节　信用证综合实训

本节所选信用证均为实务原证,敏感信息已做处理,供学生自学提高或用来按照本书“教学内容取舍与教学安排建议”所提实训要求进行综合实训,出货资料合理设计,要符合事实,所需单据可复印附录一中的空白单据,也可到海南经贸职业技术学院网站(http://202.100.206.39/jpkc/webb/wmdz/danzhengziyuanku.html 或 http://www.hceb.edu.cn:8080/suite/solver/classView.do?classKey=2480714)下载空白的电子单据模板。

第一份　日本信用证(工艺品)

MESSAGE　MsgNo:20090131 00157 - 1　09 - 02 - 05 09:20 serial no:R09020500096

RCVD * FIN/Session/OSN :F01　4911　639453
RCVD * Own Address　:PCBCCNBJHNX CHINA CONSTRUCTION BANK CORPORATION
RCVD *　HNX
RCVD * Output Message Type :700　Issue of a Documentary Credit
RCVD * Input Time　:20090131/1354
RCVD * MIR　:090131PCBCCNBJHNX4911639453
RCVD * Sent by　:MHCBJPJTXXX　MIZUHO CORPORATE BANK, LTD.
RCVD *　XXX
RCVD * Output Date/Time　:20090131/1254
RCVD * Priority　:Normal
RCVD * MUR　:LC
RCVD * ____________________
RCVD * 重新打印,仅做副本使用
RCVD * ____________________
RCVD * 27 /SEQUENCE OF TOTAL
RCVD *　1/1
RCVD * 40A/FORM OF DOCUMENTARY CREDIT
RCVD *　IRREVOCABLE
RCVD * 20 /DOCUMENTARY CREDIT NUMBER
RCVD *　ILC08000502875
RCVD * 31C/DATE OF ISSUE
RCVD *　090131
RCVD * 40E/APPLICABLE RULES
RCVD *　UCP LATEST VERSION
RCVD * 31D/DATE AND PLACE EXPIRY
RCVD *　090411 AT THE NEGOTIATING BANK
RCVD * 50 /APPLICANT
RCVD *　OSAKA BH TRADING CO. , LTD
RCVD *　6 - 637 - 1, OHTORI IGASHI - MACHI, SAKAI - CITY,
RCVD *　OSAKA, JAPAN
RCVD * 59 /BENEFICIARY
RCVD *　JIAN WEI MANUFACTURE(HAINAN) CO. , LTD.
RCVD *　NO.6 CHANG YI ROAD, CHENG XI, LONG HUA DISTRICT, HAIKOU CITY,
RCVD *　HAINAN PROVINCE, CHINA
RCVD * 32B/CURRENCY CODE, AMOUNT
RCVD *　USD26178,00
RCVD * 41D/AVAILABLE WITH...BY...
RCVD *　ANY BANK
RCVD *　BY NEGOTIATION
RCVD * 42C/DRAFT AT...
RCVD *　DRAFT(S) AT SIGHT FOR 100PCT INVOICE VALUE
RCVD * 42D/DRAWEE
RCVD *　MIZUHO CORPORATE BANK, LTD. , HEAD OFFICE

MESSAGE MsgNo:20090131 00157 -2 09 -02 -05 09:20 serial no:R09020500096

RCVD *43P/PARTIAL SHIPMENTS
RCVD * PARTIAL SHIPMENTS ARE ALLOWED
RCVD *43T/TRANSSHIPMENT
RCVD * TRANSSHIPMENT IS ALLOWED
RCVD *44E/PORT OF LOADING/AIRPORT OF DEPARTURE
RCVD * HAIKOU
RCVD *44F/PORT OF DISCHARGE/AIRPORT OF DESTINATION
RCVD * OSAKA
RCVD *44C/LATEST DATE OF SHIPMENT
RCVD * 090401
RCVD *45A/DESCRIPTION OF GOODS AND/OR SERVICES
RCVD * PALM MAT WALL BASKET
RCVD * FOB HAIKOU
RCVD *46A/DOCUMENTS REQUIRED
RCVD * +SIGNED COMMERCIAL INVOICE IN ONE COPY INDICATING THIS
RCVD * CREDIT NO. AND APPLICANT'S REF. 09 -050
RCVD * +2/3 SET OF CLEAN ON BOARD OCEAN BILLS OF LADING MADE OUT TO
RCVD * ORDER OF SHIPPER AND ENDORSED IN BLANK MARKED FREIGHT COLLECT NOTIFY APPLICANT.
RCVD * +PACKING LIST IN 1
RCVD * +1 PHOTOCOPY OF G. S. P CERTIFICATE OF ORIGIN FORM A
RCVD * +BENEFICIARY'S CERTIFICATE STATING THAT 1/3 ORIGINAL CLEAN ON
RCVD * BOARD OCEAN B/L, ORIGINAL GSP CERTIFICATE OF ORIGIN FORM A,
RCVD * INSPECTION CERTIFICATE ISSUED/SIGNED BY BENEFICIARY, COMMERCIAL
RCVD * INVOICE, PACKING LIST HAVE BEEN SENT TO APPLICANT (ATTN:MR.
RCVD * MIYAJI) BY COURIER SERVICE WITHIN 3 DAYS AFTER SHIPMENT, AND
RCVD * COPY OF MAIL RECEIPT TO BE ATTACHED AT THE NEGOTIATION.
RCVD *47A/ADDITIONAL CONDITIONS
RCVD * ALL DRAFT(S) DRAWN HEREUNDER MUST BE MARKED "DRAWN UNDER
RCVD * THE MIZUHO CORPORATE BANK, LTD., HEAD OFFICE CREIDT NO.
RCVD * ILC08000502875 DATED JANUARY 31, 2009" AND THE AMOUNT OF SUCH
RCVD * DRAFT(S) MUST BE ENDORSED ON THE REVERSE OF THIS CREDIT.
RCVD * 1)T. T. REIMBURSEMENT IS NOT ACCEPTABLE.
RCVD * 2)INSURANCE IS TO BE EFFECTED BY BUYER.
RCVD * 3)SHIPMENT TO BE EFFECTED BY OOCL.
RCVD * 4)WITHIN 48 HOURS AFTER EACH SHIPMENT BENEFICIARY SHOULD
RCVD * SEND COPY OF ALL SHPPING DOCUMENTS TO APPLICANT BY FAX FOR
RCVD * SHIPPING ADVICE (FAX NO.31 -73 -374 -2877)
RCVD * 5)IN CLEAN ON BOARD B/L, SHALL BE MENTIONED APPLICANT'S REF. NO.09 -050.
RCVD * 6)HOUSE B/L AND FORWARDERS B/L NOT ACCEPTABLE.
RCVD * 7)PLACE OF DELIVERY:SENBOKU
RCVD *71B/CHARGES
RCVD * ALL BANKING CHARGES OUTSIDE JAPAN ARE FOR ACCOUNT OF BENEFICIARY
RCVD *48 /PERIOD FOR PRESENTATION
RCVD * DOCUMENTS TO BE PRESENTED WITHIN 10 DAYS AFTER THE DATE OF SHIPMENT

MESSAGE MsgNo:20090131 00157 - 3 09 - 02 - 05 09:20 serial no:R09020500096

RCVD *49 /CONFIRMATION INSTRUCTIONS
RCVD * WITHOUT
RCVD *78 /INSTRUCTIONS TO THE PAYING/ACCEPTING/NEGOTIATING BANK
RCVD * ALL DOCUMENTS INCLUDING BENEFICIARY'S DRAFT(S) MUST BE SENT
RCVD * BY REGISTERED AIRMAIL DIRECTLY TO MIZUHO CORPORATE BANK,
RCVD * LTD. OSAKA OFFICE, 4 - 2 - 1, IMABASHI, CHIJO - KU OSAKA 541 - 0042 JAPAN IN ONE LOT(S).
RCVD * UPON OUR RECEIPT OF THE DRAFT(S) AND DOCUMENTS WE SHALL
RCVD * MAKE PAYMENT AS INSTRUCTED BY YOU.
RCVD * 57D/Advise Through Bank
RCVD * CHINA CONSTRUCTION BANK HAINAN BRANCH
RCVD * 2/F., A BLDG., CCB MANSION GUOMAO AVENUE, HAIKOU 570125 HAINAN CHINA
RCVD * 72 /Sender to Receiver Information
RCVD * ACKNOWLEDGE RECEIPT
RCVD * --

Original Date:20090131 Original Sequence:00157

第二份 韩国信用证(水产品)

* * * * * RECEIVED MESSAGE * * * * * 03 - 02 - 2008 16:56 page no:2366
Status:MESSAGE DELIVERED
Station: 1 BEGINNING OF MESSAGE

RCVD * FIN/Session/OSN:F01 5331 968820
RCVD * Own Address :COMMCNSHAHNN BANK OF COMMUNICATIONS
RCVD * HAINAN
RCVD * (HAINAN BRANCH)
RCVD * Output Message Type :700 ISSUE OF A DOCUMENTARY CREDIT
RCVD * Input Time :1753
RCVD * MIR :080302SHBKKRSEAXXX5926640437
RCVD * Sent by :SHBKKRSEAXXX SHINHAN BANK
RCVD * SEOUL
RCVD * Output Date/Time :080302/1653
RCVD * Priority :Normal
RCVD * MUR :0001164954
RCVD *
RCVD * {3:{108:0001164954}}
RCVD *
RCVD *27 /SEQUENCE OF TOTAL
RCVD * 1/1
RCVD *40A/FORM OF DOCUMENTARY CREDIT
RCVD * IRREVOCABLE
RCVD *20 /DOCUMENTARY CREDIT NUMBER
RCVD * M42BC403RS01060
RCVD *31C/DATE OF ISSUE

* * * * * RECEIVED MESSAGE * * * * *　　03 - 02 - 2008 16:56　page no:2366

Status:MESSAGE DELIVERED

Station:　1　BEGINNING OF MESSAGE

RCVD *　080302
RCVD *40E/APPLICABLE RULES
RCVD *　UCP LATEST VERSION
RCVD *31D/DATE AND PLACE EXPIRY
RCVD *　080331 IN YOUR COUNTRY
RCVD *50 /APPLICANT
RCVD *　PRIME - SEA INTERNATIONAL INC.
RCVD *　RM1310, SIGMA TOWER, 8 - 18
RCVD *　SHINCHEONDONG, SONGPA - GU,
RCVD *　SEOUL, KOREA
RCVD *59 /BENEFICIARY - NAME & ADDRESS
RCVD *　SANYA YUANTIAO AQUATIC PRODUCTS TRADING CO. , LTD.
RCVD *　SANYA CITY HAINAN PROVINCE.
RCVD *　P. R. , CHINA
RCVD *32B/CURRENCY CODE, AMOUNT
RCVD *　USD74928,00
RCVD *39A/PERCENTAGE CREDIT AMT TOLERANCE
RCVD *　10/10
RCVD *41D/AVAILABLE WITH...BY... - NAME&ADD
RCVD *　ANY BANK
RCVD *　BY NEGOTIATION
RCVD *42C/DRAFT AT...
RCVD *　AT SIGHT
RCVD *42D/DRAWEE - NAME & ADDRESS
RCVD *　SHINHAN BANK, SEOUL
RCVD *43P/PARTIAL SHIPMENTS
RCVD *　ALLOWED
RCVD *43T/TRANSSHIPMENT
RCVD *　ALLOWED
RCVD *44E/PORT OF LOADING/AIRPORT OF DEPARTURE
RCVD *　ANY CHINESE PORT
RCVD *44F/PORT OF DISCHARGE/AIRPORT OF DESTINATION LOS ANGELES, U. S. A.
RCVD *44C/LATEST DATE OF SHIPMENT
RCVD *　080315
RCVD *45A/DESCRIPTION OF GOODS AND/OR SERVICES
RCVD *　FROZEN BOILED WHITE SHRIMP
RCVD *　PACKING:30P×20/CTN
RCVD *　SIZE:2L (8 - 8.5CM)
RCVD *　117,600PCS USD0.065/PC USD7,644.00
RCVD *　SIZE:3L (8.5 - 9CM)
RCVD *　300,000PCS USD0.095/PC USD28,500.00
RCVD *　SIZE:4L (9 - 9.5CM)
RCVD *　228,000PCS USD0.120/PC USD27,360.00
RCVD *　SIZE:5L (9.5 - 10CM)
RCVD *　81,600PCS USD0.140/PC USD11,424.00
RCVD *　ORIGIN CHINA
RCVD *　CFR LOS ANGELES U. S. A.
RCVD *46A/DOCUMENTS REQUIRED

* * * * * RECEIVED MESSAGE * * * * *　　03 - 02 - 2008 16:56　page no:2366
Status: MESSAGE DELIVERED
Station:　1　　BEGINNING OF MESSAGE

RCVD *　　+SIGNED COMMERCIAL INVOICE IN TRIPLICATE
RCVD *　　+PACKING LIST IN TRIPLICATE
RCVD *　　+FULL SET OF CLEAN ON BOARD OCEAN BILLS OF LADING MADE OUT
RCVD *　　TO ORDER OF INTERSTATE SEAFOOD, INC. 564 S. MATEO ST. LOS ANGELES, CA 90013,
RCVD *　　AND FREIGHT PREPAID AND NOTIFY INTERSTATE SEAFOOD, INC. 564 S.
RCVD *　　MATEO ST. LOS ANGELES, CA 90013
RCVD *　　+INSPECTION CERTIFICATE ISSUED BY C. I. Q IN CHINA
RCVD *　　+CERTIFICATE OF ORIGIN ISSUED BY AUTHORITY CONCERNED IN CHINA
RCVD *　　+LETTER OF GUARANTEE THAT IF THE CARGO IS REJECTED BY F. D. A AT
RCVD *　　DESTINATION BENEFICIARY WILL TAKE BACK CARGO AND PAY BACK
RCVD *　　INVOICE VALUE WITH RELATED COST TO PRIME - SEA INT'L INC WITHIN
RCVD *　　15 DAYS.
RCVD *47A/ADDITIONAL CONDITIONS
RCVD *　　QUANTITY AND CREDIT AMOUT 10 PCT MORE OR LESS ALOWED
RCVD *71B/CHARGES
RCVD *　　ALL BANKING CHARGES OUTSIDE KOREA AND REIMBURSING CHARGE
RCVD *　　ARE FOR ACCOUNT OF BENEFICIARY
RCVD *48 /PERIOD FOR PRESENTATION
RCVD *　DOCUMENTS TO BE PRESENTED WITHIN 15DAYS AFTER SHIPMENT DATE
RCVD *　BUT WITHIN THE VALIITY OF THE CREDIT
RCVD *49 /CONFIRMATION INSTRUCTIONS
RCVD *　WITHOUT
RCVD *78 /INSTRUCTIONS TO THE PAYING/ACCEPTING/NEGOTIATING BANK
RCVD *　T/T REIMBURSEMENT NOT ALLOWED. THE DISCREPANCY FEE OF
RCVD *　USD 70.00 (OR EQUIVATENT) SHOULD BE DEDUCTED FROM YOUR
RCVD *　REIMBURSEMENT CLAIM TO THE REIMBURSING BANK OR WILL BE
RCVD *　DEDUCTED FROM PROCEEDS BY US IF DOCUMENTS ARE PRESENTED
RCVD *　WITH DISCREPANCY(IES).　UPON RECEIPT OF ALL DOCS AND DRAFTS IN
RCVD *　CONFORMITY WITH TERMS AND CONDITIONS OF THIS CREDIT WE
RCVD *　SHALL REMIT THE PROCEEDS TO THE BANK DESIGNATED BY NEGOTIATING
RCVD *　BANK. ALL DOCUMENTS MUST BE DESPATCHED BY COURIER IN ONE LOT
RCVD *　TO SHINHAN BANK, TRADE SERVICE OFFICE, 2ND FL., 120, 2 - KA,
RCVD *　TAEPYUNG - RO, CHUNG - KU, SEOUL 100 - 724, KOREA.

第三份　韩国假远期信用证

MSGACK　DWS765I　AUTH OK, KEY　DIGEST,　BKCHCNBJ　SCBLKRSE RECORD
BASIC HEADER　　F　01　BKCHCNBJA95L　1898　949083
APPLICATION HEADER　0　700 1637 100813　SCBLKRSEAXXX 7907　381328 100813 1737 N
　　STANDARD CHARTERED FIRST BANK KOREA LIMITED
　　SEOUL
USER HEADER　　SERVICE CODE　103:
　　BANK PRIORITY 113:
　　MSG USER REF.　108:I700100813036314

INFO. FORM CI 115:
SEQUENCE OF TOTAL 27: 1/1
FORM OF DOC. CREDIT 40 A: IRREVOCABLE
DOC. CREDIT NUMBER 20: M1871008NU00066
DATE OF ISSUE 31C: 100813
APPLICABLE RULES 40E: UCPURR LATEST VERSION
EXPIRY 31D: DATE 100910 PLACE SHANGHAI CHINA
APPLICANT 50: SOE DANG CO., LTD.
1047 – 22, SODANG – DONG DONGJAK – KU,
SEOUL, KOREA/TEL: 82 – 2 – 528 – 5626
FAX: 82 – 2 – 528 – 5447
BENEFICIARY 59: ZHANGJIAGANG YUANDA TEXTILE CO., LTD.
NO. 2 WEST RENMIN ROAD, MIAOQIAO
TANGQIAO TOWN, ZHANGJIAGANG CITY,
JIANGSU, CHINA
AMOUNT 32B: CURRENCY USD AMOUNT 85.979,40
POS./NEG. TOL. (%) 39A: 05/05
AVAILABLE WITH/BY 41D: ANY BANK
BY NEGOTIATION
DRAFTS AT 42C: 120 DAYS AFTER B/L DATE
DRAWEE 42A: SCBLKRSE
STANDARD CHARTERED FIRST BANK KOREA LIMITED
SEOUL
PARTIAL SHIPMENTS 43P: ALLOWD
TRANSSHIPMENT 43T: NOT ALLOWED
PORT OF LOADING 44E: SHANGHAI CHINA
PORT OF DISCHARGE 44F: BUSAN, KOREA
LATEST DATE OF SHIP 44C: 100830
DESCRIPT OF GOODS 45A:
COMMODITY DESCRIPTIONS QUANTITY UNIT PRICE TOTAL AMOUNT
HS – CODE: 5107 – 10 – 9000
2/48NM 50PCT MERINO 22046LBS USD3.9/LBS USD85979.40
WOOL(22.0MIC)50PCT
ACRYLIC(2D)
R/W IN HANK
CIF BUSAN
ORIGIN CHINA
DOCUMENTS REQUIRED 46A:
+ SIGNED COMMERCIAL INVOICE IN QUINTUPLICATE
+ PACKING LIST IN TRIPLICATE
+ FULL SET OF CLEAN ON BOARD OCEAN BILL OF LADING MADE OUT TO THE ORDER OF STANDARD CHARTERED FIRST BANK KOREA LIMITED MARKED FREIGHT PREPAID AND NOTIFY ACCOUNTEE
+ FULL SET OF INSURANCE POLICIES OR CERTIFICATES, ENDORSED IN BLANK FOR 110 PERCENT OF INVOICE VALUE, STIPULATING THAT CLAIMS ARE PAYABLE IN THE CURRENCY OF THE DRAFT AND ALSO INDICATING A CLAIM

SETTLING AGENT IN KOREA. INSURANCE MUST INCLUDE: THE INSTITUTE CARGO CLAUSES: ALL RISKS
ADDITIONAL COND 47A:
+T/T REIMBURSEMENT NOT ALLOWED
+5 PCT MORE OR LESS IN QUANTITY AND AMOUNT ALLOWED
+ONE ADDITIONAL PHOTOCOPY OF ALL REQUIRED DOCUMENTS SHOULD BE PRESENTED SEPARATELY FOR ISSUING BANK'S FILE. IF NOT PRESENTED, WE WILL DEDUCT OUR HANDLING FEE USD30.00 (OR EQUIVALENT)
+ALL PARTIES TO THIS TRANSACTION ARE ADVISED THAT THE U. S. AND OTHER GOVERNMENT AND/OR REGULATORY AUTHORITIES IMPOSE SPECIFIC SANCTIONS AGAINST CERTAIN COUNTRIES, ENTITIES AND INDIVIDUALS: BANKS MAY BE UNABLE TO PROCESS A TRANSACTION THAT INVOLVES A BREACH OF SANCTIONS, AND AUTHORITIES MAY REQUIRE DISCLOSURE OF INFORMATION. SC FIRST BANK KOREA LIMITED IS NOT LIABLE IF IT, OR ANY OTHER PERSON, FAILS OR DELAYS TO PERFORM THE TRANSACTION, OR DISCLOSES INFORMATION AS A RESULT OF ACTUAL OR APPARENT BREACH OF SUCH SANCTIONS. TRANSSHIPMENT IS PROHIBITED THROUGH IRAN, CUBA, NORTH KOREA, SUDAN AND MYANMAR.
DETALLS OF CHARGES 71B:
ALL BANKING COMMISSIONS AND CHARGES OUTSIDE KOREA PLUS OUR REIMBURSEMENT CHARGES ARE FOR ACCOUNT OF BENEFICIARY
CONFIRMATION 49: WITHOUT
INSTRUCTIONS 78:
ACCEPTANCE COMMISSIONS AND DISCOUNT CHARGES ARE FOR BUYER'S A/C DRAFTS AND ALL DOCUMENTS TO US BY COURIER SERVICE IN ONE LOT FAYMENT UNDER THIS L/C IS TO BE MADE AT SIGHT BASIS REGARDLESS OF DRAFT'S TENOR
UPON RECEIPT OF YOUR COMPLYING DOCUMENTS, WE WILL REMIT THE PROCEEDS AS PER YOUR INSTRUCTIONS A DISCREPANCY FEE OF USD30.00 (OR EQUIVALENT) WILL BE DEDUCTED FROM THE REIMBURSEMENT CLAIM FOR EACH PRESENTATION OF DISCREPANT DOCUMENTS UNDER THIS CREDIT. THIS FEE WILL BE FOR ACCOUNT OF THE BENEFICIARY.
SEND. TO REC. INFO. 72:
MAIL ADDRESS:
IMPORT SECTION OF WB OPS CENTER,
STANDARD CHARTERED FIRST BANK KOREA
LIMITED 100 KONGPYUNG - DONG
JONGRO - KU, SEOUL KOREA 110 - 702
ORDER IS <MAC:> <PAC:> <ENC:> <CHK:> <TNG:> <PDE:>
MAC: 18E76F90
CHK: B2EEC2FE9966

第四份 泰国信用证(危险化学品)

Formatted incoming message MT 700 00700010467053 1/1 **AYUDTHBKAXXX/ Viewer SWIFT**

Sent	:ID :	2010.11.15 17:27
Reveived	:OD :	2010.11.15 18:27
Own BIC/TID	:I I :	ICBKCNBJASHI BIC ambiguous, possible address is: INDUSTRIAL AND COMMERCIAL BANK OF CHINA. SHANGHAI MUNICIPAL BRANCH NO.9 PU DONG AVENUE SHANGHAI, CHINA 200120 SHANGHAI, CHINA

SWIFT Message Type	:MT:	700 Issue of Documentary Credit
Correspondents BIC/TID	:IO :	AYUDTHBKAXXX BIC identified as: BANK OF AYUDHYA PUBLIC COMPANY LIMITED 1222, RAMA III ROAD,KHWENG BANGPONGPANG 10120 BANGKOK, THAILAND
SN	:SN:	6968937447
Sequence of Total	:27:	1/1
Form of Documentary Credit	:40A:	IRREVOCABLE
Documentary Credit Number	:20:	00700010467053
Date of issue	:31C:	2010.11.15
Applicable Rules	:40E:	UCP LATEST VERSION
Date and Place of Expiry	:31D:	2011.01.30 CHINA
Applicant	:50:	KOEKIT CHEMICAL CO., LTD. 398/1 MOP 11, RAJBURANA ROAD, RAJUBURANA, BANGKOK 10140, THAILAND
Beneficiary Customer	:59:	SHANGHAI JIANYING CHEMICAL CO., LTD. FULL DETALLS OF THE BENEFICIARY NAME AND ADDRESS MOVED TO FIELD 47A
Currency Code Amount	:32B:	USD 39,312.00
Available with By	:41D:	ANY BANK, IN CHINA BY NEGOTIATION
Drafts at	:42C:	AT SIGHT
Drawee	:42A:	AYUDTHBKXXX BIC identified as: BANK OF AYUDHYA PUBLIC COMPANY LIMITED 1222 ,RAMA III ROAD,KHWENGBANGPONGPANG 10120 BANGKOK, THAILAND
Partial Shipments	:43P:	NOT ALLOWED
Transshipment	:43T:	ALLOWED
Port of Loading/Airport of Departure	:44E:	ANY CHINA PORT
Port of Discharge/Airport of Destination	:44F:	BANGKOK,THAILAND
Latest Date of Shipment	:44C:	2010.12.30
Description of Goods and/or Services	:45A:	

22.4 MT (1 × FCL.20') TRICHLOROETYLENE PACKING N.W.280KG/DRUM. G.W.301.5KG/DRUM :80 DRUMS IN EACH 1 × FCL.20'

BATCH NO. CN13723011

GUARANTEED ANALYSIS CONTENT : PURITY 99.50 PCT. [MIN],

WATER 70 MG/KG , COLOR, PT-CO LESS THAN 10

CIF BANGKOK , THALLAND [INCOTERMS 2000]

(AS PER PROFORMA INVOICE NO. PRO-TCE-KB1011 -001 DATE NOV 1, 2010)

Documents Required :46A :

+MANUALLY SIGNED COMMERCIAL INVOICE 3 COPY(IES) STATING FOB VALUE, FREIGHT CHARGES , INSURANCE PREMIUM SEPARATELY, TOTAL CIF VALUE AND THIS DOCUMENTARY CREDIT NUMBER.

+ORIGINAL 3/3 ON BOARD BILLS OF LADING WITH 2 NON-NEGOTIABLE COPIES MADE OUT TO THE ORDER OF BANK OF AYUDHYA PUBLIC COMPANY LIMITED, BANGKOK. MARKED FREIGHT PREPAID NOTIFY APPLICANT AND

MENTIONING THIS DOCUMENTARY CREDIT NUMBER.

+INSURANCE POLICY OR CERTIFICATE OF INSURANCE IN DUPLICATE ENDORSED IN BLANK FOR 110PCT OF INVOICE VALUE WITH CLAIM PAYABLE IN BANGKOK IN THE SAME CURRENCY AS THE DRAFT COVERING INSTITUTE CARGO CLAUSES(A) INDICATING THIS DOCUMENTARY CREDIT NUMBER.

+PACKING LIST 3 COPY(IES).

Additional Conditions :47A:

+NAME AND ADDRESS OF THE BENEFICIARY FROM FIELD 59

SHANGHAI JIANYING CHEMICAL CO., LTD.

ROOM 1007, NO. 2899 ZHANGYANG ROAD,

PUDONG NEW AREA, SHANGHAI, CHINA

200136

+BENEFICIARY'S TEL. 00862150382896 FAX. 00862158859962

+ALL DOCUMENTS MUST BE SENT IN ONE LOT BY ANY COURIER TO ISSUING BANK, 4TH FLOOR, TRADE AND PAYMENT OPERATIONS DEPARTMENT 1222 RAMA III ROAD, BANGPONGPANG, YANNAWA, BANGKOK 10120 THAILAND.

Details of charges :71B:

ALL BANKING CHARGES OUTSIDE THAILAND INCLUDING REIMBURSING BANK'S CHARGES ARE FOR BENEFICIARY'S ACCOUNT.

Confirmation instructions :49: WITHOUT

Inst/paying/Accept/Negotiate Bank :78:

+UPON RECEIPT OF THE DRAFTS AND DOCUMENTS IN ORDER, WE WILL REMIT THE PROCEEDS TO YOUR ACCOUNT WITH THE BANK DESIGNATED BY YOU. OUR REMITTANCE CHARGES WILL BE DEDUCTED FROM THE PROCEEDS IF SETTLEMENT IS MADE BY T/T REMITTANCE.

+THE AMOUNT OF EACH DRAWING TO BE ENDORSED ON THE REVERSE SIDE OF THIS CREDIT BY THE NEGOTIATING BANK.

+IN CASE DOCUMENT IS PRESENTED WITH DISCREPANCIES, A DISCREPANCY FEE OF USD50.00 OR EQUIVALENT PLUS OUR SWIFT EXPENSE WILL BE DEDUCTED FROM THE PROCEEDS.

Trailer :—: —

Checksum :CHK: 20FE21AE7CB6

Trailer —

第五份 越南信用证(公路运输)

27: Sequence of Total: 1/1

40A: Form of Documentary Credit: IRREVOCABLE

20: Documentary Credit Number: 00700010467053

31C: Date of issue: 100901

40E: Applicable Rules: UCP LATEST VERSION

31D: Date and Place of Expiry: 101031 CHINA

50: Applicant:

MINEXPORT SAIGON
35-37 BEN CHUONG DUONG ST., DIST. 1
HOCHIMINH CITY, VIETNAM

59: Beneficiary:

/1207047109045731923
TAIZHOU JIADELI DOOR MACHINE CO. LTD,
NO. 188, NORTHERN DAXI ROAD, DAXI TOWN, WENLING CITY,

ZHEJIANG PROVINCE, CHINA

32B: Currency Code Amount: USD 30338.80

41D: Available with by:

ANY BANK BY NEGOTIATION

42C : Drafts at:

SIGHT FOR 100PCT OF L/C VALUE

42A: Drawee: EBVIVNVX

VIETNAM EXPORT IMPORT COMMERCIAL JOINT - STOCK BANK HO CHIMINH CITY, VIETNAM

43P: Partial Shipments: NOT ALLOWED

43T: Transshipment: ALLOWED

44A: Place in Charge/Dispatch from/Place Receipt: PINGXIANG IN CHINA

44B: Place of Final Dest/Trans to/Delivery: HUU NGHI IN VIETNAM

44C: Latest Date of Shipment: 101010

45A: Description of Goods and/or Services

NO.	COMMODITY	Q'TY (PCS)	SPECIFICATIONS	UNIT PRICE (USD/PCS)	AMOUNT (USD)
1	RICE COOKER HC - 18CKR	1176	220V/50HZ/700W	9.00	10584.00
2	RICE COOKER HC - 18CKB	1000	220V/50HZ/700W	9.50	9500.00
3	RICE COOKER HC - 18TMR	1176	220V/50HZ/700W	9.70	11407.20
4	RICE COOKER HC - 18TMB	1000	220V/50HZ/700W	9.60	9600.00
5	RICE COOKER DRC - 130	180	220V/50HZ/700W	9.90	1782.00

+ TOTAL QUANTITY: 4532 PCS

+ TOTAL AMOUNT: USD 42873.20

+ TRADE TERMS: DAF HUU NGHI, LANG SON, VIETNAM

+ QUANLITY: 100PCT NEW BRAND AS SAMPLES APPROVED BY BOTH PARTIES

+ ORIGIN: CHINA

+ PACKING: THE PACKING MUST CONFIRM TO THE MANUFACTURED'S EXPORT STANDARDS

+ MARKING: CARTON BOX DESIGN IS AS THE BUYER'S REQUEST

46A: Documents Required:

(1) SIGNED COMMERCIAL INVOICE ISSUED IN 2 ORIGINALS AND 2 COPIES SHOWING 100PCT OF IVOICE VALUE BEING USD 42873.20 IN WHICH USD 12530.4 WILL BE PAID BY T/T OUTSIDE THIS L/C.

(2) FULL SET OF BILL OF TRUCK SHOWING L/C NUMBER MADE OUT TO THE ORDER OF VIETNAM EXPORT IMPORT COMMERCIAL JOINT - STOCK BANK HO CHIMINH CITY, VIETNAM MARKED PREIGHT PREPAID AND NOTIFY THE APPLICANT.

(3) DETAILED PACKING LIST IN 2 ORIGINALS AND 2 COPIES.

(4) CERTIFICATE OF ORIGIN FORM E ISSUED BY THE MANUFACTURER IN 1 ORIGINAL AND 2 COPY.

(5) COPY OF TELEX/FAX ADVISING APPLICANT PARTICULAR OF SHIPMENT: BILL OF TRUCK NUMBER/DATE, PLACE OF LOADING, DATE OF SHIPPMENT, INVOICE VALUE AND L/C NUMBER WITHIN 5 DAYS AFTER SHIPMENT DATE, FAX NO. 0084.8.88840627.

(6) ONE EXTRA COPY OF ALL DOCUMENTS REQUIRED FOR ISSUING BANK'S FILES.

47A: Additional Conditions

1) ALTERATIONS AND/OR ADDITIONS ON DOCUMENTS MUST BE STAMPED AND SIGNED BY ISSUER.

2) ALL DOCUMENTS MUST BE SIGNED AND DATED BY ISSUER AND WRTITERN IN ENGLISH.

3) PACKING AND MARKING MUST BE MENTIONED ON INVOICE AND PACKING LIST.

71B: Details of charges:

ALL BANKING CHARGES OUTSIDE VIETNAM INCLUDING ADVISING, NEGOTIATING, REIMBURSING COMMISION N AMENDMENTCHARGES AT BEN'S ACC. ADVISING/AMENDMENT CHARGES TO BE COLLECTED BEFORE RELEASE OF L/C AMENDMENT

48: Period for presentation

DOCUMENTS MUST BE PRESENTED WITHIN 21 DAYS AFTER SHIPMENT DATE

49: Confirmation instructions: WITHOUT

78: Instruction/Paying/Accept/Negotiate Bank:

+ PLS SEND DOCUMENTS IN COMPLIANCE WITH L/C TERMS AND CONDITIONS IN 2 LOTS (THE FIRST LOT BY DHL AND THE SECOND ONE BY REGISTERED AIRMAIL) TO VIETNAM EXIMBANK, NO. 7, LETHI HONG GAM ST., DIST. 1 HCMCITY, VIETNAM.

+ WITHIN 07 BANKING DAYS AFTER OUR RECEIPT OF DOCUMENTS STRICTLY COMPLIED WITH L/C TERMSAND CONDITIONS, WE SHALL REIMBURSE YOU ACCORDING TO YR INSTRUCTIONS IN THE CURRENCY OF THE CREDIT.

+ USD50.00 DISCREPANCY FEE WILL BE DEDUCTED FROM THE PROCEEDS FOR EACH DISCREPANT SET OF DOCUMENTS PRESENTED UNDER THIS CREDIT.

57A: Advise through bank:

ICBKCHBJZJP

INDUSTRIAL AND COMMERCIAL BANK OF CHINA HANGZHOU, CHINA

第六份 巴基斯坦红条款信用证(部分预支信用证)

Message Identifier

Message Preparation Application: Message Modification

Action: Message move to the Text Modification Queue

Unique Message Identifier: I SCBLCNSXXXX 700 LC/01/00/156884 101111

Message Header

FIN MT700 FIN MT 700 – Issue of a Documentary Credit

Priority: Normal

Monitoring: None

Sender:

Unit: None

Institution: MPBLPKKACIU

Receiver:

Institution: SCBLCNSXXXX STANDARD CHARTERED BANK (CHINA) LIMITED
SHANGHAI
CN

Message Text

Sequence of Total	*27	1/1
Form of Doc. Credit	*40A	IRREVOCABLE
Doc. Credit Number	*20	LC/01/001/56884
Date of Issue	31C	101112
Applicable Rules	*40E	UCP LATEST VERSION
Date/Place Exp.	*31D	110115 CHINA

Applicant Bank	51D	HABIB METROPOLITAN BANK LTD, CPUIMPORT, 10/2, AKHBAR MANZIL STREET/ NEXT TO JANG OFFICE, OFF:i. i. CHUNDRIGAR ROAD, KARACHI, PAKISTAN.
Applicant	*50	TAYYAP NOURMOHAMED CORPORATION, M. R. 9/7, VIRJI STREET, JODIA BAZZAR, KARACHI-74000, PAKISTAN
Beneficiary	*59	SHANGHAI JIANYING CHEMICAL CO., LTD ROOM 1007, NO. 2899 ZHANGYANG ROAD, PUDONG NEWAREA, SHANGHAI, P. R. OF CHINA
Currency Code, Amount	*32B	USD 114441,60
Available with...By...	*41D	ANY BANK IN CHINA BY NEGOTIATION
Drafts at...	42C	SIGHT
Drawee	42D	HABIB METROPOLITAN BANK LTD, CPUIMPORT, 10/2, AKHBAR MANZIL STREET/ NEXT TO JANG OFFICE, OFF;i. i. CHUNDRIGAR ROAD, KARACHI, PAKISTAN.
Partial Shipments	43P	ALLOWED
Transshipment	43T	ALLOWED
Port of Loading/Airport of Departure	44E	ANY P. R. OF CHINA SEAPORT
Port of Discharge/Airport of Destination	44F	KARACHI SEAPORT
Latest Date of Shipment	44C	101230
Description of Goods and/or Services	45A	67.20 M. TONS 3FCLS, TRICHLOROETHYLENE 99.5 PERCENT MIN, AT THE RATE OF USD1730/-PER M. TONS CFR KARACHI PACKED IN 280KGS NET NEW IRON DRUMS, AS PER BENEFICIARY'S PROFORMA INVOICE NO. PRO-TCE-Q101102 DATED 04-11-2010.
Documents Required	46A	

1. BENEFICIARY MAUALLY SIGNED ORIGINAL COMMERCIAL INVOICES CFR KARACHI IN OCTUPLICATE IN THE NAME OF APPLICANT WITH FULL ADDRESS INDICATING IMPORT REGISTRATION NO. W-113775, H. S. CODE NO. 2903220000, LC NO. AND CERTIFYING THE GOODS ARE OF P. R. OF CHINA ORIGIN.
2. FULL SET OF CLEAN SHIPPED ON BOARD OCEAN BILL OF LADING EVIENCING SHIPMENT OF GOODS BEARING LC NUMBER TOTAL NET AND GROSS WEIGHT DRAWN OR ENDORSED TO THE ORDER OF HABIB METROPOLITAN BANK LTD SHOWING FREIGHT PREPAID AND MARKED NOTIFY OPENING BANK AND TAYYAP NOURMOHAMED CORPORATION, M. R. 9/7, VIRJI STREET, JODIA BAZZAR, KARACHI-74000, PAKISTAN.
3. BENEFICIARY'S MANUALLY SIGNED ADDITIONAL DRAFTS IN DUPLICATE TO BE DRAWN ON APPLICANT AT SIGHT FOR FULL INVOICE VALUE OF SHIPMENT.

4. INSURANCE COVERED BY BUYERS, BENEFICIARY SHIPMENT ADVICE QUOTING NAME OF THE CARRYING VESSEL, DATE OF SHIPMENT, AMOUNT, QUANTITY AND THIS CREDIT NUMBER SHOULD BE SENT TO M/S ADAMJEE INSURANCE CO LTD., 5TH FLOOR, VOLKAGON HOUSE, I. I. CHUNDRIGAR ROAD, P. O. BOX NO. 5380, KARACHI - 74000 PAKISTAN AT FAX NO. 92 - 21 - 32424687 OR BY REGISTERED POST REFERRING TO THEIR OPEN COVER NOTE NO. 01/0/003/00003319/ - /02/2005 WITH 7 DAYS AFTER SHIPMENT AND A COPY OF SHIPMENT ADVICE MUST ACCOMPANY ORIGINAL DOCUMENTS.

5. DETAILED BENEFICIARY SIGNED PACKING LIST WITH TOTAL NET AND GROSS WEIHT IN QUADRUPLICATE.

6. CERTIFICATE FROM SHIPPING COMPANY OR THEIR AGENT CERTIFYING

I) THAT SHIPMENT/TRANSSHIPMENT ON ISRAELI FLAG VESSEL NOT EFFECTED.

II) THAT CONSIGNMENT WILL NOT BE DISCHARGED AT PORT QASIM, PAKISTAN.

7. CERTIFICATE OF ANALYSIS.

8. ORIGINAL DOCUMENTS MUST ACCOMPANY SGS QUALITY INSPECTION CERTIFICATE WHICH CERTIFY THAT GOODS IS TRICHLOROETHYLENE 99.5 PERCENT MIN, ASPECT: CLEAR LIQUID, COLOUR HAZEN MAX 15, WATER CONTENT MAX 0.01 PERCENT, DENSITY AT 20C 1.460 - 1.466, ALKALINITY(NAOH) MAX 0.025 PERCENT, EVAPORATION RESIDUR MAX 0.005PERCENT FREE CHLORINE ABSENT, AS PER SUPPLIER'S SPECIFICATION.

9. ORIGINAL DOCUMENTS MUST ACCOMPANY CERTIFICATE OF ORIGIN IN CONFORMITY WITH THE RULES OF ORIGIN FOR THE CHINA - PAKISTAN FREE TRADE AREA AS NOTIFIED IN THIS REGARD BY THE MINISTRY OF COMMERCE.

Additional Conditions 47A

A) INVOICE EXCEEDING THIS CREDIT AMOUNT IS NOT ACCEPTABLE

B) SHIPMENTS AND DOCUMENTS DATED PRIOR TO THE DATE OF THIS CREDIT ARE NOT ACCEPTABLE

C) SHORT FORM/CHARTER PARTY/BLANK BACK/THIRD PARTY/HOUSE AND FORWARDERS AGENT BILLS OF LADING ARE NOT ACCEPTABLE

D) ALL DOCUMENTS MUST SHOW ITS ISSUANCE DATE, OPENING BANK'S LETTER OF CREDIT NUMBER AND APPLICANT NAME AND ADDRESS

E) BILLS OF LADING MUST SHOW NAME AND ADDRESS OF THE SHIP OWNER'S AGENT AT FINAL DESTINATION

F) ALL DRUMS MUST BE CLEARLY MARKED DESCRIPTION OF GOODS, WEIGHT AND ORIGIN, BENEFICIARY'S CERTIFICATE TO THIS EFFECT REQUIRED WITH ORIGINAL DOCUMENTS

G) TOTAL NO. OF DRUMS, NET WEIGHT AND GROSS WEIGHT MUST APPEAR ON B/L

H) CONTAINER B/L ACCEPTABLE

I) L/C MAY BE CONFIRMED AT BENEFICIARY'S COST AND REQUEST AND IF L/C CONFIRMED THEN DRAFT WILL BE DRAWN ON CONFIRMING BANK AND AVAILABLE WITH ORIGINAL DOCUMENTS

J) BENEFICIARY MUST SEND FULL SET OF NON-NEGOTIABLE SHIPPING DOCUMENTS AFTER SHIPPMENT TO APPLICANT BY COURIER EXPENSES ON BENEFICIARY'S ACCOUNT, BENEFICIARY'S CERTIFICATE TO THIS EFFECT REQUIRED WITH ORIGINAL DOCUMENTS

K) A CERTIFICATE FROM THE BENEFICIARY TO THE EFFECT THAT ONE SET OF INVOICE AND PACKING LIST HAS BEEN PLACED ON THE INNER SIDE OF THE DOOR OF EACH CONTAINER IN CASE OF FCL CARGO OR ATTACHED TO THE GOODS OR PACKAGES AT AN OBVIOUS PLACE IN CASE OF LCL CARGO

L) PLEASE ADVISE THIS D/C ON RECEIPT YOUR ADVISING CHARGES FROM BENEFICIARY.

M) ONLY MASTER VESSEL B/L ACCEPTABLE

N) PAYMENT TERMS:

1) USD28,610.40 (25 PERCENT ADVANCE PAYMENT OF L/C VALUE AGAINST PRESENTATION OF INVOICE AND BILL OF EXCHANGE)

2) USD85,831.20 (75 PERCENT BALANCE PAYMENT AGAINST PRESENTATION OF ORIGINAL SHIPPING DOCUMENTS)

(CONTINUED INSTRUCS TO PAY/ACCPT/NEGO BANK UNDER FIELD 78)

O) NEGOTIATION OF DOCUMENTS WITH DISCREPANCIES UNDER RESERVE NOT ALLOWED WITHOUT OPENING BANK'S PRIOR APPROVAL

P) ORIGINAL SETS OF DOCUMENTS MUST CONSIST OF FIRST ORIGINAL/ORIGINAL BILLS OF LADING

Q) IF DISCREPANT DOCUMENTS ARE PRESENTED AN AMOUNT OF USD 50/ - WOULD BE DEDUCTED OUT OF PROCEEDS BEING DISCREPANCY HANDLING CHARGES.

Charges	71B	ALL BANKING CHARGES OUTSIDE THE COUNTRY OF ISSUANCE OF THE CREDIT INCLUDING ADVISING NEGOTIATION REIMBURSEMENT AND CONFIRMATION ARE ON BENEFICIARY ACCOUNT
Period for Presentation	48	15 DAYS (BUT WITHIN THE VALIDITY OF THIS CREDIT)
Confirmation Instructions	*49	MAYADD
Reimbursing Bank	53A	HANYUS33 HABIB AMERICAN BANK NEW YORK, NY US
Instructions to the Paying/Accepting/Negotiating Bank	78	

1. AMOUNT OF EACH NEGOTIATION MUST BE ENDORSED ON THE REVERSE OF THE CREDIT. THE NEGOTIATING BANK MUST CERTIFY THAT ALL TEAMS AND CONDITIONS OF LC HAVE BEEN COMPLIED WITH.
2. FORWARD THE ORIGINAL DOCUMENTS IMMEDIATELY BY DHL COURIER AND DUPLICATE SETS BY REGISTERED MAIL.
3. NEGOTIATING BANK MUST INFORM TO OPENING BANK SWIFT: MPBLPKKACIU SAME DAY THE AMOUNT OF NEGOTIATION, TOTAL QUANTITY SHIPPED, VESSEL NAME, B/L NUMBER AND DATE AND COPY OF THE SAME MUST ACCOMPANY WITH ORIGINAL DOCUMENTS.
4. CLAIM REIMBURSEMENT BY DRAWING AFTER THREE WORKING DAYS OF NEGOTIATION OF ORIGINAL DOCUMENTS.

"Advise Through" Bank	57A	ICBKCNBJSHI INDUSTRIAL AND COMMERCIAL BANK OF CHINA (SHANGHAI MUNICIPAL BRANCH) SHANGHAI CN

Sender to Receiver Information	72	THIS CREDIT IS SUBJECT TO THE UNIFORM CUSTOMS AND PRACTICE FOR DOCUMENTARY CREDIT (2007 REVISION) INTERNATIONAL CHAMBER OF COMMERCE PUBLICATION NO. 600

第七份 印度信用证(航空运输)

印度国家银行上海分行 中国上海市淮海中路1010号嘉华中心2202、2203室
2202、2203, K. Wah Centre, 1010, Huai Hai Zhong Lu, Shanghai,
STATE BANK OF INDIA SHANGHAI BRANCH P. R. CHINA
Tel:021 - 54042786/87, 54043301/31 Fax:021 - 54041803, 54051025
www. sbishanghai. com. cn

* Incoming Messages *
* * * * * * * ORIGINAL * * * * * * * Runtime:01—Feb—2009

MESSAGE NUMBER :106786
CREATED DATE :
RECIEVER BIC : SBINCNSHXXX
SENDER BIC: SBININBBFXD
STATE BANK OF INDIA, SBI, FOREIGN DEPT
FOREIGN DEPARTMENT
KOLKATA INDIA

MESSAGE TYGE: MT700
NETWORK STATUS: INCOMING MESSAGE
MESSAGE STATUS : R

{1:F01SBINCNSHAXXX0768056827}
{2:07001259090128SBININBBAFXD0270606598090201125N}
PRIORIY :NORMAL
{3:{108:SBININBB58258699}}
MESSAGE IDENTIFIER : SBININBB58258699

* Message Text *

27:Sequence of Total
1/1
40A:Form of Documentary Credit
IRREVOCABLE
20:Documentary Credit Number
0607009IM0000189
31C:Date of Issue
090127
40E:Applicable Rules
UCPURR LATEST VERSION
31D:Date and Place of Expiry

090420CHINA

51D: Applicant Bank

STATE BANK OF INDIA

TRADE FINANCE CPC, HALLMARK BUSINESS

PLAZA, 2ND FLOOR, SANT DNYANESHWAR

MARG, BANDRA (EAST) MUMBAI - 400051

50: Applicant

USV LIMITED

B - 1/8, MIDC LOTE PARSHURAM INDL.

ESTATE, CHIPLUN, TALUKA KHED,

DOST. RATNAGIRI, MAHARASHTRA

59: Beneficiary

HANGZHOU PHARMA AND CHEM CO. LTD.

RM1201, QINGLIAN, BLDG NO. 139,

QINGCHUN ROAD, HANGZHOU CITY,

ZHEJIANG 310003 CHINA

32B: Currency Code, Amount

Currency: USD Amount: #116250,00#

41D: Available With... By...

ANY BANK BY NEGOTIATION

42C: Drafts at...

30 DAYS FROM AIRWAY BILL DATE

42A: Drawee

SBININBB582

STATE BANK OF INDIA

TRADE FINANCE CENTRAL PROCESS

HALLMARK BUSINESS PLAZA

2ND FLOOR, BANDRA (EAST)

MUMBAI

INDIA

43P: Partial Shipments

ALLOWED

43T: Transshipment

ALLOWED

44E: Port of Loading/Airport of Departure

CHINA AIRPORT

44F: Port of Discharge/Airport of Destination

MUMBAI AIRPORT

44C: Latest Date of Shipment

090405

45A: Description of Goods and/or Services

75 KGS OF '5 - (4 - METHOXY - 2,3,6 - TRIMETHYLPHENYL) - 3 - METHYL - 2,4 - PENTADIENYL)' - TRIPHENYLPHOSPHONIUM BROMIDE AS PER PROFORMA INVOICE NO. 0901004 DATED 16. 01. 2009 OF HANGZHOU PHARMA AND CHEM CO. LTD. INCOTERMS CIF

46A: Documents Required

1. DRAFT FOR 100 PERCENT OF THE INVOICE VALUE.

2. ORIGINAL AIR WAY BILL MARKED FREIGHT PREPAID MADE IN THE NAME OF STATE BANK OF INDIA, TRADE FINANCE CPC, HALLMARK BUSINESS PLAZA, 2ND FLOOR, SANT DNYANESHWAR MARG, BANDRA EAST, MUMBAI 400051. ACCOUNT APPLICANT, NOTIFY APPLICANT AND US EVIDENCING SHIPMENT OF GOODS AS MENTIONED ABOVE.

3. SIGNED COMMERCIAL INVOICES IN QUADRUPLICATE QUOTING CIF – AIR.

4. CERTIFICATE OF CHINESE ORIGIN IN TWO COPIES.

5. PACKING LIST IN TWO COPIES. PACKING SHOULD BE AIR WORTHY. A CONFIRMATION TO THIS EFFECT SHOULD BE PART OF THE NEGOTIATING DOCUMENTS.

6. CERTIFICATE OF ANALYSIS STATING THAT NAME OF PRODUCT, BATCH NO. MANUFACTURE AND EXPIRY DATE REQUIRED. CERTIFICATE OF ANALYSIS OF THE MANUFACTURER'S LETTERHEAD ACCEPTABLE.

7. INSURANCE POLICY OR CERTIFICATE IN DUPLICATE COVERING AIRBORNE INSURANCE SUBJECT TO INSTITUTE CARGO CLAUSES(A) INSTITUTE WAR CLAUSES(CARGO) AND INSTITUTE STRIKE CLAUSES(CARGO) COVER FOR CIF VALUE PLUS TEN PERCENT INCLUDING RISK OF TRANSSHIPMENT INSURANCE CLAIMS IF ANY PAYABLE IN INDIA. INSURANCE MUST REMAIN IN PORCE FOR 90 DAYS FROM THE DATE OF LANDING OF GOODS IN INDIA AND ALL RISKS SHOULD BE COVERED FROM THE SUPPLIERS WAREHOUSE TO APPLICANTS WAREHOUSE. THE AIR INSURANCE POLICY OR CERTIFICATE TO MENTION THE FOLLOWING WREHOUSE ADDRESS – USV LIMITED, B – 1/8, MIDC LOTE PARSHURAM INDL. ESTATE, CHIPLUN, TALUKA KHED, DIST. RATNAGIRI, M. S.

8. AIRWAY BILL SHOULD BE MARKED TO USV LIMITED, B. S. D. MARG, GOVANDI, MUMBAI – 400 088.

9. ONE SET OF NON NEGOTIABLE DOCUMENTS TO ACCOMPANY THE CONSIGNMENT WITH AN INSTRUCTION TO THE CARRIER TO HANDOVER TO THE APPLICANT ON ARRIVAL. CONFIRMATION TO THIS EFFECT WILL BE PART OF THE NEGOTIATING DOCUMENTS.

10. ONE SET OF NON NEGOTIABLE DOCUMENTS TO BE FAXED AT 9122 – 25584025 PRIOR TO THE SHIPMENT AND SHIPMENT INFORMATION I. E. AIRWAY BILL NUMBER AND DATE, FLIGHT NUMBER AND DATE ETC. DETAILS IMMEDIATELY ON SHIPMENT. ONE SET OF DOCUMENTS IS TO BE SENT BY COURIER AT THE FOLLOWING ADDRESS: IMPORT DIVISION, USV LIMITED, BSD MARG, GOVANDI, MUMBAI 400088. A CERTIFICATE TO THIS EFFECT TO ACCOMPANY THE DOCUMENTS.

11. MATEIAL SHOULD BE OF GOOD QUALITY AND COMPLY AS PER USV INHOUSE SPECIFIATION, A CERTIFICATE CONFIRMING THIS TO ACCOMPANY DOCUMENTS.

47A: Additional Conditions

1. ALL DOCUMENTS MUST BE MARKED WITH IMPORTERS CODE NO. 08881474081. LC NO. AND DATE AND SHOULD STATE THAT THE GOODS ARE FREELY IMPORTABLE AS PER FREE TRADE POLICY OF 2004 – 2009.

2. ALL ORIGINAL DOCUMENTS TO BE SENT BY COURIER IN ONE LOT TO STATE BANK OF INDIA, TRADE FINANCE CPC, 2ND FLR, HALLMARK BUSINESS PLAZA, SANT DNYANESHWAR MARG, BANDRA EAST, MUMBAI 400 051 INDIA.

3. OUR DISCREPANCY CHARGES USD 50.00 PLUS SWIFT CHARGES AND HOLDING CHARGES IF ANY, WILL BE RECOVERED FROM THE FINAL PAYMENT FOR ALL DISCREPANT DOCUMENTS. THIS CHARGE WILL BE LEVIED WHETHER OR NOT WE ELECT TO CONSULT THE APPLICANT FOR A WAIVER INACCORDANCE WITH UCP600. THESE CHARGES WILL ALWAYS BE TO THE ACCOUNT OF THE BENEFICIARY.

4. ALL DOCUMENTS AND MARKINGS ON CONTAINERS SHOULD BE IN ENGLISH LANGUAGE. CONFIRMATION TO THIS EFFECT WILL BE PART OF THE NEGOTIATING DOCUMENTS.

71B: Charges

ALL BANKING CHARGES OUTSIDE INDIA ARE FOR THE BENEFICIARY'S ACCOUNT

48: Period for Presentation

WITHIN 15 DAYS FROM THE DATE OF AIRWAY BILL BUT WITHIN THE VALIDITY PERIOD OF THE L/C.

49: Confirmation Instructions

WITHOUT

53A: Reimbursing Bank

SBINUS33

78: Instructions to the Paying/Accepting/Negotiating Bank

ON DUE DATE THE NEGOTIATING BANK SHOULD REIMBURSE THEMSELVES FOR THE AMOUNT OF THE BILLS NEGOTIATED UNDER THIS CREDIT BY DRAWING ON STATE BANK OF INDIA, 460 PARK AVENUE, NEW YORK NY 10022 SWIFT SBINUS33 CONFIRMING THAT ALL THE TERMS AND CONDITONS OF THE CREDIT HAVE BEEN COMPLIED WITH.

57D: Advise Through Bank

/2202021349900029414

INDUSTRIAL AND COMMERCIAL BANK OF CHINA, HANGZHOU BRANCH, 90 QING CHUN ROAD, HANGZHOU 310003, CHINA

SWIFT - ICBKCNBJHZU

72: Sender to Receiver Information

/TELEBEN/00000030895032561

//THIS SW MSG IS SUB TO UCP

//2007 ICC BROCHURE 600 AND

//UNIFORMS RULES FOR BK TO BK

//REIMB. UNDER DOC. CREDITS ICC

//SBININBB582

-}

{5: {CHK: 0F1118832559} {DLM: } {MAC: 00000000} }

第八份　乌兹别克斯坦信用证(铁路运输)

Eximbills Enterpriste Incoming Swift

Message Type: MT700

Send Bank: NBFAUZ2XXXX

Recv Bank: BKCHCNBJ300

User Name: sh112001

Print Time: 1

Print Date: 2011 - 03 - 24. MIR: 110322 NBFAUZ2XAXXX0688921184

Sequence of Total	*27	1/1
Form of Doc. Credit	*40A	IRREVOCABLE
Doc. Credit Number	*20	P075110240
Date of Issue	31C	110322
Applicable Rules	*40E	UCP LATEST VERSION
Date/Place Exp.	*31D	110620 TASHKENT, UZBEKISTAN
Applicant	*50	FARM OF "MHJU" 79 - HOUSE, BUYUK IPAK YULI STREET, KITAB CITY, THE REPUBLIC OF UZBUKISTAN

Beneficiary	*59	"SHANGHAI VIPEAK HEAVY INDUSTRY MACHINERY CO., LTD" XINJIANXIAO STREET, SHANGHAI CITY, CHINA.
Currency Code, Amount	*32B	USD101250,00
Maximum Credit Amount	39B	NOT EXCEEDING
Available with...By...	*41A	NBFAUZ2X BY PAYMENT
Partial Shipments	43P	ALLOWED
Transshipment	43T	ALLOWED
Place of Taking in Charge/Dispatch from.../Place of Receipt	44A	CHINA
Place of Final Destination/ For Transportation to.../Place of Delivery	44B	KARSHI ST., KARSHI CITY, UZBEKISTAN
Latest Date of Shipment	44C	110508
Description of Goods and /or Services	45A	TECHOLOGICAL EQUIPMENT THREE-RINGS MEDIUM SPEED MICRO-POWER MILL HGM80 (INCLUDING MAINFRAME, AIR BLOWER, CLASSIFIER, MOTOR, PIPE), ELEVATOR, ELECTRONIC CONTROL CABINET, VIBRATING FEEDER, HAMMER CRUSHER, DUST CATCHER, SCREEN 3DZSF1025, TRANSPORT (3X40INCH CONTAINER), INSTALLATION, WORKER TRAINING ACCORDING TO THE SUPPLEMENT NO. 1 TO THE CONTRACT NO. VIPEAK2010515 DD 15.05.2010 DELIVERY TERMS: CIP- KARSHI ST., KARSHI CITY, REPUBLIC OF UZBEKISTAN (INCOTERMS-2000)
Documents Required	46A	1. ONE ORIGINAL AND TWO COPIES OF COMMERCIAL INVOICE, ISSUED FOR 100 PCT OF SHIPPED GOODS VALUE, INDICATING 20 PCT OF ADVANCE PAYMENT AMOUNT, 75 PCT OF DUE PAYMENT AMOUNT UNDER LC, 5 PCT OF FINAL PAYMENT AMOUNT WILL BE PAID WITHIN 10 BANKING DAYS TO GRANTING FINAL ACCEPTANCE OF THE ACT OUT OF LC AND DULY SIGNED BY BENEFICIARY AND INDICATING OUR LC NUMBER. 2. ONE ORIGINAL AND TWO COPIES OF PRE-SHIPMENT INSPECTION ISSUED BY SGS COMPANY OR CONTROL UNION OR INTERTECH ABOUT THE CORRESPONDENCE OF THE CONTRACT.

		3. INSURANCE POLICY ISSUED 110 PCT OF CIP VALUE OF GOODS, AGAINST ALL RISKS, INDICATING PLACE OF DELIVERY CIP KARSHI STATION, ISSUED OR ENDORSED IN FAVOUR OF APPLICANT IN ORIGINAL. 4. ONE ORIGINAL OF CERTIFICATE OF ORIGIN. 5. ONE ORIGINAL OF CERTIFICATE OF QUALITY ISSUED BY MANUFACTURER. 6. ONE ORIGINAL OF RAILWAY BILL ISSUED TO THE NAME OF APPLICANT, MARKED "FREIGHT PREPAID" WITH STAMP OF CUSTOMS AUTHORITY OF CHINA. 7. THREE ORIGINALS OF PACKING LIST.
Additional Conditions	47A	+ IF DOCUMENTS ARE PRESENTED WITH DISCREPANCY(IES), PAYMENT TO BE EFFECTED AGAINST APPLICANT'S ACCEPTANCE AND IN THAT CASE OUR DISCREPANCY FEE USD 75.00 WILL BE DEDUCTED FROM PROCEEDS. + CONSIGNOR: THE SAME AS BENEFICIARY. + CONSIGNEE: THE SAME AS APPLICANT. + THIS L/C IS SUBJECT TO UCP ICC FOR DOCUMENTARY CREDIT NO. 600 (2007 REVISION).
Charges	71B	ALL BANKING CHARGES OUTSIDE OF UZBEKISTAN ARE FOR BENEFICIARY'S ACCOUNT.
Period for Presentation	48	DOCUMENTS MUST BE PRESENTED WITHIN THE VALIDITY OF THE CREDIT.
Confirmation Instructions	*49	WITHOUT
Instructions to the Paying/Accepting/Negotiating Bank	78	UPON RECEIPT OF CREDIT CONFORM DOCUMENTS BY US WE WILL COVER ACCORDING TO INSTRUCTIONS OF PRESENTING BANK. PLEASE SEND THE DOCUMENTS BY SPECIAL COURIER TO OUR FOLLOWING ADDRESS: 23, ISTIQBOL (FORMERLY AKHUNBABAEV) STREET, TASHKENT, 100047, REPUBLIC OF UZBUKISTAN.
Sender to Receiver Information	72	THIS SWIFT IS OPERATIVE INSTRUMENT NO MAIL CONFIRMATION WILL FOLLOW. PLS PROVIDE US THE DATE OF ADVISING THIS LC TO BEN BY SWIFT OR T. T. BEST REGARDS, IMPORT LC AND COLLECTION DEPT.

-}{5:{MAC:4B2CF394}{CHK:2F22C1936BF2}}

第九份 可转让信用证(英国)

HSBC 汇丰

XIAMEN KINGFORD CO. , LTD
2/FL. , HUAYUAN BUILDING,
NO. 321 HUOJU ROAD, XIAMEN, CHINA.
T:86 592 5778387 F:86 592 5778397

USD ONE HUNDRED AND TWENTY SEVEN THOUSAND NINE HUNDRED TWENTY ONLY

DEAR SIRS,

IN ACCORDANCE WITH VERSION OF THE UCP RULES(ISSUED BY THE ICC)AS SPECIFIED IN THE CREDIT , WE ADVISE HAVING RECEIVED THE CAPTIONED DOCUMENTARY CREDIT IN YOUR FAVOUR.
FROM HSBC BANK PLC
(SWIFT ADDRESS: MIDDLGB22)

27 SEQ OF TOTAL: 1/1
40A FORM OF DC: IRREVOCABLE TRANSFERABLE
20 DC NO: DC MAN337710
31C DATE OF ISSUE: 16 JUN 09
40E APPLICABLE RULES: UCP LATEST VERSION
31D EXPIRY DATE AND PLACE: 13SEP09 IN COUNTRY OF BENEFICIARY
50 APPLICANT: SPA IMPORTS LTD
UNIT 6 MOUNTHEATH INDUSTRIAL PAPK
PERSIWICH, MANCHESTER, M25 9WB.
UNITED KINGDOM
59 BENEFICIARY: XIAMEN KINGFORD CO. , LTD.
2/FL. , HUAYUAN BULLDING,
NO. 321 HUOJU ROAD, XIAMEN, CHINA.
T:86 592 5778387 F:86 592 5778397
32B DC AMT: USD 127920.00
39A PCT CR AMT TOLERANCE: 03/03
41D AVAILABLE WITH/BY: ANY BANK BY NEGOTIATION
42C DRAFTS AT: AT SIGHT
42D DRAWEE: ISSUING BANK
43P PARTIAL SHIPMTS: ALLOWED
43T TRANSSHIPMENT: ALLOWED
44E LOADING PORT/DEPART AIRPORT: ANY PORT CHINA
44F DISCHARGE PORT/DEST AIRPORT: ANY PORT UNITED KINGDOM
44C LATEST DATE OF SHIPMENT: 30AUG09
45A GOODS:
FOB ANY PORT,CHINA
MENSWEAR,AS PER PURCHASE ORDER:

ITEM NO.	PURCHASE ORDER	STYLE NUMBER	QUTY …	UNIT PRICE USD/PC	TOTAL	LATEST DATE OF SHIPMENT
001	SPA10106	MJ21726	6000	9.85	59,100.00	30/08/09
002	SPA10107	MJ21727	6000	11.47	68,820.00	30/08/09

46A DOCUMENTS REQUIRED:

ORIGINAL SIGNED INVOICE PLUS TWO COPIES INDICATING FIBRE CONTENT AND FABRIC COMPOSITION BY PERCENTAGE AND CERTIFYING THE MERCHANDISE AS KNITTED, WOVEN OR MAN MADE.

FULL SET OF ORIGINAL CLEAN ON BOARD MARINE BILLS OF LADING ISSUED BY ORIENT OVERSEAS CONTAINER LINE, MITSUI O. S. K. LINES, NYK LINE, HYUNADI MERCHANT MARINE OR MAERSK LINE OR ITS AGENT, MADE OUT TO THE ORDER OF THE HSBC BANK PLC UK MARKED FREIGHT COLLECT AND NOTIFY APPLICANT QUOTING FULL NAME AND ADDRESS.

BILLS OF LADING SHOWING ANY UNITED KINGDOM PORT AS FINAL PLACE OF DELIVERY VIA ANY EUROPEAN PORT ARE ACCEPTABLE.

ORIGINAL PACKING LIST ISSUED BY THE BENEFICIARY INDICATING SIZE AND COLOUR BREAKDOWN OF EACH CARTON NET WEIGHT, GROSS WEIGHT AND MEASUREMENT OF EACH CARTON TOTAL QUANTITY, TOTAL COLOUR/SIZE BREAKDOWN, TOTAL NET WEIGHT, TOTAL GROSS WEIGHT AND TOTAL DIMENSION.

COPY CERTIFICATE OF CHINA ORIGIN INDICATING TEXTILE CATEGORY NUMBER ISSUED BY A TRADE AUTHORITY OR GOVERNMENT BODY.

ORIGINAL BENEFICIARY'S CERTIFICATE STATING THAT THE ORIGINAL CERTIFICATE OF CHINA ORIGIN INDICATING TEXTILE CATEGORY NUMBER ISSUED BY A TRADE AUTHORITY OR GOVERNMENT BODY AND ONE COPY OF ALL OF THE DOCUMENTS HAVE BEEN SURRENDERED TO MOL CONSOLIDATION SERVICES FOR ONWARD TRANSMISSION TO THE APPLICANT.

ORIGINAL INSPECTION CERTIFICATE ISSUED BY XIAMEN KINGFORD CO. ,LTD

47A ADDITIONAL CONDITONS:

THIRD PAYTY DOCUMENTS ARE ACCEPTABLE.

SHORT FORM/BLANK BACK BILLS OF LADING NOT ACCEPTABLE.

QUANTITY AND PRICE ARE PER PIECE FOR ALL ORDERS.

THIS LETTER OF CREDIT IS TRANSFERRED. IN THE EVENT THIS LETTER OF CREDIT IS TRANSFERRED, THE TRANSFERS ARE RESTRICTED TO THE ADVISING BANK. WHEN THE NOMINATED BANK IS REQUESTED TO TRANSFER THE WHOLE OR PART OF THIS CREDIT WITHOUT SUBSTITUTION, THE NAME OF THE TRANSFEREE MUST BE ADVISED TO THE ISSUING BANK BY AUTHENTICATED MESSAGE, AND MUST CONFIRM THAT THE AMOUNT OF SUCH TRANSFER HAS BEEN ENDORSED ON THE ORIGINAL CREDIT. ANY OTHER BANK REQUESTED TO TRANSFER THIS CREDIT, MUST SEEK THE PERMISSION OF THE ISSUING BANK BY AUTHENTICATED MESSAGE.

THIS PERMISSION, IF GRANTED, WILL BE BY WAY OF A FORMAL AMENDMENT.

IF AN ONBOARD NOTATION HAS BEEN ADDED TO THE BILL OF LADING THIS MUST BE DATED AND SIGNED BY A FULL SIGNATORY OF THE CARRIER/MASTER OR NAMED AGENT ON BEHALF OF THE CARRIER/MASTER TOGETHER WITH THE APPROPRIATE STAMP.

PLUS OR MINUS 3 PERCENT IN QUANTITY AND VALUE IS ACCEPTABLE.

PAYMENT COMMISSION CALCULATED AT 0. 125 PERCENT ON THE DRAWING VALUE SUBJECT TO A MINIMUM CHARGE OF GBP60. 00 AND A MAXIMUM CHARGE OF GBP200. 00 (OR EQUIVALENT) PER DRAWING, ARE FOR THE ACCOUNT OF THE BENEFICIARY.

ALL PRESENTATIONS CONTAINING DISCREPANCIES WILL ATTRACT A DISCREPANCY FEE OF GBP50. 00 PLUS

TELEX AND HOLDING CHARGES, IF ANY. THIS CHARGE WILL BE LEVIED WHETHER OR NOT WE ELECT TO CONSULT THE APPLICANT FOR A WAIVER IN ACCORDANCE WITH UCP600 ARTICLE 16. IN ALL INSTANCES THESE CHARGES WILL BE FOR THE ACCOUNT OF THE BENEFICIARY. IN ACCORDANCE WITH PROVISIONS OF ARTICLE 16C Ⅲ B OF UCP600, IF WE GIVE NOTICE OF REFUSAL OF DOCUMENTS PRESENTED UNDER THIS CREDIT WE SHALL HOWEVER RETAIN THE RIGHT TO ACCEPT A WAIVER OF DISCREPANCIES FROM THE APPLICANT AND, SUBJECT TO SUCH WAINVER BEING ACCEPTABLE TO US, TO RELEASE THE DOCUMENTS AGAINST THAT WAIVER WITHOUT REFERNCE TO THE PRESENTER PROVIDED THAT TO WRITTEN INSTRUCTIONS TO THE CONTRARY HAVE BEEN RECEIVED BY US FROM THE PRESENTER BEFORE THE RELEASE OF THE DOCUMENTS. ANY SUCH RELEASE PRIOR TO THE RECEIPT OF CONTRARY INSTRUCTIONS SHALL NOT CONSTITUTE A FAILURE ON OUR PART TO HOLD DOCUMENTS AT THE PRESENTERS RISK AND DISPOSAL, AND WE SHALL HAVE NO LIABILITY TO THE PRESENTER IN RESPECT OF ANY SUCH RELEASE. UNLESS OTHERWISE EXPRESSLY STATED, ALL DOCUMENTS MUST BE IN ENGLISH.

EXCEPT SO FAR AS OTHERWISE EXPERSSLY STATED, THIS DOCUMENTARY CREDIT IS SUBJECT TO UNIFORM CUSTOMS AND PRACTICE FOR DOCUMENTARY CREDIT ICC PUBLICATION NO. 600.

ANY PROCEEDS OF PRESENTATIONS UNDER THIS DC WILL BE SETTLED BY TELETRANSMISSION AND A CHARGE OF GBP40.00 (OR CURRENCY EQUIVALENT) WILL BE DEDUCTED.

WHERE ORIGINAL DOCUMENTS OR SIGNATURES ARE REQUIRED FACSIMILE/PHOTOCOPIES OF DOCUMENTS OR SIGNATURES ARE NOT ACCEPTABLE.

71B DETAILS OF CHARGES: ALL CHGS OUTSIDE COUNTRY OF ISSUE FOR ACCOUNT OF BENEFICIARY/EXPORTER

48 PERIOD FOR PRESENTATION: WITHIN 14 DAYS AFTER THE DATE OF SHIPMENT BUT WITHIN THE VALIDITY OF THE CREDIT

49 CONFIRMATION INSTRUCTIONS: WITHOUT

78 INFO TO PRESENTING BK:

ON RECEIPT OF DOCUMENTS CONFORMING TO THE TERMS OF THIS DOCUMENTARY CREDIT, WE UNDERTAKE TO REIMBURSE YOU IN THE CURRENCY OF THE CREDIT IN ACCORDANCE WITH YOUR INSTRUCTIONS, WHICH SHOULD INCLUDE YOUR UID NUMBER AND THE ABA CODE OF THE RECEIVING BANK.

57D ADVICE THRU: BANK OF CHINA LTD
XIAMEN BRANCH
GAOKEJI SUB BRANCH, NO 8 HUOJO ROAD XIAMEN

72 BK TO BK INFO: DOCUMENTS TO BE DISPATCHED BY COURIER SERVICE IN ONE LOT TO HSBC BANK PLC, MANCHESTER TSC, 4 HARDMAN SQUARE SPINNING FIELDS, MANCHESTER M3 3EB

THIS ADVICE CONSTRUCTION A DOCUMENTARY CREDIT ISSUED BY THE ABOVE BANK AND SHOULD BE PRESENTED WITH THE DOCUMENTS/DRAFTS FOR NEGOTIATION/PAYMENT/ACCORDANCE, AS APPLICABLE.

822829 - AUTO - 000.01 - 00

* * * * * END OF DC * * * *

Hong Chang Long
006341

HSBC 汇丰

DC AMENDENT ADVIC DATE 18AUG2009

PLEASE QUOTE OUR REF NO.

DC MAN337710 -00

XIAMEN KINGFORM CO. , LTD
2/FL. , HUAYUAN BUILDING,
NO. 321 HUOJU ROAD, XIAMEN, CHINA.
T:86 592 5778387 F:86 592 5778397

DEAR SIRS,

DOCUMENTARY CREDIT NO.	DC MAN337710
AMOUNT	USD 127,920.00
ISSUING BANK	HSBC BANK PLC
APPLICANT	SPA IMPORT LTD
LATEST SHIPMENT DATE	04SEP2009
EXPIRY DATE	18SEP2009

WE ADVICE HAVING RECEIVED AN AMENDENT TO THE ABOVE DOCUMENTARY CREDIT. PLEASE PROVIDE US WITH YOUR NOTIFICATION OF ACCEPTANCE OR REJECTION OF THIS AMENDENT. PLEASE ATTACH THIS OR ANY OTHER AMENDENT (S) TO THE ORIGINAL DC WHEN PRESENTING DOCUMENTS SHOULD THE AMENDENT(S) BE ACCEPTABLE TO YOU.

IMPORTANT NOTICE TO BENEFICIARY

PLEASE CHECK THE TERMS AND CONDITIONS OF THIS AMENDENT IMMEDIAITELY. NOTE THAT WE ARE UNABLE TO MAKE ANY CHANGES WITHOUT THE ISSUING BANK'S AUTHORITY. ACCORDINGLY, SHOULD ANY OF ITS TERMS AND CONDITIONS BE UNACCEPTABLE, PLEASE CONTACT THE APPLICANT DIRECT, REQUESTING A FURTHER AMENDENT TO BE ADVICE TO US WITHOUT DELAY.

WE ATTACH A COPY OF THE AMENDENT AND WILL BE PLEASED TO RELEASE THE OPERATIVE AMENDENT TO YOU UPON PAYMENT OF THE FOLLOWING OUTSTANDING CHARGES AS OF TODAY:

AMENDENT ADV CHGS	CNY	200.00
POSTAGE/COURIER	CNY	25.00

/// FOR BANK INTERNAL USE ONLY///

EMSC

THIS IS COMPUTER GENERATED ADVICE WHICH DOES NOT REQUIRE AN AUTHORISED SIGNATURE.

XIAMEN KINGFORD CO. , LTD
2/FL. , HUAYUAN BUILDING,
NO. 321 HUOJU ROAD, XIAMEN, CHINA.
T:86 592 5778387 F:86 592 5778397

DEAR SIRS,

WE ADVISE HAVING RECEIVED THE FOLLOWING TELETRANSMISSION.
AMENDING THE CAPTIONED DOCUMENTARY CREDIT.
FROM HSBC BANK PLC
(SWIFT ADDRESS:MIDLGB22)

20	OUR REF:	DC MAN337710
21	YOUR REF :	NONREF
31C	DATE OF ISSUE:	16JUN09
30	DATE OF AMENDMENT	17AUG09
26E	NO OF AMENDMENT	01
59	BENEFICIARY	XIAMEN KINGFORD CO., LTD 2/FL, HUAYUAN BULDING, NO. 321 HUOJU ROAD, XIAMEN, CHINA T:86 592 5778387 F:86 592 5778397
31E	NEW EXPIRY DATE	18SEP09
44C	LATEST DATE OF SHIPMENT	04SEP09
79	OTHER AMENDMENTS:	

GOODS
DELETE:
001 SPA10106 MJ21726...9.85 59,100.00 30/08/09
002 SPA10107 MJ21727...11.47 68, 820 00 30/08/09
INSERT:
001 SPA10106 MJ21726 6000 9.85 59,100.00 04/09/2009
002 SPA10107 MJ21727 6000 11.47 68,820.00 04/09/2009

THIS AMENDMENT ADVICE SHOULD BE ATTACHED TO THE ORIGINAL DOCUMENTARY CREDIT.

838680 - AUTO - 001 - .01 - 00

* * * * * END OF DC * * * * * * *

Hong Chang Long
006341

第十份　转让信用证(荷兰)

08OCT09 09:07:00　**Transfer of a documentary credit**

Logical Terminal L409
MT S720
Page 00001, Func ZSPRQ2
MSGACK DWS7651 Auth OK, key DIGEST, BKCHCNBJ RABONL2U record 138240

Basic Header	F 01 BKCHCNBJA44T 1680 251392
APPLICATION HEADER	0 720 1634 081008 RABONL2UUXXX 7430 744415 081008 2234 N * RABOBANK NEDERLAND

		* UTRECHT
		* (AND ALL MEMBER RABOBANKS)
	USER HEADER - Service Code.	103
	USER HEADER - Bank Priority	113
	USER HEADER - Msg User Ref.	108
	USER HEADER - Info. From CI	115
* 27	Sequence of Total	1/1
* 40B	Form of Doc. Credit	IRREVOCABLE L/C ADDING OUR CONFIRMATION
* 20	Transfer Bank's Ref	LM105544TZUD
* 21	Doc. Credit Number	8335/IF
31C	Date of Issue	080912
* 40E	Applicable Rules	UCP LATEST VERSION
* 31D	Expiry	Date 081029 Place UTRECHT
52A	Issuing Bank	BPLMFR2MXXX * BANQUE POPULAIREGNE * METZ
* 50	First Beneficiary	ML WELLNESS B. V. SMS RESEARCH AND KAMPERFOELIELAAN 30 5056 XX BERKEL - ENSCHOT
* 59	Second Beneficiary	ZHONGSHAN FOODSTUFFS IMP. AND EXP. CO. LTD. OF GUANGDONG COMPANY ADDS: NO. 17 ZHONGSHAN 2 ROAD. ZHONGSHAN. GUANGDONG, P. R. CHINA
* 32B	Amount	Currency EUR Amount 31.547,66
* 41A	Available with/by	RABONL2UXXX * RABOBANK NEDERLAND * UTRECHT * (AND ALL MEMBER RABOBANKS) BY DEF PAYMENT
42P	Deferred Paym. DET.	DEFERRED PAYMENTS AT 40 DAYS AFTER BILL OF LADING DATE.
43P	Partial Shipments	NOT ALLOWED
43T	Transhipment	ALLOWED
44E	Port of Loading/Airport of departure	CHINESE PORT
44F	Port of Discharge/Airport of destination	ROTTERDAM
44C	latest Date of Ship.	081012
45A	Descript. of Goods	FOB CHINA 7 PCS MAGISTRAL SPA SOANA ALMOND PEARL/BROWN 5 PCS MAGISTRAL SPA SOANA DESSERT HORIZON/GREY 9 PCS MAGISTRAL SPA MONA BAY DES. HORIZON/GREY 1 PC MAGISTRAL SPA MONA BAY DES. HORIZON/GREY 22 MAGISTRAL SPA CONTRIBUTION MOULDS PRO SPA AS PER QUOTE ORDER CONFIRMATION NO 180508 DD 02SEP2008
46A	Documents Required	+ SIGNED COMMERCIAL INVOICE 3 COPIES ISSUED FOR THE TOTAL AMOUNT OF EUR 52.599.43 AND DEDUCTING AN ADVANCE PAYMENT OF 40 PERCENT ALREADY PAID BY T/T

+2 COPIES PACKING LIST
+ COPY OF BILL OF LADING

47A Additional Cond.

+THE AMOUNT OF DOCUMENTARY CREDIT REPRESENTS 60 PERCENT OF THE VALUE OF GOODS -ADVANCE PAYMENT OF 40 PC I. E HAS BEEN ALREADY EFFECTED BY T/T.

+A DISCREPANCY FEE OF EUR 100,00 OR EQUIVALENT WILL BE DEDUCTED FROM THE PROCEEDS FOR EACH PRESENTATION OF DISCREPANT DOCUMENTS UNDER THIS DOCUMENTARY CREDIT NOTWITHSTANDING AND INSTRUCTIONS TO THE CONTRARY. THIS FEE SHALL BE FOR ACCOUNT OF THE SECOND BENEFICIARY.

+ FIRST BENEFICIARY RETAINS THE RIGHT TO REFUSE TO ALLOW THE TRANSFERRING BANK TO ADVISE AMENDMENTS TO THE SECOND BENEFICIARY.

+IN CASE OF DISCREPANCY(IES):
THE REMITTING BANK IS REQUESTED TO AUTHORIZE THE TRANSFERRING BANK TO SEND THE DOCUMENTS ON APPROVAL BASIS TO THE ISSUING BANK.

+REMITTING BANK MUST STATE REFERENCE NUMBER (LM105544TZUD) OF THE TRANSFERRING BANK ON THEIR REMITTANCE SCHEDULE.

71B Details of Charges

ALL BANKING CHARGES EXCEPT THOSE OF THE TRANSFERRING AND ISSUING BANK ARE FOR 2ND BENEFICIARIES ACCOUNT.
TRANSFERRING BANKS REIMBURSEMENT COSTS OF EUR 100 OR EQUIVALENT ARE FOR 2ND BENEFICIARIES ACCOUNT.

48 Presentation Period

DOCUMENTS TO BE PRESENTED NOT LATER THAN 21 DAYS AFTER SHIPPING DATE. HOWEVER WITHIN CREDIT VALIDITY

*49 Confirmation

WITHOUT

78 Instruction

1. DOCUMENTS TO BE SENT TO RABOBANK NEDERLAND, ATTN. TRADE SERICES DEPT., GILDENKWARTIER 199, 3511 DH UTRECHT, THE NETHERLANDS BY COURIER SERVICE IN ONE LOT, QUOTING OUR REFERENCE NUMBER: LM105544TZUD. DOCUMENTS RECEIVED BY US ON A NON BANKING DAY.
2. UPON RECEIPT OF CREDIT COMPLYING DOCUMENTS, RABOBANK NEDERAND WILL PAY THE REMITTING PARTY AS PER THEIR INSTRUCTIONS AT MATURITY.

72 Send. To Rec. Info.

PLEASE PHONE/FAX/TELEX ADVISE
SECOND BENEFICIARY, ACCOUNT NO.:801805886308091001
KINDLY ACKNOWLEDGE RECEIPT.

TRAILER BLOCK

Order is <MAC:> <PAC:> <ENC:> <CHK:> <PDE:>
MAC:E24950FB
CHK:D51F39249B98

第十一份　转通知信用证(尼日利亚)

－－－－－－－－－MEASAGE BREAK－－－－－－－－－

MT710

SENDER:ZEIBGB2L

ZENITH BANK (UK) LTD

RECEIVER:PCBCCNBJHPX

CHINA CONSTRUCTION BANK

SH TRADE SERVICE CENTER

L/C ARRIVAL DATE:28 JULY 2010

Sequence of Total	*27	1/1
Form of Doc. Credit	*40B	IRREVOCABLE ADDING OUR CONFIRMATION
Sender's Reference	*20	EXPLC1132/10
Doc. Credit Number	*21	ZLC292－1003541
Date of Issue	31C	100723
Applicable Rules	*40E	UCP LATEST VERSION
Date/Place Exp.	*31D	101021 CHINA
Issuing Bank	52A	ZEIBNGLA
Applicant	*50	HERMONFIELD NIGERIA LTD 1, MOSHOOD TIJANI STREET, OFF RANDLE ROAD APAPA, LAGOS, NIGERIA
Beneficiary	*59	HUBEI HELI SPECIAL AUTOMOBILE MANUF. CO.,LTD NO. 1ST XINGGUANG IND. PARK NORTH SUBURB,SUIZHOU CITY, HUBEI PROVINCE, CHINA
Currency Code, Amount	*32B	USD43260,00
Available with…By…	*41D	CREDIT AVAILABLE WITH ANY BANK BY PAYMENT
Drafts at…	42C	SIGHT
Drawee	42A	ZEIBNGLA
Partial Shipments	43P	NOT ALLOWED
Transshipment	43T	NOT ALLOWED
Port of Loading/Airport of Departure	44E	SHANGHAI PORT, CHINA
Port of Discharge/Airport of Destination	44F	TINCAN ISLAND SEAPORT, LAGOS, NIGERIA
Latest Date of Shipment	44C	100930
Description of Goods and/or Services	45A	2 UNITS OF BULK CEMENT SEMI-TRAILER (MODEL HLQ9401GFL) AS PER PROFORMA INVOICE NUMBER CH10070301 DATED 16/07/2010 CFR TINCAN ISLAND SEAPORT, LAGOS, NIGERIA
Documents Required	46A	1) 2/3 ORIGINALS OF OCEAN VESSEL BILL OF LADING CLAUSED "SHIPPED ON BOARD" MADE OUT TO THE ORDER OF ZENITH BANK PLC, PLOT 84, AJOSE ADEOGUN STREET, P.O. BOX 75315, VICTORIA ISLAND, LAGOS, NIGERIA CLAUSED "FREIGHT PREPAID" BEARING FORM M

NUMBER (MF755757, BA 057/20102920485) AND NOTIFY HERMONFIELD HIGERIA LIMITED. 1, MOSHOOD TIJANI STREET, OFF RANDLE ROAD APAPA, LAGOS, NIGERIA

2) TWO ORIGINAL COMBINED CERTIFICATE OF VALUE AND ORIGIN (FORM C16)

3) TWO ORIGINAL PACKING LISTS

4) TWO ORIGINAL MANUFACTURER'S CERTIFICATE OF PRODUCTION WITH STANDARDS ADOPTED STATED THEREIN (INCLUDING THE STANDARD NUMBER)

Additional Conditions 47A

1) (A) 1/3 SET OF ORIGINALS SHIPPING DOCUMENTS (BILL OF LADING, COMBINED CERTIFICATE OF VALUE AND ORIGIN (FORM C16), MANUFATERER'S CERTIFICATE AND PACKING LIST) TOGETHER WITH.

(B) COPIES OF SHIPPING DOCUMENTS SHOULD BE FORWARDED WITHIN 21 DAYS AFTER SHIPMENT DIRECTLY TO ZENITH BANK PLC, PLOT 84, AJOSE ADEOGUN STREET, P. O. BOX 75315, VICTORIA ISLAND, LAGOS, NIGERIA BY BENEFICIARY VIA COURIER SERVICE AND A CERTIFICATE PRESENTED TO THAT EFFECT.

2) A CERTIFICATE FROM THE BENEFICIARY STATING THAT SHIPMENT IS FINAL AND TO GIVE ZENITH BANK PLC IMMEDIATE POWER TO REPURCHASE THE UNUTILISED PORTION IF ANY.

3) DOCUMENTS MUST BE PRESENTED NOT LATER THAN TWENTY ONE(21) DAYS AFTER SHIPMENT.

4) L/C NUMBER AND FORM M NUMBER MUST BE INDICATED ON ALL SHIPPING DOCUMENTS.

5) WHEN A BILL OF LADING IS ENDORSED, IT MUST BE IN THE FOLLOWING FORMAT: NAME, DATE AND SIGNATURE

6) TRANSPORT DOCUMENTS MUST NOT INDICATE THE PLACE OF FINAL DESTINATION AS BEING DIFFERENT FROM THE PORT OF DISCHARGE

7) BENEFICIARY CERTIFICATE SIGNED BY THE AUTHORIZED OFFICERS TO THE EFFECT THAT "PRODUCTS/CARGOES HAD BEEN DELIVERDE IN CONFORMITY WITH THE TERMS OF THE L/C, THAT ALL NECESSARY DOCUMENTS HAVE BEEN FORWARDED TO THE CONSIGNEE AND THAT PAYMENT OF THE INVOICE FOR DELIVERY IS PROPERLY DUE TO THEM AND WOULD BE EXCLUSIVELY USED FOR THE SETTLEMENT OF THE INVOICE"

8) ALL DOCUMENTS MUST BE WRITTEN IN ENGLISH LANGUAGE

9) THE COMBINED CERTIFICATE OF VALUE AND ORIGIN (FORM C16) SIGNED AND WITNESSED MUST CONTAIN THE FOLLOWING DETAILS: FORM M NO, DESCRIPTION OF GOODS, PORT OFDESTINATION IN NIGERIA (SAME AS IN FIELD 45A), PORT OF LOADING, B/L NUMBER/VESSEL ORVOYAGE NUMBER/SHIPPING MARKS, FREIGHT COST, APPLICANT'S NAME, ADDRESS AND CONTACTS, BENEFICIARY'S NAME, ADDRESS AND CONTACTS, DATE OF SHIPMENT, COUNTRY OF ORIGIN AND COUNTRY OF SUPPLY. THE UNIT PROCES, FOB, FREIGHT COST AND CFR VALUES SHOULD BE STATED

SEPARATELY.
10) SHIPMENT DOCUMENTS INCLUDING BILL OF LADING ETC DATED PRIOR TO L/C OPENING DATE (23/07/2010) IS NOT ACCEPTABLE.
11) KINDLY CONTACT BENEFICIARY ON TEL. NO. 86 - 722 - 3333735, 86 - 13797886195, FAX NO. 86 - 722 - 3328092.
12) FREIGHT FORWARDERS BILL OF LADING NOT ACCEPTABLE.
13) INSURANCE COVERED BY BUYER.

Charges	71B	ALL CHARGES OUTSIDE NIGERIA ARE FOR THE ACCOUNT OF THE BENEFICIARY. CONFIRM 0.25 PCT PER QTR MIN USD100, PAYMT COMM 0. 125 PCT MIN USD100, AMENDMENT USD100, DISCREP USD80 IF APPLIC. COURIER USD110 IF APPLIC.
Confirmation Instructions	*49	WITHOUT
Reimbursing Bank	53A	ZEIBGB2L
Instructions to the Paying/Accepting/Negotiating Bank	78	THIS LC BEAR OUR CONFIRMATION AND WE UNDERTAKE TO HONOUR COMPLYING PRESENTATIONS OF DOCUMENTS RECEIVED BY US AT OUR COUNTERS. OUR MAILING ADDRESS IS: ZENITH BANK (UK) LTD, 39 CORNHILL LONDON, EC3V 3ND, ENGLAND, ALTERNATIVELY, THE NEGOTIATING BANK MAY SEND ITS AUTHENTICATED REIMBURSEMENT CAIM DIRECTLY TO US CERTIFYING THAT A COMPLYING PRESENTATION HAS BEEN FORWARDED TO THE ISSUING BANK, ZENITH BANK PLC, PLOT 84, AJOSE ADEOGUN STREET, P. O. BOX 75315, VICTORIA ISLAND, LAGOS, NIGERIA (IN TWO LOTS) BY COURIER, WE EMPHASISE THAT OUR CONFIRMATION IS CONTINGENT UPON RECEIPT BY US OF COMPLYING PRESENTATIONS. SETTLEMENT OF CAIMS FOR REIMBURSEMENT FROM THE NEGOTIATING BANK WILL BE SUBJECT TO RECEIVING THE ISSUING BANK'S SPECIFIC AUTHORITY TO HONOUR.
"Advise Through" Bank	57D	CHINA CONSTRUCTION BANK CORPORATION ACC 42001813639059928651 OUR REF. 42081110000234 XX/YY

第十二份　信开信用证(孟加拉)

Islami Bank Bangladesh Limited Chawk Mongaltuly Branch 93, Chawk Mogaltuly, Dhaka, Bangladesh PHONE: 7313489, 7313508, 7318013 SWIFT: IBBLBDDH105	**IRREVOCABLE DOCUMENTTARY CRDIT** **NUMBER**: 086310010601	
	Date of issue: 05.07.2010	**Date of expiry**: 30, 09, 2010
Advising Bank: HSBC Trade Services Dept. 34/F HSBC TOWER 101 YION CHENG EAST ROAD PUDONG SHANGHAI, CHINA **SWIFT**: HSBCCNSH Amount: USD2823.51　CFR Dhaka (U.S. Dollar Two Thousand Eight Hundred Twenty Three and cent fifty one only)	**Place of issue**: Dhaka Bangladesh	**Place of expiry**: China
	Beneficiary: Ningbo Hanshang Hydraulic Co., Ltd. 118 Qiancheng Road, Zhenhai, Ningbo City, Zhejiang Province, 315207, China Tel: 0086 - 574 - 86867967 Fax: 0086 - 574 - 86867267	
Partial shipment: Not Allowed **Transshipment**: Allowed Port of Load: Any Port of China **Port of Discharge**: Chittagong Sea Port, Bangladesh **Latest Date of Shipment**: 15, 09, 2010	Applicant: Arialbil Technology. 2/D Plot No. 70 Chereaya Khana Road, Mirpur. Dhaka - 1216 Bangladesh Tel: +88 - 2 - 8615761, Cell: +88 - 1912097798	

Credit available with any Bank in China by Payment against documents detailed herein and beneficiary's drafts in duplicate at sight drawn on Ourselves under documentary credit for 100% CFR invoice value.

Covering shipment of: Hydraulic valve for Injection Molding Machine Model - HAIDA - 168/288: details as per Profoma Invoice No. HSC100630 Dated 30.06.2010 of the beneficiary which must appear in the Invoice and Bill of Lading. Authenticated copy if the Profoma Invoice is enclosed herewith which constitutes an integral part of the credit. The Price, Quantity & all other specification of the goods must be in accordance with the above Profoma Invoice.

Documents Required:

(a) Signed Commercerial invoice in 8 fold certifying merchandise to be of China origin & imported against IRC No. B - 0196420. LCAF No. 146980 issued under CASH system & H.S. Code No. 8477.90.00.

(b) Full set of clean shipped on board ocean Bill of Lading +3 non negotiable B/L marked Freight prepaid drawn on or endorsed to the order of Islami Bank Bangladesh Ltd. Notify opener and us.

(c) Insurance Covered by opener. All shipment under this Credit must be advised by the beneficiary on the date of shipment directed to Islami Commercial Insurance Company Limited, Head Office: Khan Mansion (6th Floor) 107, Motijheel C/A, Dhaka - 1000, the opener & us referring to Cover Note No. ICI/DIL/MC - 251/07/2010 Dtd. 05.07.2010 (issued by their Dilkusha Branch, Dhaka) & our L/C No. giving full details of shipment. A copy of this advice to accompany each set of documents.

(d) Certificate of origin in duplicate from Chamber of Commerce/Govt./Competent Authority.

(e) Detailed Packing list in 6 fold.

(f) One set of Non Negotiable Documents including detailed packing list must be dispatched to applicant within 5 days after shipment by courier. Courier receipt must accompany documents.

HSBC DHAKA
SIGNATURE VERIFIED

Authorised Signature　　　　Authorised Signature

This documents consists of 2 (Two) Signed page(s)

ISLAM TAWHID-UL
036600

SIGNATURE VERIFIED HSBC

Hong Cheng Long
006341

Additional Condition(S):

01. Packing must be Export Standard. Importer's Name, Address and TIN 006 - 108 - 0518 must be mentioned on the packet for at least 2% of total Packet. A Certificate in this regard must accompany with original documents.

02. Country of origin must be mentioned on each Packet .

03. Documents evidencing shipment must not be dated earlier than the date of opening this credit.

04. All foreign bank charges including reimbursement Fees/Commission outside Bangladesh are on beneficiary's account.

05. The name of our Bank and L/C No. must be mentioned on all shipment documents.

06. Shipment/Transshipment of goods destined for Bangladesh by Israeli Flag Carrier Prohibited. A certificate in this regard issued by the Carrier/Agent of the Carrier must accompany with original documents.

07. Third party, Short form, Claused Bill of Lading not acceptable.

08. Control System for Injection Molding Machine Spare Parts must be brand new a certificate in this regard issued by the beneficiary must accompany with original documents.

● Documents to be presented within 15 days from the date of issuance of the transport documents but within the validity of the credit.

● We have issued the documentary credit as detailed above. it is subject to the Uniform Customs and Practice for Documentary Credits (International Chamber of Commerce Publication No. 600).

● We request you to advise the credit to the beneficiary under intimation to us. without adding your confirmation.

Instruction for Negotiating Bank:

(i) In reimbursement upon receipt of documents strictly complying credit terms we shall effect payment in New York, USA ,as per your instructions along with a certificate that all the terms and condition of the credit have been fully complied with.

(ii) On the date of negotiation, negotiating Bank shall send a SWIFT message to us advising value of documents negotiated. Copy of such SWIFT to accompany each set of documents.

(iii) Original set of documents including 6 copies of invoice and duplicate set of documents along with rest 2 copies of invoice to be sent to us by successive Registered AIR Mail Courier immediately after negotiation.

(iv) Documents with discrepancies not to be negotiated even under reserve without our prior approval.

HSBC DHAKA
SIGNATURE VERIFIED

AS-1302
Authorised Signature

Authorised Signature

This documents consists of 2 (Two) Signed page(s)

ISLAM TAWHID-UL
036600

SIGNATURE VERIFIED HSBC

Hong Cheng Long
006341

NINGBO HANSHANG HYDRAULIC CO., LTD.

118 QIANCHENG ROAD, ZHENHAI, NINGBO CITY,
ZHEJIANG PROVINCE, 315207, CHINA
TEL: 0086-574-86867967 FAX: 0086-574-86867267

PROFORMA INVOICE

Buyer: ARIALBIL TECHNOLOGY 2/D Plot No. 70 Chereaya Khana Road, Mirpur. Dhaka-1216 Bangladesh Tel: +88-2-8615701, Cell: +88-1912097798	**Proforma Invoice No. & Date:** **PI No.**: HSC100630 Date: 2010-06-30
Offer Validity: 2010-08-31	Port of Loading: Any Port of China
Date of Shipment: Within 30 days after received L/C	Terms of Payment: Irrevocable L/C at sight
Part Shipment & Transshipment: Not allowed	Port of Discharge: Chittagong, Bangladesh
Last date of Negotiation: Three weeks from the date of shipment.	

P/I for Hydraulic valve for Injection Molding Machine Model-HAIDA-168/288

SL	Description	Qty	Unit Price	Amount(USD)
1	4DWG6	47Pcs	24.91	1170.77
2	4DWG10	30Pcs	40.32	1209.60
3	PBW-101A_1-60/315V-G24 N	6Ps	54.83	328.98
4	Z2DS 10 A/B 10	4Ps	28.54	114.16
			Total	2823.51

Amount in words: US Dollar Two Thousand Eight Hundred Twenty Three and Cents Fifty One only.

CFR Chittagong

HS Code: 8477.90.00

宁波汉商液压有限公司
NINGBO HANSHANG HYDRAULIC CO.,LTD.

Arialbil Techno...
Proprietor

Authenticated Copy of the Proforma Invoice
Indent which an integral part of
L/C No......0863100010601
But the terms and conditions as appearin
in the proforma invoice (S)/indent (S)
which have not been stipulated
in the credit are void

Authorised Signature
AS-152

附录一　空白单据模板

附表 1－1　中国工商银行信用证开证申请书

不可撤销跟单信用证申请书

APPLICATION FOR IRREVOCABLE DOCUMENTARY CREDIT

TO: **INDUSTRIAL AND COMMERCIAL BANK OF CHINA ________ BRANCH**　　　**Date:**

Please establish by □SWIFT □ brief cable □ airmail an Irrevocable Credit as follows:

<table>
<tr><td>Advising Bank: (to be left for bank to fill in)</td><td>(20) Irrevocable Documentary Credit No.
(31D) Expiry Date and place</td></tr>
<tr><td>(50) Applicant: (Full name & detailed address)</td><td>(59) Beneficiary: (Full name & detailed address)</td></tr>
<tr><td colspan="2">(32B) Currency code, Amount (In words and figures)
(39A) Quantity and Credit amount tolerance ________%</td></tr>
<tr><td colspan="2">(41a) Credit Available With □ any bank □ Issuing Bank □ other (pl. Indicate)
By □ Negotiation □ Acceptance □ Sight Payment □ Deferred payment at ________</td></tr>
<tr><td colspan="2">(42C) Draft at ________________________________ for ________% of invoice value</td></tr>
<tr><td colspan="2">(42a) Draw on ________________________________</td></tr>
<tr><td>(43P) Partial shipment □ allowed □ not allowed</td><td>(43T) Transshipment □ allowed □ not allowed</td></tr>
<tr><td>(44A) Place of Taking in Charge /Dispatch from .../Place of Receipt
(44E) Port of Loading/Air Port of Departure</td><td>(44F) Port of Discharge/Air Port of Destination
(44B) Place of Final Destination/ For Transportation to .../Place of Delivery</td></tr>
<tr><td colspan="2">(44C) Latest shipment date</td></tr>
<tr><td colspan="2">(45A) Description of goods
Price term:
Packing:</td></tr>
<tr><td colspan="2">(46A) Documents required: (marked with ×)
(　) Signed Commercial Invoice in ________ indicating L/C No. and Contract No.
(　) ________ set of clean on board ocean Bills of Lading made out to order and blank endorsed marked "freight ________" notifying □ Applicant □
(　) Air Waybills showing "freight □ to collect □ prepaid" indicating freight amount and consigned to □ Applicant □ Issuing Bank
(　) Forwarding agent's Cargo Receipt
(　) Insurance Policy/Certificate in ________ for ________ % of the invoice value showing claims payable in China in currency of the draft, blank endorsed, covering (□ Ocean Marine Transportation □ Air Transportation □ Over Land Transportation) All Risks, War Risks, including ________________ as per ________________ Clause.
(　) Packing List/Weight Memo in ________ indicating quantity/gross and net weights of each package and packing conditions as called for by the L/C.
(　) Certificate of Quantity/Weight in ________.
(　) Certificate of Quality in ________ issued by □ Beneficiary □ public recognized surveyor □ manufacturer.
(　) Beneficiary's certified copy of fax/telex dispatched to the accountees within ________ hours after shipment advising □ name of vessel □ B/L No. □ Flight No. □ Wagon No. □ Shipping date □ contract No. □ L/C No., Commodity, quantity, weight and value of shipment.</td></tr>
<tr><td colspan="2">(47A) Additional conditions: (Marked with ×)
(　) Documents issued earlier than L/C issuing date are not acceptable.
(　) All documents to be forwarded in one cover, unless otherwise stated.
(　) The remaining ________% of invoice value.
(　) Third party as shipper □ is □ is not acceptable.</td></tr>
<tr><td colspan="2">(71B) All banking charges and interest if any outside opening bank are for account of □ beneficiary □ other (pl. Indicate)</td></tr>
<tr><td colspan="2">(48) Documents to be presented within ________ days after the date of issuance of the transport document(s) but within the validity of the credit</td></tr>
</table>

依照国际商会《跟单信用证统一惯例》(2007年修订版)第600号出版物

附表 1－2　信用证修改申请书(招商银行)

APPLICATION FOR AMENDMENT TO LETTER OF CREDIT

信用证修改申请书

No.of Credit Facility :　　　　　　　　　　　　　　Date :

授信额度编号:　　　　　　　　　　　　　　　　　　日期:

To: China Merchants Bank　　　　　　Branch(Sub-Branch)

致: 招商银行　　　　　分(支)行

L/C No. ____________　　　　　　Amount : ____________

信用证号码: ____________　　　　　金　　额: ____________

Amendment No.

修改次数(银行填写):

Please amend the above L/C by Swift/Telex as follows <marked with (X) > :

请以SWIFT/电传方式修改上述信用证如下<注有(X)部分>:

(　　) Shipment date is extended to ________________

(　　) Expiry date is extended to ________________

(　　) Increasing/Decreasing credit amount by ________________ to ________________

Others:

(　　) ____

All other terms and conditions remain unchanged.

其余条款不变。

This amendment charges and fees if any,

(　　) are for our a/c No.______________________

修改之手续费及电信费用,请从我司 __________ 账号扣付。

(　　) are borne for beneficiary's account and will be deducted upon payment.

由受益人负担,将在付款时扣除。

Stamp and signature(s) of the applicant

申　请　人　签　章

____

Authorized Signature(s) and Company Chop

附表 1－3　商业发票

<table>
<tr><td colspan="2">ISSUER</td><td colspan="3">商业发票
COMMERCIAL INVOICE</td></tr>
<tr><td colspan="2" rowspan="2">TO</td><td colspan="2">NO.</td><td>DATE</td></tr>
<tr></tr>
<tr><td colspan="2" rowspan="2">TRANSPORT DETAILS</td><td colspan="2">S/C NO.</td><td>L/C NO.</td></tr>
<tr><td colspan="3">TERMS OF PAYMENT</td></tr>
<tr><td>Marks and Numbers</td><td>Number and kind of package
Description of goods</td><td>Quantity</td><td>Unit Price</td><td>Amount</td></tr>
<tr><td></td><td></td><td></td><td></td><td></td></tr>
<tr><td colspan="5">TOTAL:
SAY TOTAL:</td></tr>
</table>

附表 1－4　加拿大海关发票

Canada Border Services Agency	Agence des services frontaliers du Canada	CANADA CUTOMS INVOICE FACTURE DES DOUANES CANADIENNES		Page of de

1.Vendor (Name and address) - Vendeur (Nom et adresse)	2. Date of Direct Shipment to Canada -Date d'expedition directe vers le Canada 3. Other References (Include Purchaser's Order No.) Autres references (Inclure le n de commande de l' acheteur)
4. Consignee (Name and Address)/ Destinataire (Nom et adresse)	5. Purchaser's Name and Address (if other than Consignee) Nom et adresse de l'acheteur (S'il differed u destinataire) 6. Country of Transhipment - Pays de transbordement 7. Country of Origin of Goods Pays d'origine des merchandises IF SHIPMENT INCLUDS GOODS OF DIFFERENT ORIGINS ENTER ORIGINSAGAINST ITEMS IN 12. SIL'EXPEDITION COMPREND DES MARCHANDISE D'ORIGINES DIFFERENTES,PRECISEZ LEUR PROVENANCE EN 12
8. Transportation Give Mode and Place of Direct Shipment to Canada Transport Preciser mode et point d'expedition directe Vers le Canada	9. Conditions of Sale and Terms of Payment (i.e.Sale,Consignment Shipment.Leased Goods,etc.) Conditions de vente et modalites de paiement (p.ex.vente,expedition en consignation,location de marchan-dises.etc.) 10. Currency of Settlement - Devises du paiement

11.Number of packages Nombre de colis	12. Specification of Commodities (Kind of Packages, Marks and Numbers, General description and characteristics,i.e.Grade, Quality) Designation des articles(nature des colis,marques et numeros,description generale et caracteristiques,p.ex.lasse,qualite)	13. Quantity (State Unit) Quantity (Preciser l'unite)	Selling Price- Prix de vente 14. Unit Price Prix unitaire	15. Total
18. If any of fields 1 to 17 are included on an attached commercial invoice. Check this box ☐ Si tout renselgnement relativement aux zones 1 a 17 figure sur une ou des factures commerclales ci-attachees, cochez cette case Commercial Invoice No. – N0 de la facture commerclale ______		16. Total Weight - Poids Total Net	Gross – Brut	17. Invoice Total Total de la facture

19. Exporter's Name and Address (If other than Vendor) Nom et adresse de l'exportatur (S'il deffere du vendeur)	20. Originator (Name and Address) - Expediteur d'origine (Nom et adresse)
21 Department Ruling (If applicable)/Decision du Ministere (S'il y a lieu)	22 If fields 23 to 25 are not applicable, check this box Si les zones 23 a 25 sont sans object,cocher cete boite ☐

23 If included in field 17 indicate amount Si compris dans le total a la zone 17, Preciser: (i) Transportation charges, expenses and insurance from the place of direct shipment to Canada ______ (ii) Costs for construction, erection and assembly incurred after importation into Canada ______ (iii) Export packing Le cout de l'emballage d'exportation ______	24 If not included in field 17 indicate amount Si non copris dans le total a la zone 17 Preciser: (i) Transportation charges. Expenses and insurance to the place of direct shipment to Canada ______ (ii) Amounts for commissions other than buying commissions ______ (iii) Export packing Le cout de l'emballage d'exportation ______	25. Check (If applicable): Cocher (S'il y a ;ieu): (i) Royalty payments or subsequent proceeds are paid or payable by the purchaser. ☐ (ii) The purchaser has supplied goods or services for use in the production of these goods. ☐

Dans ce formulaire, toutes les expresslons deslgnant des personnes visent a la fols les homes et les femmes

附表 1－5　装箱单

ISSUER	装箱单 PACKING LIST	
TO	INVOICE NO.	DATE

Marks and Numbers	Number and kind of package Description of goods	Package	Quantity	G. W	N. W	Meas.

TOTAL：

SAY TOTAL：

附表 1-6　集装箱货物托运单

BOOKING ORDER(托运单)

<table>
<tr><td colspan="3" rowspan="2">SHIPPER(托运人)</td><td colspan="3">SERVICE ITEM</td></tr>
<tr><td>(　)CY
(　)CFS
(　)DOOR</td><td>TO</td><td>(　)CY
(　)CFS
(　)DOOR</td></tr>
<tr><td colspan="3" rowspan="3">CONSIGNEE(收货人)</td><td colspan="3">拖车
(　)委托拖车　(　)自拖</td></tr>
<tr><td colspan="3">报关
(　)委托报关　(　)自报</td></tr>
<tr><td colspan="3">报检
(　)委托报检　(　)自报</td></tr>
<tr><td colspan="3" rowspan="2">NOTIFY(被通知人)</td><td colspan="3">运费
(　)预付
(　)到付</td></tr>
<tr><td colspan="3">委托办理保险
(　)是
(　)否</td></tr>
<tr><td colspan="2">VESSEL/VOY(船名/航次)</td><td>CLOSING DATE(截关期)</td><td colspan="3" rowspan="2">柜型/数量
(　)×20'　(　)×40'
(　)×40HQ'　(　)×45'
LCL(散货)(　)</td></tr>
<tr><td colspan="2"></td><td></td></tr>
<tr><td colspan="2">PORT OF LOADING(装货港)</td><td>PORT OF DISCHARGE(卸货港)</td><td colspan="3">PORT OF DELIVERY(目的港)</td></tr>
<tr><td colspan="2"></td><td></td><td colspan="3"></td></tr>
<tr><td>MARKS
标记/号码</td><td>QTY
数量</td><td>DISCRIPTIONG OF GOODS 货名</td><td>G. W
毛重</td><td>N. W
净重</td><td>CBM
体积</td></tr>
<tr><td></td><td></td><td></td><td></td><td></td><td></td></tr>
<tr><td colspan="3">REMARKS(如要委托拖车,请在此标明拖货地点)</td><td colspan="3">FREIGHT CONFIRM(运费确认)</td></tr>
<tr><td colspan="6">SHIPPER'S SEAL & SIGNED(托运人签章)

联系人:　　　　电话:　　　　传真:</td></tr>
</table>

附表 1－7 空运货物托运单

国 际 航 空 货 运 输 托 运 书

SHIPPER'S INSTRUCTIONS TO ARRANGE FOR SHIPMENT OF GOODS

Shipper's Name and Address 发货人

祥麟国际货运代理有限公司
KYLIN CARGO LTD

Kylin Cargo

Tel：+86－755－26457586 Fax：26457300

Consignee's Name and Address 收货人

Notify Party 通知人

Airfreight Charges：	To be prepaid ☐	To be collected ☐(If service available)
Other Charges：	To be prepaid ☐	To be collected ☐(If service available)

要求航班：(flight required)

Departure 始发港 | Destination 目的地

Air Rate 运费

Special Instruction：
航空运输对随机文件不负保管责任。
Airlines don't take the responsibility for takekeeping of Doc. Attached.

D/D 门到门	D/P 门到机场	P/D 机场到门	P/P 机场到机场

Marks, Nos, No and Kind of Packages	Description of Goods 货物品名(中英文)	Gross Weight 毛重	Measurement 尺寸

Declared value for carriage	Declared value for Customs	Insured Value	Documents to accompany Air waybill of House Air waybill(随机文件)
N. V. D	**As Per Inv.**	**N. I. L.**	Packing List ☐ Commercial Invoice ☐ Certificate ☐ Other Document ☐

＊我们将于承诺的时间将运输完成，请您同目的地客人保持联系，以确认是否按时收到。如果目的地没有不正常的反馈，我们认为运输正常完成！

代理人

日期
Date ________________

经手人
Agent ________________

托运人签字盖章
Signature of Shipper ________________

＊＊托运人证明以上所填全部属实，并无违禁物品，愿意遵守承运人的一切载运章程，并愿意承担由此产生的法律责任。

附表 1-8 海运提单

1. Shipper Insert Name, Address and Phone	B/L No.
2. Consignee Insert Name, Address and Phone	中远集装箱运输有限公司 COSCO CONTAINER LINES TLX:33057 COSCO CN FAX: +86(21) 6545 8984 **ORIGINAL** Port-to-Port or Combined Transport **BILL OF LADING**
3. Notify Party Insert Name, Address and Phone (It is agreed that no responsibility shall attach to the Carrier or his agents for failure to notify)	RECEIVED in external apparent good order and condition except as otherwise noted. The total number of packages or unites stuffed in the container, The description of the goods and the weights shown in this Bill of Lading are Furnished by the merchants, and which the carrier has no reasonable means of checking and is not a part of this Bill of Lading contract. The carrier has issued the number of Bills of Lading stated below, all of this tenor and date, one of the original Bills of Lading must be surrendered and endorsed or signed against the delivery of the shipment and whereupon any other original Bills of Lading shall be void. The merchants agree to be bound by the terms and conditions of this Bill of Lading as if each had personally signed this Bill of Lading. SEE clause 4 on the back of this Bill of Lading (Terms continued on the back Hereof, please read carefully). * Applicable only when document used as a Combined Transport Bill of Lading.

4. Combined Transport * Pre-carriage by	5. Combined Transport * Place of Receipt
6. Ocean Vessel Voy. No.	7. Port of Loading
8. Port of Discharge	9. Combined Transport * Place of Delivery

Marks & Nos. Container/Seal No.	No. of Containers or Packages	Description of Goods (If Dangerous Goods, See Clause 20)	Gross Weight Kgs	Measurement
		Description of Contents for Shipper's Use Only (Not part of This B/L Contract)		

10. Total Number of containers and/or packages (in words)
Subject to Clause 7 Limitation

11. Freight & Charges	Revenue Tons	Rate	Per	Prepaid	Collect
Declared Value Charge					

Ex. Rate:	Prepaid at	Payable at	Place and date of issue
	Total Prepaid	No. of Original B(s)/L	Signed for the Carrier, COSCO CONTAINER LINES

LADEN ON BOARD THE VESSEL
DATE BY

附表 1－9　中国国际航空公司货运单

999			999 –

Shipper's Name and Address	Shipper's Account Number	Not Negotiable Air Waybill Issued by 中国国际航空公司 AIR CHINA BEIJING CHINA
		Copies 1, 2 and 3 of this Air Waybill are originals and have the same validity.
Consignee's Name and Address	Consignee's Account Number	It is agreed that the goods described herein are accepted for carriage in apparent good order and condition (except as noted) for carriage SUBJECT TO THE CONDITIONS OF CONTRACT ON THE REVERSE HEREOF. ALL GOODS MAY BE CARRIED BY AND OTHER MEANS INCLUDING ROAD OR ANY OTHER CARRIER UNLESS SPECIFIC CONTRARY INSTRUCTIONS ARE GIVEN HEREON BY THE SHIPPER. THE SHIPPER'S ATTENTIONIS DRAWN TO THE NOTICE CONCERNING CARRIER'S LIMITATION OF LIABILITY. Shipper may increase such limitation of liability by declaring a higher value for carriage and paying a supplemental charge if required.
Issuing Carrier's Agent Name and City		Accounting Information
Agent's IATA Code	Account No.	
Airport of Departure (Addr. of First Carrier) and Requested Routing		

To	By First Carrier Routing and Destination	to	by	to	by	Currency	CHGSCode	WT/VAL		Other		Declared Value for Carriage	Declared Value for Customs
								PPD	COLL	PPD	COLL		

Airport of Destination	Flight/Date For Carriervse only	Flight/Date	Amount of Insurance	INSURANCE – If Carrier offers insurance, and such insurance is requested in accordance with the conditions thereof, indicate amount to be insured in figures in box marked "Amount of Insurance".

Handing Information

(For USA only) These commodities licensed by U. S. for ultimate destination ………………. Diversion contrary to U. S. law is prohibited

No of Pieces RCP	Gross Weight	Kg lb	Rate Class / Commodity Item No.	Chargeable Weight	Rate Charge	Total	Nature and Quantity of Goods (incl. Dimensions or Volume)

Prepaid	Weight Charge	Collect	Other Charges
	Valuation Charge		
	Tax		Shipper certifies that the particulars on the face hereof are correct and that insofar as any part of the consignment contains dangerous goods, such part is properly described by name and is in proper condition for carriage by air according to the applicable Dangerous Goods Regulations.
	Total other Charges Due Agent		
	Total other Charges Due Carrier		…………………………………… Signature of Shipper or his Agent
Total Prepaid		Total Collect	
Currency Conversion Rates		CC Charges in Dest. Currency	…………………………………… Executed on (date) at(place) Signature of Issuing Carrier or its Agent
For Carrier's Use only at Destination		Charges at Destination	Total Collect Charges 999 –

ORIGINAL 3 FOR SHIPPER

附表 1－10 国际铁路联运单(正面)

运单正本—Оригиил накладной

(给收货人)—(для получателя)

发送路简称 (Сокращенное наименование дороги отправлений) 中铁 КЖД

1

1 发货人,通信地址—Отправитель, почтовый а дрес

25 (检查标签—контрольная этикетка) 批号—Отправка №

运输号码

2 合同号码—Договор №

3 发 站 Станция отправления

4 发货人的特别声明—Особые заявления отпра вителя

5 收货人,通信地址—Получатель, почтовый а дрес

26 海关记载—Отметки таможни

6 对铁路无约束效力的记载—Отметки, необязательные для железной дороги

27 车辆—Вагон/ 28 标记载重(吨) Подьемная сила(т)/ 29 轴数—Оси 30 自重—Масса тары/31 换装后的货物重量—Масса груэа после перегрузки

27	28	29	30	31

7 通过的国境站—Пограничные станции перехода

8 到达路和到站—Дорога и станция назначения

国际货协—运单 慢运

СМГС－Накладная малой скорости

9 记号、标记、号码 Знаки, марки, номера

10 包装种类 Род упаковки

11 货物名称 Наиме нование груза

50 附件第 2 号 прил. 2

12 件数 Число мест

13 发货人确定的重量(公斤)—Масса(в кг) определен отпра вителем

32 铁路确定的重量(公斤)—Масса(в кг)определен железной дорогой

14 共计件数(大写)—Итого мест прописью

15 共计重量(大写)—Итого масса прописью

16 发货人签字—Подпись отправигеля

17 互换托盘—Обменные поддоны
数量—Количество

集装箱/运送用具—Контейнер/Перевоэочные средства

18 种类—Вид 类型—Категория

19 所属者及号码 Владелец и №

20 发货人负担下列过境铁路的费用—Отправителем приняты платежи за следующие транзитные дороги

21 办理种别—Род отправки
整车*) повагон－ная*)
零担*) мелкая*)
大吨位集装箱*) Крупнотоннажного Контейнера*)

22 由何方装车 Погружено
发货人*) отправи－телем*)
铁路*) железной дорогой*)

*)不需要的划消—Ненужное зачеркнуть

23 发货人添附的文件—Документы, приложенные отправителем

24 货物的声明价格 Обьявленная ценность грч эа
瑞士法郎 щв. фр.

45 封印 Пломбы
个数 Количество
记号—Энаки

33

34

35

36

37

38

39

40

41

42

43

44

46 发站日期戳—Календарный штем－пель станции отправления

47 到站日期戳—Календарный штем－пель станции наэначения

48 确定重量方法 Способ определения массы

49 过磅站戳记,签字—Ште мпель станции вэве шивания, подпись

附表 1－11 国际铁路联运单（背面）

53 联运—Сообщение	60 类项号码 № позиции	61 等级 Класс	62 费率 Ставка	63 计费重量（公斤） Расчётная масса（кг）	68 向发货人计算的费用 Расчёты с отпра вите ле м		69 向收货人计算的费用 Расчёт ы с полу чателем	
					70 款项 卢布—Сумма в рублях	71 款额 单位 Сумма в	72 款项 卢布—Сумма в рублях	73 款额 单位 Сумма в
54 运费 Провозная плата 自 от 至 до					74	75	76	
杂费 Дополните ль ные сборы					78	79	80	
64 | 65 | 66 км 公里 | 67 运价 Та риф				共计 Итого	82	83	84	85
55 运费 Провозная плата 自 от 至 до	60	61	62	63	74		76	
杂费 Дополните ль ные сборы					78		80	
64 | 65 | 66 км 公里 | 67 运价 Та риф				共计 Итого	82	83	84	85
56 运费 Провозная плата 自 от 至 до	60	61	62	63	74		76	
杂费 Дополните ль ные сборы					78		80	
64 | 65 | 66 км 公里 | 67 运价 Та риф				共计 Итого	82	83	84	85
57 运费 Провозная плата 自 от 至 до	60	61	62	63	74		76	
杂费 Дополните ль ные сборы					78		80	
64 | 65 | 66 км 公里 | 67 运价 Та риф				共计 Итого	82	83	84	85
58 运费 Провозная плата 自 от 至 до	60	61	62	63	74		76	
杂费 Дополните ль ные сборы					78		80	
64 | 65 | 66 км 公里 | 67 运价 Та риф				共计 Итого	82	83	84	85
59 运费 Провозная плата 自 от 至 до	60	61	62	63	74		76	77
杂费 Дополните ль ные сборы					78		80	81
64 | 65 | 66 км 公里 | 67 运价 Та риф				共计 Итого	82	83	84	85
90 兑换率—Курс пе рес чёта；发送路—лороги отпра вления；到达路—лороги наэна че ния				总计 Всего	86	87	88	89

91 有关计费记载 Отме тки о рас чётах платежей	87′ 应向发货人核收的总额（大写）—Всего взыскать с отпра вите ля（пропис ью） 签 字—Подпись
	89′ 应向收货人核收的总额（大写）—Всего взыскать с полу чате ля（пропис ью） 签 字—Подпись
	92 应向发货人补收的费用—Дополнительно взыскать с отправителя эа

附表 1－12　公路运单

广西华越国际物流有限公司
GUANGXI HUAYUE INTERNATIONAL LOGISTICS CO. ,LTD.

正本
ORIGINAL

公路提单
BILL OF TRUCK

发货人： Shipper	编号： (NO)	
	发票号：(Invoice No)	
收货人： Consignee	合同号： (Contract No)	
	信用证号 L/C NO.：	
	装运日期 Date Of Shipment	车号 Truck No：
通知方： Notify		

发自： From	经由 Via	运至 To

唛头及号码 Marks and Nos	件数及包装 Number & Kind of Pkgs	货名 Description of goods	毛重(公斤) G. W. (KG)	尺码(立方米) Measurement M^3
		合计 Total：		

合计件数(大写) Total Pkgs(in words)		
运费付讫地点 Freight payable at		请向下列地点接洽提货 For Delivery apply to
正本份数 (Number of Original)		
其中任何一份经完成提货手续后，其余各份即失效。 One of which being accompished, the other(s) to be void.		

发货人盖章 Shipper's Endorsement	收货人签收 Consignee's Signature	签单地点及日期 Place and Date of Issue	
		广西华越国际物流有限公司 GUANGXI HUAYUE INTERNATIONAL LOGISTICS CO. ,LTD.	

附表 1－13 装运通知

海南天一进出口公司
HAINAN TIANYI IMPORT & EXPORT CORPORATION
NO. 34 NAHAI ROAD ,HAIKOU, HAINAN, CHINA

TEL:0898－67331504, 0898－64715787 FAX:88961196

SHIPPING ADVICE

TO:

ISSUE DATE:
L/C NO.:
S/C NO.:

Dear Sir or Madam:

We are Please to Advice you that the following mentioned goods has been shipped out, Full details were shown as follows:

Invoice Number:
Bill of loading Number:
Ocean Vessel:
Port of Loading:
Date of shipment:
Port of Destination:
Estimated date of arrival:
Containers/Seals Number:
Description of goods:

Shipping Marks:

Quantity:
Gross Weight:
Net Weight:
Total Value:

Thank you for your patronage. We look forward to the pleasure of receiving your valuable repeat orders.

Sincerely yours,

附表 1－14　出口货物报关单

中华人民共和国海关出口货物报关单

预录入编号：　　　　　　　　　　　　　　　　　　　　　　　　　　海关编号：

出口口岸	备案号	出口日期	申报日期	
经营单位	运输方式	运输工具名称	提运单号	
发货单位	贸易方式	征免性质	结汇方式	
许可证号	运抵国(地区)	指运港	境内货源地	
批准文号	成交方式	运费	保费	杂费
合同协议号	件数	包装种类	毛重(公斤)	净重(公斤)
集装箱号	随附单据	生产厂家		
标记唛码及备注：				

项号	商品编号	商品名称、规格型号	数量及单位	原产国(地区)	单价	总价	币制	征免

税费征收情况		
录入员　　录入单位	兹声明以上申报无讹并承担法律责任	海关审单批注及放行日期(签章) 审单　　审价
报关员 单位地址： 邮编：	申报单位(签章) 电话：　　填制日期：	征税　　统计 查验　　放行

附表 1 – 15　出境货物报检单

中华人民共和国出入境检验检疫
出境货物报检单

报检单位（加盖公章）：　　　　　　　　　　　　　　　　　　　　*编　　号：________

报检单位登记号：　　　　　　联系人：　　　　　电话：　　　　　报检日期：　　年　月　日

发货人	（中文）				
	（外文）				
收货人	（中文）				
	（外文）				
货物名称(中/外文)	HS 编码	产地	数/重量	货物总值	包装种类及数量

运输工具名称号码		贸易方式		货物存放地点	
合同号		信用证号		用途	
发货日期		输往国家(地区)		许可证/审批号	
启运地		到达口岸		生产单位注册号	
集装箱规格、数量及号码					

合同、信用证订立的检验检疫条款或特殊要求	标 记 及 号 码	随附单据(画"√"或补填)	
		□合同 □信用证 □发票 □换证凭单 □装箱单	□厂检单 □包装性能结果单 □许可/审批文件 □ □

需要证单名称(画"√"或补填)		* 检验检疫费	
□品质证书　__正__副 □重量证书　__正__副 □数量证书　__正__副 □兽医卫生证书　__正__副 □健康证书　__正__副 □卫生证书　__正__副 □动物卫生证书　__正__副	□植物检疫证书　__正__副 □熏蒸/消毒证书　__正__副 □出境货物换证凭单　__正__副 □ □ □ □	总金额 （人民币元）	
		计费人	
		收费人	

报检人郑重声明：	领 取 证 单	
1. 本人被授权报检。 2. 上列填写内容正确属实，货物无伪造或冒用他人的厂名、标志、认证标志，并承担货物质量责任。 签名：____________	日期	
	签名	

注："＊"栏由出入境检验检疫机关填写。　　　　　　◆国家出入境检验检疫局制

［1 – 2（2000.1.1）］

附表 1－16　原产地证明书申请书

原产地证明书申请书

申请单位及注册号码(盖章)：　　　　　　　　　　　　　　　　　　证书号码：

申请人郑重声明：

本人是被正式授权代表申请单位申请办理原产地证明书和签署本申请书的。

本人所提供原产地证明书及所附单据内容正确无误，如发现弄虚作假，冒充证书所列货物，擅改证书，自愿按照有关规定接受处罚并负法律责任。现将有关情况申报如下：

申请单位		联系人		电话	

序号	HS 编码	货物名称	进口成分 *	生产企业	数/重量	单位	FOB 值(美元)
1							
2							
3							
4							
5							
发票号码					商品 FOB 总值(美元)		

贸易方式(请在相应的“□”内处打“√”)				
□ 一般贸易	□ 加工贸易	□ 零 售	□ 展 卖	□ 其 他

中转国/地区		最终销售国		出口日期	

申请证书类型：(请在相应的“□”内处打“√”)

12. □ 中华人民共和国出口货物原产地证明书；
13. □ 加工装配证明书；
14. □ 普惠制原产地证明书；
15. □《亚太贸易协定》优惠原产地证明书；
16. □《中国—东盟自由贸易区》优惠原产地证明书；
17. □《中国—巴基斯坦自由贸易区》优惠原产地证明书；
18. □《中国—智利自由贸易区》优惠原产地证明书；
19. □ 输欧盟蘑菇罐头原产地证明书；
20. □ 烟草真实性证明书；
21. □ 转口证明书；
22. □ 其他原产地证明书(请列明________________________)。

备注：	申报员(签名)： 电话： 日期：　年　月　日

现提交出口商业发票副本一份，原产地证明书一套，以及其他附件　　份，请予审核签证。

*注：“进口成分”指产品含进口成分的情况，如不含进口成分，则填 0%，若含进口成分，则填进口成分占产品出厂价的百分比。

附表 1－17　一般原产地证

ORIGINAL

<table>
<tr><td colspan="2">1. Exporter</td><td colspan="3" rowspan="2">Certificate No.

CERTIFICATE OF ORIGIN
OF
THE PEOPLE'S REPUBLIC OF CHINA</td></tr>
<tr><td colspan="2">2. Consignee</td></tr>
<tr><td colspan="2">3. Means of transport and route</td><td colspan="3" rowspan="2">5. For certifying authority use only</td></tr>
<tr><td colspan="2">4. Country / region of destination</td></tr>
<tr><td>6. Marks and numbers</td><td>7. Number and kind of packages; description of goods</td><td>8. H. S. Code</td><td>9. Quantity</td><td>10. Number and date of invoices</td></tr>
<tr><td colspan="2">11. Declaration by the exporter
The undersigned hereby declares that the above details and statements are correct, that all the goods were produced in China and that they comply with the Rules of Origin of the People's Republic of China.

Place and date, signature and stamp of authorized signatory</td><td colspan="3">12. Certification
It is hereby certified that the declaration by the exporter is correct.

Place and date, signature and stamp of certifying authority</td></tr>
</table>

附表 1－18　普惠制原产地证

ORIGINAL

<table>
<tr><td>1. Goods consigned from (Exporter's business name, address, country)</td><td rowspan="2">Reference No.

GENERALIZED SYSTEM OF PREFERENCES
CERTIFICATE OF ORIGIN
(Combined declaration and certificate)
FORM A
Issued in ------------------------
(country)
See Notes overleaf</td></tr>
<tr><td>2. Goods consigned to (Consignee's name, address, country)</td></tr>
<tr><td>3. Means of transport and route (as far as known)</td><td>4. For official use</td></tr>
</table>

5. Item number	6. Marks and numbers of packages	7. Number and kind of packages; description of goods	8. Origin criterion (see Notes overleaf)	9. Gross weight or other quantity	10. Number and date of invoices

<table>
<tr><td>11. Certification
It is hereby certified, on the basis of control carried out, that the declaration by the exporter is correct.

Place and date, signature and stamp of certifying authority</td><td>12. Declaration by the exporter
The undersigned hereby declares that the above details and statements are correct, that all the goods were produced in --
(country)
and that they comply with the origin requirements specified for those goods in the Generalized System of Preferences for goods exported to
----

Place and date, signature and stamp of authorized signatory</td></tr>
</table>

附表 1-19　中国—东盟自由贸易区优惠原产地证

Original

<table>
<tr><td colspan="3">1. Goods consigned from(Exporter's business name, address, country) :</td><td colspan="3" rowspan="2">Reference No. :

ASEAN CHINA FREE TRADE AREA
PREFERENTIAL TARIFF
CERTIFICATE OF ORIGIN
(Combind Declaration and Certificate)
FORM E
Issued in The People's Republic of China
(Country)
See Notes Overleaf</td></tr>
<tr><td colspan="3">2. Goods consigned to(Consignee's name, address, county) :</td></tr>
<tr><td colspan="3">3. Mears of transport and route(as far as known) :
Departure date:
Vessel's name/Aircraft etc. :
Port of Discharge:</td><td colspan="3">4. For Official Use:
□Preferential Treatment Given Under ASEAN - CHINA Free Trade Area Preferential Tariff;
□Preferential Treatment Not Given(Please state Reason/s)
______
Signature of Authorised Signatory of the Importing Country</td></tr>
<tr><td>5. Item number</td><td>6. Marks and numbers on packages</td><td>7. Number and type of packages, description of goods (including quantity where appropriate and HS number of the importing Country)</td><td>8. Origin criterion (See Notes overleaf)</td><td>9. Gross weight or other quantity and value(FOB)</td><td>10. Number and date of invoices</td></tr>
<tr><td></td><td></td><td></td><td></td><td></td><td></td></tr>
<tr><td colspan="3">11. Declaration by the exporter
The undersigned hereby declares that the above details and Statement are correct; that all the goods were produced in
______
(Country)
and that they comply with the origin requirements specified for these goods in the ASEAN - CHINA Free Trade Area Preferential Tariff for the goods exported to
______
(Importing Country)
______
Place and date, signature of authorised signatory</td><td colspan="3" rowspan="2">12. Certification
it is hereby certified, on the basis of control carried out, that the Declaration by the exporter is correct.

______
Place and date, signature and stamp of certifying authority</td></tr>
<tr><td colspan="3">13.
□Issued Retroactively　□Exhibition
□Movement Certificate　□Third Party Invoicing</td></tr>
</table>

附表 1-20 中国—巴基斯坦自由贸易区优惠原产地证

ORIGINAL

1. Exporter's Name, Address, Country	CERTIFICATE NO.:
2. Consignee's Name, Address, County	CERTIFICATE OF ORIGIN CHINA - PAKISTAN FTA (Combind Declaration and Certificate)
3. Producer's Name, Address, County	Issued in THE PEOPLE'S REPUBLIC OF CHINA (Country) See Instructions Overleaf
4. Means of transport and route (as far as known): Departure date: Vessel/Flight/Train/Vehiche No. Port of loading: Port of discharge:	5. For Official Use Only □Preferential Treatment Given Under China - Pakistan FTA Free Trade Area Preferential Tariff; □Preferential Treatment Not Given (Please state Reason/s) ______________________________ Signature of Authorised Signatory of the Importing Country

6. Item number	7. Marks and numbers on packages Number and kind of packages, description of goods HS code of the importing Country	8. Origin criterion	9. Gross Weight Quantity and FOB value quantity	10. Number and date of invoices	11. Remarks

12. Declaration by the exporter The undersigned hereby declares that the above details and Statement are correct; that all the goods were produced in ______________ (Country) and that they comply with the origin requirements specified for these goods in the China - Pakistan Free Trade Area Preferential Tariff for the goods exported to ______________ (Importing Country) ______________________________ Place and date, signature of authorised signatory	13. Certification it is hereby certified, on the basis of control carried out, that the Declaration by the exporter is correct. ______________________________ Place and date, signature and stamp of certifying authority

附表1-21　亚太贸易协定原产地证

<table>
<tr><td colspan="3">1. Goods consigned from:
(Exporter's business name, address, country)</td><td colspan="3">Reference No.
CERTIFICATE OF ORIGIN
Asia - Pacific Trade Agreement
(Combined declaration and certificate)
Issued in ....
(Country)</td></tr>
<tr><td colspan="3">2. Goods consigned to:
(Consignee's name, address, country)</td><td colspan="3">3. For Official use</td></tr>
<tr><td colspan="6">4. Means of transport and route:</td></tr>
<tr><td>5. Tariff item number:</td><td>6. Marks and number of Packages:</td><td>7. Number and kind of packages/description of goods:</td><td>8. Origin criterion (see notes overleaf)</td><td>9. Gross weight or other quantity:</td><td>10. Number and date of invoices:</td></tr>
<tr><td></td><td></td><td></td><td></td><td></td><td></td></tr>
<tr><td colspan="3">11. Declaration by the exporter:
The undersigned hereby declares that the above details and statements are correct; that all the goods were produced in
----
(Country)
and that they comply with the origin requirements specified for these goods in the Asia - Pacific Trade Agreement for goods exported to
----
(Importing Country)

Place and date, signature of authorized Signatory</td><td colspan="3">12. Certificate
It is hereby certified on the basis of control carried out, that the declaration by the exporter is correct.

Place and date, signature and Stamp of Certifying Authority</td></tr>
</table>

附表 1－22　中国—智利自由贸易区优惠原产地证

ORIGINAL

1. Exporter's name, address, country:	Certificate No.: **CERTIFICATE OF ORIGIN** **Form F for China－Chile FTA** Issued in ______ (see Instruction overleaf)
2. Consignee's Name, Address, County	
3. Producer's Name, Address, County	
4. Means of transport and route (as far as known) Departure Date Vessel /Flight/Train/Vehicle No. Port of loading Port of discharge	5. For Official Use Only ☐ Preferential Tariff Treatment Given Under ______ ☐ Preferential Treatment Not Given (Please state reasons) .... Signature of Authorized Signatory of the Importing Country
	6. Remarks

7. Item number (Max 20)	8. Marks and numbers on packages	9. Number and kind of packages; description of goods	10. HS code (Six digit code)	11. Origin criterion	12. Gross weight, quantity (Quantity Unit) or other measures (liters, m^3, etc)	13. Number, date of invoice and invoiced value

14. Declaration by the exporter The undersigned hereby declares that the above details and statement are correct, that all the goods were produced in ______ (Country) and that they comply with the origin requirements specified in the FTA for the goods exported to ______ (Importing Country) ______ Place and date, signature of authorized signatory	15. Certification It is hereby certified, on the basis of control carried out, that the declaration of the exporter is correct. Place and date *, signature and stamp of certifying authority Certifying authority Tel:　　　　Fax: Place and date, signature and Stamp of Certifying Authority

* A Certificate of Origin under China－Chile Free Trade Agreement shall be valid for one year from the date of issue in the exporting country.

附表 1－23　中国—新西兰自由贸易区优惠原产地证

ORIGINAL

1. Exporter's name, address, country:	**Certificate No.:** **CERTIFICATE OF ORIGIN** **Form for the Free Agreement between the Government of the People's Republic of China and the Government of New Zealand** **Issued in** ________ (see Instruction overleaf)
2. Producer's name and address, if known:	
3. Consignee's name, address, country:	
4. Means of transport and route (as far as known) **Departure Date** **Vessel /Flight/Train/Vehicle No.** **Port of loading** **Port of discharge**	**5. For Official Use Only** ☐ **Preferential Tariff Treatment Given Under** ________ ☐ **Preferential Treatment Not Given (Please state reasons)** ________ Signature of Authorized Signatory of the Importing Country **6. Remarks**

7. Item number (Max 20)	**8. Marks and numbers on packages**	**9. Number and kind of packages; description of goods**	**10. HS code (Six digit code)**	**11. Origin criterion**	**12. Gross weight, quantity (Quantity Unit) or other measures (liters, m^3, etc)**	**13. Number, date of invoice and invoiced value**

14. Declaration by the exporter The undersigned hereby declares that the above details and statement are correct, that all the goods were produced in ________ (Country) and that they comply with the origin requirements specified in the FTA for the goods exported to ________ (Importing Country) ________ Place and date, signature of authorized signatory	**15. Certification** on the basis of control carried out, It is hereby certified that the information herein is correct and that the goods described comply with the origin requirements specified in the Free Trade Agreement between the Government of the People's Republic of China and the Government of New Zealand Place and date, signature and stamp of certifying authority

附表 1-24　中国—新加坡自由贸易区优惠原产地证

Original

1. Goods consigned from (Exporter's business name, address, country)	Reference No. **CHINA - SINGAPORE FREE TRADE AREA PREFERENTIAL TARIFF CERTIFICATE OF ORIGIN** Issued in ________ (Country) See Notes Overleaf
2. Goods consigned to (Consignee's name, address, country)	
3. Means of transport and route (as far as known) Departure date Vessel's name/Aircraft etc. Port of Discharge	4. For Official Use ☐ Preferential Treatment Given Under CHINA-SINGAPORE Free Trade Area Preferential Tariff ________ ☐ Preferential Treatment Not Given (Pleasestate reason/s) ________ Signature of Authorized Signatory of the Importing Country Signature of Authorised Signatory of the Importing Country

5. Item number	6. Marks and numbers on packages	7. Number and type of packages, description of goods (including quantity where appropriate and HS number of the importing country)	8. Origin criterion (see Notes overleaf)	9. Gross weight or other quantity and value (FOB)	10. Number and date of invoices

11. Declaration by the exporter The undersigned hereby declares that the above details and statement are correct; that all the goods were produced in ---------------------- (Country) and that they comply with the origin requirements specified for these goods in the China - Singapore Free Trade Area Preferential Tariff for the goods exported to ---------------------- (Importing Country) ---------------------- Place and date, signature of authorised signatory	12. Certification It is hereby certified, on the basis of control carried out, that the declaration by the Exporter is correct. ---------------------- Place and date, signature and stamp of certifying authority

附表 1-25 新加坡国原产地证

Singapore's Certificate of Origin

1. Exporter(Name & Address)	**REPUBLIC OF SINGAPORE** **PREFERENTIAL CERTIFICATE OF ORIGIN** **No.**
2. Consignee(Name, Full Address & Country)	**NO UNAUTHORISED ADDTION/ALTTERATION MAY BE MADE TO THIS CERTIFICATE**
3. Departure Date	8. DECLARATION BY THE EXPORTER We hereby declare that the details and statements provided in this Certificate are true and correct. **Signature:** **Name:** **Designation:** **Stamp** **Date:**
4. Vessel's Name/Flights No.	
5. Port of Discharge	
6. Country of Final Destination	
7. Country of Origin of Goods	

9. Marks & Numbers	**10. No. & Kind of Packages Description of Goods(include brand name if necessary)**	**11. Quantity & Unit**

12. CERTIFICATION BY THE COMPETENT AUTORITY **We hereby certify that evidence has been produced to satisfy us that the goods specified above originate in the country shown in box 7.**

附表 1－26　中国—秘鲁自由贸易区优惠原产地证

ORIGINAL

1. Exporter's name, address:	**Certificate No. :** **CERTIFICATE OF ORIGIN** **Form for China－Peru FTA** Issued in ____________ (see overleaf Instruction)
2. Producer's name and address, if known:	
3. Consignee's name, address:	
4. Means of transport and route (as far as known) **Departure Date** **Vessel /Flight/Train/Vehicle No.** **Port of loading** **Port of discharge**	**For Official Use Only** **5. Remarks**

6. Item number (Max 20)	**7. Number and kind of packages; description of goods**	**8. HS code (Six digit code)**	**9. Origin criterion**	**10. Gross weight, quantity (Quantity Unit) or other measures (liters, m^3, etc)**	**11. Number, date of invoice**	**12. invoiced value**

13. Declaration by the exporter The undersigned hereby declares that the above details and statement are correct, that all the goods were produced in ____________ (Country) and that they comply with the origin requirements specified in the FTA for the goods exported to ____________ (Importing Country) ______________________________ Place and date, signature of authorized signatory	**14. Certification** on the basis of control carried out, It is hereby certified that the information herein is correct and that the goods described comply with the origin requirements specified in the China－Peru FTA. Place and date, signature and stamp of certifying authority

附表 1－27　中国—哥斯达黎加自由贸易区优惠原产地证

<table>
<tr><td colspan="3">**1. Exporter's name, address:**</td><td colspan="4" rowspan="3">**Certificate No.:**

CERTIFICATE OF ORIGIN

Form for China－Costa Rica Free Trade Agreement

Issued in ________________
(see overleaf Instruction)</td></tr>
<tr><td colspan="3">**2. Producer's name and address, if known:**</td></tr>
<tr><td colspan="3">**3. Importer's name, address:**</td></tr>
<tr><td colspan="3" rowspan="2">**4. Means of transport and route (as far as known)**

Departure Date

Vessel /Flight/Train/Vehicle No.

Port of loading

Port of discharge</td><td colspan="4">**For Official Use Only**</td></tr>
<tr><td colspan="4">**5. Remarks**</td></tr>
<tr><td>**6. Item number (Max 20)**</td><td>**7. Marks and Numbers on packages**</td><td>**8. Number and kind of packages; description of goods**</td><td>**9. HS code (6 digit code)**</td><td>**10. Origin criterion**</td><td>**11. Gross weight or other quantity (e.g. Quantity Unit, liters, m³)**</td><td>**12. Number, date of invoice and Invoiced value**</td></tr>
<tr><td colspan="3">**13. Declaration by the exporter**
The undersigned hereby declares that the above stated information is correct, and that all the goods are produced in

____
(Country)
and that they comply with the origin requirements specified in the Free Trade Agreement for the goods exported to

____
(Importing country)

____
Place and date, signature of authorized person</td><td colspan="4">**14. Certification**
on the basis of control carried out control, It is hereby certified that the information herein is correct and that the described goods comply with the origin requirements of the China－Costa Rica Free Trade Agreement.

Place and date *, signature and stamp of the Authorized Body

Tel:　　　　　　　　Fax:
Address:</td></tr>
</table>

* A Certificate of Origin under China－Costa Rica Free Trade Agreement shall be valid for one year from the date of issuance in the exporting country.

附表 1－28　ECFA 原产地证明书正本

海峡两岸经济合作框架协议原产地证书
正本

如有任何涂改、损毁或填写不清均将导致本原产地证书失效

<table>
<tr><td colspan="3">1. 出口商(名称、地址)：

电话：　　　　　传真：
电子邮件：</td><td colspan="4">编号：
签发日期：
有效期至：</td></tr>
<tr><td colspan="3">2. 生产商(名称、地址)：

电话：　　　　　传真：
电子邮件：</td><td colspan="4" rowspan="2">5. 受惠情况

□ 依据海峡两岸经济合作框架协议给予优惠关税待遇；

□ 拒绝给予优惠关税待遇(请注明原因)

____
进口方海关已获授权签字人签字</td></tr>
<tr><td colspan="3">3. 进口商(名称、地址)：

电话：　　　　　传真：
电子邮件：</td></tr>
<tr><td colspan="3">4. 运输工具及路线：
离港日期：
船舶/飞机编号等：
装货口岸：
到货口岸：</td><td colspan="4">6. 备注：</td></tr>
<tr><td>7. 项目编号</td><td>8. HS 编码</td><td>9. 货品名称、包装件数及种类</td><td>10. 毛重或其他计量单位</td><td>11. 包装唛头或编号</td><td>12. 原产地标准</td><td>13. 发票价格、编号及日期</td></tr>
<tr><td></td><td></td><td></td><td></td><td></td><td></td><td></td></tr>
<tr><td colspan="3">14. 出口商声明
－本人对于所填报原产地证书内容的真实性与正确性负责；
－本原产地证书所载货物，系原产自本协议一方或双方，且货物属符合海峡两岸经济合作框架协议之原产货物。

____
出口商或已获授权人签字

____
地点和日期</td><td colspan="4">15. 证明
依据《海峡两岸经济合作框架协议》临时原产地规则规定，兹证明出口商所做申报正确无讹。

____
地点和日期，签字和签证机构印章

电话：　　　　　传真：

地址：</td></tr>
</table>

附表 1－29　ECFA 原产地证明书正本续页

正本续页

证书编码：　　　　　如有任何涂改、损毁或填写不清均将导致本原产地证书失效

7. 项目编号	8. HS 编码	9. 货品名称、包装件数及种类	10. 毛重或其他计量单位	11. 包装唛头或编号	12. 原产地标准	13. 发票价格、编号及日期

14. 出口商声明 －本人对于所填报原产地证书内容的真实性与正确性负责； －本原产地证书所载货物，系原产自本协议一方或双方，且货物属符合海峡两岸经济合作框架协议之原产货物。 出口商或已获授权人签字 地点和日期	15. 证明依据《海峡两岸经济合作框架协议》临时原产地规则规定，兹证明出口商所做申报正确无讹。 地点和日期，签字和签证机构印章 电话：　　　　　　传真： 地址：

附表 1－30 中国—冰岛自由贸易区优惠原产地证(正面)

ORIGINAL

<table>
<tr><td colspan="4">1. Exporter (Name, full address, country)</td><td colspan="3" rowspan="2">No.:
Certificate of Origin used in FTA between
CHINA
and
ICELAND
(See notes overleaf before completing this form)</td></tr>
<tr><td colspan="4">2. Consignee (Name, full address, country)</td></tr>
<tr><td colspan="4">3. Transport details (as far as known)
Departure Date

Vessel /Flight/Train/Vehicle No.

Port of loading

Port of discharge</td><td colspan="3">4. Remarks</td></tr>
<tr><td>5. Item number (Max 20)</td><td>6. Marks and numbers</td><td>7. Number and kind of packages; Description of goods</td><td>8. HS code (Six digit code)</td><td>9. Origin criterion</td><td>10. Gross Mass (kg) or other measure (liters, m³, etc.)</td><td>11. Invoices (Number and date)</td></tr>
<tr><td colspan="3">12. ENDORSEMENT BY THE AUTHORISED BODY
It is hereby certified, on the basis of control carried out, that the declaration of the exporter is correct.

____
Place and date, signature and stamp of authorised body</td><td colspan="4">13. Declaration by the exporter
The undersigned hereby declares that the details and statement are correct, that all the goods were produced in

______________________________ (Country)
and that they comply with the origin requirements specified in the FTA for the goods exported to

______________________________ (Importing country)

____
Place and date, signature of authorized signatory</td></tr>
</table>

附表 1－31　中国—冰岛自由贸易区优惠原产地证(背面)

14. REQUEST FOR VERIFICATION, to:	15. RESULT OF VERIFICATION Verification carried out shows that this certificate (1) □was issued by the authorised body indicated and that the information contained therein is accurate. □does not meet the requirements as to authenticity and accuracy (see remarks appended)
Verification of the authenticity and accuracy of this certificate is requested. (Place and date) Stamp (Signature)	(Place and date) Stamp (Signature) (1) Insert X in the appropriate box.

NOTES

1. Certificate must not contain erasures or words written over one another.

2. No spaces shall be left between the items entered on the certificate and each item shall be preceded by an item number. If the space of the box is not completely filled, " * " (stars) or " \ " (finishing slash) should be added after the description of the goods, or a horizontal line should be drawn below the last line of the description, and the empty space crossed through.

3. Goods must be described in accordance with commercial practice and with sufficient detail to enable them to be identified.

4. The number of items listed should not exceed 20.

5. This certificate should be issued in one original and two copies.

6. For each good described in box 7, state which criterion is applicable, according to the following instructions. The rules of origin are contained in Chapter 3 and Annex II.

Origin Criterion	Insert in Box 9
The product is "wholly obtained" in the territory of a Party, as referred to in Article 22 or the product specific rules of Annex 4.	WO
The product was produced in a Party exclusively from materials originating from one or both Parties conforming to the provisions of Chapter 3.	WP
The product is produced in the territory of one or both Parties, using nonoriginating materials that conform to the Product Specific Rules and other applicable provisions of Chapter 3.	PRS

附表 1-32　中国—冰岛自由贸易区优惠关税声明书

Declaration for Preferential Tariff Treatment

Free Trade Agreement between China and Iceland

Serial number of Declaration ________________

I ____ being the
(print name and position)

APPROVED EXPORTER (Registration number __________) hereby declare that the goods listed in the invoice as attached to this declaration __________(insert invoice number) has complied with the Rules of Origin of Free Trade Agreement between China and Iceland, being entitled to the preferential tariff treatment under that Agreement.

Description of goods	HS code (Six digit code)	Gross mass (kg) or other measure (liters, m^3, etc.)

Signature and stamp: ______________________________________
Date: ______________________________________

Note: This declaration must be printed and presented as a separate document accompanying the commercial invoice. The maximum number of items covered by this declaration should not exceed 20.

附表 1-33　中国—瑞士自由贸易区优惠原产地证(正面)

ORIGINAL

<table>
<tr><td colspan="3">1. Exporter (Name, full address, country)</td><td colspan="4" rowspan="2">No.:
Certificate of Origin used in FTA between
CHINA
and
SWITZERLAND
(See notes overleaf before completing this form)</td></tr>
<tr><td colspan="3">2. Consignee (Name, full address, country)</td></tr>
<tr><td colspan="3">3. Transport details (as far as known)
Departure Date

Vessel /Flight/Train/Vehicle No.

Port of loading

Port of discharge</td><td colspan="4">4. Remarks</td></tr>
<tr><td>5. Item number(Max 20)</td><td>6. Marks and numbers</td><td>7. Number and kind of packages; Description of goods</td><td>8. HS code (Six digit code)</td><td>9. Origin criterion</td><td>10. Gross Mass (kg) or other measure(liters, m³, etc.)</td><td>11. Invoices (Number and date)</td></tr>
<tr><td></td><td></td><td></td><td></td><td></td><td></td><td></td></tr>
<tr><td colspan="4">12. ENDORSEMENT BY THE AUTHORISED BODY
It is hereby certified, on the basis of control carried out, that the declaration of the exporter is correct.

____
Place and date, signature and stamp of authorised body</td><td colspan="3">13. Declaration by the exporter
The undersigned hereby declares that the details and statement are correct, that all the goods were produced in

______________________________ (Country)
and that they comply with the origin requirements specified in the FTA for the goods exported to

______________________________(Importing country)

____
Place and date, signature of authorized signatory</td></tr>
</table>

附表1-34　中国—瑞士自由贸易区优惠原产地证(背面)

<table>
<tr><td>14. REQUEST FOR VERIFICATION, to:</td><td rowspan="2">15. RESULT OF VERIFICATION
Verification carried out shows that this certificate (1)
□was issued by the authorised body indicated and that the information contained therein is accurate.
□does not meet the requirements as to authenticity and accuracy (see remarks appended)

____
(Place and date)
Stamp
____
(Signature)
____
(1) Insert X in the appropriate box.</td></tr>
<tr><td>Verification of the authenticity and accuracy of this certificate is requested.

____
(Place and date)
Stamp
____
(Signature)</td></tr>
</table>

NOTES

1. Certificate must not contain erasures or words written over one another.

2. No spaces shall be left between the items entered on the certificate and each item shall be preceded by an item number. If the space of the box is not completely filled, " * " (stars) or " \ " (finishing slash) should be added after the description of the goods, or a horizontal line should be drawn below the last line of the description, and the empty space crossed through.

3. Goods must be described in accordance with commercial practice and with sufficient detail to enable them to be identified.

4. The number of items listed should not exceed 20.

5. This certificate should be issued in one original and two copies.

6. For each good described in box 7, state which criterion is applicable, according to the following instructions. The rules of origin are contained in Chapter 3 and Annex II.

Origin Criterion	Insert in Box 9
The product is "wholly obtained" in the territory of a Party, as referred to in Article 3.3 or the product specific rules of Annex II.	WO
The product was produced in a Party exclusively from materials originating from one or both Parties conforming to the provisions of Chapter 3.	WP
The product is produced in the territory of one or both Parties, using nonoriginating materials that conform to the Product Specific Rules and other applicable provisions of Chapter 3.	PRS

附表 1-35　中国—瑞士自由贸易协定原产地声明

ORIGIN DECLARATION
Free Trade Agreement between China and Switzerland

Serial - No. ____________

The exporter of the products covered by this document (registration No. ____________) declares that, except where otherwise clearly indicated, these products are of ____________ ①preferential origin according to the China - Switzerland FTA.

This exporter is legally responsible for the truthfulness and authenticity of what is declared above.

____

(Place and date)

____

① The origin of the product must be indicated in this space (Chinese or Swiss), ISO Alpha2 codes are permitted (CN or CH). Reference may be made to a specific column of the invoice or other commercial documents, as deemed valid by the importing customs administration, in which the country of origin of each product is referred to.

附表 1－36　中国—韩国自由贸易区优惠原产地证

ORIGINAL

<table>
<tr><td>1. Exporter's name and address, country:</td><td rowspan="3">Certificate No.:

CERTIFICATE OF ORIGIN
Form for China – Korea FTA

Issued in ____________
(See overleaf Instruction)</td></tr>
<tr><td>2. Producer's name and address, country:</td></tr>
<tr><td>3. Consignee's name and address, country:</td></tr>
<tr><td>4. Means of transport and route (as far as known):
Departure Date

Vessel /Flight/Train/Vehicle No.

Port of loading

Port of discharge</td><td>5. Remarks:</td></tr>
</table>

6. Item number (Max 20)	7. Marks and Numbers on packages	8. Number and kind of packages? Description of goods	9. HS code (Six digit code)	10. Origin criterion	11. Gross weight, quantity (quantity unit) or other measure (liters, m3, etc.)	12. Number and date of invoice

<table>
<tr><td>13. Declaration by the exporter:
The undersigned hereby declares that the details and statement are correct, that all the goods were produced in

____
(Country)
and that they comply with the origin requirements specified in the FTA for the goods exported to

____
(Importing Country)

____
Place and date, signature of authorized signatory</td><td>14. Certification:.
On the basis of control carried out, it is hereby certified that the information herein is correct and that the goods described comply with the origin requirements specified in the China – Korea FTA.

____
Place and date, signature and stamp of authorized body</td></tr>
</table>

附表 1－37 中国—澳大利亚自由贸易区优惠原产地证

ORIGINAL

<table>
<tr><td colspan="4">1. Exporter's name, address and country:</td><td colspan="3" rowspan="3">Certificate No.:

CERTIFICATE OF ORIGIN
Form for China – Australia Free Trade Agreement

Issued in ____________________
(See overleaf Instruction)</td></tr>
<tr><td colspan="4">2. Producer's name and address(if known):</td></tr>
<tr><td colspan="4">3. Importer's name, address and country(if known):</td></tr>
<tr><td colspan="4">4. Means of transport and route (if known):
Departure Date

Vessel /Flight/Train/Vehicle No.

Port of loading

Port of discharge</td><td colspan="3">5. Remarks:</td></tr>
<tr><td>6. Item number (Max 20)</td><td>7. Marks and Numbers on packages (optional)</td><td>8. Number and kind of packages; Description of goods</td><td>9. HS code (6 – digit code)</td><td>10. Origin criterion</td><td>11. Gross or net weight or other quantity (e. g. quantity unit, liters, m³.)</td><td>12. Invoice number and date</td></tr>
<tr><td colspan="4">13. Declaration by the exporter:
The undersigned hereby declares that the above – stated information is correct and that the goods exported to

____
(Importing Party)
comply with the origin requirements specified in the China – Australia Free Trade Agreement.

____
Place and date, signature of authorized signatory</td><td colspan="3">14. Certification:.
On the basis of control carried out, it is hereby certified that the information herein is correct and that the described goods comply with the origin requirements of the China – Australia Free Trade Agreement.

____
Place and date, signature and stamp of authorized body

Tel: Fax:

Address:</td></tr>
</table>

附表 1-38 中国—澳大利亚自由贸易区优惠原产地证附页

Continuation Sheet

Certificate of Origin – Form for China – Australia Free Trade Agreement

Certificate No. :

6. Item number (Max 20)	7. Marks and Numbers on packages (optional)	8. Number and kind of packages; Description of goods	9. HS code (6-digit code)	10. Origin criterion	11. Gross or net weight or other quantity (e.g. quantity unit, liters, m^3.)	12. Invoice number and date

13. Declaration by the exporter:	14. Certification:.
The undersigned hereby declares that the above-stated information is correct and that the goods exported to ______________________ (Importing Party) comply with the origin requirements specified in the China – Australia Free Trade Agreement. ______________________ Place and date, signature of authorized signatory	On the basis of control carried out, it is hereby certified that the information herein is correct and that the described goods comply with the origin requirements of the China – Australia Free Trade Agreement. ______________________ Place and date, signature and stamp of authorized body Tel: Fax: Address:

附表1-39　中国—澳大利亚自由贸易区原产地声明

DECLARATION OF ORIGIN

China – Australia Free Trade Agreement

On behalf of

____

____, being the

(print exporter's or producer's name and address)

EXPORTER / PRODUCER / EXPORTER AND PRODUCER,

(strike out those which do not apply)

I hereby declare that the goods described below are originating goods from

AUSTRALIA / CHINA

(strike out that which does not apply)

in accordance with the rules of origin requirements of the China – Australia Free Trade Agreement. I am legally responsible for the truthfulness and authenticity of what is declared in this document.

Item No.	Description of goods	Harmonised system code six (6) digits	Number and date of invoice	Reference number of advance ruling	Origin – conferring criteria

Signature: ____

Name: ____

Position: ____

Date: ____

Note: This declaration must be printed and presented as a separate document accompanying the commercial invoice. The maximum number of items covered by this declaration should not exceed 20.

附表 1-40 中国人保财产股份有限公司投保单

PICC
中国人保财险

中国人民财产保险股份有限公司常州分公司

The People's Insurance(Property) Company of China Changzhou Branch

总公司设于北京 一九四九年创立

Head Office Beijing Established in 1949

货物运输保险投保单

APPLICATION FORM FOR CARGO TRANSPORTATION INSURANCE

发票号(INVOICE NO.)
合同号(CONTRACT NO.)
信用证号(L/C NO.)
发票金额(INVOICE AMOUNT.) 投保加成(PLUS)
被保险人:
Insured:
兹有下列货物向中国人民财产保险股份有限公司常州分公司投保:
INSURANCE REQUESTED ON THE FOLLOWING COMMODITIES:

标 记 MARKS&NOS	包装及数量 QUANTITY	保险货物项目 DESCRIPTION OF GOODS	保险金额 AMOUNT INSURED

启运日期 装载运输工具:
DATE OF COMMENCEMENT PER CONVEYANCE:
自 经 至
FROM: VIA TO
提单号: 赔款偿付地点
B/L No.: CLAIM PAYABLE AT
投保险别:(PLEASE INDICATE THE CONDITIONS &/OR SPECIAL COVERAGES):

请如实告知下列情况:(如"是"打"√","不是"打"×")
1. 货物种类: 袋装 散装 冷藏 液体 活动物 机器/汽车 危险品等级
GOODS BAG/JUMBO BULK REEFER LIQUID LIVE ANIMAL MACHINE/AUTO DANGEROUS CLASS
2. 集装箱种类: 普通 开顶 框架 平板 冷藏
CONTAINER ORDINARY OPEN FRAME FLAT REEFERAGERATOR
3. 转运工具: 海轮 飞机 驳船 火车 汽车
BY TRANSIT SHIP PLANE BARGE TRAIN TRUCK
4. 船舶资料: 船籍 船龄
PARTICULAR OF SHIP REGISTRY AGE

备注:被保险人确认本保险合同条款和内容已经完全了解。 THE ASSURED CONFIRMS HEREWITH THE TERMS AND CONDITIONS OF THIS INSURANCE CONTRACT FULLY UNDERSTOOD. 投保日期(DATE)	投保人(签名盖章)APPLICANT'S SIGNATURE 电话:(TEL) 地址:(ADD)

本公司自用(FOR OFFICE USE ONLY)
费率 保费
RATE: PREMIUM
经办人 核保人 负责人 承保公司签章
BY INSURANCE COMPANY'S SIGNATURE

地址(ADD):中国常州市和平南128路八楼 电话(TEL):(0519)-8150007 8114833
邮编(POST CODE):213001 传真(FAX):(0519) -8150007 8114834

附表 1-41　中国人民财产保险股份有限公司保险单

PICC
中国人保财险

中国人民财产保险股份有限公司常州分公司

The People's Insurance(Property) Company of China Changzhou Branch

总公司设于北京　　一九四九年创立
Head Office Beijing　　Established in 1949

货物运输保险单

CARGO TRANSPORTATION INSURANCE POLICY

发票号(INVOICE NO.)　　保单号次
合同号(CONTRACT NO.)　　POLICY NO.
信用证号(L/C NO.)
被保险人:
Insured:

中国人民保险公司(以下简称本公司)根据被保险人的要求,由被保险人向本公司缴付约定的保险费,按照本保险单承保险别和背面所载条款与下列特款承保下述货物运输保险,特立本保险单。

THIS POLICY OF INSURANCE WITNESSES THAT THE PEOPLE'S INSURANCE COMPANY OF CHINA (HEREINAFTER CALLED"THE COMPANY")AT THE REQUEST OF THE INSURED AND IN CONSIDERATION OF THE AGREED PREMIUM PAID TO THE COMPANY BY THE INSURED, UNDERTAKES TO INSURE THE UNDERMENTIONED GOODS IN TRANSPORTATION SUBJECT TO THE CONDITIONS OF THIS POLICY AS PER THE CLAUSES PRINTED OVERLEAF AND OTHER SPECIL CLAUSES ATTACHED HEREON.

标　记 MARKS&NOS	包装及数量 QUANTITY	保险货物项目 DESCRIPTION OF GOODS	保险金额 AMOUNT INSURED

总保险金额
TOTAL AMOUNT INSURED: ____________________

保费:　　启运日期　　装载运输工具:
PERMIUM: AS ARRANGED　　DATE OF COMMENCEMENT: __________　　PER CONVEYANCE: __________
自　　经　　至
FROM: __________　VIA __________　TO __________
承保险别:
CONDITIONS:

所保货物,如发生保险单项下可能引起索赔的损失或损坏,应立即通知本公司下述代理人查勘。如有索赔,应向本公司提交保单正本(本保险单共有____份正本)及有关文件。如一份正本已用于索赔,其余正本自动失效。

IN THE EVENT OF LOSS OR DAMAGE WITCH MAY RESULT IN A CLAIM UNDER THIS POLICY, IMMEDIATE NOTICE MUST BE GIVEN TO THE COMPANY'S AGENT AS MENTIONED HEREUNDER. CLAIMS, IF ANY, ONE OF THE ORIGINAL POLICY WHICH HAS BEEN ISSUED IN ___ORIGINAL(S)TOGETHER WITH THE RELEVENT DOCUMENTS SHALL BE SURRENDERED TO THE COMPANY. IF ONE OF THE ORIGINAL POLICY HAS BEEN ACCOMPLISHED. THE OTHERS TO BE VOID.

中国人民财产保险股份有限公司常州分公司
The People's Insurance (Property) Company of China Changzhou Branch

赔款偿付地点
CLAIM PAYABLE AT __________
出单日期
ISSUING DATE __________

____
Authorized Signature

地址(ADD):中国常州市和平南 128 路八楼
邮编(POST CODE):213001
电话(TEL):(0519)-8150007 8114833
传真(FAX):(0519)-8150007 8114834

附表1－42 汇票样式1

BILL OF EXCHANGE

凭 不可撤销信用证
Drawn Under ______________________ Irrevocable L/C No. ______________

日期 支 取 按____息____付款
Date ______________________ Payable With interest @____%____

号码 汇票金额
No. ______________ Exchange for

见票 日后（本汇票之副本未付）
at ________ sight of this FIRST of Exchange (Second of Exchange Being unpaid)

付交
Pay to the order of

金额
the sum of

此致
To ______________________
____

附表1－43 汇票样式2

BILL OF EXCHANGE

No. ______________________

For ______________________ ______________________
(amount in figure) (place and date of issue)

At ______________________ sight of this FIRST Bill of exchange (SECOND being unpaid)

pay to ______________________ or order the sum of

____
(amount in words)

Value received for ______________________ of ______________________
(quantity) (name of commodity)

Drawn under ______________________

L/C No. ______________ dated ______________

To: For and on behalf of
(Signature)

附录二 《跟单信用证统一惯例》(2007年修订本)(UCP600)

ICC Uniform Customs and Practice for Documentary Credits(UCP600)

跟单信用证统一惯例(2007年修订本ICC第600号出版物)

(2007年7月1日起实施)

第一条 UCP的适用范围

《跟单信用证统一惯例——2007年修订本,国际商会第600号出版物》(简称"UCP")乃一套规则,适用于所有在其文本中明确表明受本惯例约束的跟单信用证(下称信用证)(在其可适用的范围内,包括备用信用证)。除非信用证明确修改或排除,本惯例各条文对信用证所有当事人均具有约束力。

第二条 定义

就本惯例而言

通知行 指应开证行的要求通知信用证的银行。

申请人 指要求开立信用证的一方。

银行工作日 指银行在其履行受本惯例约束的行为的地点通常开业的一天。

受益人 指接受信用证并享受其利益的一方。

相符交单 指与信用证条款、本惯例的相关适用条款以及国际标准银行实务一致的交单。

保兑 指保兑行在开证行承诺之外做出的承付或议付相符交单的确定承诺。

保兑行 指根据开证行的授权或要求对信用证加具保兑的银行。

信用证 指一项不可撤销的安排,无论其名称或描述如何,该项安排构成开证行对相符交单予以承付的确定承诺。

承付 指:

a. 如果信用证为即期付款信用证,则即期付款。

b. 如果信用证为延期付款信用证,则承诺延期付款并在承诺到期日付款。

c. 如果信用证为承兑信用证,则承兑受益人开出的汇票并在汇票到期日付款。

开证行 指应申请人要求或者代表自己开出信用证的银行。

议付 指指定银行在相符交单下,在其应获偿付的银行工作日当天或之前向受益人预付或者同意预付款项,从而购买汇票(其付款人为指定银行以外的其他银行)及/或单据的行为。

指定银行 指信用证可在其处兑用的银行,如信用证可在任一银行兑用,则任何银行均为指定银行。

交单 指向开证行或指定银行提交信用证项下单据的行为,或指按此方式提交的单据。

交单人 指实施交单行为的受益人、银行或其他人。

第三条 解释

就本惯例而言:

如情形适用,单数词形包含复数含义,复数词形包含单数含义。

信用证是不可撤销的,即使未如此表明。

单据签字可用手签、摹样签字、穿孔签字、印戳、符号或任何其他机械或电子的证实方法为之。

诸如单据须履行法定手续、签证、证明等类似要求,可由单据上任何看似满足该要求的签字、标记、印戳或标签来满足。

一家银行在不同国家的分支机构被视为不同的银行。

用诸如"第一流的""著名的""合格的""独立的""正式的""有资格的""本地的"等词语描述单据的出单人时,允许除受益人之外的任何人出具该单据。

除非要求在单据中使用,否则诸如"迅速地""立刻地""尽快地"等词语将被不予理会。

"在或大概在(on or about)"或类似用语将被视为规定事件发生在指定日期的前后五个日历日之间,起讫日期计算在内。

"至(to)"、"直至(until,till)""从……开始(from)"及"在……之间(between)"等词用于确定发运日期时包含提及的日期,使用"在……之前(before)"及"在……之后(after)"时则不包含提及的日期。

"从……开始(from)"及"在……之后(after)"等词用于确定到期日时不包含提及的日期。

"前半月"及"后半月"分别指一个月的第一日到第十五日及第十六日到该月的最后一日,起讫日期计算在内。

一个月的"开始(beginning)""中间(middle)"及"末尾(end)"分别指第一日到第十日、第十一日到第二十日及第二十一日到该月的最后一日,起讫日期计算在内。

第四条　信用证与合同

a. 就其性质而言,信用证与可能作为其开立基础的销售合同或其他合同是相互独立的交易,即使信用证中含有对此类合同的任何援引,银行也与该合同无关,且不受其约束。因此,银行关于承付、议付或履行信用证项下其他义务的承诺,不受申请人基于与开证行或与受益人之间的关系而产生的任何请求或抗辩的影响。

受益人在任何情况下不得利用银行之间或申请人与开证行之间的合同关系。

b. 开证行应劝阻申请人试图将基础合同、形式发票等文件作为信用证组成部分的做法。

第五条　单据与货物、服务或履约行为

银行处理的是单据,而不是单据可能涉及的货物、服务或履约行为。

第六条　兑用方式、截止日和交单地点

a. 信用证必须规定可在其处兑用的银行,或是否可在任一银行兑用。规定在指定银行兑用的信用证同时也可以在开证行兑用。

b. 信用证必须规定其是以即期付款、延期付款、承兑还是议付的方式兑用。

c. 信用证不得开成凭以申请人为付款人的汇票兑用。

d. i. 信用证必须规定一个交单的截止日。规定的承付或议付的截止日将被视为交单的截止日。

ii. 可在其处兑用信用证的银行所在地即为交单地点。可在任一银行兑用的信用证其交单地点为任一银行所在地。除规定的交单地点外,开证行所在地也是交单地点。

e. 除非如第二十九条 a 款规定的情形,否则受益人或者代表受益人的交单应在截止日当天或之前完成。

第七条　开证行责任

a. 只要规定的单据提交给指定银行或开证行,并且构成相符交单,则开证行必须承付,如果信用证为以下情形之一:

i. 信用证规定由开证行即期付款、延期付款或承兑;

ii. 信用证规定由指定银行即期付款但其未付款;

iii. 信用证规定由指定银行延期付款但其未承诺延期付款,或虽已承诺延期付款,但未在到期日付款;

iv. 信用证规定由指定银行承兑,但其未承兑以其为付款人的汇票,或虽然承兑了汇票,但未在到期日付款。

v. 信用证规定由指定银行议付但其未议付。

b. 开证行自开立信用证之时起即不可撤销地承担承付责任。

c. 指定银行承付或议付相符交单并将单据转给开证行之后,开证行即承担偿付该指定银行的责任。对承兑或延期付款信用证下相符交单金额的偿付应在到期日办理,无论指定银行是否在到期日之前预付或购买了单据。开证行偿付指定银行的责任独立于开证行对受益人的责任。

第八条　保兑行责任

a. 只要规定的单据提交给保兑行,或提交给其他任何指定银行,并且构成相符交单,保兑行必须:

i. 承付,如果信用证为以下情形之一:

a) 信用证规定由保兑行即期付款、延期付款或承兑;

b) 信用证规定由另一指定银行即期付款,但其未付款;

c) 信用证规定由另一指定银行延期付款,但其未承诺延期付款,或虽已承诺延期付款但未在到期日付款;

d) 信用证规定由另一指定银行承兑,但其未承兑以其为付款人的汇票,或虽已承兑汇票未在到期日付款;

e) 信用证规定由另一指定银行议付,但其未议付。

ii. 无追索权地议付,如果信用证规定由保兑行议付。

b. 保兑行自对信用证加具保兑之时起即不可撤销地承担承付或议付的责任。

c. 其他指定银行承付或议付相符交单并将单据转往保兑行之后,保兑行即承担偿付该指定银行的责任。对承兑或延期付款信用证下相符交单金额的偿付应在到期日办理,无论指定银行是否在到期日之前预付或购买了单据。保兑行偿付指定银行的责任独立于保兑行对受益人的责任。

d. 如果开证行授权或要求一银行对信用证加具保兑,而其并不准备照办,则其必须毫不延误地通知开证行,并可通知此信用证而不加保兑。

第九条　信用证及其修改的通知

a. 信用证及其任何修改可以经由通知行通知给受益人。非保兑行的通知行通知信用证及修改时不承担承付或议付的责任。

b. 通知行通知信用证或修改的行为表示其已确信信用证或修改的表面真实性,而且其通知准确地反映了其收到的信用证或修改的条款。

c. 通知行可以通过另一银行("第二通知行")向受益人通知信用证及修改。第二通知行通知信用证或修改的行为表明其已确信收到的通知的表面真实性,并且其通知准确地反映了收到的信用证或修改的条款。

d. 经由通知行或第二通知行通知信用证的银行必须经由同一银行通知其后的任何修改。

e. 如一银行被要求通知信用证或修改但其决定不予通知,则应毫不延误地告知自其处收到信用证、修改或通知的银行。

f. 如一银行被要求通知信用证或修改但其不能确信信用证、修改或通知的表面真实性,则应毫不延误地通知看似从其处收到指示的银行。如果通知行或第二通知行决定仍然通知信用证或修改,则应告知受益人或第二通知行其不能确信信用证、修改或通知的表面真实性。

第十条　修改

a. 除第三十八条另有规定者外,未经开证行、保兑行(如有的话)及受益人同意,信用证既不得修改,也不得撤销。

b. 开证行自发出修改之时起,即不可撤销地受其约束。保兑行可将其保兑扩展至修改,并自通知该修改时,即不可撤销地受其约束。但是,保兑行可以选择将修改通知受益人而不对其加具保兑。若然如此,其必须毫不延误地将此告知开证行,并在其给受益人的通知中告知受益人。

c. 在受益人告知通知修改的银行其接受该修改之前,原信用证(或含有先前被接受的修改的信用证)的条款对受益人仍然有效。受益人应提供接受或拒绝修改的通知。如果受益人未能给予通知,当交单与信用证以及尚未表示接受的修改的要求一致时,即视为受益人已做出接受修改的通知,并且从此时起,该信用证被修改。

d. 通知修改的银行应将任何接受或拒绝的通知转告发出修改的银行。

e. 对同一修改的内容不允许部分接受,部分接受将被视为拒绝修改的通知。

f. 修改中关于除非受益人在某一时间内拒绝修改否则修改生效的规定应被不予理会。

第十一条　电讯传输的和预先通知的信用证和修改

a. 以经证实的电讯方式发出的信用证或信用证修改即被视为有效的信用证或修改文据,任何后续的邮寄确认书应被不予理会。

如电讯声明“详情后告”(或类似用语)或声明以邮寄确认书为有效信用证或修改,则该电讯不被视为有效信用证或修改。开证行必须随即不迟延地开立有效信用证或修改,其条款不得与该电讯矛盾。

b. 开证行只有在准备开立有效信用证或做出有效修改时,才可以发出关于开立或修改信用证的初步通知(预先通知)。开证行做出该预先通知,即不可撤销地保证不迟延地开立或修改信用证,且其条款不能与预先通知相矛盾。

第十二条　指定

a. 除非指定银行为保兑行,对于承付或议付的授权并不赋予指定银行承付或议付的义务,除非该指定银行明确表示同意并且告知受益人。

b. 开证行指定一银行承兑汇票或做出延期付款承诺,即为授权该指定银行预付或购买其已承兑的汇票或已做出的延期付款承诺。

c. 非保兑行的指定银行收到或审核并转递单据的行为并不使其承担承付或议付的责任,也不构成其承付或议付的行为。

第十三条　银行之间的偿付安排

a. 如果信用证规定指定银行(“索偿行”)向另一方(“偿付行”)获取偿付时,必须同时规定该偿付是否按信用证开立时有效的ICC银行间偿付规则进行。

b. 如果信用证没有规定偿付遵守ICC银行间偿付规则,则按照以下规定:

i. 开证行必须给予偿付行有关偿付的授权,授权应符合信用证关于兑用方式的规定,且不应设定截止日。

ii. 开证行不应要求索偿行向偿付行提供与信用证条款相符的证明。

iii. 如果偿付行未按信用证条款见索即偿,开证行将承担利息损失以及产生的任何其他费用。

iv. 偿付行的费用应由开证行承担。然而,如果此项费用由受益人承担,开证行有责任在信用证及偿付授权中注明。如果偿付行的费用由受益人承担,该费用应在偿付时从付给索偿行的金额中扣取。如果偿付未发生,偿付行的费用仍由开证行负担。

c. 如果偿付行未能见索即偿,开证行不能免除偿付责任。

第十四条　单据审核标准

a. 按指定行事的指定银行、保兑行(如果有的话)及开证行须审核交单,并仅基于单据本身确定其是否在表面上构成相符交单。

b. 按指定行事的指定银行、保兑行(如有的话)及开证行各有从交单次日起的至多五个银行工作日用以确定交单是否相符。这一期限不因在交单日当天或之后信用证截止日或最迟交单日届至而受到缩减或影响。

c. 如果单据中包含一份或多份受第十九、二十、二十一、二十二、二十三、二十四或二十五条规制的正本运输单据,则须由受益人或其代表在不迟于本惯例所指的发运日之后的二十一个日历日内交单,但是在任何情况下都不得迟于信用证的截止日。

d. 单据中的数据,在与信用证、单据本身以及国际标准银行实务参照解读时,无须与该单据本身中的数据、其他要求的单据或信用证中的数据等同一致,但不得矛盾。

e. 除商业发票外,其他单据中的货物、服务或履约行为的描述,如果有的话,可使用与信用证中的描述不矛盾的概括性用语。

f. 如果信用证要求提交运输单据、保险单据或者商业发票之外的单据,却未规定出单人或其数据内容,则只要提交的单据内容看似满足所要求单据的功能,且其他方面符合第十四条 d 款,银行将接受该单据。

g. 提交的非信用证所要求的单据将被不予理会,并可被退还给交单人。

h. 如果信用证含有一项条件,但未规定用以表明该条件得到满足的单据,银行将视为未作规定并不予理会。

i. 单据日期可以早于信用证的开立日期,但不得晚于交单日期。

j. 当受益人和申请人的地址出现在任何规定的单据中时,无须与信用证或其他规定单据中所载相同,但必须与信用证中规定的相应地址同在一国。联络细节(传真、电话、电子邮件及类似细节)作为受益人和申请人地址的一部分时将被不予理会。然而,如果申请人的地址和联络细节为第十九、二十、二十一、二十二、二十三、二十四或二十五条规定的运输单据上的收货人或通知方细节的一部分时,应与信用证规定的相同。

k. 在任何单据中注明的托运人或发货人无须为信用证的受益人。

l. 运输单据可以由任何人出具,无须为承运人、船东、船长或租船人,只要其符合第十九、二十、二十一、二十二、二十三或二十四条的要求。

第十五条　相符交单

a. 当开证行确定交单相符时,必须承付。

b. 当保兑行确定交单相符时,必须承付或者议付并将单据转递给开证行。

c. 当指定银行确定交单相符并承付或议付时,必须将单据转递给保兑行或开证行。

第十六条　不符单据、放弃及通知

a. 当按照指定行事的指定银行、保兑行(如有的话)或者开证行确定交单不符时,可以拒绝承付或议付。

b. 当开证行确定交单不符时,可以自行决定联系申请人放弃不符点。然而这并不能延长第十四条 b 款所指的期限。

c. 当按照指定行事的指定银行、保兑行(如有的话)或开证行决定拒绝承付或议付时,必须给予交单人一份单独的拒付通知。

该通知必须声明:

i. 银行拒绝承付或议付;及

ii. 银行拒绝承付或者议付所依据的每一个不符点;及

iii. a)银行留存单据听候交单人的进一步指示;或者

b)开证行留存单据直到其从申请人处接到放弃不符点的通知并同意接受该放弃,或者其同意接受对不符点的放弃之前从交单人处收到其进一步指示;或者

c)银行将退回单据;或者

d)银行将按之前从交单人处获得的指示处理。

d. 第十六条 c 款要求的通知必须以电讯方式,如不可能,则以其他快捷方式,在不迟于自交单之翌日起第五个银行工作日结束前发出。

e. 按照指定行事的指定银行、保兑行(如有的话)或开证行在按照第十六条 c 款 iii 项 a)或 b)发出了通知之后,可以在任何时候将单据退还交单人。

f. 如果开证行或保兑行未能按照本条行事,则无权宣称交单不符。

g. 当开证行拒绝承付或保兑行拒绝承付或者议付,并且按照本条发出了拒付通知后,有权要求返还已偿付的款项及利息。

第十七条　正本单据及副本

a. 信用证规定的每一种单据须至少提交一份正本。

b. 银行应将任何带有看似出单人的原始签名、标记、印戳或标签的单据视为正本单据,除非单据本身表明其非正本。

c. 除非单据本身另有说明,在以下情况下,银行也将其视为正本单据:

i. 单据看似由出单人手写、打字、穿孔或盖章;或者

ii. 单据看似使用出单人的原始信纸出具;或者

iii. 单据声明其为正本单据,除非该声明看似不适用于提交的单据。

d. 如果信用证要求提交单据的副本,提交正本或副本均可。

e. 如果信用证使用诸如"一式两份(in duplicate)""两份(in two fold)""两套(in two copies)"等用语要求提交多份单据,则提交至少一份正本,其余使用副本即可满足要求,除非单据本身另有说明。

第十八条　商业发票

a. 商业发票:

i. 必须看似由受益人出具(第三十八条规定的情形除外);

ii. 必须出具成以申请人为抬头(第三十八条 g 款规定的情形除外);

iii. 必须与信用证的货币相同;且

iv. 无须签名。

b. 按指定行事的指定银行、保兑行(如有的话)或开证行可以接受金额大于信用证允许金额的商业发票,其决定对有关各方均有约束力,只要该银行对超过信用证允许金额的部分未作承付或者议付。

c. 商业发票上的货物、服务或履约行为的描述应该与信用证中的描述一致。

第十九条　涵盖至少两种不同运输方式的运输单据

a. 涵盖至少两种不同运输方式的运输单据(多式或联合运输单据),无论名称如何,必须看似:

i. 表明承运人名称并由以下人员签署:

* 承运人或其具名代理人,或

* 船长或其具名代理人。

承运人、船长或代理人的任何签字,必须标明其承运人、船长或代理人的身份。

代理人签字必须表明其系代表承运人还是船长签字。

ii. 通过以下方式表明货物已经在信用证规定的地点发送、接管或已装运。

* 事先印就的文字,或者

* 表明货物已经被发送、接管或装运日期的印戳或批注。

运输单据的出具日期将被视为发送、接管或装运的日期,也即发运的日期。然而如单据以印戳或批注的方式表明了发送、接管或装运日期,该日期将被视为发运日期。

iii. 表明信用证规定的发送、接管或发运地点,以及最终目的地,即使:

a)该运输单据另外还载明了一个不同的发送、接管或发运地点或最终目的地,或者,

b)该运输单据载有"预期的"或类似的关于船只、装货港或卸货港的限定语。

iv. 为唯一的正本运输单据,或者,如果出具为多份正本,则为运输单据中表明的全套单据。

v. 载有承运条款和条件,或提示承运条款和条件参见别处(简式/背面空白的运输单据)。银行将不审核承运条款和条件的内容。

vi. 未表明受租船合同约束。

b. 就本条而言,转运指在从信用证规定的发送、接管或者发运地点到最终目的地的运输过程中从某一运输工具上卸下货物并装上另一运输工具的行为(无论其是否为不同的运输方式)。

c. i. 运输单据可以表明货物将要或可能被转运,只要全程运输由同一运输单据涵盖。

ii. 即使信用证禁止转运,注明将要或者可能发生转运的运输单据仍可接受。

第二十条　提单

a. 提单,无论名称如何,必须看似:

i. 表明承运人名称,并由下列人员签署:

* 承运人或其具名代理人,或者

* 船长或其具名代理人。

承运人、船长或代理人的任何签字必须标明其承运人、船长或代理人的身份。

代理人的任何签字必须标明其系代表承运人还是船长签字。

ii. 通过以下方式表明货物已在信用证规定的装货港装上具名船只:

* 预先印就的文字,或

* 已装船批注注明货物的装运日期。

提单的出具日期将被视为发运日期,除非提单载有表明发运日期的已装船批注,此时已装船批注中显示的日期将被视为发运日期。

如果提单载有"预期船只"或类似的关于船名的限定语,则需以已装船批注明确发运日期以及实际船名。

iii. 表明货物从信用证规定的装货港发运至卸货港。

如果提单没有表明信用证规定的装货港为装货港,或者其载有"预期的"或类似的关于装货港的限定语,则需以已装船批注表明信用证规定的装货港、发运日期以及实际船名。即使提单以事先印就的文字表明了货物已装载或装运于具名船只,本规定仍适用。

iv. 为唯一的正本提单,或如果以多份正本出具,为提单中表明的全套正本。

v. 载有承运条款和条件,或提示承运条款和条件参见别处(简式/背面空白的提单)。银行将不审核承运条款和条件的内容。

vi. 未表明受租船合同约束。

b. 就本条而言,转运系指在信用证规定的装货港到卸货港之间的运输过程中,将货物从一船卸下并再装上另一船的行为。

c. i. 提单可以表明货物将要或可能被转运,只要全程运输由同一提单涵盖。

ii. 即使信用证禁止转运,注明将要或可能发生转运的提单仍可接受,只要其表明货物由集装箱、拖车或子母船(载驳船)运输。

d. 提单中声明承运人保留转运权利的条款将被不予理会。

第二十一条　不可转让的海运单

a. 不可转让的海运单,无论名称如何,必须看似:

i. 表明承运人名称并由下列人员签署:

* 承运人或其具名代理人,或者

* 船长或其具名代理人。

承运人、船长或代理人的任何签字必须标明其承运人、船长或代理人的身份。

代理人签字必须标明其系代表承运人还是船长签字。

ii. 通过以下方式表明货物已在信用证规定的装货港装上具名船只：

* 预先印就的文字，或者

* 已装船批注表明货物的装运日期。

不可转让海运单的出具日期将被视为发运日期，除非其上带有已装船批注注明发运日期，此时已装船批注注明的日期将被视为发运日期。

如果不可转让海运单载有“预期船只”或类似的关于船名的限定语，则需要以已装船批注表明发运日期和实际船名。

iii. 表明货物从信用证规定的装货港发运至卸货港。

如果不可转让海运单未以信用证规定的装货港为装货港，或者如果其载有“预期的”或类似的关于装货港的限定语，则需要以已装船批注表明信用证规定的装货港、发运日期和实际船名。即使不可转让海运单以预先印就的文字表明货物已由具名船只装载或装运，本规定也适用。

iv. 为唯一的正本不可转让海运单，或如果以多份正本出具，为海运单上注明的全套正本。

v. 载有承运条款的条件，或提示承运条款和条件参见别处（简式/背面空白的海运单）。银行将不审核承运条款和条件的内容。

vi. 未注明受租船合同约束。

b. 就本条而言，转运系指在信用证规定的装货港到卸货港之间的运输过程中，将货物从一船卸下并装上另一船的行为。

c. i. 不可转让海运单可以注明货物将要或可能被转运，只要全程运输由同一海运单涵盖。

ii. 即使信用证禁止转运，注明转运将要或可能发生的不可转让的海运单仍可接受，只要其表明货物装于集装箱、拖车或子母船（载驳船）中运输。

d. 不可转让的海运单中声明承运人保留转运权利的条款将被不予理会。

第二十二条　租船合同提单

a. 表明其受租船合同约束的提单（租船合同提单），无论名称如何，必须看似：

i. 由以下人员签署：

* 船长或其具名代理人，或

* 船东或其具名代理人，或

* 租船人或其具名代理人。

船长、船东、租船人或代理人的任何签字必须标明其船长、船东、租船人或代理人的身份。

代理人签字必须表明其系代表船长、船东还是租船人签字。

代理人代表船东或租船人签字时必须注明船东或租船人的名称。

ii. 通过以下方式表明货物已在信用证规定的装货港装上具名船只：

* 预先印就的文字，或者

* 已装船批注注明货物的装运日期

租船合同提单的出具日期将被视为发运日期，除非租船合同提单载有已装船批注注明发运日期，此时已装船批注上注明的日期将被视为发运日期。

iii. 表明货物从信用证规定的装货港发运至卸货港。卸货港也可显示为信用证规定的港口范围或地理区域。

iv. 为唯一的正本租船合同提单，或如以多份正本出具，为租船合同提单注明的全套正本。

b. 银行将不审核租船合同，即使信用证要求提交租船合同。

第二十三条　空运单据

a. 空运单据，无论名称如何，必须看似：

i. 表明承运人名称，并由以下人员签署：

* 承运人，或

＊承运人的具名代理人。

承运人或其代理人的任何签字必须标明其承运人或代理人的身份。

代理人签字必须表明其系代表承运人签字。

ii. 表明货物已被收妥待运。

iii. 表明出具日期。该日期将被视为发运日期,除非空运单据载有专门批注注明实际发运日期,此时批注中的日期将被视为发运日期。

空运单据中其他与航班号和航班日期相关的信息将不被用来确定发运日期。

iv. 表明信用证规定的起飞机场和目的地机场。

v. 为开给发货人或托运人的正本,即使信用证规定提交全套正本。

vi. 载有承运条款和条件,或提示条款和条件参见别处。银行将不审核承运条款和条件的内容。

b. 就本条而言,转运是指在信用证规定的起飞机场到目的地机场的运输过程中,将货物从一飞机卸下再装上另一飞机的行为。

c. i. 空运单据可以注明货物将要或可能转运,只要全程运输由同一空运单据涵盖。

ii. 即使信用证禁止转运,注明将要或可能发生转运的空运单据仍可接受。

第二十四条　公路、铁路或内陆水运单据

a. 公路、铁路或内陆水运单据,无论名称如何,必须看似:

i. 表明承运人名称,并且

＊由承运人或其具名代理人签署,或者

＊由承运人或其具名代理人以签字、印戳或批注表明货物收讫。

承运人或其具名代理人的收货签字、印戳或批注必须标明其承运人或代理人的身份。

代理人的收货签字、印戳或批注必须标明代理人系代表承运人签字或行事。

如果铁路运输单据没有指明承运人,可以接受铁路运输公司的任何签字或印戳作为承运人签署单据的证据。

ii. 表明货物在信用证规定地点的发运日期,或者收讫待运或待发送的日期。运输单据的出具日期将被视为发运日期,除非运输单据上盖有带日期的收货印戳,或注明了收货日期或发运日期。

iii. 表明信用证规定的发运地及目的地。

b. i. 公路运输单据必须看似为开给发货人或托运人的正本,或没有任何标记表明单据开给何人。

ii. 注明"第二联"的铁路运输单据将被作为正本接受。

iii. 无论是否注明正本字样,铁路或内陆水运单据都被作为正本接受。

c. 如运输单据上未注明出具的正本数量,提交的份数即视为全套正本。

d. 就本条而言,转运是指在信用证规定的发运、发送或运送的地点到目的地之间的运输过程中,在同一运输方式中从一运输工具卸下再装上另一运输工具的行为。

e. i. 只要全程运输由同一运输单据涵盖,公路、铁路或内陆水运单据可以注明货物将要或可能被转运。

ii. 即使信用证禁止转运,注明将要或可能发生转运的公路、铁路或内陆水运单据仍可接受。

第二十五条　快递收据、邮政收据或投邮证明

a. 证明货物收讫待运的快递收据,无论名称如何,必须看似:

i. 表明快递机构的名称,并在信用证规定的货物发运地点由该具名快递机构盖章或签字;并且

ii. 表明取件或收件的日期或类似词语,该日期将被视为发运日期。

b. 如果要求显示快递费用付讫或预付，快递机构出具的表明快递费由收货人以外的一方支付的运输单据可以满足该项要求。

c. 证明货物收讫待运的邮政收据或投邮证明，无论名称如何，必须看似在信用证规定的货物发运地点盖章或签署并注明日期。该日期将被视为发运日期。

第二十六条　“货装舱面”“托运人装载和计数”“内容据托运人报称”及运费之外的费用

a. 运输单据不得表明货物装于或者将装于舱面。声明货物可能被装于舱面的运输单据条款可以接受。

b. 载有诸如“托运人装载和计数”或“内容据托运人报称”条款的运输单据可以接受。

c. 运输单据上可以以印戳或其他方式提及运费之外的费用。

第二十七条　清洁运输单据

银行只接受清洁运输单据。清洁运输单据指未载有明确宣称货物或包装有缺陷的条款或批注的运输单据。“清洁”一词并不需要在运输单据上出现，即使信用证要求运输单据为“清洁已装船”的。

第二十八条　保险单据及保险范围

a. 保险单据，例如保险单或预约保险项下的保险证明书或者声明书，必须看似由保险公司或承保人或其代理人或代表出具并签署。

代理人或代表的签字必须表明其系代表保险公司或承保人签字。

b. 如果保险单据表明其以多份正本出具，所有正本均须提交。

c. 暂保单将不被接受。

d. 可以接受保险单代替预约保险项下的保险证明书或声明书。

e. 保险单据日期不得晚于发运日期，除非保险单据表明保险责任不迟于发运日生效。

f. i. 保险单据必须表明投保金额并以与信用证相同的货币表示。

ii. 信用证对于投保金额为货物价值、发票金额或类似金额的某一比例的要求，将被视为对最低保额的要求。

如果信用证对投保金额未做规定，投保金额须至少为货物的 CIF 或 CIP 价值的 110%。

如果从单据中不能确定 CIF 或者 CIP 价值，投保金额必须基于要求承付或议付的金额，或者基于发票上显示的货物总值来计算，两者之中取金额较高者。

iii. 保险单据须表明承保的风险区间至少涵盖从信用证规定的货物接管地或发运地开始到卸货地或最终目的地为止。

g. 信用证应规定所需投保的险别及附加险（如有的话）。如果信用证使用诸如“通常风险”或“惯常风险”等含义不确切的用语，则无论是否有漏保之风险，保险单据将被照样接受。

h. 当信用证规定投保“一切险”时，如保险单据载有任何“一切险”批注或条款，无论是否有“一切险”标题，均将被接受，即使其声明任何风险除外。

i. 保险单据可以援引任何除外条款。

j. 保险单据可以注明受免赔率或免赔额（减除额）约束。

第二十九条　截止日或最迟交单日的顺延

a. 如果信用证的截止日或最迟交单日适逢接受交单的银行非因第三十六条所述原因而歇业，则截止日或最迟交单日，视何者适用，将顺延至其重新开业的第一个银行工作日。

b. 如果在顺延后的第一个银行工作日交单，指定银行必须在其致开证行或保兑行的面函中声明交单是在根据第二十九条 a 款顺延的期限内提交的。

c. 最迟发运日不因第二十九条 a 款规定的原因而顺延。

第三十条　信用证金额、数量与单价的伸缩度

a. “约”或“大约”用于信用证金额或信用证规定的数量或单价时，应解释为允许有关金额或数量或单价有不超过10%的增减幅度。

b. 在信用证未以包装单位件数或货物自身件数的方式规定货物数量时,货物数量允许有不超过5%的增减幅度,只要总支取金额不超过信用证金额。

c. 如果信用证规定了货物数量,而该数量已全部发运,及如果信用证规定了单价,而该单价又未降低,或当第三十条b款不适用时,则即使不允许部分装运,也允许支取的金额有不超过5%的减幅。若信用证规定有特定的增减幅度或使用第三十条a款提到的用语限定数量,则该减幅不适用。

第三十一条　部分支款或部分发运

a. 允许部分支款或部分发运。

b. 表明使用同一运输工具并经由同次航程运输的数套运输单据在同一次提交时,只要显示相同目的地,将不视为部分发运,即使运输单据上表明的发运日期不同或装货港、接管地或发运地点不同。如果交单由数套运输单据构成,其中最晚的一个发运日将被视为发运日。

含有一套或数套运输单据的交单,如果表明在同一种运输方式下经由数件运输工具运输,即使运输工具在同一天出发运往同一目的地,仍将被视为部分发运。

c. 含有一份以上快递收据、邮政收据或投邮证明的交单,如果单据看似由同一快递或邮政机构在同一地点和日期加盖印戳或签字并且表明同一目的地,将不视为部分发运。

第三十二条　分期支款或分期发运

如信用证规定在指定的时间段内分期支款或分期发运,任何一期未按信用证规定期限支取或发运时,信用证对该期及以后各期均告失效。

第三十三条　交单时间

银行在其营业时间外无接受交单的义务。

第三十四条　关于单据有效性的免责

银行对任何单据的形式、充分性、准确性、内容真实性,虚假性或法律效力,或对单据中规定或添加的一般或特殊条件,概不负责;银行对任何单据所代表的货物、服务或其他履约行为的描述、数量、重量、品质、状况、包装、交付、价值或其存在与否,或对发货人、承运人、货运代理人、收货人、货物的保险人或其他任何人的诚信与否、作为或不作为、清偿能力、履约或资信状况,也概不负责。

第三十五条　关于信息传递和翻译的免责

当报文、信件或单据按照信用证的要求传输或发送时,或当信用证未作指示,银行自行选择传送服务时,银行对报文传输或信件或单据的递送过程中发生的延误、中途遗失、残缺或其他错误产生的后果,概不负责。

如果指定银行确定交单相符并将单据发往开证行或保兑行,无论指定银行是否已经承付或议付,开证行或保兑行必须承付或议付,或偿付指定银行,即使单据在指定银行送往开证行或保兑行的途中,或保兑行送往开证行的途中丢失。

银行对技术术语的翻译或解释上的错误,不负责任,并可不加翻译地传送信用证条款。

第三十六条　不可抗力

银行对由于天灾、暴动、骚乱、叛乱、战争、恐怖主义行为或任何罢工、停工或其无法控制的任何其他原因导致的营业中断的后果,概不负责。

银行恢复营业时,对于在营业中断期间已逾期的信用证,不再进行承付或议付。

第三十七条　关于被指示方行为的免责

a. 为了执行申请人的指示,银行利用其他银行的服务,其费用和风险由申请人承担。

b. 即使银行自行选择了其他银行,如果发出的指示未被执行,开证行或通知行对此亦不负责。

c. 指示另一银行提供服务的银行有责任负担被指示方因执行指示而发生的任何佣金、手续费、成本或开支（“费用”）。

如果信用证规定费用由受益人负担，而该费用未能收取或从信用证款项中扣除，开证行依然承担支付此费用的责任。

信用证或其修改不应规定向受益人的通知以通知行或第二通知行收到其费用为条件。

d. 外国法律和惯例加诸于银行的一切义务和责任，申请人应受其约束，并就此对银行负补偿之责。

第三十八条　可转让信用证

a. 银行无办理信用证转让的义务，除非其明确同意。

b. 就本条而言：

可转让信用证系指特别注明“可转让（transferable）”字样的信用证。可转让信用证可应受益人（第一受益人）的要求转为全部或部分由另一受益人（第二受益人）兑用。

转让行系指办理信用证转让的指定银行，或当信用证规定可在任一银行兑用时，指开证行特别如此授权并实际办理转让的银行。开证行也可担任转让行。

已转让信用证指已由转让行转为可由第二受益人兑用的信用证。

c. 除非转让时另有约定，有关转让的所有费用（诸如佣金、手续费、成本或开支）须由第一受益人支付。

d. 只要信用证允许部分支款或部分发运，信用证可以分部分地转让给数名第二受益人。

已转让信用证不得应第二受益人的要求转让给任何其后受益人。第一受益人不视为其后受益人。

e. 任何转让要求须说明是否允许及在何条件下允许将修改通知第二受益人。已转让信用证须明确说明该项条件。

f. 如果信用证转让给数名第二受益人，其中一名或多名第二受益人对信用证修改的拒绝并不影响其他第二受益人接受修改。对接受者而言该已转让信用证即被相应修改，而对拒绝修改的第二受益人而言，该信用证未被修改。

g. 已转让信用证须准确转载原证条款，包括保兑（如果有的话），但下列项目除外：

——信用证金额，

——规定的任何单价，

——截止日，

——交单期限，或

——最迟发运日或发运期间。

以上任何一项或全部均可减少或缩短。

必须投保的保险比例可以增加，以达到原信用证或本惯例规定的保险金额。

可用第一受益人的名称替换原证中的开证申请人名称。

如果原证特别要求开证申请人名称应在除发票以外的任何单据出现时，已转让信用证必须反映该项要求。

h. 第一受益人有权以自己的发票和汇票（如有的话）替换第二受益人的发票和汇票，其金额不得超过原信用证的金额。经过替换后，第一受益人可在原信用证项下支取自己发票与第二受益人发票间的差价（如有的话）。

i. 如果第一受益人应提交其自己的发票和汇票（如有的话），但未能在第一次要求时照办，或第一受益人提交的发票导致了第二受益人的交单中本不存在的不符点，而其未能在第一次要求时修正，转让行有权将从第二受益人处收到的单据照交开证行，并不再对第一受益人承担责任。

j. 在要求转让时，第一受益人可以要求在信用证转让后的兑用地点，在原信用证的截止日之前(包括截止日),对第二受益人承付或议付。本规定并不损害第一受益人在第三十八条h款下的权利。

k.第二受益人或代表第二受益人的交单必须交给转让行。

第三十九条　款项让渡

信用证未注明可转让,并不影响受益人根据所适用的法律规定,将该信用证项下其可能有权或可能将成为有权获得的款项让渡给他人的权利。本条只涉及款项的让渡,而不涉及在信用证项下进行履行行为的权利让渡。

附录三 《国际标准银行实务》(ISBP745 for UCP600)

International Standard Banking Practice for the Examination of Documents under Documentary Credits
关于审核跟单信用证项下单据的国际标准银行实务(ICC745)

先期事项

适用范围

I. 本出版物应当结合 UCP600 进行解读,不应孤立解读。

II. 本出版物所描述的实务,强调了 UCP600 所适用的条款在信用证或有关的任何修改书没有明确修改或排除的范围内,如何解释和适用。

信用证和修改的申请、信用证开立及修改

III. 信用证和有关的任何修改书的条款与条件独立于基础销售合同或其他合同,即便信用证或修改书明确提及了该销售合同或其他合同。在约定销售合同或其他合同条款时,有关各方应当意识到其对完成开证或修改申请的影响。

IV. 如果对开证或修改申请以及与信用证开立或有关的任何修改的细节予以谨慎注意,审单阶段出现的许多问题都能够得以避免或解决。开证申请人和受益人应当审慎考虑所要求提交的单据、单据由谁出具、单据的数据内容和提交单据的期限。

V. 开证申请人承担其开立或修改信用证的指示模糊不清带来的风险。在申请人没有明确表示相反意见的情况下,开证行可以必要或合适的方式补充或细化那些指示,以便信用证或有关的任何修改书得以使用。开证行应当确保其所开立的任何信用证或修改书的条款与条件没有模糊不清,也没有互相矛盾。

VI. 开证申请人和开证行应当充分了解 UCP600 的内容,并认识到其中的诸如第 3 条、第 14 条、第 19 条、第 20 条、第 21 条、第 23 条、第 24 条、第 28 条 i 款、第 30 条和第 31 条等条款的约定方式,可能产生出乎预料的结果。例如,在多数情况下,信用证要求提交提单且禁止转运时必须排除 UCP600 第 20 条 c 款的适用,才能使信用证规定的禁止转运发生效力。

VII. 信用证或有关的任何修改书不应要求提交由开证申请人出具、签署或副签的单据。如果开立的信用证或修改书还是含有此类要求,那么受益人应当考虑其合理性,并判断满足该要求的能力,或者寻求适当的修改。

总 则

缩略语

A1. 普遍接受的缩略语可以在单据上替代其全称,比如但不限于,用“Int’l”代替“International(国际)”,用“Co.”代替“Company(公司)”,用“kgs”或“kos.”代替“kilograms(千克)”或“kilos(千克)”,用“Ind”代替“Industry(工业、实业)”,用“Ltd.”代替“Limited(有限)”,用“mfr”代替“manufacturer(制造商)”,用“mt”代替“metric tons(公吨)”,反之亦然。信用证文本中使用缩略语,即允许单据上使用同样的缩略语或具有同一含义的其他缩略语,或使用其全称,反之亦然。

A2. a. 斜线(“/”)可能导致不同的含义,不应用来替代词语。尽管如此,如果还是使用了斜线,且上下文含义不明,那么将允许使用其中的一个或多个选择。例如,信用证规定了“红/黑/

蓝”,且没有进一步说明,这表示颜色可以只是红或只是黑或只是蓝,或它们的任何一种组合。

b. 逗号用来表明信用证中的数据范围,如装货港或卸货港或原产地所在国时,可能导致不同的含义,不应用来替代词语。尽管如此,如果还是使用了逗号,且上下文含义不明,那么将允许使用其中的一个或多个选择。例如,当信用证允许部分装运,规定了装货港信息为“汉堡,鹿特丹,安特卫普”,且没有进一步说明,这表示装货港可以只是汉堡或只是鹿特丹或只是安特卫普,或它们的任何一种组合。

证明书和证明、声明书和声明

A3. 当信用证要求提交证明书或证明、声明书或声明时,该单据应当签署。

A4. 证明书或证明、声明书或声明是否需要注明日期取决于所要求的证明书或证明、声明书或声明的类型、所要求的措辞和单据上所显示的措辞。

例如,当信用证要求提交由承运人或其代理人出具的证明书以证实船龄不超过 25 年时,为表明相符,该证明书可以注明:

a. 船舶建造日期或年份,且该日期或年份不早于装运日期或装运所发生年份之前 25 年,此时没有必要显示出具日期;或者

b. 信用证规定的措辞,此时要求显示出具日期,以证实自证明书出具之日船龄不超过 25 年。

A5. 当载有证明或声明的单据已经签署并注明了日期时,只要该证明或声明看似由出具并签署单据的同一实体作出,单据上的证明或声明无须另行签署或加注日期。

UCP600 第 19 条至第 25 条的运输单据的副本

A6. a. 当信用证要求 UCP600 第 19 条至第 25 条所涉及的运输单据的副本时,相关条款并不适用,因为这些条款仅适用于正本运输单据。运输单据的副本将只在信用证明确规定的范围内审核,其他方面将按照 UCP600 第 14 条 f 款的规定予以审核。

b. 运输单据的副本上显示的任何数据,在与信用证、单据本身以及国际标准银行实务对照解读时,无须与该单据上的其他数据、任何其他规定单据上的数据或信用证中的数据等同一致,但不得矛盾。

c. 除非信用证明确规定了确定交单期的基础,UCP600 第 19 条至第 25 条涉及的运输单据的副本,不适用于 UCP600 第 14 条 c 款规定的 21 个日历日的默认交单期,或者信用证规定的任何交单期,在此情况下,单据可以在任何时候提交,但无论如何不得晚于信用证的有效期。

更正与更改(统称“更正”)

A7. a. i. 除汇票(见第 B16 段)外,由受益人出具的单据上数据的任何更正均无须证实。

ii. 当受益人出具的单据已经合法化、签证或证实等时,数据的任何更正应当看似由实施合法化、签证或证实等的至少一个实体进行证实。该证实应当以含有证实人名称的印戳,或以额外加注证实人名称的方式表明实施证实的实体,并包括其签字或小签。

b. i. 除由受益人出具的单据外,单据上数据的任何更正应当看似由单据出具人或作为其代理人或代表的实体进行证实。该证实应当以含有证实人名称的印戳,或以另外加注证实人名称的方式表明实施证实的实体,并包括其签字或小签。代理人或代表证实时,应当注明其作为出具人的代理人或代表行事的身份。

ii. 当由受益人以外一方出具的单据已经合法化、签证或证实等时,数据的任何更正还应当在第 A7 段 b 款 i 项的规定外,看似由实施合法化、签证或证实等的至少一个实体另外进行证实。该证实应当以含有证实人名称的印戳,或以另外加注证实人名称的方式表明实施证实的实体,并包括其签字或小签。

c. 副本单据上数据的任何更正无须证实。

A8. 当由受益人以外一方出具的单据包含一处以上的更正时,每一处更正都应当单独地进行证实,或者做出一项证实并注明其适用于所有的更正。例如,当由 ××× 出具的单据显示编号

为1、2、3的三处更正时,一个“编号为1、2、3的更正已经由×××证实”的声明或类似措辞,并含有×××的签字或小签,即满足证实要求。

A9. 同一份单据内使用多种字体、字号或手写,其本身并不表示更正。

寄送单据、通知等的快递收据、邮政收据或投邮证明

A10. 当信用证要求提交快递收据、邮政收据或邮寄证明,以证实寄送单据、通知等给一个具名或规定的实体时,该单据将只在信用证明确规定的范围内审核,其他方面将按照UCP600第14条f款的规定予以审核,而不适用UCP600第25条。

日期

A11. a. 即使信用证没有明确要求:

i. 汇票也应当注明出具日期;

ii. 保险单据也应当注明出具日期或第K10段b款和第K11段中所显示的保险生效日期;以及

iii. 按照UCP600第19至第25条审核的正本运输单据,也应当相应地显示出具日期、注明日期的装船批注、装运日期、收妥待运日期、发送或运送日期、接管日期、取件日期或收件日期。

b. 如果信用证要求汇票、保险单据或正本运输单据以外的其他单据注明日期,那么在该单据上注明出具日期,或在单据上援引同一交单下其他单据的日期(例如,由承运人或其代理人出具的证明中显示“日期参见×××号提单”),或在规定的单据上显示一个事件发生的日期(例如,检验证明显示了检验日期,但没有注明出具日期),即满足要求。

A12. a. 一份单据,比如但不限于分析证明、检验证明或熏蒸证明,注明的出具日期可以晚于装运日期。

b. 当信用证要求单据证实装运前发生的事件(例如,“装运前检验证明”)时,该单据应当通过名称或内容或出具日期来表明该事件(例如,“检验”)发生在装运日之前或装运日当天。

c. 当信用证要求一份单据,比如但不限于“检验证明”时,这不视为要求单据证实一个装运前发生的事件,其注明的日期无须早于装运日期。

A13. 单据注明出具日期和随后的签署日期,应视为其在签署之日出具。

A14. a. 当信用证使用短语来表示一个日期或事件的前后时间时,适用如下规则:

i. “不迟于(日期或事件)之后2天”[not later than 2 days after (date or event)],指最迟日期。如果要求通知或单据注明的日期不应早于某个特定日期或事件,那么信用证应如此规定。

ii. “至少在(日期或事件)之前2天”[at least 2 days before (date or event)],指一个行为或事件不应晚于该日期或事件前两日发生。至于该行为或事件最早何时发生,则没有限制。

b. i. 就计算期间而言,“在……之内”(within)一词与一个日期或事件关联使用时将排除该日期或该事件日期。例如,“在(日期或事件)的2天之内”[within 2 days of (date or event)],指5天期间,开始于一个日期或事件发生前的2天,直至该日期或事件发生后的2天。

ii. “在……之内”(within)一词之后跟随一个日期,或跟随援引的一个确定日期或事件日期时,将包括该日期或援引的该确定日期或该事件日期。例如,“在5月14日之内交单”,或“在信用证有效期或失效日之内交单”且信用证有效期为5月14日,这表示5月14日是允许交单的最后一天,只要5月14日是银行工作日。

A15. 当“从……起”(from)和“在……之后”(after)这两个词语用于确定从装运日期、事件发生日期或单据日期起算的到期日或交单期时,将不包括该日期。例如,当装运日期是5月4日时,“装运日之后10天”或“从装运日起10天”,均指5月14日。

A16. 只要从单据或同一交单的其他单据上能够确定,该单据上试图表明的日期就可以用任何格式表示。例如,2013年5月14日可以表示为“14 May 13”“14.05.2013”“14.05.13”“2013.05.14”“05.14.13”“130514”等。为避免模糊不清带来的风险,建议使用文字表示月份。

单据中的空格栏

A17. 单据上留有填写数据的方框、栏位或空格,并不表示着该方框、栏位或空格中应当填写内容。例如,在空运单上经常会看到标明名称为"账户信息"或"处理信息"的方框,这并不要求在该处应当填写数据。也请参看第 A37 段关于方框、栏位或空格中要求显示签字的规定。

UCP600 运输条款不适用的单据

A18. a. 与货物运输有关的一些常用单据,比如但不限于提货通知、提货单、货物收据、运输行收货证明、运输行装运证明、运输行运输证明、运输行货物收据和大副收据,都不是 UCP600 第 19 条至第 25 条所规定的运输单据。这些单据将只在信用证明确规定的范围内审核,其他方面将按照 UCP600 第 14 条 f 款的规定予以审核。

b. i. 就第 A18 段 a 款中提到的单据而言,信用证中有关单据应当在装运日之后的若干天内提交的规定,将不予理会,该交单可以在任何时候进行,但无论如何不得晚于信用证的有效期。

ii. UCP600 第 14 条 c 款规定的 21 个日历日的默认交单期,仅适用于交单中包含 UCP600 第 19 条至第 25 条所涉及的一份或多份正本运输单据的情形。

c. 就第 A18 段 a 款中提到的单据的交单期而言,信用证应明确该单据应当在相关单据的出具日期或相关单据上提及的日期之后的若干天内提交(例如,当信用证要求提交名称为货物收据的单据,"单据应不迟于货物收据日期后 10 天提交")。

UCP600 未定义的用语

A19. "装运单据(shipping documents)""过期单据可接受(stale documents acceptable)""第三方单据可接受(third party documents acceptable)""第三方单据不可接受(third party documents not acceptable)""出口国(exporting country)""船公司(shipping company)"及"提交单据即可接受(documents acceptable as presented)"这些用语,因其在 UCP 600 中未加定义,不应使用。尽管如此,如果信用证还是使用了这些用语但没有规定其含义,那么在国际标准银行实务中,这些用语含义如下:

a. "装运单据"——指信用证要求的所有单据,不包括汇票、电讯传送报告、证实寄送单据的快递收据、邮政收据或邮寄证明。

b. "过期单据可接受"——指单据可以晚于装运日后 21 个日历日提交,只要不晚于信用证有效期。这也适用于信用证在明确规定交单期的同时,还规定了"过期单据可接受"的情形。

c. "第三方单据可接受"——指信用证或 UCP600 未规定出具人的所有单据,除汇票外,都可以由受益人以外的具名个人或实体出具。

d. "第三方单据不可接受"——没有任何含义,将不予理会。

e. "出口国"——指以下的一个国家:受益人居住地所在国、货物原产地所在国、承运人货物接收地所在国、货物装运地或发货地所在国。

f. "船公司",作为与运输单据有关的证明书或证明、声明书或声明的出具人时——指以下任何一方:承运人,船长,或租船提单下的船长、船东或租船人,或表明作为上述任何一方代理人身份的实体,不管其是否出具或签署了该运输单据。

g. "提交单据即可接受"——指交单可以包括一种或多种规定的单据,只要其在信用证的有效期之内且支款金额在信用证的可兑用范围之内。单据的其他方面,将不会根据信用证或 UCP600 进行审核以确定其是否相符,包括是否提交所要求的正副本份数。

单据出具人

A20. 当信用证要求单据由具名个人或实体出具时,单据看似由该具名个人或实体使用其函头出具,或者如果没有函头,单据看似已由该具名个人或实体或其代理人完成或签署,即满足要求。

单据语言

A21. a. 当信用证规定了提交的单据所应使用的语言时，信用证或 UCP600 要求的数据应当以该语言显示。

b. 当信用证对提交的单据所应使用的语言未作规定时，单据可以任何语言出具。

c. i. 当信用证允许两种或多种语言时，保兑行或按指定行事的指定银行可以限制可接受语言的数量作为其承担信用证下责任的条件。在此情况下，单据上的数据只能以可接受的语言显示。

ii. 当信用证允许单据中的数据以两种或多种语言显示，且保兑行或按指定行事的指定银行未限制单据的语言或可接受语言的种类和数量作为其承担信用证项下责任的条件时，单据中以所有可接受语言显示的数据都要求审核。

d. 银行不要求审核以信用证要求或允许以外的语言显示的数据。

e. 尽管第 A21 段 a 款和 d 款有所规定，个人或实体的名字、任何印章、合法化、背书或类似数据，以及单据上预先印就的文本，比如但不限于栏位名称，还是可以信用证要求以外的语言显示。

数学计算

A22. 当提交的单据显示数学计算时，银行仅确定如金额、数量、重量或包装件数的总量，与信用证及其他规定的单据不相矛盾。

拼写或打字错误

A23. 如果拼写或打字错误并不影响单词或其所在句子的含义，则不构成单据不符。例如，在货物描述中的"machine(机器)"显示为"mashine"，"fountain pen(钢笔)"显示为"fountan pen"，或"model(型号)"显示为"modle"，均不视为 UCP600 第 14 条 d 款下的矛盾数据。但是，"model 321(型号 321)"显示为"model 123(型号 123)"，将视为该条款下的矛盾数据。

多页单据和附件或附文

A24. 当一份单据包含不止一页时，必须能够确定这些不同页属于同一份单据。除非单据本身另有说明，无论其名称或标题如何，被装订在一起、按序编号或含有内部交叉援引的多页单据即满足要求，将作为一份单据来审核，即便有些页被视为附件或附文。

A25. 当要求多页单据载有签字或背书，而信用证或单据自身未规定签字或背书的位置时，签字或背书可以出现在该单据的任何位置。

非单据化条件和数据矛盾

A26. 当信用证包含一项条件但未规定表明该条件得以满足的单据("非单据化条件")时，无须在任何规定单据上证实以满足该条件。然而，规定单据上所显示的数据不应与非单据化条件相矛盾。例如，当信用证规定"以木箱包装(packing in wooden cases)"，而没有要求该内容应当显示在规定单据上时，任何规定单据上显示的不同包装类型将视为数据矛盾。

正本和副本

A27. 一份单据带有出具人的看似原始的签字、标记、印戳或标签将被视为正本，除非其自身声明为副本。银行无须确定出具人相应的签字、标记、印戳或标签是否采用手写方式或摹样方式，因此，显示了该证实方式的任何单据均满足 UCP600 第 17 条的要求。

A28. 单据不止一份的正本可以标注为"正本(original)""第二联(duplicate)""第三联(triplicate)""第一正本(first original)""第二正本(second original)"等。这些标注都不否定单据为正本。

A29. a. 单据提交的正本数量应当至少为信用证或 UC600 要求的数量。

b. 当运输单据或保险单据注明已出具的正本数量时，应当提交该单据注明的正本数量，除非 H12 段和 J7 段 c 款另有规定。

c. 当信用证要求提交非全套正本运输单据，如"2/3 正本提单"，但没有指示剩余份数的正本运输单据的处理方式时,交单可以包括3/3全套正本提单。

d. 当信用证要求提交单据,例如:

i. "发票""一份发票(One Invoice)""发票一份(Invoice in 1 copy)"或"发票一份(Invoice – 1 copy)"时,将被理解为要求一份正本发票。

ii. "发票四份(Invoice in 4 copies)"或"发票四联(Invoice in 4 folders)"时,提交至少一份正本发票,其余为副本即满足要求。

iii. "发票复印件(photocopy of invoice)"或"发票副本(copy of invoice)"时,提交一份发票复印件,一份副本发票,或在未禁止时,提交一份正本发票即满足要求。

iv. "已签署发票的复印件(photocopy of a signed invoice)"时,提交一份看似已签署的正本发票的复印件或副本,或在未禁止时,提交一份已签署的正本发票即满足要求。

A30. a. 当信用证禁止提交正本单据,比如"发票复印件——正本单据代替复印件不可接受(photocopy of invoice – original document not acceptable in lieu of photocopy)"或类似措辞时,将只能提交发票复印件或标明副本的发票。

b. 当信用证要求提交一份运输单据的副本,并指示了该运输单据所有正本的处理方式时,交单不应包括该运输单据的任何正本。

A31. a. 当信用证、单据自身(除了第A37段另有规定外)或UCP600要求时,正本单据应当签署。

b. 单据的副本无须签署,也无须注明日期。

唛头

A32. 当信用证规定唛头的细节时,载有唛头的单据应当显示该细节。单据唛头中的数据的顺序,无须与信用证或其他规定单据上的一样。

A33. 单据上唛头显示的信息,可以超出通常意义的"唛头"或者信用证规定的"唛头"。这些额外信息比如但不限于货物种类、处理易碎货物的警告、货物毛净重等。

A34. a. 在集装箱运输下运输单据经常在"唛头"或类似栏位中,仅仅显示带有或不带有铅封号的集装箱号,而其他单据显示了更加详尽的唛头细节,如此不构成矛盾。

b. 一些单据的唛头显示了第A33段和第A34段a款中所提及的额外信息而其他单据没有显示,如此不视为UCP600第14条d款的数据矛盾。

签字

A35. a. 第A31段a款提及的签字,无须使用手写。单据签署,可以使用摹样签字(例如,预先印就或扫描的签字)、穿孔签字、印戳、符号(例如,公章)或任何机械或电子的证实方式。

b. 如果要求单据应当"签字并盖章"或类似措辞,那么单据载有第A35段a款的签字,并以打字、印戳、手写、预先印就或扫描的方式显示了签署实体的名称,即满足要求。

c. 单据上声明"本单据已经电子证实"或"本单据以电子方式缮制且无须签字"或类似措辞,根据UCP600第3条的签字要求,其本身不表示一种电子证实方式。

d. 单据上声明证实可以通过明确提及的网址(URL)核实或获得,根据UCP600第3条的签字要求,这是一种电子证实方式。银行无须访问该网址以核实或获得证实。

A36. a. 除非另有说明,在具名个人或实体的函头纸上的签字,将被视为该个人或实体的签字,在此情况下,在签字旁无须重复该个人或实体的名称。

b. 当单据的签署人表明其代表出具人的分支机构签署时,该签字视同由出具人做出。

A37. 单据上留有签字的方框、栏位或空格,其本身不表示该方框、栏位或空格中应当载有签字。例如,在空运单上通常会有标明名称为"托运人或其代理人签字"的空格,在公路运输单据上通常会有标明名称为"托运人签字"的空格,这并不要求在该处载有签字。也请参看第A17段关于方框、栏位或空格中要求显示数据的规定。

A38. 当单据显示比如“本单据无效,除非由(个人或实体的名称)副签(或签署)”或类似措辞时,相应的方框、栏位或空格中,应当载有副签单据的该个人或实体的签字和名称。

单据名称及联合单据

A39. 单据可以表明信用证要求的名称,或标明相似名称,或没有名称。单据内容必须看似满足所要求单据的功能。例如,信用证要求“装箱单”,提交的单据含有包装细节即满足要求,无论其名称为“装箱单”“装箱记录”“装箱和重量单”,或者没有名称。

A40. 信用证要求的单据应当单独提交。然而,举个例子,如果信用证要求一份正本装箱单和一份正本重量单,那么提交两份正本装箱及重量联合单据,只要其同时表明了包装和重量细节,也满足要求。

A41. 信用证要求单据涵盖不止一项功能,提交看似满足每项功能的单一单据或独立单据均可。例如,信用证要求提交质量和数量证明时,提交单一的质量和数量证明,或提交独立的质量证明和数量证明即满足要求,只要每种单据满足其功能,且提交了信用证所要求的正本与副本份数。

汇票及到期日计算

基本要求

B1. a. 在信用证要求汇票的情况下,汇票付款人应当为信用证规定的银行。

b. 银行仅在第 B2 至 B17 段描述的范围内审核汇票。

付款期限

B2. a. 汇票显示的付款期限应当与信用证条款一致。

b. 当信用证要求汇票的付款期限不是即期或见票后定期付款时,应当能够从汇票自身数据确定付款到期日。例如,当信用证要求汇票的付款期限为“提单日期后 60 天(60 days after the bill of lading date)”,且提单日期为“2013 年 5 月 14 日(14 May 2013)”时,汇票的付款期限应当以下面一种方式显示:

i. “提单日期 2013 年 5 月 14 日后 60 天(60 days after bill of lading date 14 May 2013)”;或者,

ii. “2013 年 5 月 14 日后 60 天(60 days after 14 May 2013)”;或者,

iii. “提单日期后 60 天(60 days after bill of lading date)”,且在汇票表面的其他位置注明“提单日期 2013 年 5 月 14 日(bill of lading date 14 May 2013)”;或者,

iv. “出票后 60 天(60 days date)”且出票日期与提单日期相同;或者,

v. “2013 年 7 月 13 日(13 Jul 2013)”,即提单日期后 60 天。

c. 当汇票的付款期限提及,例如,提单日期之后 60 天时,装船日期将视为提单日期,即便装船日期早于或晚于提单出具日期。

d. 当使用“从……起(from)”和“在……之后(after)”确定付款到期日时,到期日将从单据日期、装运日期或信用证规定的事件日期的次日起计算,例如,“从 5 月 4 日起 10 天(10 days from May 4)”或“5 月 4 日之后 10 天(10 days after May 4)”,均为 5 月 14 日。

e. i. 当信用证要求提单,而汇票付款期限做成,例如,提单日期之后 60 天或从提单日期起 60 天,且提交的提单显示货物从一条船卸下后再装上另一条船,并显示了不止一个注明日期的装船批注,表明每一装运均从信用证允许的地理区域或港口范围内的港口装运时,其中最早的装船日期将用以计算付款到期日。例如,信用证要求从任何欧洲港口装运,且提单显示货物于 5 月 14 日在都柏林装上 A 船,于 5 月 16 日在鹿特丹转运装上 B 船,汇票应当显示在欧洲港口的最早装船日期,即 5 月 14 日后的 60 天。

ii. 当信用证要求提单,而汇票付款期限做成,例如,提单日期之后 60 天或从提单日期起 60 天,且提交的提单显示同一条船上的货物从信用证允许的地理区域或港口范围内的多个港口装

运,并显示了不止一个注明日期的装船批注时,其中最迟的装船日期将用以计算付款到期日。例如,信用证要求从任何欧洲港口装运,且提单显示部分货物于5月14日在都柏林装上A船,其余部分于5月16日在鹿特丹装上同一条船,汇票应当显示在欧洲港口的最迟装船日期,即5月16日后的60天。

iii. 当信用证要求提单,而汇票付款期限做成,例如,提单日后60天或从提单日起60天,而一张汇票下提交了多套提单时,其中的最迟装船日期,将用以计算付款到期日。

B3. 尽管第B2段e款i–iii项的例子针对的是提单日期,但是相同原则适用于确定付款到期日的任何基础。

付款到期日

B4. 当汇票使用实际日期表明付款到期日时,该日期应当反映信用证条款。

B5. 当汇票付款期限做成,例如,"见票后60天"时,付款到期日按如下规则确定:

a. 在相符交单的情况下,付款到期日为向汇票的受票银行,即开证行、保兑行或同意按指定行事的指定银行("付款银行")交单后的60天。

b. 在不符交单的情况下:

i. 当该付款银行未发送拒付通知时,付款到期日为向其交单后的60天;

ii. 当该付款银行为开证行且其已发送拒付通知时,付款到期日最迟为开证行同意申请人放弃不符点后的60天;

iii. 当该付款银行是开证行以外的一家银行且其已发送拒付通知时,付款到期日最迟为开证行发送的单据接受通知书日期后的60天。当该付款银行不同意按照开证行的单据接受通知书行事时,开证行应当在到期日承付。

c. 付款银行应当向交单人通知或确认付款到期日。

B6. 上述付款期限和付款到期日的计算方法也适用于延期付款信用证,或某些情形下的议付信用证,即不要求受益人提交汇票时。

银行工作日、宽限期和付款延迟

B7. 款项应于到期日在汇票或单据的付款地以立即能被使用的资金支付,只要该到期日是付款地的银行工作日。当到期日是非银行工作日时,付款将顺延至到期日后的第一个银行工作日。付款不应出现延迟,例如,宽限期、汇划过程所需时间等,不得在汇票或单据所载明或约定的到期日之外。

出具和签署

B8. a. 汇票应当由受益人出具并签署,且应注明出具日期。

b. 当受益人或第二受益人变更了名称,且信用证提到的是以前的名称时,只要汇票注明了该实体"以前的名称为(受益人或第二受益人的名称)"或类似措辞,汇票就可以新实体的名称出具。

B9. 当信用证仅以银行的SWIFT地址表示汇票付款人时,汇票可以相同的SWIFT地址或该银行的全称显示付款人。

B10. 当信用证规定由指定银行或任何银行议付时,汇票付款人应当做成指定银行以外的一家银行。

B11. 当信用证规定由任何银行承兑时,汇票付款人应当做成同意承兑汇票并愿意按指定行事的银行。

B12. 当信用证规定:

a. 由指定银行或任何银行承兑,且汇票付款人做成了该指定银行(其不是保兑行),且该指定银行决定不按指定行事时,受益人可以选择:

i. 如有保兑行,以保兑行为汇票付款人,或者要求将单据按照交单原样转递给保兑行;

ii. 将单据交给同意承兑以其为付款人的汇票并按指定行事的另一家银行（只适用于自由兑用信用证）；或者

iii. 要求将单据按照交单原样转递给开证行，在此情形下，随附或不随附以开证行为付款人的汇票。

b. 由保兑行承兑，且汇票付款人做成了该保兑行，但交单不符，且该保兑行决定不恢复保兑时，受益人可以要求将单据按照交单原样转递给开证行，在此情形下，随附或不随附以开证行为付款人的汇票。

金额

B13. 汇票金额应当为交单下要求支款的金额。

B14. 如果汇票同时显示大小写金额，那么大写金额应当准确反映小写金额，且应注明信用证规定的币别。当大小写金额矛盾时，大写金额将作为支款金额予以审核。

背书

B15. 如果需要，汇票应当背书。

更正与更改（统称"更正"）

B16. 汇票上数据的任何更正，应当看似已由受益人以额外的签字或小签加以证实。

B17. 当汇票上不允许数据更正时，开证行应当在信用证中明确规定。

以开证申请人为付款人的汇票

B18. a. 信用证不得开立成凭以开证申请人为付款人的汇票兑用。

b. 然而，当信用证要求提交以申请人为付款人的汇票，作为一种规定单据时，该汇票应当只在信用证明确规定的范围内予以审核，其他方面将按照 UCP600 第 14 条 f 款的规定审核。

发 票

发票名称

C1. a. 当信用证要求提交"发票"而未做进一步描述时，提交任何类型的发票，如商业发票（commercial invoice）、海关发票（customs invoice）、税务发票（tax invoice）、最终发票（final invoice）、领事发票（consular invoice）等即满足要求。但是，发票不得表明"临时（provisional）"、"预开（pro - forma）"或类似名称。

b. 当信用证要求提交"商业发票"时，提交名称为"发票"的单据也满足要求，即便该单据含有供税务使用的声明。

发票出具人

C2. a. 发票应当看似由受益人，或者由已转让信用证项下的第二受益人出具。

b. 当受益人或第二受益人变更了名称，且信用证提及的是以前的名称时，只要发票注明了该实体"以前的名称为（受益人或第二受益人的名称）"或类似措辞，发票就可以新实体的名称出具。

货物、服务或履约行为的描述及发票的其他一般性事项

C3. 发票显示的货物、服务或履约行为的描述应当与信用证中的描述一致，但不要求如镜像一致。例如，货物细节可以在发票的多处显示，当一并解读时，其显示的货物描述与信用证中的描述一致即可。

C4. 发票上的货物、服务或履约行为的描述应当反映实际装运或交付的货物、提供的服务或履约行为。例如，当信用证的货物描述要求装运"10 辆卡车和 5 辆拖拉机"，而实际只装运 4 辆卡车时，只要信用证不禁止部分装运，发票可以显示只装运 4 辆卡车。发票注明实际装运货物（4 辆卡车）的同时，还可以包含信用证规定的货物描述，即 10 辆卡车和 5 辆拖拉机。

C5. 发票显示与信用证规定一致的货物、服务或履约行为描述的同时，还可以显示与货物、服务或履约行为相关的额外信息，只要这些信息看似不会指向货物、服务或履约行为的不同性质、等级或类别。例如，当信用证要求装运“绒面革鞋子(Suede Shoes)”，但是发票将货物描述为“仿造绒面革鞋子(Imitation Suede Shoes)”；或当信用证要求“液压钻机(Hydraulic Drilling Rig)”，但是发票将货物描述为“二手液压钻机(Second Hand Hydraulic Drilling Rig)”时，这些描述表示货物的性质、等级或类别出现了变化。

C6. 发票应当显示：

a. 所装运或交付的货物或所提供的服务或履约行为的价值；

b. 单价(当信用证有规定时)；

c. 信用证中表明的相同币别；

d. 信用证要求的任何折扣或扣减。

C7. 发票可以显示信用证未规定的预付款、折扣等的扣减。

C8. 当信用证规定了贸易术语作为货物描述的一部分时，发票应当显示该贸易术语，而当信用证规定了贸易术语的出处时，发票应当显示贸易术语的相同出处。例如，信用证规定贸易术语为“CIF Singapore Incoterms 2010”，发票不应显示贸易术语为“CIF Singapore”或“CIF Singapore Incoterms”。但是，当信用证规定贸易术语为“CIF Singapore”或者“CIF Singapore Incoterms”时，发票可以显示贸易术语为“CIF Singapore Incoterms 2010”或任何其他版本。

C9. 诸如与单据、运费、保险费相关的额外费用和成本，应当包含在发票上显示的贸易术语所对应的价值之内。

C10. 发票无须签署或注明日期。

C11. 发票显示的货物的任何总数量和其重量或尺寸，不应与其他单据显示的同一数据相矛盾。

C12. 发票不应显示：

a. 超装(UCP600 第 30 条 b 款另有规定除外)，或者

b. 信用证未规定的货物、服务及履约行为。即便发票包含了信用证规定货物、服务或履约行为的额外数量为免费，或者样品和广告材料为免费，这仍然适用。

C13. 发票上显示的信用证规定的货物数量可以在 5% 的溢短装浮动幅度之内。货物数量最高 +5% 的变动，并不允许交单项下所要求的支款金额超过信用证金额。货物数量的 5% 溢短装浮动幅度，不适用于下列情形：

a. 信用证规定货物数量不应超过或减少；或者

b. 信用证以包装单位或商品件数规定货物数量。

C14. 当信用证未规定货物数量，且禁止部分装运时，发票金额在少于信用证金额最大 5% 的幅度内，将视为发票涵盖全部货物数量，不构成部分装运。

分期支款或装运

C15. a. i. 当信用证要求在规定期间内分期支款或分期装运，且任何一期未在规定期间内支款或装运时，信用证对该期及后续各期均停止兑用。规定期间，指决定每期开始日期和结束日期的一组日期或时间序列。例如，信用证要求 3 月份装运 100 辆汽车和 4 月份装运 100 辆汽车，这就是分两期装运的例子，一期开始于 3 月 1 日结束于 3 月 31 日，另一期开始于 4 月 1 日结束于 4 月 30 日。

ii. 当信用证允许部分支款或装运时，每期之内允许任意次数的支款或装运。

b. 当信用证仅以一些最迟日期规定了支款或装运的时间表，而不是(第 C15 段 a 款 i 项所涉及的)规定期间时：

i. 这不属于 UCP600 所设想的分期时间表，UCP600 第 32 条不适用。尽管如此，该交单仍应当符合信用证中有关支款或装运时间表和 UCP600 第 31 条的任何要求；

ii. 且当信用证允许部分支款或部分装运时，在每期最迟支款或装运日期当日，或最迟支款或装运日期之前，允许任意次数的支款或装运。

涵盖至少两种不同运输方式的运输单据（“多式或联合运输单据”）

UCP600 第 19 条的适用

D1. a. 信用证要求提交涵盖至少两种不同运输方式的运输单据，无论其如何命名，这表示该单据的审核应适用 UCP600 第 19 条。

b. i. 多式或联合运输单据不应表明装运或发送只以一种运输方式完成，但就所使用的部分或全部运输方式可以不予说明。

ii. 多式运输单据或联合运输单据不应包含第 G2 段 a 款和 b 款所描述的任何租船合同事项。

c. 当信用证要求提交多式或联合运输单据以外的运输单据，且信用证规定的货物运输路线清楚地表明应使用一种以上的运输方式，例如，信用证显示了内陆收货地或最终目的地，或者信用证的装货港或卸货港栏位填写了一个地点，该地点事实上是一个内陆地点而不是港口时，该单据的审核应适用 UCP600 第 19 条。

D2. 本出版物所有使用的“多式运输单据”的术语，也适用于“联合运输单据”。提交的运输单据无须表明“多式运输单据”、“联合运输单据”或类似名称，即便信用证如此命名所要求的单据。

多式运输单据的出具、承运人、承运人身份的识别及签署

D3. a. 多式运输单据可以由承运人或船长以外的任何实体出具，只要其满足 UCP600 第 19 条的要求。

b. 当信用证规定“货运代理人多式运输单据可接受（Freight Forwarder's Multimodal Transport Document is acceptable）”，或“运输行多式运输单据可接受（House Multimodal Transport Document is acceptable）”，或类似措辞时，多式运输单据可以由出具人签署，且不必注明其签署身份或承运人名称。

D4. 信用证规定“货运代理人多式运输单据不可接受（Freight Forwarder's Multimodal Transport Documents are not acceptable）”，或“运输行多式运输单据不可接受（House Multimodal Transport Documents are not acceptable）”，或类似措辞，在多式运输单据的名称、格式、内容或签署方面没有任何含义，除非信用证对其出具和签署规定了明确要求。没有这些要求时，该规定将不予理会，提交的多式运输单据将按照 UCP600 第 19 条的要求予以审核。

D5. a. 多式运输单据应当按照 UCP600 第 19 条 a 款 i 项规定的方式签署，并注明承运人名称及表明其身份。

b. 当多式运输单据由承运人的具名分支机构签署时，该签字视同由承运人做出。

c. 当多式运输单据由承运人的代理人签署时，该代理人应当具名，此外，应当注明其作为“承运人（承运人名称）代理人”或“代表承运人（承运人名称）的代理人”签署或类似措辞。当承运人在单据的其他地方表明“承运人”身份时，该具名代理人可以比如“承运人的代理人”的身份签署，而无须再次提及承运人名称。

d. 当多式运输单据由船长签署时，船长签字应当注明“船长”身份，无须注明船长姓名。

e. 当多式运输单据由船长代理人签署时，该代理人应当具名，此外，应当注明其作为“船长代理人”或“代表船长的代理人”签署或类似措辞，无须注明船长姓名。

装船批注、装运日期、收货、发送或接管地、装货港或出发地机场

D6. 多式运输单据的出具日期将视为收货、发送或接管、装船或装运日期，除非其载有单独注明日期的批注，表明在信用证规定的地点、港口或机场收货、发送、接管或装船。在后一种情况下，该批注日期将视为装运日期，不论其早于或晚于多式运输单据的出具日期。一个单独的注明日期的装船批注,也可以显示在指定栏位或方框中。

D7. 当信用证要求货物从规定的港口起运,即信用证要求首程为海运时,多式运输单据应当显示注明日期的装船批注。在此情况下,第 E6 段 b 款至 d 款也将适用。

D8. 在多式运输单据上,当信用证要求货物从港口起运时,该具名装货港应当显示装货港栏位。然而,只要装船批注表明货物在"收货地"或类似栏位中的港口装上具名船只,装货港就可以显示在"收货地"或类似栏位中。

D9. 多式运输单据应当显示信用证规定的收货、发送或接管地、装货港或出发地机场。当信用证规定了收货、发送或接管地、装货港或出发地机场,也表明了该地点、港口或机场的所在国时,多式运输单据上无须注明该国别名称。

D10. 当信用证规定了收货、发送或接管地、装货港或出发地机场的地理区域或地点范围(例如,"任一欧洲国家"或"汉堡、鹿特丹、安特卫普港")时,多式运输单据应当显示实际的收货、发送或接管地、装货港或出发地机场,且其应当位于该地理区域或地点范围之内。多式运输单据无须显示该地理区域。

D11. "已装运且表面状况良好""已装载船上""清洁已装船",或其他包含"已装运"或"已装船"字样的用语,与"已装船装运"具有相同效力。

最终目的地、卸货港或目的地机场

D12. a. 在多式运输单据上,当信用证要求货物运送至一港口时,该具名卸货港应当显示卸货港栏位。

b. 然而,具名卸货港也可以显示在"最终目的地"或类似栏位中,只要批注表明卸货港为"最终目的地"或类似栏位中的港口即可。例如,当信用证要求货物运送至费利克斯托港,但费利克斯托港显示为最终目的地而非卸货港时,多式运输单据可以通过批注表明"卸货港:费利克斯托"。

D13. 多式运输单据应当显示信用证规定的最终目的地、卸货港或目的地机场。当信用证规定了最终目的地、卸货港或目的地机场,也表明了该地点或港口的所在国时,多式运输单据上无须显示该国别名称。

D14. 当信用证规定了最终目的地、卸货港或目的地机场的地理区域或地点范围(例如,"任一欧洲国家"或"汉堡、鹿特丹、安特卫普港")时,多式运输单据应当显示实际的最终目的地、卸货港或目的地机场,且其应当位于信用证规定的地理区域或地点范围之内。多式运输单据无须显示该地理区域。

正本多式运输单据

D15. a. 多式运输单据应当注明所出具的正本份数。

b. 多式运输单据标注"第一正本""第二正本""第三正本"或"正本""第二联""第三联"等类似字样,均为正本。

收货人、指示方、托运人和背书、被通知人

D16. 当信用证要求多式运输单据表明以具名实体为收货人,例如,"收货人:(具名实体)"(即,"记名"多式运输单据),而非"收货人:凭指示"或"收货人:凭(具名实体)指示"时,在该具名实体前不应含有"凭指示"或"凭 ××× 指示"字样,或者不应在该具名实体后注明"或凭指示"字样,无论该字样是打印还是预先印就。

D17. a. 当多式运输单据收货人做成"凭指示"或"凭托运人指示"时,该单据应当由托运人背书。只要背书是为托运人或代表托运人做出,该背书就可以由托运人之外的具名实体做出。

b. 当信用证要求多式运输单据表明收货人为"凭(具名实体)指示"时,多式运输单据不应直接显示收货人为该具名实体。

D18. a. 当信用证规定了一个或多个被通知人的细节时,多式运输单据也可以显示另外一个或多个被通知人的细节。

b. i. 当信用证未规定被通知人的细节时，多式运输单据可以任何方式（除第 D18 段 b(ii) 款项表明的情形外）显示任何被通知人的细节。

ii. 当信用证未规定被通知人的细节，而多式运输单据显示了作为被通知人的申请人细节，包括申请人地址和联络细节时，其不应与信用证所规定的申请人细节相矛盾。

D19. 当信用证要求多式运输单据表明“收货人：‘开证行’或‘申请人’”，或“收货人：凭‘开证行’或‘申请人’指示”，或“被通知人：申请人或开证行”时，多式运输单据应当相应地显示开证行或申请人的名称，但无须显示信用证可能规定的开证行或申请人的地址或任何联络细节。

D20. 当申请人地址和联络细节显示为收货人或被通知人细节的一部分时，其不应与信用证规定的申请人细节相矛盾。

转运、部分装运，以及提交多套多式运输单据时如何确定交单期

D21. 在多式运输中转运将会发生。转运是指从信用证规定的收货、发送或接管地、装货港或出发地机场，到最终目的地、卸货港或目的地机场之间的运输过程中，货物从一运输工具卸下并再装上另一运输工具（无论其是否为不同运输方式）。

D22. 以一个以上的运输工具（不止一辆卡车、一条船只或一架飞机等）进行的运输是部分装运，即便这些运输工具在同一天出发并前往同一目的地。

D23. a. 当信用证禁止部分装运，而提交了一套以上的正本多式运输单据，涵盖货物从一个或多个地点（信用证特别允许或规定的地理区域或地点范围内）收货、发送、接管或装运时，每套多式运输单据都应当显示其涵盖的货物运输，由同一运输工具经同次行程前往同一目的地。

b. 当信用证禁止部分装运，而按照第 D23 段 a 款提交的一套以上的正本多式运输单据，含有不同的收货、发送、接管或装运日期时，其中最迟的日期将用于计算交单期，且该日期不得晚于信用证规定的最迟收货、发送、接管或装运日期。

c. 当信用证允许部分装运，且作为同一面函下单一交单的一部分提交的一套以上的正本多式运输单据，含有装上不同运输工具的不同收货、发送、接管或装运日期时，其中最早的日期将用于计算交单期，且所有这些日期都不得晚于信用证规定的最迟收货、发送、接管或装运日期。

清洁多式运输单据

D24. 多式运输单据不应含有明确声明货物或包装状况有缺陷的条款。例如：

a. 多式运输单据上载有的“包装无法满足海运航程（packaging is not sufficient for the sea journey）”或类似措辞的条款，即属于明确声明包装状况有缺陷的例子。

b. 多式运输单据上载有的“包装可能无法满足海运航程（packaging may not be sufficient for the sea journey）”或类似措辞的条款，并没有明确声明包装状况有缺陷。

D25. a. “清洁”字样没有必要在多式运输单据上显示，即便信用证要求多式运输单据标明“清洁已装船”或“清洁”字样。

b. 删除多式运输单据上“清洁”字样，并非明确声明货物或包装状况有缺陷。

货物描述

D26. 多式运输单据上的货物描述可以使用与信用证所规定的货物描述不相矛盾的统称。

目的地交货代理人的名称与地址

D27. 当信用证要求多式运输单据显示最终目的地或卸货港的交货代理人或类似措辞的名称、地址和联络细节时，其地址无须位于最终目的地或卸货港，也无须与最终目的地或卸货港在同一个所在国。

更正与更改（统称“更正”）

D28. 多式运输单据上数据的任何更正均应当证实。该证实应当看似由承运人或船长，或其任一代理人所为，该代理人可以不同于出具或签署多式运输单据的代理人，只要其表明作为承运人或船长的代理人身份。

D29. 对于正本多式运输单据上可能作过的任何更正,其不可转让的副本无须证实。

运费和额外费用

D30. 多式运输单据显示的运费支付事项,无须与信用证规定的等同一致,但不应与该单据、任何其他规定的单据或信用证中的数据相矛盾。例如,当信用证要求多式运输单据标注“运费目的地支付(freight payable at destination)”时,其可以标明为“运费待收(freight collect)”。

D31. a. 当信用证规定运费以外的费用不可接受时,多式运输单据不应显示运费之外的费用已经或将要产生。

b. 多式运输单据显示运费以外的费用时,可以明确提及额外费用,或使用与货物装卸费用相关的贸易术语,比如但不限于,“船方不管装货[Free in (FI)]”、“船方不管卸货[Free Out (FO)]”、“船方不管装卸货[Free In and Out (FIO)]”及“船方不管装卸货及积载[Free In and Out Stowed (FIOS)]”。

c. 多式运输单据提及的可能仅仅加收的费用,例如,由于卸货或卸货后的延迟可能加收的费用(滞期费),或由于延迟归还集装箱可能加收的费用(滞箱费),不属于运费以外的额外费用。

凭多套多式运输单据放货

D32. a. 多式运输单据不应明确规定,货物释放只能基于该单据和其他一套或多套多式运输单据的一并提交,除非所有提及的多式运输单据构成同一信用证项下同次交单的一部分。

b. 例如,“提单号 YYY 和 ZZZ 涵盖集装箱号 XXX 项下的货物,货物只能释放给同一人且其必须提交该货物的所有多式运输单据”,即视为明确规定在货物释放前,必须一并提交与所提及的集装箱或包装单位相关的其他一套或多套多式运输单据。

提单

UCP600 第 20 条的适用

E1. a. 信用证要求提交只涵盖港至港运输的运输单据,即信用证没有提及收货、接管地或最终目的地,无论其如何命名,这表示该单据的审核将适用 UCP600 第 20 条。

b. 提单不应包含第 G2 段 a 款和 b 款所描述的任何租船合同事项。

E2. 提单无须表明“海运提单”、“海洋提单”、“港至港提单”或类似名称,即便信用证如此命名所要求的单据。

提单的出具、承运人、承运人身份的识别及签署

E3. a. 提单可以由承运人或船长以外的任何实体出具,只要其满足 UCP600 第 20 条的要求。

b. 当信用证规定“货运代理人提单可接受(Freight Forwarder's Bill of Ladings are acceptable)”,或“运输行提单可接受(House Bill of Ladings are acceptable)”,或类似措辞时,提单可以由出具人签署,且不必注明其签署身份或承运人名称。

E4. 信用证规定“货运代理人提单不可接受(Freight Forwarder's Bills of Ladings are not acceptable)”,或“运输行提单不可接受(House Bills of Ladings are not acceptable)”类似措辞,在提单的名称、格式、内容或签署方面没有任何含义,除非信用证对其出具和签署规定了明确要求。没有这些要求时,该规定将不予理会,提交的提单将按照 UCP600 第 20 条的要求予以审核。

E5. a. 提单应当按 UCP600 第 20 条 a 款 i 项规定的方式签署,并注明承运人名称及表明其身份。

b. 当提单由承运人的具名分支机构签署时,该签字视同由承运人做出。

c. 当提单由承运人的代理人签署时,该代理人应当具名,此外,应当注明其作为“承运人(承运人名称)的代理人”或“代表承运人(承运人名称)的代理人”签署或类似措辞。当承运人在该单据的其他地方表明“承运人”身份时,该具名代理人可以比如“承运人的代理人”身份签署,而无须再次提及承运人名称。

d. 当提单由船长签署时，船长签字应当注明“船长”身份，无须注明船长姓名。

e. 当提单由船长代理人签署时，该代理人应当具名，此外，应当注明其作为“船长代理人”或“代表船长的代理人”签署或类似措辞，无须注明船长姓名。

装船批注、装运日期、前程运输、收货地及装货港

E6. a. 当提交预先印就“已装船”提单时，提单的出具日期将视为装运日期，除非其载有单独注明日期的装船批注。在后一种情况下，该装船批注日期将视为装运日期，不论其早于或晚于提单出具日期。装船批注日期也可以显示在指定栏位或方框中。

b. 尽管信用证可能要求提单表明港至港运输，但是：

i. 当提单显示了与装货港相同的收货地，例如，收货地：鹿特丹堆场，装货港：鹿特丹，且未（在前程运输栏位或收货地栏位）显示前程运输工具时；或者

ii. 当提单显示了不同于装货港的收货地，例如，收货地：阿姆斯特丹，装货港：鹿特丹，且未（在前程运输栏位或收货地栏位）显示前程运输工具时：

（a）如果提单为预先印就的“已装船”提单，那么出具日期将视为装运日期，无须装船批注。

（b）如果提单为预先印就的“收妥待运”提单，那么该提单要求载有注明日期的装船批注，装船批注日期将视为装运日期。装船批注日期也可以显示在指定栏位或方框中。

c. 尽管信用证可能要求提单表明港至港运输，但是：

i. 当提单显示了不同于装货港的收货地，例如，收货地：阿姆斯特丹，装货港：鹿特丹，且（在前程运输栏位或收货地栏位）显示了前程运输工具时，无论预先印就的“已装船”提单，还是预先印就的“收妥待运”提单，该提单都应当载有注明日期的装船批注，该批注还应包括船名和信用证规定的装货港。该装船批注也可以显示在指定的栏位或方框中。装船批注日期或指定栏位或方框中的日期，将视为装运日期。

ii. 当提单（在前程运输栏位或收货地栏位）显示了前程运输工具，如果未显示收货地，无论是预先印就的“已装船”提单还是预先印就的“收妥待运”提单，该提单都应当载有注明日期的装船批注，该批注还应包括船名和信用证规定的装货港。该装船批注也可以显示在指定的栏位或方框中。装船批注日期或指定栏位或方框中的日期，将视为装运日期。

d. 当提单载有“如收货地栏位载有信息，则提单上任何‘已装船’、‘已装载船上’或类似批注，将视为货物已装载到从收货地至装货港的前程运输工具上”或类似条款，且收货地栏位如还另外载有信息时，那么该提单应当载有注明日期的装船批注。该批注还应当包括船名和信用证规定的装货港。该装船批注也可以显示在指定的栏位或方框中。装船批注日期或指定栏位或方框中的日期，将视为装运日期。

e. 信用证要求的具名装货港应当显示在提单的装货港栏位。然而，只要装船批注表明货物在“收货地”或类似栏位中的港口装上具名船只，装货港就可以显示在“收货地”或类似栏位中。

f. 提单应当显示信用证规定的装货港。当信用证规定了装货港，也表明了装货港的所在国时，提单上无须注明该国别名称。

g. 当信用证规定了装货港的地理区域或港口范围（例如，“任一欧洲港口”或“汉堡、鹿特丹、安特卫普港”）时，提单应当显示实际的装货港，且其应当位于该地理区域或港口范围之内。提单无须显示该地理区域。

h. 当提单显示了一个以上的装货港时，该提单应当表明装船批注并载有每个装货港所对应的装船日期，无论是预先印就的“收妥待运”提单还是预先印就的“已装船”提单。例如，当提单显示从布里斯班港和阿德莱德港装运时，同时要求关于布里斯班港和阿德莱德港的注明日期的装船批注。

E7. “已装运且表面状况良好”“已装载船上”“清洁已装船”，或其他包含“已装运”或“已装

船”字样的用语,与“已装船装运”具有相同效力。

卸货港

E8. a. 信用证要求的具名卸货港,应当显示在提单的卸货港栏位。

b. 然而,具名卸货港也可以显示在“最终目的地”或类似栏位中,只要批注表明卸货港为“最终目的地”或类似栏位中的港口即可。例如,当信用证要求货物运送至费利克斯托港,但费利克斯托港显示为最终目的地而非卸货港时,提单可以通过批注表明“卸货港:费利克斯托”。

E9. 提单应当显示信用证规定的卸货港。当信用证规定了卸货港,也表明了该港口的所在国时,提单上无须显示该国别名称。

E10. 当信用证规定了卸货港的地理区域或港口范围(例如,“任一欧洲港口”或“汉堡、鹿特丹、安特卫普港”)时,提单应当显示实际卸货港,且其应当位于信用证规定的地理区域或港口范围之内。提单无须显示该地理区域。

正本提单

E11. a. 提单应当注明所出具的正本份数。

b. 提单标注“第一正本”“第二正本”“第三正本”或“正本”“第二联”“第三联”等类似字样,均为正本。

收货人、指示方、托运人和背书、被通知人

E12. 当信用证要求提单表明以具名实体为收货人,例如,“收货人:(具名实体)”(即“记名”提单),而非“收货人:凭指示”或“收货人:凭(具名实体)指示”时,在该具名实体前不应含有“凭指示”或“凭 ××× 指示”字样,或者不应在该具名实体后注明“或凭指示”字样,无论该字样是打印还是预先印就。

E13. a. 当提单收货人做成“凭指示”或“凭托运人指示”时,该提单应当由托运人背书。只要背书是为托运人或代表托运人做出,该背书就可以由托运人之外的具名实体做出。

b. 当信用证要求提单表明收货人为“凭(具名实体)指示”时,提单不应直接显示收货人为该具名实体。

E14. a. 当信用证规定了一个或多个被通知人的细节时,提单也可以显示另外一个或多个被通知人的细节。

b. i. 当信用证未规定被通知人的细节时,提单可以任何方式(除第 E14 段 b(ii)款项表明的情形外)显示任何被通知人的细节。

ii. 当信用证未规定被通知人的细节,而提单显示了作为被通知人的申请人细节,包括申请人地址和联络细节时,其不应与信用证规定的申请人细节相矛盾。

E15. 当信用证要求提单表明“收货人:‘开证行’或‘申请人’”,或“收货人:凭‘开证行’或‘申请人’指示”,或“被通知人:‘申请人’或‘开证行’”时,提单应当相应地显示开证行或申请人的名称,但无须显示信用证可能规定的开证行或申请人的地址或任何联络细节。

E16. 当申请人地址和联络细节显示为收货人或被通知人细节的一部分时,其不应与信用证规定的申请人细节相矛盾。

转运、部分装运,以及提交多套提单时如何确定交单期

E17. 转运是指从信用证规定的装货港到卸货港之间的运输过程中,货物从一条船卸下并再装上另一条船。如果提单显示的货物卸下并再装运,并非发生在规定的两个港口之间,则不属于信用证和 UCP600 第 20 条 b 款和 c 款下的转运。

E18. 以一条以上的船只进行的运输是部分装运,即便这些船只在同一天出发并前往同一目的地。

E19. a. 当信用证禁止部分装运,而提交了的一套以上的正本提单,涵盖货物从一个或多个装货港(信用证特别允许的,或规定的地理区域或港口范围内)装运时,每套提单都应当显示其涵盖的货物运输,由同一船只经同次航程前往同一卸货港。

b. 当信用证禁止部分装运,而按照第 E19 段 a 款提交的一套以上的正本提单含有不同的装运日期时,其中最迟的日期将用于计算交单期,且该日期不得晚于信用证规定的最迟装运日期。

c. 当信用证允许部分装运,且作为同一面函下单一交单的一部分提交的一套以上的正本提单,含有装上不同船只或不同航程的同一船只所对应的不同装运日期时,其中最早的日期将用于计算交单期,且所有这些日期都不得晚于信用证规定的最迟装运日期。

清洁提单

E20. 提单不应含有明确声明货物或包装状况有缺陷的条款。例如:

a. 提单上载有的"包装无法满足海运航程"或类似措辞的条款,即属于明确声明包装状况有缺陷的例子。

b. 提单上载有的"包装可能无法满足海运航程"或类似措辞的条款,并没有明确声明包装状况有缺陷。

E21. a. "清洁"字样没有必要在提单上显示,即便信用证要求提单标明"清洁已装船"或"清洁"字样。

b. 删除提单上"清洁"字样,并非明确声明货物或包装状况有缺陷。

货物描述

E22. 提单上的货物描述可以使用与信用证所规定的货物描述不相矛盾的统称。

卸货港交货代理人的名称与地址

E23. 当信用证要求提单显示卸货港的交货代理人或类似措辞的名称、地址和联络细节时,其地址无须位于卸货港,也无须与卸货港在同一个所在国。

更正和更改(统称"更正")

E24. 提单上的数据的任何更正均应当证实。该证实应当看似由承运人或船长,或其任一代理人所为,该代理人可以不同于出具或签署提单的代理人,只要其表明作为承运人或船长的代理人身份。

E25. 对于正本提单上可能作过的任何更正,其不可转让的副本无须证实。

运费和额外费用

E26. 提单显示的运费支付事项,无须与信用证规定的等同一致,但不应与该单据、任何其他规定的单据或信用证中的数据相矛盾。例如,当信用证要求提单标注"运费目的地支付(freight payable at destination)"时,其可以标明为"运费待收(freight collect)"。

E27. a. 当信用证规定运费以外的费用不可接受时,提单不应显示运费之外的费用已经或将要产生。

b. 提单显示运费以外的费用时,可以明确提及额外费用,或使用与货物装卸费用相关的贸易术语,比如但不限于,"船方不管装货[Free in (FI)]""船方不管卸货[Free Out (FO)]""船方不管装卸货[Free In and Out (FIO)]"及"船方不管装卸货及积载[Free In and Out Stowed (FIOS)]"。

c. 提单提及的可能加收的费用,例如,由于卸货或卸货后的延迟可能加收的费用(滞期费),或由于延迟归还集装箱可能加收的费用(滞箱费),不属于运费以外的额外费用。

凭多套提单放货

E28. a. 提单不应明确规定,货物释放只能基于该单据和其他一套或多套提单的一并提交,除非所有提及提单构成同一信用证项下同次交单的一部分。

b. 例如,"提单号 YYY 和 ZZZ 涵盖集装箱号 XXX 项下的货物,货物只能释放给同一人且必须提交该货物的所有提单",即视为明确规定在货物释放前,必须一并提交与所提及的集装箱或包装单位相关的其他一套或多套提单。

不可转让海运单

UCP600 第 21 条的适用

F1. a. 信用证要求提交只涵盖港至港运输的运输单据(“不可转让海运单”),即信用证没有提及收货、接管地或最终目的地,无论其如何命名,这表示该单据的审核将适用 UCP600 第 21 条。

b. 不可转让海运单不应包含第 G2 段 a 款和 b 款所描述的任何租船合同事项。

不可转让海运单的出具、承运人、承运人身份的识别及签署

F2. a. 不可转让海运单可以由承运人或船长以外的任何实体出具,只要其满足 UCP600 第 21 条的要求。

b. 当信用证规定“货运代理人不可转让海运单可接受(Freight Forwarder's non - negotiable sea waybills are acceptable)”,“运输行不可转让海运单可接受(House non - negotiable sea waybills are acceptable)”,或类似措辞时,不可转让海运单可以由出具人签署,且不必注明其签署身份或承运人名称。

F3. 信用证规定“货运代理人不可转让海运单不可接受(Freight Forwarder's non - negotiable sea waybills are not acceptable)”,“运输行不可转让海运单不可接受(House non - negotiable sea waybills are not acceptable)”或类似措辞,在不可转让海运单的名称、格式、内容或签署方面没有任何含义,除非信用证对其出具和签署规定了明确要求。没有这些要求时,该规定将不予理会,提交的不可转让海运单将按照 UCP600 第 21 条的要求予以审核。

F4. a. 不可转让海运单应当按 UCP600 第 21 条 a 款 i 项规定的方式签署,并注明承运人名称及表明其身份。

b. 当不可转让海运单由承运人的具名分支机构签署时,该签字视同由承运人作出。

c. 当不可转让海运单由承运人的代理人签署时,该代理人应当具名,此外,应当注明其作为“承运人(承运人名称)的代理人”或“代表承运人(承运人名称)的代理人”签署或类似措辞。当承运人在该单据的其他地方表明“承运人”身份时,该具名代理人可以比如“承运人的代理人”身份签署,而无须再次提及承运人名称。

d. 当不可转让海运单由船长签署时,船长签字应当注明“船长”身份,无须注明船长姓名。

e. 当不可转让海运单由船长代理人签署时,该代理人应当具名,此外,应当注明其作为“船长代理人”或“代表船长的代理人”签署或类似措辞,无须注明船长姓名。

装船批注、装运日期、前程运输、收货地及装货港

F5. a. 当提交预先印就“已装船”不可转让海运单时,不可转让海运单的出具日期将视为装运日期,除非其载有单独注明日期的装船批注。在后一种情况下,该装船批注日期将视为装运日期,不论其早于或晚于不可转让海运单出具日期。装船批注日期也可以显示在指定的栏位或方框中。

b. 尽管信用证可能要求不可转让海运单表明港至港运输,但是:

i. 当不可转让海运单显示了与装货港相同的收货地,例如,收货地:鹿特丹堆场,装货港:鹿特丹,且未(在前程运输栏位或收货地栏位)显示前程运输工具时;或者

ii. 当不可转让海运单显示了不同于装货港的收货地,例如,收货地:阿姆斯特丹,装货港:鹿特丹,且未(在前程运输栏位或收货地栏位)显示前程运输工具时:

(a) 如果不可转让海运单为预先印就的“已装船”不可转让海运单,那么出具日期将视为装运日期,无须装船批注。

(b) 如果不可转让海运单为预先印就的“收妥待运”不可转让海运单,那么该不可装让海运单要求载有注明日期的装船批注,装船批注日期将视为装运日期。装船批注日期也可以显示在

指定的栏位或方框中。

c. 尽管信用证可能要求不可转让海运单表明港至港运输，但是：

i. 当不可转让海运单显示了不同于装货港的收货地，例如，收货地：阿姆斯特丹，装货港：鹿特丹，且（在前程运输栏位或收货地栏位）显示了前程运输工具时，无论是预先印就的"已装船"不可转让海运单，还是预先印就的"收妥待运"不可转让海运单，该不可转让海运单都应当载有注明日期的装船批注，该批注还应包括船名和信用证规定的装货港。该装船批注也可以显示在指定的栏位或方框中。装船批注日期或指定栏位或方框中的日期，将视为装运日期。

ii. 当不可转让海运单（在前程运输栏位或收货地栏位）显示了前程运输工具，如果未显示收货地，无论是预先印就的"已装船"不可转让海运单还是预先印就的"收妥待运"不可转让海运单，该不可转让海运单都应当载有注明日期的装船批注，该批注还应包括船名和信用证规定的装货港。该装船批注也可以显示在指定的栏位或方框中。装船批注日期或指定栏位或方框中的日期，将视为装运日期。

d. 当不可转让海运单载有"如收货地栏位载有信息，则不可转让海运单上任何'已装船''已装载船上'或类似批注，将视为货物已装载到从收货地至装货港的前程运输工具上"或类似条款，且收货地栏位如还另外载有信息时，那么该不可转让海运单应当载有注明日期的装船批注。该批注还应当包括船名和信用证规定的装货港。该装船批注也可以显示在指定的栏位或方框中。装船批注日期或指定栏位或方框中的日期，将视为装运日期。

e. 信用证要求的具名装货港应当显示在不可转让海运单的装货港栏位。然而，只要装船批注表明货物在"收货地"或类似栏位中的港口装上具名船只，装货港就可以显示在"收货地"或类似栏位中。

f. 不可转让海运单应当显示信用证规定的装货港。当信用证规定了装货港，也表明了装货港的所在国时，不可转让海运单上无须注明该国别名称。

g. 当信用证规定了装货港的地理区域或港口范围（例如，"任一欧洲港口"或"汉堡、鹿特丹、安特卫普港"）时，不可转让海运单应当显示实际的装货港，且其应当位于该地理区域或港口范围之内。不可转让海运单无须显示该地理区域。

h. 当不可转让海运单显示了一个以上的装货港时，该不可转让海运单应当表明装船批注并载有每个装货港所对应的装船日期，无论是预先印就的"收妥待运"不可转让海运单，还是预先印就的"已装船"不可转让海运单。例如，当不可转让海运单显示从布里斯班港和阿德莱德港装运时，同时要求关于布里斯班港和阿德莱德港的注明日期的装船批注。

F6. "已装运且表面状况良好""已装载船上""清洁已装船"，或其他包含"已装运"或"已装船"字样的用语，与"已装船装运"具有相同效力。

卸货港

F7. a. 信用证要求的具名卸货港，应当显示在不可转让海运单的卸货港栏位。

b. 然而，具名卸货港也可以显示在"最终目的地"或类似栏位中，只要批注表明卸货港为"最终目的地"或类似栏位中的港口即可。例如，当信用证要求货物运送至费利克斯托港，但费利克斯托港显示为最终目的地而非卸货港时，不可转让海运单可以通过批注表明"卸货港：费利克斯托"。

F8. 不可转让海运单应当显示信用证规定的卸货港。当信用证规定了卸货港，也表明了卸货港的所在国时，不可转让海运单上无须显示该国别名称。

F9. 当信用证规定了卸货港的地理区域或港口范围（例如，"任一欧洲港口"或"汉堡、鹿特丹、安特卫普港"）时，不可转让海运单应当显示实际卸货港，且其应当位于信用证规定的地理区域或港口范围之内。不可转让海运单无须显示该地理区域。

正本不可转让海运单

F10. a. 不可转让海运单应当注明所出具的正本份数。

b. 不可转让海运单标注“第一正本”“第二正本”“第三正本”或“正本”“第二联”“第三联”等类似字样，均为正本。

收货人、指示方、托运人和被通知人

F11. a. 当信用证要求不可转让海运单表明以具名实体为收货人，例如，“收货人：(具名实体)”时，在该具名实体前不应含有“凭指示”或“凭 ××× 指示”字样，或者不应在该具名实体后注明“或凭指示”字样，无论该字样是打印还是预先印就。

b. 当信用证要求不可转让海运单表明收货人为“凭(具名实体)指示”时，该不可转让海运单可以显示该实体为收货人，无须注明“凭 ××× 指示”字样。

c. 当信用证要求不可转让海运单表明收货人为“凭指示”而未提及指示方时，该不可转让海运单应当显示开证行或申请人为收货人，无须注明“凭指示”字样。

F12. a. 当信用证规定了一个或多个被通知人的细节时，不可转让海运单也可以显示另外一个或多个被通知人的细节。

b. i. 当信用证未规定被通知人的细节时，不可转让海运单可以任何方式(除第 F12 段 b(ii)款项表明的情形外)显示任何被通知人的细节。

ii. 当信用证未规定被通知人的细节，而不可转让海运单显示了作为被通知人的申请人细节，包括申请人地址和联络细节时，其不应与信用证规定的申请人细节相矛盾。

F13. 当信用证要求不可转让海运单表明“收货人：‘开证行’或‘申请人’”或“被通知人：‘申请人’或‘开证行’”时，不可转让海运单应当相应地显示开证行或申请人的名称，但无须显示信用证可能规定的开证行或申请人的地址或任何联络细节。

F14. 当申请人地址和联络细节，显示为收货人或被通知人细节的一部分时，其不应与信用证规定的申请人细节相矛盾。

转运、部分装运，以及提交多套不可转让海运单时如何确定交单期

F15. 转运是指从信用证规定的装货港到卸货港之间的运输过程中，货物从一条船卸下再装上另一条船。如果不可转让海运单显示的货物卸下并再装运，并非发生在规定的两个港口之间，则不属于信用证和 UCP600 第 21 条 b 款和 c 款的转运。

F16. 以一条以上的船只进行的运输是部分装运，即便这些船只在同一天出发并前往同一目的地。

F17. a. 当信用证禁止部分装运，而提交了的一套以上的正本不可转让海运单，涵盖货物从一个或多个装货港(信用证特别允许的，或规定的地理区域或港口范围内)装运时，每套不可转让海运单都应当显示其涵盖的货物运输由同一条船只经同次航程前往同一卸货港。

b. 当信用证禁止部分装运，而按照第 E19 段 a 款提交的一套以上的正本不可转让海运单含有不同的装运日期时，其中最迟的日期将用于计算交单期，且该日期不得晚于信用证规定的最迟装运日期。

c. 当信用证允许部分装运，且作为同一面函下单一交单的一部分提交的一套以上的正本不可转让海运单，含有装上不同船只或不同航程的同一船只所对应的不同装运日期时，其中最早的日期将用于计算交单期，且所有这些日期都不得晚于信用证规定的最迟装运日期。

清洁不可转让海运单

F18. 不可转让海运单不应含有明确声明货物或包装状况有缺陷的条款。例如：

a. 不可转让海运单上载有的“包装无法满足海运航程”或类似措辞的条款，即属于明确声明包装状况有缺陷的例子。

b. 不可转让海运单上载有的“包装可能无法满足海运航程”或类似措辞的条款，并没有明确声明包装状况有缺陷。

F19. a.“清洁”字样没有必要在不可转让海运单上显示，即便信用证要求不可转让海运单标明“清洁已装船”或“清洁”字样。

b. 删除不可转让海运单上“清洁”字样，并非明确声明货物或包装状况有缺陷。

货物描述

F20. 不可转让海运单上的货物描述可以使用与信用证所规定的货物描述不相矛盾的统称。

卸货港交货代理人的名称与地址

F21. 当信用证要求不可转让海运单显示卸货港的交货代理人或类似措辞的名称、地址和联络细节时，其地址无须位于卸货港，也无须与卸货港在同一个所在国。

更正和更改（统称“更正”）

F22. 不可转让海运单上的数据的任何更正应当证实。该证实应当看似由承运人或船长所为，或者由其任一代理人所为，该代理人可以不同于出具或签署不可转让海运单的代理人，只要其表明作为承运人或船长的代理人身份。

F23. 对于正本不可转让海运单上可能作过的任何更正，其不可转让的副本无须证实。

运费和额外费用

F24. 不可转让海运单显示的运费支付事项，无须与信用证规定的等同一致，但不应与该单据、任何其他规定的单据或信用证中的数据相矛盾。例如，当信用证要求不可转让海运单标注“运费目的地支付(freight payable at destination)”时，其可以标明为“运费待收(freight collect)”。

F25. a. 当信用证规定运费以外的费用不可接受时，不可转让海运单不应显示运费之外的费用已经或将要产生。

b. 不可转让海运单显示运费以外的费用时，可以明确提及额外费用，或使用与货物装卸费用相关的贸易术语，比如但不限于，“船方不管装货[Free in (FI)]”“船方不管卸货[Free Out (FO)]”“船方不管装卸货[Free In and Out (FIO)]”及“船方不管装卸货及积载[Free In and Out Stowed (FIOS)]”。

c. 不可转让海运单提及可能仅仅加收的费用，例如，由于卸货或卸货后的延迟可能加收的费用(滞期费)，或者，由于延迟归还集装箱可能加收的费用(滞箱费)，不属于运费以外的额外费用。

租船提单

UCP600 第 22 条的适用

G1. 当信用证要求提交租船提单，或信用证允许提交租船提单且实际提交了租船提单时，该单据的审核将适用 UCP600 第 22 条。

G2. a. 运输单据表明受租船合同约束，或对租船合同的任何援引，无论其如何命名，将视为租船提单。

b. 运输单据注明短语，诸如“运费根据注明日期的租船合同(显示或不显示日期)支付”或“运费根据租船合同支付”，无论其如何命名，都表示受租船合同约束。

G3. 运输单据含有通常与租船提单关联的代码名称或格式名称，例如，“康金提单(Congen-bill)”或者“油轮提单(Tanker Bill of Lading)”，而未显示或援引租船合同，无论其如何命名，这本身并不属于显示或援引了租船合同。

租船提单的签署

G4. a. 租船提单应当按 UCP600 第 22 条 a 款 i 项规定的方式签署。

b. 当租船提单由船长、船东或租船人签署时，其签字应当表明“船长”“船东”或“租船人”身份。

c. 当租船提单由船长、船东或租船人的代理人签署时，该代理人应当具名，此外，应当视情况注明其作为“船长、船东或租船人的代理人”或“代表船长、船东或租船人的代理人”签署。

i. 当租船提单由船长的代理人签署时，无须注明船长姓名，

ii. 当租船提单由船东或租船人的代理人签署时，应当注明船东或租船人名称。

装船批注、装运日期、前程运输、收货地及装货港

G5. a. 当提交预先印就的“已装船”租船提单时，租船提单的出具日期将视为装运日期，除非其载有单独注明日期的装船批注。在后一种情况下，该装船批注日期将视为装运日期，不论其早于或晚于租船提单出具日期。装船批注日期也可以显示在指定的栏位或方框中。

b. 尽管信用证可能要求租船提单表明港至港运输，但是：

i. 当租船提单显示了与装货港相同的收货地，例如，收货地：鹿特丹堆场，装货港：鹿特丹，且（在前程运输栏位或收货地栏位）未显示前程运输工具时；或者

ii. 当租船提单显示了不同于装货港的收货地，例如，收货地：阿姆斯特丹，装货港：鹿特丹，且（在前程运输栏位或收货地栏位）未显示前程运输工具时：

(a) 如果租船提单为预先印就的“已装船”租船提单，那么出具日期将视为装运日期，无须装船批注。

(b) 如果租船提单为预先印就的“收妥待运”租船提单，那么该租船提单要求有注明日期的装船批注，装船批注日期将视为装运日期。装船批注日期也可以显示在指定的栏位或方框中。

c. 尽管信用证可能要求租船提单表明港至港运输，但是：

i. 当租船提单显示了一个不同于装货港的收货地，例如，收货地：阿姆斯特丹，装货港：鹿特丹，且（在前程运输栏位或收货地栏位）显示了前程运输工具时，无论是预先印就的“已装船”租船提单，还是预先印就的“收妥待运”租船提单，该租船提单都应当载有注明日期的装船批注，该批注还应包括船名和信用证规定的装货港。该装船批注也可以显示在指定的栏位或方框中。装船批注日期或指定栏位或方框中的日期，将视为装运日期。

ii. 当租船提单（在前程运输栏位或收货地栏位）显示了前程运输工具，如果未显示收货地，无论是预先印就的“已装船”租船提单还是预先印就的“收妥待运”租船提单，该租船提单都应当带有注明日期的装船批注，该批注还应包括船名和信用证规定的装货港。该装船批注也可以显示在指定的栏位或方框中。装船批注日期或指定栏位或方框中的日期，将视为装运日期。

d. 当租船提单载有“如收货地栏位载有信息，则租船提单上任何‘已装船’‘已装载船上’或类似批注，将视为货物已装载到从收货地至装货港的前程运输工具上”或类似条款，且收货地栏位如还另外载有信息时，那么该租船提单应当载有注明日期的装船批注。该批注还应当包括船名和信用证规定的装货港。该装船批注也可以显示在指定的栏位或方框中。装船批注日期或指定栏位或方框中的日期，将视为装运日期。

e. 信用证要求的具名装货港应当显示在租船提单的装货港栏位。然而，只要装船批注表明货物在“收货地”或类似栏位中的港口装上具名船只，装货港就可以显示在“收货地”或类似栏位中。

f. 租船提单应当显示信用证规定的装货港。当信用证规定了装货港，也表明了该港口的所在国时，租船提单上无须注明该国别名称。

g. 当信用证规定了装货港的地理区域或港口范围（例如，“任一欧洲港口”或“汉堡、鹿特丹、安特卫普港”）时，租船提单应当显示实际的装货港，且其应当位于该地理区域或港口范围之内。租船提单无须显示该地理区域。

h. 当租船提单显示了一个以上的装货港时，该租船提单应当表明装船批注并载有每个装货港所对应的装船日期，无论是预先印就的“收妥待运”租船提单，还是预先印就的“已装船”租船提单。例如，当租船提单显示从布里斯班港和阿德莱德港装运时，同时要求关于布里斯班港和阿德莱德港的注明日期的装船批注。

G6."已装运且表面状况良好""已装载船上""清洁已装船",或其他包含"已装运"或"已装船"字样的用语,与"已装船装运"具有相同效力。

卸货港

G7. a. 信用证要求的具名卸货港,应当显示在租船提单的卸货港栏位。

b. 然而,具名卸货港也可以显示在"最终目的地"或类似栏位中,只要批注表明卸货港为"最终目的地"或类似栏位中的港口即可。例如,当信用证要求货物运送至费利克斯托港,但费利克斯托港显示为最终目的地而非卸货港时,租船提单可以通过批注表明"卸货港:费利克斯托"。

G8. 租船提单应当显示信用证规定的卸货港。当信用证规定了卸货港,也表明了该港口的所在国时,租船提单上无须显示该国别名称。

G9. 当信用证规定了卸货港的地理区域或港口范围(例如,"任一欧洲港口"或"汉堡、鹿特丹、安特卫普港")时,租船提单可以显示实际卸货港,且其应当位于信用证规定的地理区域或港口范围之内,也可以显示该地理区域或港口范围作为卸货港。

正本租船提单

G10. a. 租船提单应当注明所出具的正本份数。

b. 租船提单标注"第一正本""第二正本""第三正本"或"正本""第二联""第三联"等类似字样,均为正本。

收货人、指示方、托运人和背书、被通知人

G11. 当信用证要求租船提单表明以具名实体为收货人,例如,"收货人:(具名实体)"(即"记名"租船提单),而非"收货人:凭指示"或"收货人:凭(具名实体)指示"时,在该具名实体前不应含有"凭指示"或"凭 ××× 指示"字样,或者不应在该具名实体后注明"或凭指示"字样,无论该字样是打印还是预先印就。

G12. a. 当租船提单收货人做成"凭指示"或"凭托运人指示"时,该租船提单应当由托运人背书。只要背书是为托运人或代表代理托运人做出,该背书就可以由托运人之外的具名实体做出。

b. 当信用证要求租船提单表明收货人为"凭(具名实体)指示"时,租船提单不应直接显示收货人为该具名实体。

G13. a. 当信用证规定了一个或多个被通知人的细节时,租船提单也可以显示另外一个或多个被通知人的细节。

b. i. 当信用证未规定被通知人的细节时,租船提单可以任何方式(除第 G13 段 b(ii)款项表明的情形外)显示任何被通知人的细节。

ii. 当信用证未规定被通知人的细节,而租船提单显示了作为被通知人的申请人细节,包括申请人地址和联络细节时,其不应与信用证规定的申请人细节相矛盾。

G14. 当信用证要求租船提单表明"收货人:'开证行'或'申请人'",或"收货人:凭'开证行'或'申请人'指示",或"被通知人:'申请人'或'开证行'"时,租船提单应当相应地显示开证行或申请人的名称,但无须显示信用证可能规定的开证行或申请人的地址或任何联络细节。

G15. 当申请人地址和联络细节显示为收货人或被通知人细节的一部分时,其不应与信用证规定的申请人细节相矛盾。

部分装运以及提交多套租船提单时如何确定交单期

G16. 以一条以上的船只进行的运输是部分装运,即便这些船只在同一天出发并前往同一目的地。

G17. a. 当信用证禁止部分装运,而提交了一套以上的正本租船提单,涵盖货物从一个或多个装货港(信用证特别允许的,或规定的地理区域或港口范围内)装运时,每套租船提单都应当显示其涵盖的货物运输由同一船只经同次航程前往同一卸货港、同一地理区域或港口范围。

b. 当信用证禁止部分装运,而按照第 G17 段 a 款提交的一套以上的正本租船提单含有不同的装运日期,或者一套正本租船提单注明了不同的装运日期时,其中最迟的日期将用于计算交单期,且该日期不得晚于信用证规定的最迟装运日期。

c. 当信用证允许部分装运,且作为同一面函下单一交单的一部分提交的一套以上的正本租船提单,含有装上不同船只或不同航程的同一条船所对应的不同装运日期时,其中最早的日期将用于计算交单期,且所有这些日期都不得晚于信用证规定的最迟装运日期。

清洁租船提单

G18. 租船提单不应含有明确声明货物或包装状况有缺陷的条款。例如:

a. 租船提单上载有的"包装无法满足海运航程"或类似措辞的条款,即属于明确声明包装状况有缺陷的例子。

b. 租船提单上载有的"包装可能无法满足海运航程"或类似措辞的条款,并没有明确声明包装状况有缺陷。

G19. a. "清洁"字样没有必要在租船提单上显示,即便信用证要求租船提单标明"清洁已装船"或"清洁"字样。

b. 删除租船提单上的"清洁"字样,并非明确声明货物或包装状况有缺陷。

货物描述

G20. 租船提单上的货物描述可以使用与信用证所规定的货物描述不相矛盾的统称。

G21. 通过援引"未隔离(without segregation)"或"被混合(commingled)"或类似措辞,租船提单可以表明货物只是已装载具名船只上的大宗货物的一部分。

更正和更改(统称"更正")

G22. 租船提单上的数据的任何更正均应当证实。该证实必须看似由船长、船东或租船人所为,或者由其任一代理人所为,该代理人可以不同于出具或签署租船提单的代理人,只要其表明作为船长、船东或租船人的代理人身份。

G23. 对于正本租船提单上可能作过的任何更正,其不可转让的副本无须证实。

运费和额外费用

G24. 租船提单显示的运费支付事项,无须与信用证规定的等同一致,但不得与该单据、任何其他规定的单据或信用证中的数据相矛盾。例如,当信用证要求租船提单标注"运费目的地支付(freight payable at destination)"时,其可以标明为"运费待收(freight collect)"。

G25. a. 当信用证规定运费以外的费用不可接受时,租船提单不应显示运费之外的其他费用已经或将要产生。

b. 租船提单显示运费以外的费用时,可以明确提及额外费用,或使用与货物装卸费用相关的贸易术语,比如但不限于,"船方不管装货[Free in (FI)]""船方不管卸货[Free Out (FO)]""船方不管装卸货[Free In and Out (FIO)]"及"船方不管装卸货及积载[Free In and Out Stowed (FIOS)]"。

c. 租船提单提及的可能仅仅加收的费用,例如,由于卸货或卸货后的延迟可能加收的费用(滞期费),不属于运费以外的额外费用。

凭多套租船提单放货

G26. a. 租船提单不应明确规定,货物释放只能基于该单据和其他一套或多套租船提单的一并提交,除非所有提及的租船提单构成同一信用证项下同次交单的一部分。

b. 例如,租船提单声明"租船提单号 YYY 和 ZZZ 涵盖(货物 XXX),货物只能释放给同一人且必须提交该货物的所有租船提单",即视为明确规定在货物释放前,必须一并提交与所提及的货物相关的其他一套或多套租船提单。

租船合同

G27. 除非信用证特别排除适用 UCP600 第 22 条 b 款,且明确规定了需要审核的数据和范围,银行将不审核租船合同的内容,即便信用证要求将该租船合同作为规定的单据。

空运单据

UCP600 第 23 条的适用

H1. 信用证要求提交涵盖机场至机场运输的空运单据,无论其如何命名,这表示该单据的审核将适用 UCP600 第 23 条。

H2. 空运单据无须表明"空运单"、"航空货运单"或类似名称,即便信用证如此命名所要求的单据。

空运单据的出具、承运人、承运人的身份识别及签署

H3. a. 空运单据可以由承运人以外的任何实体出具,只要其满足 UCP600 第 23 条的要求。

b. 当信用证规定"货运代理人空运单据可接受(Freight Forwarder's air transport document is acceptable)","运输行空运单据可接受(House air transport document is acceptable)",或类似措辞时,空运单据可以由出具人签署,且不必注明其签署身份或承运人名称。

H4. 信用证规定"货运代理人空运单据不可接受(Freight Forwarder's air transport documents are not acceptable)","运输行空运单据不可接受(House air transport documents are not acceptable)",或类似措辞,在空运单据的名称、格式、内容或签署方面没有任何含义,除非信用证对其出具和签署规定了明确要求。没有这些要求时,该规定将不予理会,提交的空运单据将按照 UCP600 第 23 条的要求予以审核。

H5. a. 空运单据应当按 UCP600 第 23 条 a 款 i 项规定的方式签署,并注明承运人名称及表明其身份。

b. 当空运单据由承运人的具名分支机构签署时,该签字视同由承运人做出。

c. 空运单据的承运人应当表明其名称,而不是其国际航空协会 IATA 的航空公司代码,例如,应当显示英国航空而非 BA,汉莎航空而非 LH。

H6. 当空运单据由承运人的代理人签署时,该代理人应当具名,此外,应当注明其作为"承运人(承运人名称)的代理人"或"代表承运人(承运人名称)的代理人"签署或类似措辞。当承运人在该单据的其他地方表明"承运人"身份时,该具名代理人可以比如"承运人的代理人"身份签署,而无须再次提及承运人名称。

接受待运、装运日期和对实际发送日期的要求

H7. 空运单据应当显示货物已接受待运或类似措辞。

H8. a. 空运单据应当显示出具日期。该日期将视为装运日期,除非空运单据含有注明实际装运日期的特定批注。在后一种情况下,该批注日期将视为装运日期,不论其早于或晚于空运单据出具日期。

b. 如果未含有注明实际装运日期的特定批注,那么在判断装运日期时,空运单据上显示的任何关于(例如,"仅供承运人使用"栏位、"要求的航班日期"栏位或"路线和目的地"栏位中)的其他信息将不予理会。

出发地机场和目的地机场

H9. 空运单据应当显示信用证规定的出发地机场和目的地机场。当信用证规定了这些机场,也表明该机场的所在国时,空运单据上无须显示该国别名称。

H10. 出发地机场和目的地机场也可以显示为国际航空协会 IATA 代码,以代替机场全名(例如,LAX 代替洛杉矶机场)。

H11. 当信用证规定了出发地机场或目的地机场的地理区域或机场范围(例如,"任一中国机场"或"上海、北京、广州机场")时,空运单据应当显示实际的出发地机场或目的地机场,且其应当位于信用证规定的地理区域或机场范围之内。空运单据无须显示该地理区域。

正本空运单据

H12. 空运单据应当看似是出具给发货人或托运人的正本。当信用证要求全套正本时，提交一份空运单据，显示其为出具给发货人或托运人的正本即满足要求。

收货人、指示方和被通知人

H13. a. 当信用证要求空运单据表明收货人为“凭(具名实体)指示”时，该空运单据可以显示该实体为收货人，无须注明“凭 ××× 指示”字样。

b. 当信用证要求空运单据表明收货人为“凭指示”而未提及指示方时，该空运单据应当显示开证行或申请人为收货人，无须注明“凭指示”字样。

H14. a. 当信用证规定了一个或多个被通知人的细节时，空运单据也可以显示另外一个或多个被通知人的细节。

b. i. 当信用证未规定被通知人的细节时，空运单据可以任何方式(除第 H14 段 b 款 ii 项表明的情形外)显示任何被通知人的细节。

ii. 当信用证未规定被通知人的细节，而空运单据显示了作为被通知人的申请人细节，包括申请人地址和联络细节时，其不应与信用证规定的申请人细节相矛盾。

H15. 当信用证要求空运单据表明“收货人:‘开证行’或‘申请人’”或“被通知人:‘申请人’或‘开证行’”时，空运单据应当相应地显示开证行或申请人的名称，但无须显示信用证可能规定的开证行或申请人的地址或任何联络细节。

H16. 当申请人地址和联络细节显示为收货人或被通知人细节的一部分时，其不应与信用证规定的申请人细节相矛盾。

转运、部分装运以及提及多套空运单据时如何确定交单期

H17. 转运是指从信用证规定的出发地机场到目的地机场之间的运输过程中，货物从一架飞机货下再装上另一架飞机。如果空运单据显示的货物卸下并再装运，并非发生在规定的两个机场之间，则不属于信用证和 UCP600 第 23 条 b 款和 c 款的转运。

H18. 以一架以上的飞机进行的发送是部分装运，即便这些飞机在同一天出发并前往同一目的地。

H19. a. 当信用证禁止部分装运，而提交了一套以上的正本空运单据，涵盖货物从一个或多个出发地机场(信用证特别允许的，或规定的地理区域或机场范围内)装运时，每套空运单据都应当显示其涵盖的货物运输由同一架飞机经同次行程前往同一目的地机场。

b. 当信用证禁止部分装运，而按照第 H19 段 a 款提交的一套以上的正本空运单据含有不同的发送日期时，其中最迟的日期将用于计算交单期，且该日期不得晚于信用证规定的最迟装运日期。

c. 当信用证允许部分装运，且作为同一面函下单一交单的一部分提交的一套以上的正本空运单据，含有不同发送日期或不同航班时，其中最早的日期将用于计算交单期，且所有这些日期都不得晚于信用证规定的最迟装运日期。

清洁空运单据

H20. 空运单据不应含有明确声明货物或包装状况有缺陷的条款。例如：

a. 空运单据上载有的“包装无法满足行程”或类似措辞的条款，即属于明确声明包装状况有缺陷的例子。

b. 空运单据上载有的“包装可能无法满足行程”或类似措辞的条款，并没有明确声明包装状况有缺陷。

H21. a.“清洁”字样没有必要在空运单据上显示，即便信用证要求空运单据标明“清洁”字样。

b. 删除空运单据上的“清洁”字样，并非明确声明货物或包装状况有缺陷。

货物描述

H22. 空运单据上的货物描述可以使用与信用证所规定的货物描述不相矛盾的统称。

更正和更改(统称“更正”)

H23. 空运单据上的数据的任何更正应当证实。该证实应当看似由承运人所为,或者由其任一代理人所为,该代理人可以不同于出具或签署空运单据的代理人,只要其表明作为承运人的代理人身份。

H24. 对于正本空运单据上可能作过的任何更正,其副本无须证实。

运费和额外费用

H25. 空运单据显示的运费支付事项,无须与信用证规定的等同一致,但不应与该单据、任何其他规定的单据或信用证中的数据相矛盾。例如,当信用证要求空运单据标注“运费目的地支付(freight payable at destination)”时,其可以标明为“运费待收(freight collect)”。

H26. 空运单据可以含有单独的栏位,以印就的栏位名称表明运费“预付”或运费“待收”。

a. 当信用证要求空运单据显示运费已预付时,通过在“运费预付”或类似栏位中显示运费的方式也可以满足要求。

b. 当信用证要求空运单据显示运费待收或目的地支付时,通过在“运费待收”或类似栏位中显示运费的方式也可以满足要求。

H27. a. 当信用证规定运费以外的费用不可接受时,空运单据不应显示运费之外的费用已经或将要产生。

b. 空运单据提及可能仅仅加收的费用,例如,由于卸货或卸货后的延迟可能加收的费用,不属于运费以外的额外费用。

公路、铁路和内陆水路运输单据

UCP600 第 24 条的适用

J1. 信用证要求提交涵盖公路、铁路或内陆水路运输的运输单据,这表示该单据的审核将适用 UCP600 第 24 条。

公路、铁路或内陆水路运输单据的出具、承运人、承运人的身份识别及签署

J2. a. 公路、铁路或内陆水路运输单据应当按照 UCP600 第 24 条 a 款 i 项规定的方式签署,并注明承运人名称及表明其身份(除第 J4 段 b 款表明的情形外)。

b. 当公路、铁路或内陆水路运输单据由承运人的具名分支机构签署时,该签字视同由承运人做出。

c. “承运人”一词,包括“出单承运人”“实际承运人”“后续承运人”和“合同承运人”等用语。

J3. 收货的签字、印戳或批注,应当看似表明由下列人员做出:

a. 承运人,并表明承运人身份;或者

b. 代表承运人行事或签署的具名代理人,并注明其所代表行事或签署的承运人的名称和表明承运人身份;或者

c. 铁路公司或出发地火车站。

J4. a. “承运人”字样无须显示在签字处,只要运输单据看似由承运人或承运人的具名代理人签署,且承运人在运输单据的其他地方表明了“承运人”身份。

b. 铁路运输单据可以由铁路公司或出发地铁车站加盖日期戳,无须显示承运人名称或代表承运人签署的具名代理人名称。

装运地和目的地

J5. 公路、铁路或内陆水路运输单据应当显示信用证规定的装运地和目的地。当信用证规定了这些地点,也表明了这些地点的所在国时,运输单据上无须显示该国别名称。

J6. 当信用证规定了装运地或目的地的地理区域或地点范围(例如,“中国”或“上海、北京、广州”)时,公路、铁路或内陆水路运输单据应当显示实际的装运地或目的地,且其应当位于该地理区域或地点范围之内。公路、铁路或内陆水路运输单据无须显示该地理区域。

正本和第二联的公路、铁路或内陆水路运输单据

J7. a. 铁路或内陆水路运输单据应当看似为正本,无论是否如此标注。

b. 公路运输单据应当看似为出具给发货人或托运人的正本(发送人联),或没有标注出具给何人。

c. 即使信用证要求提交相关的全套运输单据,提交出具给发货人或托运人的公路运输单据正本(发送人联),或铁路运输单据第二联,即满足要求。

d. 铁路运输单据第二联(通常是复写联),由铁路公司或出发地火车站签字或盖戳证实,将视为正本。

收货人、指示方和被通知人

J8. a. 当信用证要求公路或铁路运输单据表明收货人为“凭(具名实体)指示”时,可以显示该实体为收货人,无须注明“凭 ××× 指示”字样。

b. 当信用证要求公路或铁路运输单据表明收货人为“凭指示”而未提及指示方时,收货人应当显示为开证行或申请人,无须注明“凭指示”字样。

c. 当信用证要求内陆水路运输单据时,第 J8 段 a 款和 b 款将适用,除非其以提单的形式出具。当信用证要求内陆水路运输单据以提单形式出具时,收货人栏位应当按照信用证要求填写。

J9. a. 当信用证规定了一个或多个被通知人的细节时,公路、铁路或内陆水路运输单据也可以显示另外一个或多个被通知人的细节。

b. i. 当信用证未规定被通知人的细节时,公路、铁路或内陆水路运输单据可以任何方式(除第 J9 段 b 款 ii 项表明的情形外)显示任何被通知人的细节。

ii. 当信用证未规定被通知人的细节,而公路、铁路或内陆水路运输单据显示了作为被通知人的申请人细节,包括申请人地址和联络细节时,其不应与信用证规定的申请人细节相矛盾。

J10. 当信用证要求公路、铁路或内陆水路运输单据表明“收货人:‘开证行’或‘申请人’”,或“收货人:凭‘开证行’或‘申请人’指示”,或“被通知人:‘申请人’或‘开证行’”时,公路、铁路或内陆水路运输单据应当相应地显示开证行或申请人的名称,但无须显示信用证可能规定的开证行或申请人的地址或任何联络细节。公路或铁路运输单据也无须注明第 J8 段 b 款中的“凭 ×××指示”字样。

J11. 当申请人地址和联络细节显示为收货人或被通知人细节的一部分时,其不应与信用证规定的申请人细节相矛盾。

转运、部分装运以及提及多套公路、铁路或内陆水路运输单据时如何确定交单期

J12. 转运是指从信用证规定的装运地到目的地之间的运输过程中,货物从同一种运输方式项下的一个运输工具(卡车、火车、船只等)卸下再装上另一运输工具。如果公路、铁路或内陆水路运输单据显示的货物卸下并再装运,并非发生在规定的两个地点之间,则不属于信用证和 UCP600 第 24 条 d 款和 e 款的转运。

J13. 以一个以上的运输工具(不止一辆卡车、一列火车或一条船只等)进行运输是部分装运,即便每一运输工具在同一天出发并前往同一目的地。

J14. a. 当信用证禁止部分装运,而提交的一套以上的正本公路、铁路或内陆水路运输单据,涵盖货物从一个或多个装运地(信用证特别允许的,或规定的地理区域或地点范围内)装运时,每套公路、铁路或内陆水路运输单据都应当显示其涵盖的货物运输,由同一运输工具经同一行程前往同一目的地。

b. 当信用证禁止部分装运,而按照第 J14 段 a 款提交的一套以上的正本公路、铁路或内陆水路运输单据含有不同的装运日期时，其中最迟的日期将用于计算交单期，且该日期不得晚于信用证规定的最迟装运日期。

c. 当信用证允许部分装运，且作为同一面函下单一交单的一部分提交的一套以上的正本公路、铁路或内陆水路运输单据，含有装上不同运输工具或不同行程的同一运输工具所对应的不同装运日期时，其中最早的日期将用于计算交单期，且所有这些日期都不得晚于信用证规定的最迟装运日期。

清洁公路、铁路或内陆水路运输单据

J15. 公路、铁路或内陆水路运输单据不应含有明确声明货物或包装状况有缺陷的条款。例如：

a. 公路、铁路或内陆水路运输单据上载有的“包装无法满足行程”或类似措辞的条款，即属于明确声明包装状况有缺陷的例子。

b. 公路、铁路或内陆水路运输单据上载有的“包装可能无法满足行程”或类似措辞的条款，并没有明确声明包装状况有缺陷。

J16. a. “清洁”字样没有必要在公路、铁路或内陆水路运输单据上显示，即便信用证要求公路、铁路或内陆水路运输单据标明“清洁已装运”或“清洁”字样。

b. 删除公路、铁路或内陆水路运输单据上的“清洁”字样，并非明确声明货物或包装状况有缺陷。

货物描述

J17. 公路、铁路或内陆水路运输单据上的货物描述可以使用与信用证所规定的货物描述不相矛盾的统称。

更正和更改(统称“更正”)

J18. 公路、铁路或内陆水路运输单据上的数据的任何更正应当证实。该证实应当看似由承运人所为，或者由其任一代理人所为，该代理人可以不同于出具或签署公路、铁路或内陆水路运输单据的代理人，只要其表明作为承运人的代理人身份。

J19. 对于正本公路、铁路或内陆水路运输单据上可能作过的任何更正，其副本无须证实。

运费和额外费用

J20. a. 公路、铁路或内陆水路运输单据显示的运费支付事项，无须与信用证规定的等同一致，但不应与该单据、任何其他规定的单据或信用证中的数据相矛盾。例如，当信用证要求公路、铁路或内陆水路运输单据标注“运费目的地支付(freight payable at destination)”时，其可以显示为“运费待收(freight collect)”。

b. 当信用证要求公路、铁路或内陆水路运输单据显示运费已预付或运费目的地待收时，通过在单据上的“Franco(运费预付)”栏位或“Non - Franco(运费待收)”栏位中填写运费的方式也可以满足要求。

保险单据及承保范围

UCP600 第 28 条的适用

K1. 信用证要求提交保险单据，比如保险单、预约保险项下的保险证明或保险声明，这表示该单据的审核将适用 UCP600 第 28 条。

保险单据的出具人、签署及正本保险单据

K2. a. 保险单据应当看似由保险公司或保险商或其代理人或代表出具并签署。例如，“AA Insurance Ltd”出具并签署的保险单据即看似已由保险公司出具。

b. 当出具人表明为“保险人”身份时，保险单据无须显示出具人为保险公司或保险商。

K3. 只要保险单据已由保险公司或保险商或其代理人或代表签署，保险单据就可以在保险经纪人的信笺上出具。保险经纪人可以作为具名保险公司或具名保险商的代理人或代表签署保险单据。

K4. 保险单据由代理人或代表签署时，应当注明其所代理或代表签署的保险公司或保险商的名称，除非保险单据的其他地方已经表明了保险公司或保险商。例如，当"AA Insurance Ltd"已经表明其为保险人时，保险单据可以由"John Doe(作为代表)代表保险人"或"John Doe(作为代表)代表 AA Insurance Ltd"签署。

K5. 当保险单据要求由出具人、被保险人或具名实体副签时，保险单据必须副签。

K6. 只要保险公司在单据的其他地方表明了保险公司，保险单据在签署栏中就可以仅显示保险公司的商号，例如，当保险单据在签署栏中显示由"AA"出具并签署时，在其他地方显示"AA Insurance Ltd"及其地址和联络细节，则可以接受。

K7. a. 当保险单据表明由一个以上的保险人承保时，该保险单据可以由一个代表所有保险人的代理人或代表签署，或由一个保险人代表所有共同保险人签署。在后一种情况下，例如，保险单据由"AA Insurance Ltd，作为牵头保险人，代表共同保险人"出具并签署。

b. 尽管第 K2、K3 和 K4 段有所规定，当保险单据表明由一个以上的保险人承保时，其无须显示每个保险人的名称或各自的承保比例。

K8. 当信用证要求保险单据出具一份以上的正本，或者保险单据显示其已经出具了一份以上的正本时，所有正本都应当提交并看似已经签署。

日期

K9. 保险单据不应表明提出索赔的有效期限。

K10. a. 保险单据不应显示保险生效日期晚于装运日期。

b. 当保险单据显示出具日期晚于(UCP600 第 19 条至第 25 条所定义的)装运日期时，应当以附注或批注的方式清楚地表明保险生效日期不晚于装运日期；

c. 保险单据显示保险基于"仓至仓"或类似条款已经生效，且出具日期晚于装运日期，并不表示保险生效日期不晚于装运日期。

K11. 在保险单据没有出具日期和保险生效日期的情况下，副签日期也将视为证实了保险生效日期。

保险金额和比例

K12. 当信用证未规定保险金额时，保险单据应当以信用证的币别，至少按 UCP600 第 28 条 f 款 ii 项规定的金额出具。对保险金额的最高比例没有限制。

K13. 保险金额不要求保留两位以上的小数。

K14. 保险单据可以表明保险受免赔率或免赔额(扣减额)约束。然而，当信用证要求保险不计免赔率(irrespective of percentage)时，保险单据不应含有表明保险受免赔率或免赔额(扣减额)约束的条款。保险单据无须注明"不计免赔率(irrespective of percentage)"。

K15. 当从信用证或交单清楚得知要求支款的金额仅是货物总价值的一部分(例如，由于折扣、预付款或类似情形，或部分货款延付)时，保险金额的计算必须以发票或信用证所显示的货物总价值为基础，并符合 UCP600 第 28 条 f 款 ii 项的要求。

K16. 同一运输的同一险别应当由同一份保险单据所承保，除非提交了承保相关部分保险的一份以上的保险单据，且每份保险单据都以百分比例或其他方式明确地表明：

a. 每一保险人承保的金额；

b. 每一保险人将分别承担各自的保险责任，且不受其他保险人在该次运输下可能已承保的保险责任的影响；并且

c. 保险单据对应的承保金额的合计总数，至少为信用证要求或者 UCP600 第 28 条 f 款 ii 项规定的保险金额。

承保险别

K17. a. 保险单据应当承保信用证要求的险别。

b. 即使信用证可能明确规定应承保的险别,保险单据也可以援引除外条款。

K18. 当信用证要求承保“一切险”时,无论保险单据是否标明“一切险”标题,即使其表明特定险别除外,提交载有任何“一切险”条款或批注的保险单据即满足要求。保险单据表明其承保“伦敦保险协会货物运输保险条款(A)”,或者,在空运项下其承保“伦敦保险协会货物运输保险条款(空运)”,即符合信用证要求“一切险”条款或批注的条件。

被保险人和背书

K19. 保险单据应当是信用证要求的形式,如有必要,还应当由要求索赔或有权索赔的实体背书。

K20. a. 信用证不应要求保险单据出具成“凭来人”或“凭指示”。信用证应当显示被保险人的名称。

b. 当信用证要求保险单据出具成“凭(具名实体)指示”时,保险单据无须显示“凭指示”字样,只要保险单据表明该具名实体为被保险人,或者表明将赔付给该具名实体且没有明确禁止背书转让即可。

K21. a. 当信用证对被保险人未做规定时,保险单据不应表明将赔付给信用证的受益人,或开证行和申请人以外的其他实体,或其指示的一方,除非保险单据已经由受益人或该实体作了空白背书,或背书给了开证行或申请人。

b. 保险单据应当出具或背书成,其索赔权利在放单之时或放单之前得以转让。

保险单据的一般性条款和条件

K22. 银行不审核保险单据的一般性条款和条件。

保费

K23. 保险单据上任何有关保费支付的事项,银行均不予理会,除非保险单据注明“保险单据无效,除非保费已付”,且显示保费未付。

原产地证明

基本要求和功能满足

L1. 当信用证要求提交原产地证明时,提交看似与所开发票的货物相关且证实货物原产地,并经签署的单据,即满足要求。

L2. 当信用证要求提交特定格式的原产地证明,比如 GSP Form A 格式时,应当仅提交特定格式的单据。

原产地证明的出具人

L3. a. 原产地证明应当由信用证规定的实体出具。

b. 当信用证没有规定出具人名称时,原产地证明可以由任何实体出具。

c. i. 当信用证要求提交由受益人、出口商或制造商出具的原产地证明时,只要原产地证明相应注明受益人、出口商或制造商,提交的原产地证明由商会或类似机构,比如但不限于行会、行业协会、经济协会、海关和贸易部门等类似机构出具也满足要求。

ii. 当信用证要求提交由商会出具的原产地证明时,提交的原产地证明由行会、行业协会、经济协会、海关和贸易部门等类似机构出具也满足要求。

原产地证明的内容

L4. 原产地证明应当看似与所开发票的货物相关联,例如,通过下列方式:

a. 与信用证规定相符的货物描述,或与信用证所规定的货物描述不相矛盾的统称;或者

b. 援引其他规定单据或原产地证明不可分割的附件上的货物描述。

L5. 当原产地证明显示收货人信息时,其不应与运输单据中的收货人信息相矛盾。但是,当信用证要求运输单据出具成"凭指示""凭托运人指示""凭开证行指示""凭指定银行(或议付行)指示"或"收货人:开证行"时,原产地证明可以显示收货人为信用证中除受益人以外的任何一个具名实体。当信用证已经转让时,收货人可以是第一受益人。

L6. 原产地证明可以显示信用证受益人或其他规定单据上所显示的托运人以外的实体为发货人或出口商。

L7. 当信用证规定货物原产地而没有要求提交原产地证明时,规定单据上对货物原产地的任何援引不应与规定的原产地相矛盾。例如,当信用证规定"货物原产地:德国"而没有要求提交原产地证明时,任何规定单据显示了不同的货物原产地,将视为数据矛盾。

L8. 只要原产地证明显示的出口商或发货人不是受益人,其就可以显示不同于其他一种或多种规定单据上注明的发票号码、发票日期和运输路线。

装箱单

基本要求和功能满足

M1. 当信用证要求提交装箱单时,提交的单据包含货物包装的任何信息以满足其功能,并表明信用证规定的名称,或标明相似名称,或没有名称,即符合要求。

装箱单的出具人

M2. 装箱单应当由信用证规定的实体出具。

M3. 当信用证没有规定出具人名称时,装箱单可以由任何实体出具。

装箱单的内容

M4. 当信用证规定了明确的包装要求时,且没有规定与其相符的单据,装箱单如有提交,其提及的有关货物包装的任何数据不应与该要求矛盾。

M5. 只要装箱单的出具人不是受益人,其就可以显示不同于其他一种或多种规定单据上注明的发票号码、发票日期和运输路线。

M6. 银行只审核总量,包括但不限于总数量、总重量、总尺寸或总包装件数,以确保相关的总量与信用证中和任何其他规定单据上显示的总量没有矛盾。

重量单

基本要求和功能满足

N1. 当信用证要求提交重量单时,提交的单据包含货物重量的任何信息以满足其功能,并表明信用证规定的名称,或标明相似名称,或没有名称,即符合要求。

重量单的出具人

N2. 重量单应当由信用证规定的实体出具。

N3. 当信用证没有规定出具人名称时,重量单可以由任何实体出具。

重量单的内容

N4. 当信用证规定了明确的重量要求时,且没有规定与其相符的单据,重量单如有提交,其提及的有关货物重量的任何数据不应与该要求矛盾。

N5. 只要重量单的出具人不是受益人,其就可以显示不同于其他一种或多种规定单据上注明的发票号码、发票日期和运输路线。

N6. 银行只审核总量,包括但不限于总数量、总重量、总尺寸或总包装件数,以确保相关的总量与信用证中和任何其他规定单据上显示的总量没有矛盾。

受益人证明

基本要求和功能满足

P1. 当信用证要求提交受益人证明时，提交经签署的单据包含信用证所要求的数据和证明文句以满足其功能，并表明信用证规定的名称，或标明反映所要求证明类型的名称，或没有名称，即符合要求。

受益人证明的签署

P2. 受益人证明应当由受益人或受益人代表签署。

受益人证明的内容

P3. 受益人证明提及的数据，不应与信用证要求相矛盾。

P4. 受益人证明上提及的数据或证明文句：

a. 无须与信用证要求的等同一致，但应当清楚表明信用证规定的要求已经获得满足；

b. 无须包含货物描述，或对信用证或其他规定单据的任何其他援引。

分析、检验、健康、植物检疫、数量、质量和任何其他证明(统称"证明")

基本要求和功能满足

Q1. 当信用证要求此类证明时，提交经过签署的单据证实所要求行为的结果，例如分析、检验、健康、植物检疫、数量或质量的评估结果以满足其功能，并表明信用证规定的名称，或标明相似名称，或没有名称，即符合要求。

Q2. 当信用证要求提交的证明与装运当日或装运日之前所要求发生的行为相关时，该证明应当显示：

a. 不晚于装运日期的出具日期；或者

b. 表明行为发生于装运当日或装运日之前的措辞，在此情况下，当出具日期也显示时，其可以晚于装运日期，但不应晚于该证明的交单日期；或

c. 表明事件的单据名称，例如，"装船前检验证明"。

证明的出具人

Q3. 证明应当由信用证规定的实体出具。

Q4. 当信用证没有规定出具人的名称时，证明可以由任何实体包括信用证受益人出具。

Q5. 当信用证使用了"独立的""正式的""合格的"或类似词语描述证明出具人时，该证明可以由除受益人以外的任何实体出具。

证明的内容

Q6. 此类证明可以显示：

a. 仅测试、分析或检验了所要求货物的样品；

b. 多于信用证中或任何其他规定单据上显示的数量；或者

c. 多于提单或租船提单上显示的货舱、厢柜或罐桶数目。

Q7. 当信用证规定了关于分析、检验、健康、植物检疫、数量或质量的评估或类似方面的明确要求时，无论是否规定与其相符的单据，该证明或任何其他规定单据上提及的有关分析、检验、健康、植物检疫、数量或质量的评估或类似方面的数据不应与该要求矛盾。

Q8. 当信用证没有规定证明上显示的明确内容，包括但不限于确定分析、检验或质量的评估结果所依据的任何要求的标准时，该证明可以包含诸如"不适合人类消费"、"化学成分可能无法满足需要"或类似措辞的声明，只要其与信用证、任何其他规定的单据或 UCP600 不相矛盾。

Q9. 当证明显示收货人信息时，其不应与运输单据中的收货人信息相矛盾。但是当信用证要求运输单据收货人出具成"凭指示""凭托运人指示""凭开证行指示""凭指定银行(或议付

行)指示"或"收货人:开证行"时,该证明可以显示收货人为信用证中受益人以外的任何一个具名实体。当信用证已经转让时,收货人可以是第一受益人。

Q10. 证明可以显示信用证受益人或其他规定单据上所显示的托运人以外的实体为发货人或出口商。

Q11. 只要证明显示的出口商或发货人不是受益人,该证明就可以显示不同于其他一种或多种规定单据上注明的发票号码、发票日期和运输路线。

参考文献

文献资源:

[1]陈岩.国际贸易单证教程[M].北京:高等教育出版社,2008.

[2]顾民.UCP600 制单兑用实务手册[M].北京:对外经济贸易大学出版社,2008.

[3]广银芳.外贸单证制作实务[M].北京:清华大学出版社,2007.

[4]国际商会中国国家委员会.ICC 跟单信用证统一惯例(UCP600)[M].北京:中国民主法制出版社,2006.

[5]国际商会中国国家委员会.关于审核跟单信用证项下单据的国际标准银行实务(ISBP)[M].北京:中国民主法制出版社,2007.

[6]海关总署报关员资格考试教材编写委员会.报关员资格考试统一教材(2009 版)[M].北京:中国海关出版社,2009.

[7]海关总署报关员资格考试教材编写委员会.综合实务.商品归类.报关单强化练习(2009版)[M].北京:中国海关出版社,2009.

[8]刘启萍,周树玲.外贸英文制单教程[M].北京:对外经济贸易大学出版社,2007.

[9]南京出入境检验检疫局.如何通过原产地证尽享关税优惠(2009 最新修订版)[M].北京:中国海关出版社,2009.

[10]宁波市对外经济贸易培训中心.外贸单证实务[M].上海:上海交通大学出版社,2007.

[11]全国国际商务单证专业培训考试办公室.国际商务单证理论与实务[M].北京:中国商务出版社,2009.

[12]苏宗祥,徐捷.国际结算(第五版)[M].北京:中国金融出版社,2010.

[13]田运银.国际贸易单证精讲(第二版)[M].北京:中国海关出版社,2010.

[14]童宏祥.新编外贸单证实务[M].上海:华东理工大学出版社,2007.

[15]王正华,杨杰.国际贸易实务操作教程(第二版)[M].北京:中国经济出版社,2011.

[16]杨金玲.国际商务单证实务[M].北京:首都经济贸易大学出版社,2008.

[17]曾美艳.国际商务单证操作能力训练[M].天津:天津大学出版社,2009.

[18]张军.外贸单证实务[M].南京:东南大学出版社,2003.

[19]郑淑媛,邹建华.实用进出口单证[M].北京:电子工业出版社,2005.

[20]中国商业企业管理协会.国际商务单证教程[M].北京:科学技术文献出版社,2008.

[21]周树玲.外贸单证实务[M].北京:对外经济贸易大学出版社,2002.

[22]庄乐梅.出口商如何保障安全收汇——L/C、D/P、D/A、O/A 精讲[M].北京:中国海关出版社,2008.

[23]许罗丹,王集寨.出口单据业务[M].广州:中山大学出版社,1992.

[24]曹顺祥.外贸单证经理的成长日记[M].北京:中国海关出版社,2010.

[25]立金银行培训中心教材编写组.银行国内信用证培训[M].北京:中国经济出版社,2011.

[26]王为.国际铁路货物联运[M].北京:中国商务出版社,2007.
[27]国际商会中国国家委员会编译.国际贸易术语解释通则2010:英汉对照[M].北京:中国民主法制出版社,2010.
[28]崔云洪,韩伯领,高德庆,李伟.中国铁路国际货物运输理论与实务[M].北京:中国商务出版社,2010.
[29]铁道部国际合作司.国际货约/国际货协运单指导手册(国际铁路货物联运协定附件第22号)[M].北京:中国铁道出版社,2011.
[30]中国国际商会/国际商会中国国家委员会.《关于审核UCP600下单据的国际标准银行实务》(ISBP745)[M].北京:中国民主法制出版社,2013.
[31]洪雷,肖文清,张敏,谢洁,刘翔.原产地证书申领实用教程[M].上海:格致出版社,2011.
[32]林建煌.品读UCP600[M].厦门:厦门大学出版社,2008.
[33]林建煌.品读ISBP745[M].厦门:厦门大学出版社,2013.
[34]林泽拯.外贸单证处理技巧[M].北京:中国对外经济贸易出版社,2005.
[35]陈广.慎对提单收货人抬头[J].中国外汇,2013(7):66-67.
[36]陈广.开证行在什么条件下拒付才有效[J].武汉:对外经贸实务,2013(11):65-67.
[37]陈广.各类信用证结算合同中支付条款的要求及要注意的问题[J].武汉:对外经贸实务,2014(2):63-65.

网站资源:

[1]国家质量监督检验检疫总局及其直属各出入境检验检疫局网站.http://www.aqsiq.gov.cn.
[2]中国检验检疫电子业务网.http://www.eciq.cn.
[3]中国国际贸易促进委员会及其各地分会网站.http://www.ccpit.org.
[4]中国自由贸易区服务网.http://fta.mofcom.gov.cn.
[5]汇天国际结算网.http://www.10588.com.
[6]海关总署网站.http://www.customs.gov.cn.
[7]福步外贸网.http://www.fobshanghai.com.
[8]swift官网.http://www.swift.com.
[9]海南经贸职业技术学院《外贸单证实务》精品课程.http://www.hceb.edu.cn/jpkc/webb/wmdz/index.html.
[10]海南经贸职业技术学院《外贸单证实务精品资源共享课》.http://www.hceb.edu.cn:8080/suite/solver/classView.do?classKey=2480714.